KB104629

사회보호 활성화 레짐과
복지국가의 재편

이 저서는 2010년도 정부재원(교육과학기술부 학술연구조성사업비)으로 한국연구
재단의 지원을 받아 연구되었음 (NRF-2010-812-B00032)

사회보호 활성화 레짐과 복지국가의 재편

심창학

Activation Regimes in Social Protection and Reshaping Welfare States

SHIM Chang Hack

ORUEM Publishing House
Seoul, Korea
2015

머리말

　필자가 활성화 그리고 활성화 레짐에 관심을 가지기 시작한 것은 2006년 8월부터 2007년 7월까지 약 1년 동안 프랑스 파리에서 연구년을 보내고 있을 때였다. 당시 필자는 빈곤 및 사회적 배제, 거시적인 측면에서 복지국가 위기 및 대안에 대해 많은 고민을 하고 있었다. 자본주의 사회에서 과연 빈곤은 해결될 수 없는 문제인가, 신빈곤 및 사회적 배제 등 빈곤과 관련된 새로운 사회 문제는 어떤 배경에서 나타나며 심화되고 있는가, 이의 해결 대안은 무엇인가, 이들 대안은 복지국가 위기, 더 나아가서 현대 복지국가 재편과 어떤 관련성을 지니고 있는가 등이 당시 필자의 주된 연구 질문이었다. 2006년 당시 프랑스뿐만 아니라 유럽 전역의 학계에서는 활성화 열풍이라고 할 정도로 이와 관련된 다양한 학술대회가 개최되었다. 필자는 학술대회 참가를 통해 활성화가 무엇이며, 어떤 배경하에서 활성화에 대한 관심이 높은지를 이해하고자 했다. 그 결과 활성화 개념이 당시 본인의 관심 주제와 밀접한 관련성이 있다는 점에서 학문적 기쁨을 느꼈다. 구체적으로 활성화 개념은 빈곤 및 사회적 배제 현상의 대응 전략으로서 가치를 지니고 있다. 뿐만 아니라 활성화 개념은 기존의 단절되었던 사회보호 정책과 여타 분야 정책(노동시장 정책, 조세 정책 …) 간의 연계성을 강조하고 있는데 이는 위기론에 직면한 현대 복지국가의 틀을 바꾸는 데 단초 역할을 할 수 있다는 결론에 도달했다. 이후 한국에 다시 온 후 필자는 활성화에 지속적인 관심을 가지고 연구 작업을 수행했으며, 연구 결과는 몇 편의 국내외 연구물을 통해 알려지기도 했다.

이 책과 관련하여 필자는 첫째, 활성화에 대해서 종합·정리하는 기회를 갖고 싶었다. 이미 언급한 바와 같이 활성화와 관련된 몇 편의 졸고는 발간되었지만 논문이 가지고 있는 기본적인 한계로 인해 특정 국가 혹은 특정 제도에 한정될 수밖에 없었다. 이에 한국연구재단의 저서지원 사업은 활성화에 대한 큰 그림과 동시에 구체적 내용을 동시에 담을 수 있는 소중한 기회였다. 둘째, 이 책의 발간을 통해 활성화에 대한 필자의 생각을 보다 폭 넓게 공유하고 싶었다. 활성화는 유럽 국가뿐만 아니라 한국에서 보여주고 있는 남성 정규직 근로자에 기반을 둔 사회보험, 특히 적극적 노동시장 정책과 실업급여의 단절로 인해 본연의 기능을 수행하고 있지 못하고 있는 고용보험, 빈곤의 덫에 빠질 수밖에 없는 구조 및 제도적 운영을 지니고 있는 국민 기초 생활 제도의 문제점을 해결하는 단초가 될 수 있다는 것이 필자의 판단이다. 따라서 논문에 비해 강한 파급효과를 지니고 있는 저서 형태의 발간을 통해 활성화에 대한 관심 제고 및 학문적 공동체를 형성하고자 하는 바람에서 이 책을 집필하게 되었다. 셋째, 이의 연장선상에서 현대 복지국가의 재편과 관련하여, 근로연계 복지(Workfare) 개념에 익숙한 한국의 사회과학계와 한국사회에 이와는 다른 새로운 패러다임이 있음을 보여주고자 한다. 동시에 사회적 취약계층의 권익 보호와 지속가능한 한국 사회보호 체계의 마련 방안 역시 활성화 개념에서 그 단초를 찾을 수 있을 것이다. 필자의 이러한 바람이 현실로 나타날지 아니면 단순히 한 학자의 꿈(?)에 지나지 않을지 아직은 예단하기 어렵다. 하지만 이와 관련하여 필자는 나름대로 소중한 경험을 가지고 있다. 2001년 필자는 사회적 배제(social exclusion)에 관한 논문을 발표한 적이 있다. 당시 국내학계에는 사회적 배제 용어 자체가 생소했을 뿐만 아니라 social exclusion에 대한 번역어 또한 사회적 고립, 사회적 소외 등 학자들마다 다양했다. 하지만 몇 년이 지난 후 한국 사회복지학계는 사회적 배제에 대해 깊은 관심을 보이기 시작했으며 2009년 사회복지학회 추계 학술대회의 기조 주제로서 사회적 배제가 채택되었으며, 지금은 연구흐름의 큰 물결을 형성하고 있을 정도로 이에 대한 관심이 높다. 활성화 역시 이와 유사한 추이를 보여주고 있는 것 같다. 한때는 activation 역시 적극화 등 다양하게 번역되었던 적이 있었으나 지금은 활성화로 통일된 모습을 보여주고 있다. 뿐만 아니라 2010년 이후에는 국내 학계에서도 활성화에 대한 관심 정도가 높으며 현재는 정치권에서도 활성화 전략의 도입에 귀를 기울이고 있는 것 같다. 앞으로 활성화에 대해서 더욱 많은 관심이 있을 것으로 필자는 기대하고 있으며 이에 본 서가 기폭제 역할을 하게 되길 바랄 뿐이다.

　2010년부터 시작한 집필 작업이 햇수로는 어느 새 4년째가 됐다. 집필을 마무리하는 시점에서 되돌아보면 기쁨과 동시에 아쉬움이 교차한다. 먼저, 여러모로 부족한 저서임에도 불구하고 탈고하게 된 것 자체가 감사할 따름이다. 모름지기 책 집필은 하루하루 꾸준하게 해야 한다는 선배 교수님들의 조언에도 불구하고 필자는 그러지 못했다. 학기 중에는 자료만 찾아 놓고 집필 작업은 주로 방학 기간을 활용했다. 더울 때는 더운 대로, 추울 때는 추운 대로 장수를 채워나갔던 4년간의 집필은 힘들었지만 행복했던 추억으로 오랫동안 남아 있을 것 같다. 가장 큰 아쉬움으로는 초고 분량이 너무 많은 관계로 체중 감량(?)이 불가피했던 점을 들 수 있다. 200자 원고지 기준 2,000매를 넘는 분량으로는 출간 자체가 불가능했다. 따라서 초고의 서론 일부(활성화 개념의 등장배경, 국제기구의 관심 동향)와 4개 국가(덴마크, 영국, 프랑스, 한국)의 활성화 정책 도입 배경 및 변천에 관한 부분은 이 책에서 보이지 않게 되었다. 그 결과, 책의 전반적인 구성이 입체적이기보다는 평면적인 한계를 지니고 있다. 그리고 부분적으로 비교 연구에서 필수적 요소인 자료의 등가성 원칙이 제대로 지켜지지 못한 점 또한 아쉬움으로 남는다. 하지만 이 모든 아쉬움 역시 근본적으로는 필자의 능력부족에서 비롯된 것임을 고백하지 않을 수 없다.

이 책이 나오기까지에는 많은 분들의 도움이 있었다. 먼저, 2006년도 필자의 연구년제 초청교수이자 국제학술대회 발표 기회 제공 등 여러 가지 도움을 준 Anne-Marie Guillemard 교수께 감사의 말씀을 전하고 싶다. 필자가 재직 중인 경상대학교 사회복지학과의 선생님들을 비롯하여 주위의 여러 선생님들은 학문적 선구자이자 든든한 후원자로서 항상 힘이 되어주었다. 그리고 활성화에 관한 발표 기회를 준 사회정책연구회에 감사드리고 싶다. 본 연구모임은 틈만 나면 놀기 좋아하는 필자에게 신선한 자극제가 되었다.

그리고 오랜 기간 원고 교정 및 편집 등의 힘든 작업을 수행한 대학원 사회복지학과의 김현옥, 박경빈, 최재웅에게 감사의 마음을 전한다. 어려운 여건에도 불구하고 출판을 결정해 주신 부성옥 대표님을 비롯하여 '도서출판 오름'의 여러 선생님들께 감사의 말씀을 전하고 싶다. 이 분들의 헌신적인 노력이 없었더라면 이 책은 발간되지 못했을 것이다.

끝으로 여전히 무개념(?) 삶을 살고 있는 필자의 인생 반려자인 아내 전석현과 꿈을 이루기 위해 한 걸음씩 나아가고 있는 아들 영준에게 미안함과 동시에 고맙다는 말을 전하고 싶다. 천국에 계신 아버지, 병환 중이신 어머니께 이 책을 드린다.

2014년 6월
심창학

차례

제2부　활성화 레짐의 국제비교

제3부   국제비교 결과와 활성화 레짐 유형론의 한국 적용가능성

∥ 표 차례 ∥

▌그림 차례 ▌

▌상자 차례 ▌

제**1**장

서론

I. 연구 주제 선정 배경 및 연구 목적

1. 사회적 위험 및 복지국가의 변화 그리고 활성화 전략

최근 복지국가는 많은 변화를 겪고 있다. 1945년 제2차 세계대전 종결과 함께 건설된 전통적 복지국가는 완전고용을 목표로 하고 있는 케인스주의에 바탕을 두고 발전했다. 근본적으로 경제 정책과 사회 정책의 선순환 관계에 대한 믿음하에 건설된 전통적 복지국가는 시민권 존중의 차원에서 사회보장 제도 등 여러 가지 사회복지제도의 수립, 집행을 통해 빈곤 퇴치, 소득 재분배 등의 이념을 실현하고자 했다. 하지만 이는 1980년대부터 시작된 유럽의 경제불황, 고실업 문제에 직면하면서 흔들리기 시작했으며, 이러한 양상은 결국 복지국가 위기 논쟁으로 연결되었다. 프랑스 학자인 로장발롱 교수가 1981년에 출간한 『복지국가 위기』라는 책은 유럽 학계에 큰 반향을 불러일으켰다(P. Rosanvallon, 1981). 그는 이 책에서 복지국가는 세 가지 측면에서 위기를 맞고 있다고 진단한다. 첫째, 사회보장수지 불균형을 의미하는 재정적 위기이다. 의료기술의 발달 및 건강 문제에 대한 관심 증대로 인한 의료비의 증대, 인구의 고령화로 인한 연금 재정수지의 악화 등이 이의 주 배경이다. 둘째, 경제적 위기이다. 사회 정책의 확대, 사회복지의 발달이 경제 성장의 동력이 될 것이라는 케인스주의 명제와는 달리 오히려 걸림돌로 작용하고 있다는 견해가 설득력을 얻고 있다. 어떤 의미에서 이는 전통적 복지국가의 토대를 흔드는 중요한 요소이다. 이후에 등장한 슘페테리안 복지국가론은 이의 대안적 이론으로 등장한 것이기도 하다. 복지국가 위기의 세 번째 논거는 정당성 위기이다. 취지 및 목표에 대해서는 다양한 견해가 있을 수 있으나, 전통적 복지국가 건설은 빈곤 제거 및 소득 재분배라는 목표에 바탕을 두고 있었다. 하지만 30여 년이 지났음에도 불구하고 빈곤 제거는커녕 오히려 빈곤 문제가 더 심화되는 상황이었다. 복지국가 위기론은 바로 위의 세 가지 논거에서 시작되었다고 로장발롱은 강조하고 있다. 결국 제2차 세계대전 후 건설된 복지국가는 질병, 노령 등의 전통적 사회적 위험에 대한 대응의 한계를 보여주고 있을 뿐만 아니라 경제성장의 걸림돌로 작용하고 있으면 이는 결국 복지국가 자체의 존재 이유에 대한 회의로 귀결되고 있다는 것이 로장발롱의 결론이다. 이에 대한 논거의 타당성, 찬반양론에도 불구하고 로장발롱의 견해가 전통적인 복지국가의 지속 가능성에 대한 공론화의 계기가 되었다는 점에서는 중요한 시사점을 주고 있음이 분명하다. 그리고 이러한 논의가 유럽에서는 이미 30여 년 전부터 시작되었음을 의미한다.

1980년대 초의 복지국가 위기론이 주로 전통적 사회적 위험(old risks)에 초점을 맞추고 있다면, 최근의 복지국가 재편은 신 사회적 위험(new risks)의 출현에 좀 더 많은 관심을 보이고 있다. 테일러-구비는 신 사회적 위험을 크게 세 가지로 구분하고 있다(P. Taylor-Gooby (ed.), 2004). 첫 번째는 고용의 불안정성이다. 1970년대까지만 하더라도 경제활동인구는 취업자와 실업자로 구분이 가능했다. 하지만 이후 순수한 취업도 아니고 실업도 아닌 중간 형태의 경제활동인구가 급증하고 있음에 관심이 필요하다. 대표적인 집단이 비정규직 근로자이다. 이들은 계약기간 혹은 근로시간에 따라서 계약직 근로자 혹은 시간제 근로자로 근로활동을 수행 중이다. 유럽에서 비정규직 근로자는 1990년대부터 약 20여 년간 증가 추세에 있다. 예컨대, 1997년 기준, 전체 취업자 중 기간제 근로자와 시간제 근로자가 차지하는 비중은 각각 12.4%, 16.7%였다. 10년이 지난 2007년 통계에 따르면 이 수치는 각각 14.8%와 20.7%로 상승되었다(European commission, 2008(statistical annex)). 이러한 고용의 불안정은 해당 근로자의 사회보장 사각지대의 방치, 빈곤 문제와 직결되어 있다. 두 번째 신 사회적 위험은 인구의 급속한 고령화 현상이다. 사실, 새로운 문제가 아님에도 불구하고 새로운 관점 도입의 필요성이 대두되는 이유는 인구의 고령화 현상이 저출산 문제와 연결되면서 중·장기적 관점에서 전체 경제 상황을 어렵게 만들 것이 자명하기 때문이다. 경제 상황 지표 중, 최근 실업률 못지않게 고용률 혹은 경제활동참가율에 더 많은 관심을 가지는 것은 바로 이러한 이유에서이다. 여기서 제기되는 문제는 어떤 정책적 방법의 도입을 통해 중·고령자들을 경제활동인구에 머무르게 할 수 있을까 하는 것이다. 후술하겠지만, 국가에 따라서 중·고령자들이 활성화 전략의 적용 대상에 포함되어 있는 것도 이에 기인한 것이다.

신 사회적 위험의 세 번째 범주는 여성의 경제활동 참여와 가족 부양이라는 이중 역할 수행에서 나오는 문제점이다. 그 동기가 무엇이든 간에 여성의 경제활동 참여는 이미 세계적인 추세이다. 이는 두 가지 문제의 해결을 필요로 한다. 첫째, 전통적인 복지국가, 구체적으로 사회보장제도의 개편이다. 주지하다시피, 전통적인 복지국가는 남성 생계 부양자 모델을 기반으로 설계된 것이다. 구체적으로 상용직 남성 근로자가 사회보장제도의 주 가입자이며, 가족 구성원은 파생적 수급권(derived right)의 관점에서 수혜자로 머물러 있다. 하지만, 남성 생계 부양자 모델은 많은 비판을 받고 있다. 예컨대, 주 가입자로 설정되어 있는 남성 가장의 고용 형태의 불안정으로 인해 가족 구성원 전체의 생활보장이 위협을 받고 있으며, 양성 평등의 관점에서도 역사적인 흐름에 맞지 않다는 것이다. 따라서 여기서 제기되는 문제는 기존의 파생적 수급권이 아닌 개별적 수급권(individual right)에 바탕을 둔 사회보장제도의 개혁 필요성에 대한 공감대 형성과 이의 구체적인 실천방법에 관한 것이다.[1)

특히 이 문제는 한국과 같이 비스마르크 복지 모델로 운영되는 국가에서 많은 고민이 있어야 할 것이다. 두 번째 제기되는 문제는 여성, 특히 기혼 여성의 경제활동 참여를 대세로 인정할 경우, 이를 어떻게 보장할 것인가에 관한 것이다. 가장 먼저 제기될 수 있는 방법이 가족 부양 기능의 사회화일 것이다. 육아 시설의 확충, 보육비의 지원 등을 통해 여성의 전통적인 가족 부양 기능을 사회가 맡는 식으로의 제도 개혁 주장이 나오는 것도 바로 이러한 이유에서이다.

이렇게 볼 때 현대 복지국가는 전통적 사회 위험과 신사회 위험이라는 두 가지 유형의 위험을 동시에 대응해야 하는 과제를 안고 있다. 과제해결 대안 중의 하나로 등장한 것이 바로 활성화 전략(activation strategy)이다. 단순하게 말하면 활성화는 가능한 많은 사회 구성원을 노동시장에 정착시키는 것을 의미한다.

따라서 이의 적용 대상은 좁은 범위에서는 실업자가 주 표적 집단이지만 광의의 관점에서 노동시장 신규 진입자, 노인, 장애인, 한부모 등 취업 애로 계층까지 포함하고 있다. 뿐만 아니라 활성화 전략은 기존의 패러다임과는 달리 노동시장 정책과 사회보장 정책 간의 긴밀한 연계를 내포하고 있다. 이는 기존의 사회보장 정책이 단순히 소득보장, 현금급여 제공 중심으로 이루어진 데 대한 비판에서 시작되었다.

예컨대, 기존의 사회보장 정책은 일정 부분 효과에도 불구하고 빈곤 함정, 비경제활동인구 함정 등 여러 가지 새로운 사회 문제를 도출시켰다는 것이다. 이에, 수급자로 하여금 경제활동에의 참가라는 제약 조건의 도입을 통해 수급자들을 단순히 수급상태에 안주하도록 하는 것이 아니라 즉각적 취업

---

1) 파생적 수급권과 개별적 수급권에 대해서는 심창학, 2010: 225-226을 참조.

유도 혹은 교육 및 훈련 프로그램에의 참여 유도를 통해 안정적 일자리를 찾는 데 필요한 고용가능성(employability)을 제고하고자 하는 것이다.

여기서 제기되는 권리 의무의 여부 및 그 정도, 수급자의 경제활동 프로그램의 선택권, 경제활동 프로그램 제공과 관련된 국가의 의무 등 이의 구체적 모습은 국가에 따라 일정한 차이를 보이고 있는데, 이에 대해서는 차후에 상술하기로 한다.

2. 연구 목적 및 연구 질문

본 연구는 활성화 레짐의 관점에서 국가별 비교를 통해 각 활성화 레짐의 특징 및 관련 국가의 특징에 대한 상호 비교를 통해 활성화 레짐 유형론을 평가하고 이를 바탕으로 한국에의 적용 가능성을 살펴보는 것을 목적으로 하고 있다. 본 연구는 근로연계 복지의 대항 개념으로 유럽에서 많은 관심을 모으고 있는 활성화 개념에 대한 정확한 이해의 필요성과 기존의 레짐 유형론의 지평 확대 필요라는 문제의식에서 발전된 것이다. 이와 관련하여 본 연구에서 제기하고자 하는 연구 질문은 다음과 같다.

첫째, 활성화 전략이 단순히 실업보험 혹은 사회부조 등 기존 사회복지 프로그램의 개선과 관련된 것인가 아니면 현대 복지국가의 대안인가 하는 것이다. 이는 활성화 개념 및 활성화 전략에 대한 학자 혹은 국가별 전략에 따라 다를 것이다. 활성화 개념에 대해서는 비판의 목소리가 많은 것도 사실이다. 극단적인 비판은 활성화는 공허한 정치적 수사에 불과하다는 것이다. 활성화는 기존의 적극적 노동시장 프로그램과 본질적 차이가 없다는 주장도 있다. 하지만 필자가 보기에 이러한 비판은 활성화 개념에 대한 가치 폄하 혹은 이해 부족에서 비롯되었다. 대신 이 책에서 필자가 제기하고자 질문은 구체적 정책 프로그램으로서 활성화 전략의 의의에 관한 것이다. 즉 특정 프로그램의 개선에 국한된 개념인지 아니면 근로복지 개념의 대안, 더나아가서 현대 복지국가 재편의 대안으로 자리매김될 수 있는가 하는 것이다.

둘째, 활성화 전략의 국가별 차이와 차이의 결정요인은 무엇인가 하는 것이다. 이미 언급한 바와 같이 활성화 전략의 적용 대상 및 개인과 국가의 권리 의무 상호존중 여부 및 정도, 수급자의 경제활동 프로그램 선택권, 이의 제공에 대한 국가의 의무 등은 국가별로 상당한 차이를 보이고 있다. 뿐만 아니라 수급자의 즉각적 노동시장 취업과 안정된 일자리 획득의 디딤돌 차원에서 교육 및 훈련 프로그램 강조 사이에도 국가 간 차이가 존재한다. 지금까지 사례가 근로연계에 관한 것이라면 근로장려세제의 활용을 통해 근로유인형 활성화 정책을 선호하는 국가도 있을 수 있다. 본 저서의 사례분석 국가 중 덴마크가 근로연계 복지 정책 선호의 대표적 국가라면, 프랑스는 반대로 근로유인형 활성화 정책을 선호한다. 한편, 영국은 양 범주의 정책을 균형 있게 발전시켜온 국가로 판단된다.

이상의 차이 못지않게 관심을 끄는 부분은 차이의 배경에 관한 것이다. 본 연구는 활성화 레짐(activation regime) 용어의 사용을 통해 이를 확인하고자 한다. 활성화 레짐은 전 사회적 일관성(societal coherence)과 활성화 정책(activation policies)이라는 두 개의 범주로 구성되어 있다. 이 중 사회 정책의 일관성은 활성화 정책에 영향을 미치는 외적 요인으로서 특정 국가의 복지 레짐, 사회의 보편적 가치 및 규범, 활성화 정당화 논리, 노사관계 및 노동권, 고용 레짐 등을 가리킨다. 한편, 활성화 정책의 범주에는 정책 유형, 프로그램 및 서비스, 적용 대상, 급여의 유형, 개인과 국가의 권리 의무 상호관계 등이 포함된다. 필자의 기본 전제는 국가별 활성화 전략의 방향, 이의 구체적 프로그램이 독립적으로 결정되는 것이 아니라 사회 정책의 일관성과의 정합성하에서 이루어진다는 것이다. 즉, 내재성(embeddedness)의 관점에서 활성화 전략의 국가별 차이를 살펴보고자 한다. 이는 활성화 레짐의 타당성을 검증하는 기회가 됨과 동시에 복지 레짐의 다양성 확인 및 논의 활성화에 기여할 것이다.

셋째, 정책적·실천적 측면에서 활성화 개념 및 활성화 전략이 한국에 줄 수 있는 시사점은 무엇인가에 관한 것이다. 한국의 사회보호 정책(social protection policy)이 어느 정도 활성화 성격을 띠고 있는가 하는 관점에 따라서 논쟁의 여지가 많은 주제이다. 예컨대, 적극적 노동시장 프로그램 (ALMP)에 근거하여 한국에서도 활성화 정책이 실시되고 있다고 주장할 수 도 있다. 하지만 중요한 것은 노동시장 프로그램의 구체적 내용일 것이다. GDP 대비 한국의 노동시장 프로그램 지출 비중은 0.49%로서 OECD 회원 국 평균인 1.36%의 3분의 1 수준에 불과할 뿐만 아니라 회원국 중 최하위 수준을 벗어나지 못하고 있다(OECD, 2010a). 적극적 노동시장 프로그램 중 활성화 개념과 직결되어 있는 적극적 조치 프로그램에의 지출 비중은 GDP 대비 0.20%에 불과하다. 그보다 더 중요한 점은 사회보장 정책과 고 용 정책 간의 연계가 거의 없다는 것이다. 실업자에 대한 훈련 프로그램이 급여제공과 직접적 연계 없이 제공되고 있으며, 이에 대한 개인과 국가 간의 권리 의무 상호 관계가 불분명하다는 점이 지적될 수 있을 것이다. 이러한 이유로 인해 국내 연구자의 대부분은 한국에서의 활성화 전략의 도입 현황 에 대해 부정적인 결론을 보이고 있다(황덕순·노대명·김재진, 2010; 이병 희·황덕순, 2010; 심창학, 2008). 이에 본 저서는 외국 사례와 한국의 상호 비교를 통해 한국 활성화 정책의 특징을 먼저 고찰한 후, 외국 사례가 한국 에 줄 수 있는 시사점을 도출할 것이다.

II. 연구의 핵심 개념 및 책의 구성

이 책에서의 연구는 국가별 비교를 통해 각 활성화 레짐의 특징 및 관련 국가의 특징에 대한 상호 비교를 통해 활성화 레짐 유형론을 평가하고 이를 바탕으로 한국에의 적용 가능성을 살펴보고자 한다.

이에 따라 지금까지 본 저서는 활성화 개념에 대한 기본 이해의 차원에서 활성화 개념의 등장 배경, 활성화 개념의 국제적 관심 동향 등을 살펴보았다. 이를 바탕으로 차후 본 저서의 핵심 개념 및 구성은 다음과 같다.

1. 핵심 개념 및 연구 대상 국가의 선정

활성화의 국제비교라는 큰 주제하에 본 저서는 활성화 레짐의 관점에서 전 사회적 일관성과 사회보호 활성화 정책 등 두 가지 축을 전제로 진행할 것이다. 먼저, 전 사회적 일관성은 활성화 정책의 외적인 요소로서 제도적 상보성을 기초로 하고 있다. 즉 사회보호 활성화 정책이라는 것이 독립적으로 도출될 수 있는 것이 아니라 그 사회의 지배적인 가치 및 철학(이념), 사회보호 운영체계, 노사관계, 조세제도(특히 저소득층 대상)와 긴밀한 상호 관련성을 지니고 있음을 보여줄 것이다. 이 부분은 중범위 수준의 분석으로서 복지 레짐이라는 기존의 거시적 분석과 특정 정책 위주의 미시적 분석이 가지고 있는 한계를 극복하는 데 도움을 줄 것이다. 본 저서의 집필 방향의 두 번째 축은 사회보호 활성화 정책에 관한 것이다. 이는 기존의 정책 사례 연구와는 달리 관련 정책들이 어느 정도 활성화 성격을 띠고 있는가 하는 점에 초점을 맞출 것이다. 활성화 정책 유형 중 본 저서에서는 다음의 〈그림 1-1〉에서처럼 사회보호 활성화 정책의 핵심에 자리 잡고 있는 근로연계 복지 정책과 근로유인 복지 정책에 초점을 둘 것이다.

먼저, 근로연계 복지 정책군은 사회보호 수급자에게 근로 관련 활동에 대한 참여를 조건부 혹은 의무화하는 정책들을 가리킨다. 따라서 이의 적용 대상은 실업자 혹은 사회부조 수급자이며 국가에 따라서는 청년집단도 포함된다. 사회보호제도와 노동시장 정책 및 관련 제도가 그 대상이다. 이의 구체적인 사회보호제도로서는 실업보험 및 실업부조, 공적부조, 장애급여 등을 들 수 있으며, 적극적 노동시장 정책으로서는 일자리 창출 및 훈련 및 교육 프로그램 등이 있다. 근로유인형 정책 패키지가 사회보호 정책과 조세 정책의 연계 성격을 띠고 있다면, 근로연계형 정책 패키지는 사회보호 정책과 노동시장 정책 연계의 성격이 강하다.

〈그림 1-1〉 활성화 정책의 연계구조

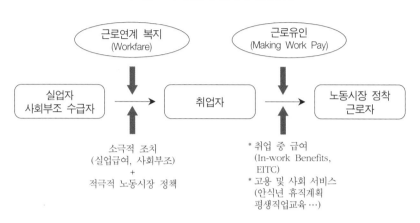

한편, 근로유인형 정책 패키지는 미취업자가 취업할 때 더 나은 금전적 보상을 받도록 함으로써 취업을 선택하도록 유도하는 근로보상 정책(make work pay)뿐만 아니라 이러한 성격을 갖는 제도들을 모두 포함한 것이다. 대표적인 제도가 취업 조건부 급여(in-work benefit)이다. 여기에는 근로장려세제의 이름으로 한국에서도 실시 중인 EITC제도, 미취업자가 취업할 때 지급하는 취업보너스(취업촉진수당) 그리고 재직 근로자의 능력 제고의 목적으로 실시되는 고용 및 사회서비스가 포함된다. 따라서 이의 실질적 적용 대상은 저임금 근로자이다.

한편, 분석 대상 외국 국가로서 덴마크, 영국 그리고 프랑스를 선정하고자 한다. 이는 활성화 레짐 및 사회보호 활성화 정책의 비교에 관한 선행연구를 고려한 결과이다. 덴마크에서 사회보호 정책에서 활성화 개념이 도입된 시점은 1994년이다. 당시 유럽 국가와 마찬가지로 덴마크 역시 고실업 문제와 기존 실업급여제도가 본래의 기능을 발휘하지 못하는 등 많은 문제를 보여주고 있었다. 이의 대안으로 등장한 것이 실업보험에서의 활성화 개념의 도입이다(F. Larsen and M. Mailand, 2007). 이후 1998년 사회부조제도의 활성화 개념 도입으로 덴마크는 사회보호 활성화 정책의 대표적인 국가로 자리 잡게 되었다. 활성화 레짐 측면에서 보편주의 활성화 레짐 국가의 대표적 국가인 덴마크는 근로유인보다는 근로연계 복지 정책이 활성화되어 있다. 자유주의 활성화 레짐의 대표적인 국가인 영국에서 활성화 정책이 본격적으로 등장하기 시작한 것은 1997년부터이다. 물론 이전에도 JSA의 도입 등 활성화 성격을 보여주는 제도가 이미 실시되긴 했으나 특정 집단 중심의 선별적 성격과 강제성이 많이 포함된 엄격한 의미에서 근로연계 복지의 성격을 더 많이 지니고 있었다. 1997년에 집권한 노동당 정부에 의해 실시된 활성화 정책은 JSA를 통한 구직 강화, 뉴딜 슬로건하에 활성화 적용 대상의 확대, 근로장려세제(WFTC)의 도입 등 세 가지 요소로 구성되어 있다(C. Lindsay, 2007). 마지막으로 프랑스의 사회보호 정책에서 활성화 개념의 도입 시점은 불분명하다. 사회보호와 노동시장 개혁의 결합은 1980년대부터 목격되지만 실업보험 혹은 실업부조에서 활성화 개념이 도입된 것은 매우 최근의 일이다. 반면, 사용주 사회보장분담금 감면을 통한 일자리 창출, 근로장려세제(PPE) 등 근로유인 복지 정책은 매우 활발하게 실시되고 있다. 한편, 활성화 레짐의 차원에서 사민주의도 자유주의도 아닌 제3의 유형 레짐의 출현 가능성을 언급할 때 자주 거론되는 국가는 프랑스이다(J.-C. Barbier, 2007).

　따라서 본 연구는 비교 연구의 성격을 띠고 있다. 일반적으로 비교연구 방법론은 교차 사례분석(cross-cases analysis)과 사례분석(case studies)으로 대변된다(김웅진·김진종, 2000). 교차 사례분석이 여러 개의 비교 사례들을 분석의 대상으로 삼고 있는 데 반해, 사례분석은 하나의 사례가 나타내는 변모양태에 초점을 맞추고 있다. 이 중 본 연구는 사례분석 그중에서도 활성화 개념을 분석틀로 사용하고 있는 점을 고려할 때 해석적 사례분석 방법을 취하고 있다고 할 수 있다.

2. 책의 구성

본 저서는 서론을 제외하고 전부 3부로 구성되어 있다.

먼저, 서론 부분에서는 연구 목적 및 활성화에 대한 저자의 관점을 밝힌 후 활성화 개념의 등장 배경을 세 가지로 나누어 설명할 것이다. 빈곤 및 사회적 배제 현상의 극복 대안, 복지국가 위기의 대안으로 사회보호 정책과 여타 정책 간의 연계 필요성, 그리고 유럽의 현상으로서 적극적 노동시장 정책 개념 및 근로연계 복지 개념에 대한 비판 등이 바로 그것이다.

본론 부분의 제1부는 활성화 개념의 이론적 고찰 부분이다. 본 저서의 중심 주제인 활성화 레짐에 대한 이해를 위해서는 우선 활성화 개념에 대한 이해가 전제되어야 할 것이다. 제1부의 2장 "비교 관점에서 본 활성화 개념의 특징"에서는 활성화 개념이 과연 새로운 것인가에 대해 의문을 던지고자 한다. 이를 위해 유사 개념이자 대항 개념인 근로연계 복지와 활성화가 어떠한 공통점과 차이점이 있는지를 선행 연구의 고찰을 통해 살펴봄으로써 활성화 개념이 기존의 개념들 즉 적극적 노동시장 정책 개념뿐만 아니라 근로연계 복지 개념과는 다른 새로운 개념임을 증명할 것이다. 마지막으로 활성화 개념의 이론적 분석틀을 제시할 것이다.

제3장에서는 국제비교를 위한 탐색단계로서 활성화에서 비롯된 개념인 활성화 레짐(activation regime)에 대해서 살펴볼 것이다. 본 저서의 활성화 레짐은 활성화 정책의 상위 개념임과 동시에 활성화 정책을 포함하고 있다. 따라서 본 저서는 활성화 레짐 유형에 관한 선행 연구 고찰을 통해 활성화 레짐의 타당성 및 현실 가능성을 탐색할 것이다. 활성화 레짐은 다음의 〈그림 1-2〉에서처럼 제도적 상보성의 관점에서 내부적으로 두 가지 범주를 지니고 있는데, 전 사회적 일관성이 하나이고 나머지 한 부분은 사회보호 활성화 정책이다. 여기에서는 각 범주의 내용 및 범주가 내포하고 있는 의미를 살펴볼 것이다.

본 저서의 제2부는 활성화 레짐의 국제비교이다. 본 저서는 활성화 레짐 및 사회보호 활성화 정책의 특성을 고려하여 덴마크, 영국, 프랑스를 분석대

〈그림 1-2〉 활성화 레짐의 구성요소 및 관련성

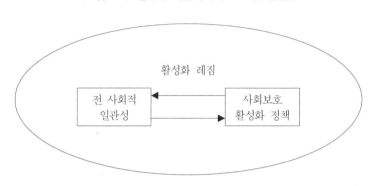

상 국가로 선정했다. 따라서 제4장, 제5장, 제6장을 통해 각국에서 나타나는 활성화의 특징을 역사적 등장 및 등장 배경, 활성화 레짐, 사회보호 활성화 정책의 세 가지로 나누어 살펴볼 것이다. 역사적 등장 및 등장 배경에서는 비교국가론 관점에서 등장 배경 요인의 공통점과 차이점을 이해하는 데 도움을 줄 것이다. 전 사회적 일관성 부분에서는 각국의 지배적인 사회가치(이념), 사회보호 운영체계, 노사관계, 조세제도 등을 고찰할 것이다. 이는 제도적 상보성의 입장에서 한 국가의 제도들이 어떻게 상호 보충성을 지니고 있는지 이해하는 데 도움을 줄 뿐 아니라 국가별 복지국가 재편의 방향성에 대한 예측을 가능하게 할 것이다. 국제비교의 마지막 부분은 활성화 레짐의 또 다른 범주인 사회보호 활성화 정책 분석이다. 핵심 정책군인 3개 국가의 근로연계 복지 정책과 근로유인 복지 정책의 구체적 정책 및 제도를 앞에서 언급한 3개의 분석기준에 근거하여 활성화 유무, 정도를 파악할 것이다. 흥미로운 현상은 사회보호 활성화 정책군 중 국가에 따라 활성화 정도가 다르게 나타난다는 것이다. 예컨대 덴마크에서는 근로유인형 복지 정책보다 근로연계형 복지 정책에서 활성화 성격이 강하게 나타난다. 추측컨대, 이는 덴마크의 전통적인 평등주의 가치, 보편주의적 사회보호 체계, 강한 노동 유연성 전략 등의 전 사회적 일관성과 적극적 노동시장 프로그램의 보편화와 이에 대한 구직자 및 수급자의 참여 간 선택성 친화성과 밀접한 관계가 있을 것이라는 것이다. 반면 노동시장 유연성이 약한 프랑스에서는 조세 정책과 사회보호 정책의 결합이라는 근로유인형 복지 정책의 실시를 통해 구직자의 취업을 유도하는 정책을 시도하고 있다. 본 저서에서는 국가별 분석을 통해 이상의 전 사회적 일관성과 사회보호 활성화 정책 간의 제도적 상보성을 보여주게 될 것이다. 이는 복지국가 재편의 방향과 관련된 이론적 논의를 정립하는 데 기여할 것으로 보인다.

제3부는 활성화 레짐의 국제비교 결과와 이의 한국에의 적용 가능성 부분이다. 먼저 제2부에서 논했던 비교 작업의 결과를 전 사회적 일관성 범주와 사회보호 활성화 부분으로 나누어 살펴볼 것이다. 이를 바탕으로 제도적 상보성 등 이론적 함의를 도출할 것이다. 제3부의 제8장은 활성화 레짐 논의의 한국에의 적용 가능성 부분이다. 두 범주를 기준으로 한국에서 현재 실시되고 있는 정책 및 제도가 어느 정도 활성화 성격을 띠고 있는지 살펴볼 것이다. 이의 연장선상에서 한국에서는 과연 활성화 정책이 존재하는가, 만약 존재한다면 활성화 레짐의 관점에서 나타나는 한국의 특징은 무엇인지를 살펴볼 것이다.

마지막 결론 부분에서는 기존의 레짐 유형론과의 비교 관점에서 본 활성화 레짐 논의의 유용성은 무엇인지, 복지국가 재편과 관련하여 활성화 정책은 과연 복지국가 위기의 대안이라고 평가받을 수 있는지에 대해 살펴볼 것이다. 그리고 활성화 정책이 개인의 활성화뿐만 아니라 체계의 활성화를 지향하면서 채택 가능한 정책 방향임에 동의한다면 한국에서 활성화 정책의 도입 및 확산이 이루어지는 데 고려되어야 할 사항은 무엇인지 정리하고자 한다.

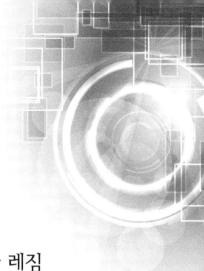

제1부 활성화와 활성화 레짐

제2장

비교 관점에서 본 활성화 개념의 특징

I. 활성화 개념은 새로운 것인가?

활성화 개념은 새로운 것인가? 이는 활성화(activation)라는 용어 자체가 기존의 익숙한 용어와 유사할 뿐 아니라 내용상 근로연계 복지 개념과도 많은 부분이 중첩되기 때문이다. 사실, 활성화 용어 자체가 새로운 것은 아니다. 하지만 1990년대 이후 유럽에서 관심을 보이기 시작한 것은 활성화 내용의 외연 확대, 그리고 고용 및 사회보호 영역에 변화와 혁신을 추구하기 위해 정부가 정책의 상징으로 활성화 용어를 채택했다는 점이다(B. Hvinden, 1999: 27).

이러한 점을 고려하면서 여기서는 유사 개념과의 상호 비교를 통해 활성화 개념의 새로운 성격을 밝혀보고자 한다. 활성화(activation)의 개념과 유사 용어로서 우리에게 익숙한 용어는 아마 OECD를 통해 정립된 적극적 노동시장 정책(ALMP)일 것이다. 하지만 활성화 개념의 기원은 이보다 훨씬 더 역사적·구조적 성격으로부터 기인한다. 이와 관련해서 본고에서는 유사 개념의 역사적 등장 시점을 고려하면서 그 내용을 파악하기로 한다.

먼저 적극적 노동시장 정책(ALMP)은 주지하다시피 스웨덴에서 먼저 등장한 개념이다. 이는 1930년대 당시 집권정당인 사민당에 의해 논의가 시작되어 1950년대부터 본격적으로 실시된 것으로서 당시 스웨덴 경제학자와 노조 대표자들은 완전고용을 목표로 한 국가 정책의 실행에 대한 깊은 믿음을 가지고 있었다. 이에 따라 당시 스웨덴의 적극적 노동시장 정책(active labour market policy)은 거시경제 정책, 연대임금 정책, 그리고 스웨덴 특유의 다양한 국가 개입 정책을 포함한 포괄적인 개념의 성격을 띠었다(J.-C. Barbier, 2004: 52). 다시 말하면, 완전고용을 목표를 노동시장의 구조적 변화를 꾀하면서 이에 필요한 '관리화된 자본주의(managed capitalism)'를 추구했던 것이다. 이후 적극적 노동시장 정책은 한동안 스웨덴 및 이에 영향을 받은 북구 인근 국가의 정책에 국한된 개념으로 사용되었다. 이처럼, 북구에서의 적극적 노동시장 정책은 높은 수준의 고용 혹은 완전고용을 위한 개입과 밀접히 관련되어 있음을 살필 수 있다. 직업 알선, 임금 보조, 훈련 조치 등을 통해 ALMP는 노동시장의 공급과 수요를 자극하는 방향으로 설계되었으며 이는 1950년대까지 노동시장 수급 균형 개선 효과를 가져왔다(B. Hvinden, 1999: 29). 이렇게 볼 때 당시의 적극적 노동시장 정책 개념은 최근의 활성화 개념보다 더 광범위했던 것을 알 수 있다. 그럼에도 불구하고 노동시장의 수요와 공급 양 측면을 동시에 고려하고 있는 점은 활성화 개념과 매우 유사하다.

둘째, 근로 중심 접근방법(work approach)을 들 수 있다(B. Hvinden, 1999: 29). 이 역시 북구에서 등장한 개념으로 구체적으로는 제2차 세계대전 이후 스웨덴과 노르웨이에서 사용된 소득유지 체계의 주요지도 원칙을 의미한다. 이 접근방법에 따르면, 사회보장 체계와 노동시장 서비스 간의 직접적 연계가 있어야 한다는 것인데, 이는 이러한 연계가 노동시장 참여를 극대화하는 소득유지 체계의 핵심에 자리 잡고 있음을 의미한다. 따라서 고용을 통해 사람을 자족하게 할 수 있는 가능성이 소진될 때까지는 그 누구도 장애연금을 포함하여 장기적 공적 소득 유지 급여를 받을 수 없다. 상호 유사점에도 불구하고 근로 중심 접근방법은 앞의 적극적 노동시장 정책에 비해 사회보장과 노동시장 서비스 간의 연계를 훨씬 더 분명하게 표명하고 있다. 한편, 이러한 연계의 강조는 활성화 개념의 핵심에 있는 것이다.

셋째, 1960년대 접어들어 OECD에 의해 국가 비교를 위한 공식 용어로 채택되면서 적극적 노동시장 정책은 국제 용어로 자리 잡게 되었다. 하지만 공식 용어로 채택되는 과정에서 당시 인적 자본 투자에 초점을 두고 있었던 미국의 영향으로 그 의미는 많이 바뀌었음에 유의할 필요가 있다. 다시 말하면 OECD에서 정의한 적극적 노동시장 정책 개념은 직업훈련 프로그램, 고용 서비스, 사회적 한계 집단을 위한 고용창출 등의 공급 측면 관련 조치들을 의미하고 있다. 즉, 스웨덴 고유의 의미, 즉 임금 정책 및 거시경제 정책과의 밀접한 관계 특성에서 벗어나 효율성과 형평성하에 노동 공급의 질 제고, 노동시장 유연성, 구조적 적응의 세 가지 영역에서의 프로그램을 포함하고 있다. 그리고 이는 다시 국가 비교를 위한 OECD 표준 분류화(standard classifications)로 대치되었다.[1] 앞서 언급한 바와 같이 국제비교의 유용성에도 불구하고 OECD 표준 분류화는 몰역사적인 성격을 담고 있음으로 인해 개별국가의 역사적 전통을 무시하고 있을 뿐만 아니라 경우에 따라서는 국가 간 대조적인 가치를 지니고 있는 정책 혹은 프로그램들이 실시되고 있는 사실은 간과하고 있다는 지적을 받고 있다(J.-C. Barbier, 2004: 53-54). 예컨대, 미국 혹은 영국의 징벌적 프로그램, 스칸디나비아 국가에서 보여주고 있는 개인과 국가의 상호 협력에 기반을 둔 균형적 접근법, 프랑스의 연대주의적 통합 정책은 각각 구분되는 가치를 담보하고 있음에도 불구하고 이는 무시한 채 단순히 지출 비중의 차이에만 주목하고 있는 것이다.

---

1) 구체적으로 적극적 지출과 소극적 지출로 나누어지고, 적극적 지출 항목은 공적 고용 서비스 및 행정, 실업자 대상 직업훈련, 청년 대상 조치들, 정부 지원 일자리, 장애인 대상 조치 등이 있으며, 소극적 지출에는 실업보험 및 노동시장 이유로 인한 조기 퇴직 등이 있다. OECD, *Employment Outlook* (연도별).

  넷째, 활성화 개념의 등장과 관련, 언급되어야 할 또 다른 부분은 근로연계 복지 개념의 영향이다. 1970년대 미국에서 등장한 이 개념은 본래 보수주의 사상을 기반으로 하고 있다. 역사적으로 근로연계 복지 개념은 구빈법 사상에 기초하고 있다. 즉 가치 있는 빈민과 가치 없는 빈민 개념에 바탕으로 두고 후자에게 어떠한 조치를 취해야 하는가에 관한 공적 관심과 무관하지 않다. 그리고 변하지 않은 주된 특징은 사회급여 수급자에 대한 근로강제를 특징으로 하고 있다는 점이다. 다시 말해 특정 이데올로기의 성격이 매우 강하다. 제공된 프로그램 참여에 대해서는 이를 원하지 않은 수급자가 있을 수도 있다. 그럼에도 불구하고 근로연계 복지 개념에서 중요한 것은, 의무적 요소가 항상 강제적이지는 않더라도 프로그램 참여에 대한 압력의 요소 및 프로그램 선택에서의 자율성 제한은 분명히 있다는 점이다.

  이는 유럽으로 넘어와 한때 후기 복지국가 시기의 구조적 특징으로 또는 현재 경제 사회적 상황 변화에 대응하는 국가별 사회보호 체계의 불가피한 적응으로 인식되기도 했다. 문제는 근로연계 복지에 대한 유럽에서의 논의가 앞에서 언급한 이데올로기적 측면의 고려 없이 현대 복지국가의 최근 변화를 설명하는 도구로 무분별하게 사용되고 있다는 점이다. 예컨대 레데멜(Lødemel)과 트리키(Trickey)는 근로연계 복지를 사회부조 수급자들에게 수급요건의 하나로서 근로를 요구하는 프로그램 혹은 체계로 정의하면서 이와는 실질적으로 무관한 내용을 보이고 있는 프랑스의 RMI제도(최저소득보장제도) 및 적극적 노동시장 프로그램인 청년 취업 프로그램을 프랑스의 대표적인 근로연계 복지 프로그램으로 소개하는 우를 범하고 있는 것이다 (I. Lødemel and H. Trickey, 2001). 뿐만 아니라 근로연계 복지 개념은 복지 정책과 조세 정책, 사회 정책 및 노동시장 프로그램 간의 전통적인 경계가 모호한 성격을 지니고 있는 최근의 복지국가 전략을 충분히 고려하지 못하는 근본적인 한계를 지니고 있다. 뿐만 아니라 일정 부분의 중첩에도 불구하고 근로연계 복지 개념은 활성화 개념에 비해 협의의 성격을 지니고 있다. 즉 수급요건으로서 근로참여와 여타 의무를 강조하는 대신 적절한 프로그램 제공에 대한 국가의 의무에 대해서는 애써 외면하고 있다. 이렇게 볼 때 활성화 개념에 비해 상대적으로 징벌적·훈육적 성격이 강한 것이 바로 근로연계 복지 개념인 것이다.

다섯째, 근로 인센티브(work incentive) 개념을 들 수 있다(B. Hvinden, 1999: 29-30). 이는 1980년대 중반부터 약 15년간 진행된 소득유지 지원 수준과 노동시장 임금(즉, 최저임금) 간의 관계에 대한 공적 담론의 핵심에 놓여 있다. 결론적으로 말하자면, 공적 급여는 최저임금보다 낮아야 하며, 수급기간 또한 짧아야 근로동기가 부여될 것이라는 것이다. 그리고 빈곤 함정의 극복 차원에서 취업 후 일정 기간은 임금수준과 연동되어 공적 급여를 계속 받도록 하는 조치도 논의된 바 있다.

이상의 배경하에서 등장한 것이 활성화 개념이다. 유럽 연합 차원에서 활성화 개념에 대한 관심은 1997년, 유럽 고용 전략(European Employment Strategy, EES)이 발표되면서부터였다. 다시 말하면 정책적 관심이 학문적 관심에 선행하여 시작되었다. 취업 가능성, 기업가 정신, 적응성, 성적 평등 등의 네 가지 축을 중심으로 회원국의 공동 목적과 지향 대상을 확인하고 개별 회원국의 고용 정책의 조절을 목적으로 구상된 유럽 고용 전략은 2000년 리스본 정상 회담에서 제시된 유럽 사회 모델의 핵심에 놓여 있다. 유럽 정상 회담은 유럽 사회 모델의 특징으로서 인적 자본 투자와 적극적 사회 국가(active social state) 등 두 가지 기본 방향을 제시했는데 여기서 활성화 패러다임은 현재 유럽 연합 전략의 주요 개념 중의 하나로 자리 잡고 있다(A. Serrano Pascual, 2004a: 212). 그럼에도 불구하고, 유럽 연합 역시 활성화 개념에 대한 단일한 정의 없이 개인의 자율성 증진 및 의존 극복, 혹은 사회적 배제 극복을 위한 수단으로 이해하고 있다.

그럼, 여기서 제기되는 질문은 기존의 적극적 복지 정책 혹은 근로연계 복지 개념과의 비교 관점에서 활성화 개념의 독창성은 무엇인가, 그리고 이는 기존 개념에서 볼 수 없었던 새로운 것인가 하는 것이다. 이미 언급한 바와 같이 활성화 개념은 첫째, 수급자의 경제활동 참여 의무와 관련된 구체적 실행이 개인과 국가 간의 공동 참여에 의한 양자 계약에 기초하고 있으며 둘째, 최근 복지국가 변화 추세 중의 하나로서 사회보호 정책과 여타 분야 정책 간 연계의 증가 현상에 주목하고 있다. 셋째, 이는 개인의 활성화 즉, 개인의 취업 가능성 제고뿐만 아니라 체계 자체의 활성화에도 많은 관심을 보이고 있다. 이렇게 볼 때 활성화 개념은 기존의 개념과 일정 부분 차별성을 보이고 있는 것으로 판단된다. 예컨대, 근로연계 복지 개념과 비교할 때 징벌적 성격보다는 계약 성격을 많이 강조하고 있다는 점, 적용 대상이 단순히 특정분야의 수급자가 아니라 좀 더 포괄적인 집단을 적용 대상으로 삼고 있다는 점, 이데올로기적 성격을 벗어나 가치중립적 성격의 개념이라는 점에서 활성화 개념은 고유의 독특성을 지니고 있다. 한편, OECD의 적극적 노동시장 정책 개념이 개인의 취업 가능성 재고와 관련된 프로그램 그리고 관련 항목의 지출에 초점을 맞추고 있는 반면, 활성화 개념은 개인의 활성화 못지않게 체계 자체의 활성화와 관련된 국가 역할, 국가별 특수성을 고려한 제도 간의 연계 등에 더 많은 관심을 가지고 있다.

이러한 점을 고려할 때 활성화 개념은 기존 개념에서 볼 수 없는 새로운 성격을 지니고 있다고 할 수 있다.

II. 활성화 개념과 근로연계 복지 개념의 비교: 근로연계 복지 개념의 외연 확장 혹은 대안?

여기서 활성화 개념의 독창성을 논할 때 많이 언급되는 개념인 근로연계 복지와의 관계에 대해서 살펴보도록 하자. 첫 번째 제시되는 문제는 활성화 개념과 근로연계 복지 개념이 상충적인가 아니면 상호보완적인 관계인가에 관한 것이다. 상충적인 모습을 보이고 있다면 활성화 개념은 근로연계 복지 개념의 대안으로 볼 수 있을 것이다. 한편 상보적인 관계 설정이 가능하다면 두 번째 문제의 제기가 가능하다. 즉, 양자 간의 영역 설정 및 포함 관계에 관한 것이다. 즉 양 개념 중 어느 개념이 상위 개념인가 하는 것이다.

이러한 점을 고려하면서 먼저 근로연계 복지의 개념에 대해서 살펴보기로
하자.

사실, 근로연계 복지 개념의 의미에 대해서는 학자에 따라 일정한 차이를
보이고 있으며, 이는 또한 활성화 개념과의 관계 정립에도 영향을 주고 있
다. 먼저 협의의 관점에서 근로연계 복지는 미국식으로 근로 관련 활동에
참여하지 않을 경우 제재를 강하게 가하는 징벌적인 정책만을 지칭하기도
하고, 분야별로는 공공부조급여 수급의 대가로 근로하는 것만을 지칭하기도
한다. 반대로 광의의 관점에서 근로연계 복지는 폭넓은 일종의 사회제도를
통칭하는 방식으로 사용되는 경우도 있는데 이의 대표적인 학자가 제숍
(Jessop)이다. 조절이론가인 제숍은 workfare를 단순히 공공부조제도에 새
로 도입된 원리가 아니라 사회 노동 정책의 새로운 이념과 기능을 대표하는
것으로 이해한다(황덕순·노대명·김재진, 2010: 10). 이로부터 등장한 것이
케인스주의 일국 복지국가(Keynesian Welfare National State, KWNS)를
대신하는 슘페터주의 탈일국 근로복지국가(Schumpeterian Workfare Post-
national State, SWPR)라는 개념이다. 밥 제숍이 강조하는 SWPR의 특징은
다음과 같다. 첫째, 개방 경제하에서 수요 측면보다는 공급 측면의 중요성을
많이 강조한다. 즉, 공급 측면에서의 개입을 통해 지속적인 혁신과 유연성을
촉진하는 것이다. 둘째, 케인스주의가 강조했던 완전고용 등 전통적인 정책
의 포기를 통해 경제의 구조적·제도적 경쟁력을 강화한다. 셋째, 사회 정책
을 노동시장의 유연성 및 구조적·제도적 경쟁력의 요구에 종속시킨다. 넷
째, 국가 경계선은 권력담지자로서 상대적으로 덜 중요하며 대신 IMF나 EU
등 국제기구가 일국의 사회 정책 및 경제 정책을 형성하는 데 보다 더 중요
하다. 다섯째, 시장의 실패와 부적절성에 대한 보상의 제공과 전달에서 국가
역할이 감소하고 민간 부문의 역할은 증가한다. 이러한 이유로 과거처럼 복
지 '국가'가 아니라 복지 '체제'에 대한 인식이 중요하다고 밥 제숍은 주장한
다(B. Jessop, 1994; 조영훈, 2004: 308-309에서 재인용). 근로연계 복지
개념에 대한 이상의 논의를 정리하면 다음의 〈표 2-1〉과 같다.

또한 근로연계 복지는 실시 목적과 형태에 따라 구분되기도 한다

〈표 2-1〉 근로연계 복지(Workfare)에 대한 협의의 관점과 광의의 관점

구분	성격	영역	비고
협의의 관점	징벌적 성격 강조	공적 분야	앵글로 색슨 국가에서 통용
광의의 관점	사회 노동 정책의 새로운 원리	사회제도 전반	슘페터주의 탈일국 근로복지국가(Schumpeterian Workfare Postnational State, SWPR)로 연결

(I. Lødemel and H. Trickey, 2001). 목적 기반적 접근법(aims-based approaches)은 성격상 유사함에도 불구하고 목적의 상이성에 주목하고 있다. 예컨대, 프랑스의 사회통합적 근로연계 복지가 사회적 배제 극복을 목적으로 하고 있다면, 미국의 근로연계 복지는 의존 극복에 초점을 두고 있다. 또한 동일 국가 내에서 시기별로 근로연계 복지 프로그램 실시 목적이 다를 수 있다. 미국의 1970년대와 80년대에 실시된 근로연계 복지 프로그램은 엄격성, 징벌적 성격이 강한 반면, 1990년대 중반 이후 실시된 프로그램은 노동시장에의 진입 촉진을 목적으로 하고 있다. 한편, 앞서 언급했던 조절학파의 경우 전반적인 경제 사회의 재구성이 근로연계 복지의 목적으로 간주한다.

두 번째로 형태(form)에 따라 근로연계 복지를 구분하고자 하는 시도도 있다. 이는 목적 기반적 정의가 가지고 있는 문제점에 대한 비판에서 비롯된 것이다. 즉, 개별 프로그램이 지향하고 있는 상이하면서도 잠재적으로 모순적인 목적들을 목적 기반적 정의는 과도하게 단순화시키고 있다는 것이다. 따라서 이 입장은 근로연계 복지의 목적보다는 형태에 주목하는 것이 더 바람직함을 강조한다. 여기서 관심 있게 보고 있는 부분은 근로연계 복지 정책의 적용 대상은 어떤 집단이며, 이 집단의 선정 배경은 무엇인가 그리고 근로연계 복지 정책이 실시되는 정책적 맥락의 다양성은 어떠한가 하는 것이다. 이 입장의 대표적 연구자로서 레데멜(I. Lødemel)과 트리키(H. Trickey)를 들 수 있다. 이들은 7개 국가의 사회부조 프로그램의 형태를 국

〈표 2-2〉 근로연계 복지 개념의 구분

구분	세부 내용	예시
목적 기반적	• 국가별 비교	사회적 배제 극복 vs 의존 극복
	• 동일 국가의 시기별 비교	미국의 근로연계 복지(엄격성, 징벌 목적 vs. 노동시장 진입 촉진)
	• 경제 사회의 전반적 재구성	조절학파(케인스주의 복지국가에서 슘페테리언 복지 체제로의 이행)
형태 중심	• 프로그램 적용 대상 확인, 대상 집단 선정 배경 및 맥락	인구, 정치체계, 빈곤율, 경제활동참가율, 실업률, GDP 대비 근로연계 복지 프로그램 관련 지출 비중의 비교

가별 인구 규모, 정부 체계, 빈곤율, 경제활동 참가율, 실업률, GDP 대비 총 사회복지지출 비중, GDP 대비 사회부조 지출 비중, GDP 대비 노동시장 프로그램 지출 비중, GDP 대비 적극적 조치 지출 비중, 노동시장 프로그램 지출 대비 적극적·조치 비중 등을 중심으로 살펴보고 있다(I. Lødemel and H. Trickey, 2001). 〈표 2-2〉는 이상의 논의를 정리한 것이다.

근로연계 복지에 대한 본 저서의 관점은 다음과 같다. 먼저, 관점과 관련하여 본 저서는 협의의 관점에 있다. 이는 또한 활성화 개념을 지지하는 대부분 학자의 관점이기도 하다. 따라서 근로연계 복지의 범위를 사회부조 등 특정 프로그램에 한정하는 개념으로 규정한다. 이렇게 본다면, 근로연계 복지 개념은 활성화 개념의 하위 개념이 되는 것이다. 그리고 구분과 관련, 본 저서는 근로연계 복지 프로그램의 목적과 형태를 공히 중요한 것으로 보고 있다. 왜냐하면, 목적 기반적 구분법에 대한 비판에도 불구하고 형태와 목적은 상호 분리될 수 없는 성격을 지니고 있기 때문이다. 따라서 본 저서의 근로연계 복지는 '국가가 제공하는 경제활동 프로그램의 참여를 전제로 이루어지는 사회부조 프로그램 및 전략'으로 정의하고자 한다. 이렇게 볼때 근로연계 복지는 다음과 같은 특징을 지니고 있다(I. Lødemel, 2004: 202-203).

첫째, 강제성을 띠고 있다. 이는 근로참여에의 요구를 이행하지 않은 경우, 제재 자체가 자동적이지는 않더라도 급여 중단 혹은 급여 삭감의 위험에 노출되어 있음을 의미한다. 강제성 도입의 기본 전제는 정책 결정자들의 입장에서는 수급자를 노동시장에 통합시키는 데 가장 효과적이라는 것이다. 일반적으로 근로연계 복지가 지니고 있는 강제성에 대한 평가는 양가적이다. 그 중요성을 강조하는 학자들은 이것이 수급자 권리에 중요한 영향을 미칠 수 있는 점, 무노동(worklessness) 문제가 단순히 정당한 일자리 부족의 문제가 아니라는 점에 의미를 두고 있다. 반면, 급여의 무조건적인 제공이 시민권 존중의 중요한 원칙임을 고려할 때 강제성을 동반한 조건부적 급여제공은 시민권의 훼손을 가져올 수 있다는 점이 강제성에 대한 비판 근거로 제기될 수 있다. 다른 한 가지 비판의 근거는 이용자의 피드백(반응)이 무시된 채, 질적으로 열악한 프로그램이라 하더라도 이를 거절할 수 없다는 점에서 강제성은 반생산적(counterproductive)이라는 것이다. 사실 노동 통합의 관점에서 유급 노동에 비해 자원봉사 프로그램이 훨씬 더 동기부여가 강하며 더 나은 결과를 낳는다는 연구결과도 있다. 더 나아가서 강제성과 질적으로 열악한 프로그램의 결합은 수급자에게 저항의 문화만 형성시키는 결과를 초래할 것이라고 강제적 성격에 대한 비판론자들은 지적한다.

둘째, 근로 우선주의(primacy of work)이다. 근로연계 복지에서 말하는 근로 우선주의는 훈련 혹은 다른 형태의 프로그램에 비해 노동시장 취업을 더 선호하고 있음을 의미한다. 이는 근로와 다른 형태의 활동이 공히 근로연계 복지 프로그램 내에서 작동되고 있음에도 불구하고, 취업을 통한 근로 행위를 정책 실행자가 결과로서 기대할 수 있는 최상의 요소라는 점을 전제로 하고 있는 것이다. 근로와 다른 형태의 활동(예: 현장 훈련) 간의 구분은 모호한 점이 있는 것도 사실이다. 하지만 미국이나 영국에서 실시되고 있는 근로연계 복지 프로그램의 구체적 내용을 살펴보면 근로 우선적 성격이 분명히 나타나는 것 또한 사실이다. 예컨대, 미국의 TANF(Temporary Assistance for Needy Families)의 경우, 수급자는 노동적응활동에 순응해야 할 뿐만 아니라 1997년의 법 개정에 의해 주당 30시간 이상 근로활동을 수행했음을 입증해야 한다.[2] 그 결과, 상당수의 수급자들이 요식업, 숙박업, 대인 원조 등 경제불황 시 가장 사라질 가능성이 높은 직업을 택하는 결과를 초래하고 있다. 영국의 New Deal 프로그램 역시 근로 우선적 성격이 강하다. NDYP(New Deal Young People)만 하더라도, 18~24세의 청년 중 실업급여 수혜 경력이 6개월이 지나면 무조건 일자리에 종사해야 한다. 6개월 동안은 초기 면접 및 상담가와의 자문을 통해 직업 계획 작성이 이루어지는데, 4개월이 지난 후에도 수급자에게 아무런 효과가 없는 경우 다섯 가지 대안 중 하나는 반드시 선택해야 한다. 문제는 5가지 대안 중 적어도 세 가지 대안은 근로 우선 성격을 지니고 있다는 것이다.[3] 그 결과, 2004년 기준, 수급자의 40%는 비 임금 보조 일자리에 취업하면서 긍정적인 효과를 보였지만, 나머지 60%는 부정적인 결과를 보였다. 구체적으로 수급자의 11%는 성인 장애인 급여 등 다른 급여의 수급자로 이행되었고, 20%는 실업급여의 재수급자가 되었으며, 나머지 29%는 확인되지 않는 이유로 관련 조치의 틀에서 이탈한 것으로 나타났다(Anne Daguerre, 2005: 4-5). 〈표 2-3〉은 이상의 근로연계 복지 개념의 특징을 정리한 것이다.

활성화 입장에서 이상의 근로연계 복지 개념에 대한 비판은 다음과 같다.

첫째, 근로연계 복지에 대한 유럽에서의 논의가 이데올로기적 측면의 고려 없이 현대 복지국가의 최근 변화를 설명하는 도구로 무분별하게 사용되고 있다는 점이다. 예컨대 Lødemel과 Trickey는 근로연계 복지를 사회부조 수급자들에게 수급요건의 하나로서 근로를 요구하고 있는 프로그램 혹은 체계로 정의하면서 이와는 실질적으로 무관한 내용을 보이고 있는 프랑스의 RMI제도(최저소득보장제도) 및 적극적 노동시장 프로그램인 청년 취업 프

---

2) 최근에는 30시간에서 40시간으로 더 엄격해졌음.
3) 다섯 가지 대안은 다음과 같다. 민간 기업 임금 보조 일자리(최대 6개월), 자원봉사 성격의 일자리 제공, 공공건물 유지, 철도, 공원 관리와 관련된 자원봉사 일자리, 직업 훈련(최대 1년간), 기업 창출 보조.

〈표 2-3〉 근로연계 복지 개념의 특징

특징	내용	전제	프로그램 사례	사례의 구체적 내용
강제성	• 경제활동 프로그램에의 의무적 참여 • 불이행 시 급여 중단 혹은 삭감	• 노동시장 통합에의 가장 효과적 방법	• 미국의 TANF • 영국의 NDYP	
근로 우선	• 여타 형태의 프로그램보다 취업을 통한 근로활동 강조	• 정책 실행자의 입장에서 가장 명확한 결과 대변	미국의 TANF	• 노동적응활동 순응 • 주 30~40시간 이상 근로활동 입증
			영국의 NDYP	• 수급 4개월 후 다섯 가지 대안 중 의무적 선택(세 가지 근로 우선 성격 강함) • 수급 6개월 후 취업 의무화

로그램(Emploi-jeunes)을 프랑스의 대표적인 근로연계 복지 프로그램으로 소개하는 우를 범하고 있는 것이다(I. Lødemel and H. Trickey, 2001).

둘째, 근로연계 복지 개념은 복지 정책과 조세 정책, 사회 정책 및 노동시장 프로그램 간의 전통적인 경계가 모호한 성격을 지니고 있는 최근의 복지국가 전략을 충분히 고려하지 못하는 근본적인 한계를 지니고 있다. 사실, 근로연계 복지 개념은 특정 프로그램의 강제적·징벌적 성격 변화에 초점을 두고 있을 뿐이다. 최근 복지국가 재편 현상을 포괄적으로 이해하는 데 한계를 보여준다.

셋째, 근로연계 복지 개념이 지니고 있는 이데올로기적 편향성, 이에 기인한 수급자의 권리 존중에 대한 상대적 경시를 활성화 개념 지지자들은 지적하고 있다. 본래 활성화 개념은 개인과 국가 간의 권리 및 의무의 상호 존중을 바탕으로 하고 있다. 후술하겠지만, 이는 당위론적 차원의 논의에 그치는 것이 아니라 유럽 일부 국가에서는 제도적으로 정착되어 있는 부분이기도 하다. 반면, 근로연계 복지 개념은 보수주의 이데올로기에 바탕을 두면서, 국가의 의무보다는 개인의 의무가 과도하게 강조되고 있을 뿐 아니라 조건부적 급여제공의 강제적·징벌적 성격 강화를 통해 수급자의 권리는 상대적으로 무시되고 있다는 것이 활성화 개념 지지자들의 공통된 견해이다 (A. Serrano Pascual and L. Magnusson (eds.), 2007).

이와 같이, 활성화 개념의 지지자들은 근로연계 복지 개념이 최근의 복지국가 재편 현상을 설명하기에는 역부족이라는 점, 보수주의 이데올로기에 경도되어 수급자의 권리보다는 의무를 지나치게 많이 강조하는 점, 경제활동 프로그램 중 근로 우선에 대한 강한 선호도가 결과적으로는 개인의 고용가능성 재고에 도움을 주지 못하고 있는 점 등에서 근본적인 한계를 보이고 있다고 생각한다. 이러한 한계 극복의 차원에서 제시되는 것이 바로 활성화 개념이다. 그럼에도 불구하고 활성화 개념과 근로연계 복지 개념이 완전히 분리되는 것은 아님에 주목할 필요가 있다. 오히려 이미 언급한 바와 같이, 근로연계 복지 개념의 편협성에서부터 활성화 개념에 대한 관심이 비롯되었으며, 포함관계를 고려한다면 근로연계 복지 개념은 활성화 개념의 하위 개념임과 동시에 구성요소 중의 하나라는 것이다. 이렇게 볼 때, 활성화 개념

〈표 2-4〉 근로연계 복지와 활성화 개념의 특징 비교

	근로연계 복지	활성화
이데올로기적 기반	보수주의	초이념적(혹은 다양한 이념 포함)
관심 영역	특정 프로그램 위주	제도 혹은 정책 간의 연계
성격	• 징벌적·강제적 성격 • 노동시장에의 즉각적 통합(취업) 강조	• 프로그램의 다양화를 통한 노동시장 통합
초점	개인의 취업 가능성	• 개인의 취업 가능성 • 제도의 활성화
개인과 국가의 권리 의무 관계	• 개인에 대한 국가의 일방적 관계 • 노동활동 참여와 관련된 개인 의무의 상대적 강조	• 권리 및 의무의 상호 존중 • 노동시장 프로그램 및 일자리 창출의 국가 의무에도 관심

은 엄밀한 의미에서 근로연계 복지의 대안이라기보다는 현대 복지국가의 재
편 과정을 포괄적으로 설명할 수 있는 외연 확장의 측면에서 그 의의를 찾
을 수 있을 것이다.

〈표 2-4〉는 활성화 개념과 근로연계 복지 개념의 상호 비교에 관한 필자
의 지금까지의 견해를 정리한 것이다. 다시 한 번 강조해야 할 것은 〈표
2-4〉는 양 개념에서 상대적으로 더 많이 강조되고 있는 점 등을 보여주고
있을 뿐, 상충적인 관계는 아니라는 것이다. 즉, 활성화 개념은 근로연계
복지보다 상위 개념으로서 좀 더 포괄적인 성격을 지니고 있다.

III. 활성화 개념의 특징 및 정책적 범주

1. 활성화 개념의 특징

지금까지의 논의를 바탕으로 여기서는 다음과 같은 질문 제기에 대한 답
을 통해 활성화 개념의 특징을 정리하고자 한다.

1) 활성화 개념에 대한 공통된, 단일의 정의는 존재하는가?

한 연구자가 지적한 바와 같이 활성화 개념은 극히 부정확하면서도 모호
한 개념이다. 활성화가 무엇인가에 대해서는 학자나 국제기구에 따라 그 정
의가 상이하다. 이는 활성화의 법적 규정이 없는 상황과도 밀접하게 관련되
어 있다. 후술하겠지만 활성화와 관련된 법적 용어가 있음에도 불구하고 무
엇이 활성화인지에 대해서는 법적 접근방법이 침묵하고 있는 것이다. 이러
한 점을 고려하면서 활성화 정의 사례를 유형별로 살펴보면 다음과 같다.

첫째, 활성화에 대한 협의적 정의로서는 '주류 개방 노동시장에의 증진을
위한 정책 및 조치'를 들 수 있다. 이의 목표는 노동 통합 또는 재통합이며

개별지도, 상담, 구직을 위한 체계적인 능력재고, 취업 중개, 교육 및 직업훈 련, 일자리 알선 및 관련 재정 자원을 들 수 있다(B. Hvinden, 1999). 한편, 본 저서의 필자 역시 다른 논문에서 활성화를 공적 소득지원을 요구하는 사람 혹은 노동시장에서 영구적으로 배제될 위험이 있는 자에 대해 노동시 장의 목적으로 실시되고 있는 정책 및 조치로 정의한 바 있다(심창학, 2010: 5). 본 저서에서 사용하고 있는 활성화의 하위 정책 군(群)을 고려할 때 이 러한 정의는 근로연계 복지 정책 군을 지칭하고 있다. 즉 조건부적 수급 제도의 도입을 통해 실업보험과 사회부조 수급자의 노동시장 통합을 촉진하 는 프로그램 등이 바로 그것이다. 이러한 정의는 북구 국가 등 특정 국가에 서 실시되고 있는 특정 프로그램(예; 실업보험 혹은 사회부조제도)의 활성 화 정도를 파악하는 데 용이한 반면, 현대 복지국가 재편의 의미 혹은 그 방향을 파악하기에는 불가능한 근본적인 한계를 보이고 있다.

둘째, 광의의 관점에서 활성화 개념을 정의하는 경우 사회적으로 가치 있 는 활동에의 참여 촉진을 위한 제(諸)노력을 의미한다. 이의 목표는 숙련도 개선, 이론적 지식 획득, 기술 및 자신감 회복, 사회적 능력, 일상적 근로 생활과 기대에의 참여 사회화 등이다. 여기서는 특정 프로그램으로 관심을 가지기보다는 위에서 언급한 노력 및 목표에 관한 것이면 모두 활성화의 분석 대상에 포함시키고 있다. 다시 말하면, 사회 정책에 전반적으로 내재되 어 있는 활성화 목표와 개별 사회 정책으로서의 적극적 혹은 소극적 정책 간의 구분이 필요하며, 이 중 전자에 초점을 맞추고 있다.[4] 광의의 관점은 다시 네 가지로 구분될 수 있다(J.-C. Barbier et al., 2006). 첫째, 서구 국가에서 나타나는 사회보호 체계 재구조화(재편)의 일반적 경향 및 과정으 로 활성화를 이해하는 경우이다. 예컨대, 복지국가의 소극적 성격에서 적극 적 성격으로의 이행을 의미하는 능동적 사회 국가 개념이 바로 여기에 속한

---

[4] 이의 대표적 학자로서는 R. v. Berkel과 I. H. Møller를 들 수 있다. 이들은 활성화를 포용 증진 제(諸)노력 혹은 특정 체계에의 참여로 정의하고, 활성화와 직결된 목표로서 참여의 중요성을 강조하고 있다(R. v. Berkel and I. H. Møller, 2002).

다. 둘째, 규범적·인지적 차원에서 새로운 패러다임의 출현, 변화에 대한 새로운 해석 틀로서 활성화를 인식하기도 한다. 여기서의 핵심 사안은 제도 및 정책 간의 연계성이다. 즉 사회보호 정책, 노동시장 정책 그리고 조세 정책 간의 긴밀한 연계가 주요 관심 대상이다. 이는 경제, 사회에 대한 패러 다임의 변화와 직결되어 있는 것으로서, 구체적으로 실업 문제의 관심 부활 은 새로운 경제 정책 패러다임의 등장을 요구하고 있으며, 필요한 노동력 공급의 미진 현상은 고용주 및 생산 가능 연령 인구의 노동시장 유인 구조 개편을 필요로 하고 있다. 여기서 노동 비용의 감소와 실업자 및 비경활인 구의 노동시장 포용을 위한 사회보호 체계 및 조세 체계 개편의 필요성이 대두되는 것이다. 근로연계 복지 정책 군과 근로유인 정책 군을 활성화 정 책의 하위 범주로 간주하고 이의 국가별 특징을 살펴보고자 하는 본 저서의 입장과 상응하는 대목이라 할 수 있다.

활성화에 대한 세 번째 광의의 관점은 행동 프로그램 혹은 정책으로서 활성화를 보는 경우이다. 여기서는 활성화를 개인과 체계의 활성화를 목적 으로 하는 제 조치 및 규정을 의미한다. 활성화 정책 영역으로서는 개인의 활성화와 직결되는 적극적 노동시장 정책, 개인과 체계의 활성화와 관련되 는 근로장려세제, 사회분담금 하락, 한계세율 하락 등의 조세 정책을 들 수 있다. 이 역시 본 저서의 입장과 일맥상통하는 대목이다. 네 번째 연구 경향 은 활성화를 사회 시민권의 새로운 개념으로서 간주하고 있다. 권리와 의무 사이의 균형 변화로 인한 새로운 시민윤리의 등장, 지위로서의 시민권 대신 계약의 성격 강화 등을 지적하고 있다. 이러한 관점은 활성화 개념 도입의 불가피성에도 불구하고 이의 부정적 영향을 강조하고 있는데, 대표적 학자 로서 세라노 파스쿠알(A. Serrano-Pascual)을 들 수 있다. 그녀는 사회 정 책에 활성화 조치의 도입이 담론 변화를 야기하고 있다고 지적하면서 이를 〈표 2-5〉와 같이 제시하고 있다.

〈표 2-5〉에서처럼, 세라노 파스쿠알은 활성화 개념이 본래의 취지에도 불구하고 현실적으로는 시장 중심적, 실업 원인의 개인적 속성 강조, 경제적 참여를 통한 시민권 인정 등의 결과를 초래하고 있다고 지적한다. 이는 시

〈표 2-5〉 사회 정책 활성화 조치 도입과 담론 변화

대기준	하위기준	기존 담론	새로운 담론
실업의 의미: 일자리 부족에서 개인 능력 부족으로	경제적 상황 정의	시장이 통제되어야 함	시장은 자연적인 것임
	실업 원인 진단	일자리 부족	고용가능성 결핍
(사회)국가의 의미: 복지국가에서 근로연게 복지국가로	국가개입에 대한 양분론	평등/불평등(착취) 부와 성과물의 균등 배분	사회적 통합/배제 기회 균등
	사회보장 표출	위험 보호	변화 적응 능력
	복지국가의 역할	일자리 제공 및 사회적 위험으로부터 시민 보호	위험 회피를 위해 취업 가능성 제공
	정당화 원칙	집단 책임	개인 책임
시민권(의식)의 의미: 사회적 시민성(의식)에서 경제적 시민성(의식)으로(노동시장 참여)	사회 문제	자산 보호 및 생애 보장	사회적 배제
	일(근로)의 의미	사회적 권리	도덕적 의무
	시민권 접근 범주	사회 및 정치적 참여	경제적 참여

출처: A. Serrano Pascual, 2004a: 226과 2004b: 516의 관련 표의 내용을 바탕으로 재정리

장통제에 대한 공감대, 실업 문제의 구조적 해석, 결과적 평등의 강조, 시민권의 사회 및 정치적 참여 성격 강조가 특징이었던 기존 담론의 후퇴를 의미하는 것으로 그녀는 해석하고 있다. 차후 연구에서 그녀는 〈표 2-6〉에서처럼, 이상의 담론 변화가 개입 패러다임의 이행으로 귀결된 것으로 해석하고 있다.

세라노 파스쿠알은 활성화 정책의 대표적인 비판론자이다. 즉, 그녀는 활성화 개념의 도입이 의도와는 무관하게 개인 시민권의 위축 혹은 축소, 개인 책임의 강조, 시민권 혹은 사회통합의 측면에서 기존의 정치 사회적 성격에 대한 경제적 성격에서 상대적 중요성 등의 결과를 초래했다고 진단한다. 이러한 그녀의 입장은 활성화 개념의 지지자들에게 중요한 경고의 메시지를 던져주고 있다. 뿐만 아니라 활성화 정책에 성과의 판단 기준으로 유용성을 가지고 있음도 분명하다. 그럼에도 불구하고 이 입장은 해석론적 관점이 지

〈표 2-6〉 개입 패러다임(paradigm of intervention)의 변화

구분	복지 공여 기반 개입 패러다임	활성화 공여 기반 개입 패러다임
문제 소재	정치 경제, 시장 기능의 오류	개인 행동, 개인 태도
사회통합의 의미	정치, 사회, 경제적 통합	경제적 통합
시민권 개념	권리 부여 조건	가치 있는 지위 조건부적 권리(책임 있는 행위)

출처: A. Serrano-Pascual, 2007: 15의 〈표 1〉

니고 있는 근본적인 한계를 보여주고 있다. 다시 말하면, 엄밀성, 객관적 실증 분석을 담보하지 못하고 있는 점이 지적되어야 할 것이다. 활성화에 대한 광의의 관점 중, 다섯 번째 유형은 거버넌스 양식과의 결합을 시도하는 것이다. 이는 표출과 담론, 권력 기술, 통치자와 피통치자 관계의 재설정을 통한 파악을 시도하고 있으며, 최근 이에 관한 연구가 많이 진행되고 있다.[5]

활성화의 정의에 관한 이상의 견해 중, 본 저서는 광의의 입장에 있으며, 세부적으로는 두 번째 정의와 세 번째 정의에 그 맥을 같이 하고 있다. 즉 사회 정책의 새로운 패러다임의 연장선상에서 개인뿐만 아니라 체계의 활성화, 사회보호 정책, 노동시장 정책 그리고 조세 정책 간의 긴밀한 연계를 강조하는 행동 프로그램 및 정책을 의미한다.

2) 활성화 개념의 용도는 무엇인가: 이데올로기부터 목표 수단까지

활성화 개념에 대한 공통된, 단일의 정의 규정이 불가능한 이유 중 하나가 바로 활성화 개념 용도의 다양성에 있다. 따라서 활성화에 대한 정확한 이해를 위해서는 활성화 용어를 언급하는 데 있어서 용도의 엄격한 구분이

---

5) 예컨대, *International Journal of Sociology and Social Policy*는 2007년, 새로운 거버넌스 양식이라는 기획 주제하에 활성화 개념과 거버넌스의 관계를 조명하고 있다. cf. *International Journal of Sociology and Social Policy*, Vol.27, No.7/8.

필요하다(A. Serrano Pascual, 2004a; J.-C. Barbier, 2004). 이와 관련, 활성화 개념에 대해 많은 연구를 하고 있는 세라노 파스쿠알은 기존 연구 분석 결과, 활성화 개념이 목표, 방법, 원칙, 윤리, 혹은 이데올로기 등으로 연구자에 따라 다르게 인식되고 있다고 지적한다(A. Serrano Pascual, 2004a: 214-215).

그에 따르면, 우선 목표로서 활성화는 사회적 배제 극복과 예비 노동의 활용 차원에서 실업자의 노동시장에의 통합을 의미한다. 방법으로서 활성화를 이해하는 경우, 인센티브 조치의 실시를 의미한다. 이는 국가에 따라서 강제성을 부여하거나 혹은 강제성과 무관할 수도 있다. 인센티브 조치는 기존 규정의 수정을 통한 수급과 근로동기의 연계, 급여수준이나 수급기간의 재조정 혹은 수급요건의 강화를 통해 이루어진다. 연구자에 따라 활성화 개념이 하나의 원칙으로 사용되는 경우, 이는 최근의 경제 사회 변화에 대한 국가 체계의 합리화 혹은 적응을 의미한다. 이는 활성화 개념이 노동 가치의 중요성을 의미하는 윤리로 사용되는 경우와 직결된다. 즉 경제 사회 변화에 대해 능동적으로 대처하기 위해서 가장 중요한 것은 노동이라는 것이다. 뿐만 아니라 노동은 개인의 의존성 극복과 사회 심리적 효능성 증진을 위해서도 절대적으로 필요하다는 인식이다. 마지막으로 이데올로기로서의 활성화는 사회 변화 인식의 근간을 이루고 있는 표출 체계 및 정당화 체계로서 실업 인식, 복지국가 인식, 시민권 개념 등의 형성과 관련성을 지니고 있다. 이상 활성화 개념의 혼용이 결국은 최근 유럽 국가의 활성화 흐름과 관련되어 나타나는 입장 양분 현상(수렴 혹은 차이)을 초래하고 있는 것으로 세라노 파스쿠알은 지적하고 있다.[6]

본 저서에서는 활성화를 특정 목표를 실현하기 위한 정책적 수단으로 보고자 한다. 구체적으로 활성화 정책은 두 가지 수준의 목표를 지니고 있다.

---

6) 즉, 활성화 개념이 하나의 이데올로기로 간주되는 경우 유럽 국가들 간의 수렴 현상이 보이는 반면, 방법으로서 활성화 개념을 파악한다면 국가들 사이에 많은 차이가 있다는 것이다(A. Serrano Pascual, 2004a: 215-216).

첫째, 개인 수준에서 활성화는 실업 혹은 비경제활동으로 야기된 일자리가 없는 상태에서 근로 상태로의 이행을 목표로 하고 있다. 경제적 독립, 더 나아가서 생활만족과 웰빙 측면이 이의 연장선상에 있다. 거시적 수준에서 활성화는 노동시장의 환경, 복지국가의 지속적인 발전을 목표로 하고 있다. 사실 활성화 정책 효과는 노동시장의 환경개선을 매개로 극대화될 수 있다. 노동시장 진입 유인과 이를 보장할 수 있는 노동시장 자체의 환경이 동시에 고려되어야 한다. 그리고 노동시장에서 개인 기대의 개선을 통해 활성화는 집합적 수준에서 장기적으로 복지국가를 좀 더 지속가능하고 생동감 있게 해 줄 것이다. 예컨대, 수급자에서 취업자로의 이동은 사회보호급여 지출의 감소를 가져올 것이며, 이는 세수 증대 및 사회보험기여금의 증대를 가져올 것이다. 이렇게 볼 때 활성화 정책은 적정 수준의 사회보호급여 제공을 가능하게 할 뿐만 아니라 지속적인 복지국가를 가능하게 할 것이다.

3) 활성화 개념은 소극적 조치와 적극적 조치의 관계를 어떻게 규정하고 있는가: 상쇄(trade-off) 관계 혹은 상보적 관계?

적극적 사회 정책과 소극적 사회 정책의 긴밀한 상호 관련성에 대한 강조를 들 수 있다. 이 흐름은 양분적 시각을 비판하면서 소득보장에 초점을 두고 있는 소극적 사회 정책과 사회에의 개인 참여 촉진을 목적으로 하고 있는 적극적 사회 정책을 상호 구분하는 것은 불가능하다는 시각이다. 대신 양자가 어떻게 상호 관련성을 지닌 채 유지 혹은 변화하는가에 초점을 맞추는 것이 필요하다는 것이다. 소극적 사회 정책과 적극적 사회 정책 간의 상호 관련성에 대해 베르켈(Berkel)과 묄러(Møller)는 두 가지 유형을 제시하고 있다(R. v. Berkel and I. H. Møller, 2002: 48-51). 첫 번째 유형은 적극적 사회 정책의 발전 없이 소득보장 체계를 개혁하는 경우이다. 예컨대 대표적으로 수급요건의 강화 혹은 수급기간의 축소를 들 수 있다. 예컨대 덴마크 실업보험의 최대 수급기간은 1989년의 10년에서, 1994년에는 7년, 1996년에는 5년으로 축소되었으며 이는 1999년부터는 다시 4년으로 바뀌었다. 소득보장 체계가 이미 많이 발달된 국가에서 볼 수 있는 것으로, 이들 국가에서는 새로운 형태의 적극적 사회 정책의 도입 대신 기존의 소극적 사회 정책의 개혁에 관심을 두고 있는 것이다 두 번째 유형은 사회 정책 분야에 적극적 사회 정책의 도입을 적극적으로 추진하는 경우이다. 이는 소극적 사회 정책과 적극적 사회 정책 간의 관계를 기준으로 세 가지 하위 유형으로 나누어진다.

첫 번째 유형은 상호보완적 관계이다. 소극적 보장 정책의 보완 차원에서 적극적 보장 정책의 도입이 이루어지는 것으로 여기서는 기존의 소득보장 수준에서의 변화가 없는 상태에서 수급자가 유급 노동 혹은 다른 형태의 노동에 참여가 허용되는 차원에서 적극적 조치가 이루어지는 것이다. 예컨대, 프랑스에서 최저소득보장급여(RMI) 수급자에 대해서 월 기준 750시간 근로에 해당되는 근로임금과 RMI급여의 동시 수급을 인정하는 경우이다. 두 번째 유형은 대체 관계이다. 이 경우 소극적 사회 정책의 대체제도로 적극적 사회 정책의 도입이 이루어지는 것이다. 급여와 근로의 연계가 아니라 급여제공 대신 근로 제공을 의미한다. 즉, 급여제공 대신 개인의 취업 가능성 제고의 목적으로 유급 일자리가 직접적으로 제공되는 것이다. 1990년대, 네덜란드에서 사회부조 수급권이 국가 제공의 보조 일자리 참여권으로 대체되었던 적이 있었는데 이 사례가 여기에 속한다고 할 수 있다. 세 번째 유형은 종속적 혹은 조건부적 관계이다. 활성화 프로그램에의 참여를 조건으로 수급권이 인정되는 것이다. 이러한 요구를 이행하지 못하는 경우 수급자는 급여의 전부 혹은 일부를 일시적 혹은 영구적으로 받지 못한다. 현재 미국을 비롯한 많은 국가에서 볼 수 있는 관계 형태이다.

특정 국가가 위의 형태 중 한 가지만을 보여주고 있는 것은 물론 아니다. 한 국가는 시기에 따라서 또는 제도에 따라서 복수의 형태를 동시에 지니고 있을 수도 있다. 그리고 이상의 논의는 개념적 수준의 논의라는 한계를 지니고 있다. 그럼에도 불구하고, 위의 논의가 보여주고 있는 시사점은 적지 않다고 할 수 있다. 우선 성격상 소극적 정책과 적극적 정책으로 구분된다 할지라도 특정 정책이 가지고 있는 의미 파악을 위해서는 양 정책에 대한 동시 분석이 이루어져야 한다는 점을 보여주고 있다. 그렇지 못한 경우 정책이 지니고 있는 특성의 한 부분만을 부각시키는 오류를 범할 수 있을 것이다. 둘째, 적극적 조치의 도입이 반드시 소득보장 공적 급여가 대표적인 소극적 조치의 후퇴를 의미하는 것은 아니라는 것이다. 근로연계 복지 개념은 적극적 조치의 도입과 소극적 조치의 후퇴 사이에 선택적 친화성이 있음을 내재하고 있다. 하지만 이는 덴마크 등 복지수준이 높은 일부 국가에서만 나타나는 현상일 뿐 보편적인 현상은 아님을 활성화 개념은 보여주고 있다. 활성화 개념이 강조하고 있는 바는 적극적 조치의 도입에도 불구하고 사회 구성원의 생존권은 반드시 보장되어야 한다는 것이다. 다시 말하면, 활성화 개념은 소극적 조치와 적극적 조치는 상쇄 관계가 아니며, 상쇄 관계가 되어서도 안 된다는 점을 내재하고 있다.

셋째, 소극적 정책과 적극적 정책 관계에 있어서 여러 가지 형태가 있음을 보여주고 있다. 일반적으로 근로연계 복지의 관점은 조건부적 관계에 초점을 맞추고 있다. 하지만 활성화 관점에서는 이보다 더 다양한 관계 파악이 가능하며 이를 통해 정책의 시기별 변화와 이의 의미에 대한 포괄적 분석이 가능할 것으로 판단된다. 〈표 2-7〉은 소극적 조치와 적극적 조치의

〈표 2-7〉 활성화 관점에서 본 소극적 조치와 적극적 조치의 양태

구분	하위구분	내용	사례	비고
적극적 조치와 무관하게 소극적 조치 개혁		• 수급요건 강화, 수급기간 축소	덴마크의 실업보험 개혁	
적극적 조치와 소극적 조치의 연계	상호보완적	• 적극적 조치 강화 • 소극적 조치 변화 없음	프랑스의 RMI급여와 시장 임금 동시 수급 허용	
	대체	• 급여 대신 일자리 제공	네덜란드의 사회부조 개혁(1990년대)	
	조건부	• 노동시장 프로그램에의 참여를 조건으로 급여 제공	미국 등 대부분의 국가	근로연계 복지

출처: R. v. Berkel and I. H. Møller, 2002: 48-51의 내용을 바탕으로 정리

관계에 대한 활성화 관점을 정리한 것이다.

4) 활성화 전략의 초점은 무엇인가:
개인의 취업 가능성 재고 혹은 체계의 활성화?

근로연계 복지 개념에서처럼 활성화 전략 역시 개인의 취업 가능성 재고를 목적으로 하고 있음은 분명하다. 이는 유럽의 고용 전략(EES)뿐만 아니라 국가별 활성화 전략에서 강조되고 있는 대목이다. 활성화의 기본 취지는 근로능력이 있음에도 불구하고 노동시장에서 분리 혹은 이탈된 채 살아가는 이른바 비경제활동인구(inactive population)를 적극적이고 능동적인 사람(active person)으로 바꾼다는 것이다. 여기서 '적극적이고 능동적인 사람'이란 유급 노동(paid work)을 통해 자신의 삶을 스스로 꾸려 나가는 사람을 가리키는 완곡한 표현이라 할 수 있다(김종일, 2010: 255). 구체적으로는 유급 정규 노동하에 있으며, 사회급여 혹은 사회부조급여에서 독립적이며, 노동시장 참어 및 급여로부터 독립 실현을 위해 제공되는 프로그램에 등록이 되어 있는 경우 적극적이며 능동적인 사람으로 간주된다. 반면, 활성화 프로그램에 등록되어 있지 않는 사회보장 수급자는 소극적 시민으로 보고 있다(R. v. Berkel and I. H. Møller, 2002: 47).

이의 연장선상에서 취업 가능성 재고는 실업 문제 해결을 위한 가장 효과적인 대안으로 보고 있다. 왜냐하면, 실업 문제는 취업 가능성의 결여와 직결되어 있기 때문이다. 취업 가능성의 결여는 실업자의 특정 기술 혹은 보편 기술의 결여, 사회적 능력의 결여, 그리고 도덕적 품성의 결여 등 세 가지 영역에서의 결핍으로 구분된다(A. Serrano-Pascual, 2003: 92). 따라서 노동시장 프로그램에의 참여를 강조하는 활성화 전략은 자기 충분성 증진의 수단, 즉 취업 가능성 제고의 수단이 되는 것이다.[7]

한편, 개인의 취업 가능성 재고를 위한 활성화 전략은 다음 세 가지 점을

---

[7] 이와 관련하여 사회보호의 역할 역시 바뀌고 있다. 즉 자기 충분성의 증진이 첫 번째 역할이며, 두 번째 역할은 부의 재분배보다는 기회 재분배, 자조 수단 제공, 자기 충족성 획득의 자기 책임성을 강조하는 것이다.

강조하고 있다(A. Serrano-Pascual, 2007: 14). 첫째, 개별화된 접근방법
(individualized approach)을 강조하고 있다. 즉, 부의 공정한 배분을 위한
적당한 정치적 조건의 창출보다는 기회 재분배라는 원칙하에 개인의 행위,
동기부여, 행태 변화가 바로 활성화 전략의 목표이다. 이러한 정책은 개별화
된 접근방법(즉, 맞춤형, 고객 중심 서비스)과 수급자의 강한 참여를 선호한
다. 이는 두 가지 측면의 변화를 가져오고 있는데, 첫 번째는 국가 개입 양
식을 지지하는 원칙이 기존의 빈곤 극복, 시장통제에서 의존 극복, 개인 결
합의 교정으로의 변화를 야기하고 있다. 둘째, 국가 역할 역시 기존 사회권
의 보증인으로서보다는 도덕성 규제 즉 개인 행위의 규제자적 성격이 더
강하게 나타난다.

둘째, 고용을 강조한다. 활성화 전략의 목적은 고용(근로) 및 자율성이다.
따라서 활성화 전략은 인센티브 제공 및 개인 설득 혹은 동기부여의 방법을
통해 노동시장에서 개인의 행위에 영향을 미치는 것을 염두에 두고 있다.
구체적으로, 활성화 개념은 자원봉사 혹은 국가 임금 보조 일자리 대신 노동
시장에서의 정상적인 일자리에 초점을 두고 있다. 이는 고용이 시민권 획득
의 유일한 경로인가에 대한 논쟁을 낳고 있는 것이 사실이다. 그럼에도 불
구하고 근로 중시 활성화 정책은 하나의 대세가 되었다. 여기서 도출되는
것이 바로 시민권의 변화 즉 기존의 정치적·사회적 성격에서 경제적 성격
으로의 이행인 것이다. 여기서 유의해야 할 점은 활성화 관점에서의 근로
중시가 노동시장에의 즉각적 취업만을 의미하는 것은 아니라는 것이다. 유
럽 고용 전략(EES)에서처럼, 훈련 및 교육 프로그램 등 정상적 노동시장에
의 취업을 위한 다양한 노동시장 프로그램의 중요성을 동시에 강조하고 있
다. 이는 근로연계 복지 개념과 일정한 차이를 보이는 부분이다.

셋째, 핵심 원칙으로서 계약(contractualisation)이다. 이는 두 가지 측면
에서의 논의가 가능한데 우선 계약 용어 자체가 정책 지도 및 정당화의 수
사(metaphor)가 되었다는 점이다. 유럽을 비롯한 대부분의 국가에서 실시
되고 있는 수급자 개별 행동 계획(individualized action plan)은 이의 대표
적 사례이다. 두 번째 측면은 전통적으로 시민권을 정의하기 위해 사용되었

던 사회계약 자체의 본질 변화를 가져오고 있다. 주지하다시피 사회계약 용어 자체는 오래된 것이다. 하지만 기존 사회계약의 특징은 철학적·정치적 성격이 강했다. 그리고 사회계약설의 주체와 직결되는 개념인 시민권 역시 당연히 주어지는 지위였다. 하지만 최근의 계약 개념은 오히려 도덕적·법적 성격이 더 강하다. 계약체결과 관련된 시민의 접근은 고용에 대한 개인의 행위 및 행태와 직결된 조건부적 성격을 지니고 있다. 동시에 계약 개념 외에 상호 합의 규범, 가치 있음의 개념 역시 시민권 자체의 정당성을 지탱하는 주요 원칙의 하나가 되었다. 이는 왜 복지국가 정당화를 위한 사회적 파트너의 정치적 캠페인이 적절한 일자리에 초점을 맞추고 있는지를 설명해 준다. 즉, 이들에게 중요한 것은 계약 자체가 아니라 적절한 일자리 제공인 것이다.

한편, 개인의 취업 가능성 제고(활성화) 못지않게 활성화 개념이 강조하고 있는 부분은 바로 체계의 활성화이다. 여기서의 핵심은 세계화 및 경제사회 상황의 변화 흐름 속에서 노동시장의 동학과 사회보호 시스템을 조화시키는 방향으로서의 제도 간 조화, 더 나아가서 전체 사회 체계의 순응적 변화이다. 즉, 한 국가의 전체 사회 체계가 어느 정도 개인의 활성화에 도움을 주는 방향으로 움직이고 있는가 하는 것이다. 제도적 정합, 제도적 상보성의 개념과 맥락을 같이 하는 개념이 바로 체계의 활성화인 것이다. 이와 같이 활성화 개념에서 체계의 활성화 중요성을 강조하는 대표적인 학자로서 프랑스인 바르비에(J.-C. Barbier)를 들 수 있다. 그는 한 국가의 체계 활성화에 관한 포괄적인 이해를 위해서는 다음 영역에 관한 분석이 필요하다고 강조한다.

〈표 2-8〉에서처럼, 체계의 활성화는 다양한 영역을 포함하고 있다. 여기에는 실업보험, 사회부조, 장애급여, 연금 등의 사회보호 체계는 물론 공적 고용 서비스, 노동시장, 더 나아가서 가치 및 결과로서의 경제적/사회적 지표(성과) 등도 포함되어 있다. 사회보호 체계의 활성화는 수급자격 조건 및 급여수준의 변화, 수급자의 근로의욕을 높이는 등의 방법을 통한 고용 친화적(employment-friendly) 제도로 개편하는 것을 의미한다. 여기서 나오는

〈표 2-8〉 체계의 활성화 영역

영역	내용
공적 고용 서비스	제공 서비스의 다양성과 양 제공 서비스의 질 고용 정책 형태 탈중앙화/관리
노동시장	고용 질 임금 노동시장 규정 성격(법적 제약성, 유연화, 노동권리) 완전고용
사회보호 체계	급여의 관대성(상대적 수준) 급여 요건(보편주의 등) 재정충당방식 사회보호 관리 유형 및 양식
가치	정치적, 문화적 가치 사회보호 체계 인식 경제 정책 관련 가치
경제적/사회적 지표(성과)	성장 및 생산성 경쟁력 실업률, 취업률, 비경활률 불평등 빈곤

출처: J.-C. Barbier et al., 2006: 29의 〈표〉

개념이 바로 사회보호 활성화 정책과 노동시장 정책 등 여타 분야 정책 간의 연계이다. 즉, 체계의 활성화는 특정 정책의 활성화보다는 정책 혹은 제도들 간의 긴밀한 연계를 통해서만이 소기의 목적을 달성할 수 있다는 것이다. 청년집단의 활성화 전략을 논하면서, 전체론적(holistic) 관점에서 통합적 이행 정책(Integrated Transition Policies, ITPs)의 도입이 강조되는 것도 바로 이에 기인한다(M. du Bois-Reymond and A. L. Blasco, 2003: 34-36).[8]

한편, 노동시장 조직의 활성화는 노동시장의 유연성을 재고하는 한편, 공적 고용 서비스는 효과성·효율성을 높여 구직 수급자의 고용을 극대화하는 것이다. 또 적극적 노동시장 정책은 활성화 정책의 필수 요소로 유지하되, 과거의 수요 중심 정책 대신 공급 중심 정책이 강조되는 경향을 보인다(김종일, 2010: 256). 체계의 활성화와 관련, 강조되어야 할 점은 노동시장 프로그램의 제공 및 일자리 창출과 관련된 국가의 역할이다. 즉, 어느 정도 국가가 개인의 취업 가능성 재고를 위해 노동시장 프로그램을 제시하고 있으며, 일자리 창출의 마지막 주체(the last resort)로서 국가가 개입하고 있는가 하는 것이다.

한편, 이상의 바르비에의 관점이 광범위한 성격을 담고 있다면, 중범위 수준에서 활성화의 두 가지 측면이 확인될 수 있다. 즉, 활성화 전략은 요구강화 측면과 능력강화 측면의 두 가지로 구분될 수 있다. 여기서 요구강화 측면은 수급자의 취업 가능성 재고와 관련된 반면, 능력강화 측면은 체계의 활성화와 직결되어 있다. 이의 구체적 내용은 〈표 2-9〉와 같다.

〈표 2-9〉에서처럼, 수급자의 요구강화 측면은 활성화 정책의 규제·징벌적 요소들을 강조하는 것으로 급여수준의 하락과 수급기간 단축, 근로의무 강화 및 제재적 요소, 구직자의 구직활동의 개별적 모니터업무 강화 등을 포함하고 있다. 상대적으로 미국, 영국 등의 앵글로 색슨계 국가들에서 많이 보이는 활성화 조치이다. 한편, 능력강화 측면은 개인의 활성화에 필요한 국가적 지원 요소 등을 많이 담고 있다. 구체적으로, 전통적인 적극적 노동시장 정책의 강화, 근로유인 정책의 도입 및 실시를 통해 취업자를 가능한 노동시장에 머무르게 하는 조치, 사례 관리, 아동 보육 지원 등 사회 서비스 강화 조치가 이의 대표적이라 할 수 있다. 이러한 능력강화 측면은 주로 북구형 국가들에게서 강하게 나타난다(김종일, 2010: 256). 한편, 국가별 활성화 접근방법은 요구강화 혹은 능력강화 측면의 정책 중 어디에 비중을

---

8) 이는 개인의 인생경로에 대한 고려를 바탕으로 영역별 청년 이행에 영향을 미치는 정책들 간의 조율을 의미한다. 특히 학습, 고용, 사회적 지지 프로그램 간의 조율이 청년 집단의 사회적 포용 목적을 달성하는 데 필요한 핵심 정책이다(M. du Bois-Reymond and A. L. Blasco, 2003: 34).

〈표 2-9〉 활성화의 두 가지 측면

수급자에 대한 요구강화(demanding)	수급자의 능력강화(enabling)
1. 급여기간과 수준	1. 전통적인 적극적 노동시장 정책
• 사회보험 혹은 사회부조급여 하락 • 최장 수급기간의 단축	• 구직활동 지원과 상담 • 직업 관련 훈련 체계 • 창업지원보조금 • 고용보조금 • 이주보조금
2. 엄격한 수급요건과 제재 조항 강화	
• 적절한 일자리 제의의 엄격한 정의 • 비순응에 대한 징벌적 제재 조치 강화	
	2. 금전적 유인 강화/근로유인 정책 　(make work pay)
3. 개별 활동 요건 강화	
• 통합 계약 • 개별 구직 노력의 감시 강화 • 적극적 노동시장 정책 틀에의 참여 의 　무화(workfare)	• 소득공제 확대 • 저임금 일자리에 대한 임금 보조 　("in-work-benefits")
	3. 사회 서비스
	• 사례관리, 개별화된 지지 • 심리적·사회적 지지 • 아동 보육 지원 등

출처: W. Eichhorst et al., 2008: 6의 table 1

두느냐에 따라 달라진다. 뿐만 아니라 양 측면 간의 균형 정도 역시 개인뿐
만 아니라 특정 국가의 정책 결정 맥락에서 다양할 수 있다고 아이히호르스
트(W. Eichhorst)는 강조한다(W. Eichhorst et al., 2009: 6).

　위에서 살펴본 바와 같이, 개인의 취업 가능성을 상대적으로 강조하고 있
는 근로연계 복지 개념과는 달리 활성화 개념은 체계의 활성화에도 못지않
은 관심을 보이고 있다.

5) 활성화 개념과 관련된 법적 용어는 무엇인가: (상호)의무, 제재, 급여

　이미 언급한 바와 같이, 활성화에 대한 법적 규정이 있는 사례는 찾아보
기 힘들다. 그럼에도 불구하고 활성화 전략의 효과적인 실시를 위해 해당
국가에서 집행과 관련된 법적 조치가 마련되어 있다. 여기서는 이를 법적

용어로 칭하고 대부분의 국가에서 목격되는 법적 용어를 살펴보기로 한다.

(1) 상호 의무

여기서 나타나는 법적 틀의 주요 질문은 누가 무슨 요건에 순응해야 하는 가이다. 구체적으로 상황 개선과 관련하여 개인의 자기 책임성도 법적 조항에 포함되어 있는지, 수급자들을 가능하면 빨리 그리고 효과적으로 노동시장에 회귀시키기 위한 목표하에 국가 혹은 행정부가 법적으로 해야 할 일(법적 의무사항)은 무엇인가에 관한 것이다. 여기서 상호 의무 개념이 등장한다. 개인 및 국가 간 적용되는 권리 및 의무의 상호 존중으로 해석될 수 있는 상호 의무 개념이야말로 개인의 의무만을 상대적으로 많이 강조하고 있는 근로연계 복지 개념과 차이를 보여주는 부분이다. 이러한 상호 의무 개념은 최근 노동시장 개혁의 규범적 철학으로 간주되고 있다. 즉, 국가가 제공하는 능력강화 체계에의 수급자 참여는 의무적이다. 이 점이 바로 활성화 이전 노동시장 정책과 최근 경향 간의 주요한 차이이기도 하다. 구체적으로 〈표 2-9〉에서 보이는 수급자의 요구강화 측면과 능력강화 측면의 공식적인 연계를 강화하기 위해 대부분의 국가에서는 포용 계약(insertion contract)의 방식을 사용하고 있다.[9] 이는 적용 대상자와의 초기면담 혹은 심층면담을 거쳐 수급자의 욕구가 파악되고 이를 바탕으로 적절한 노동시장 프로그램의 제의 및 선정, 노동시장 프로그램에 대한 개인과 국가의 의무를 규정, 상호 협약하는 과정이자 그 결과라 할 수 있다. 이의 적용 대상은 실업보험 수급자에 한정하는 국가도 있는 한편 사회부조 수급자까지 포함되는 경우도 있다. 그리고 계약 자체가 형식에 그치는 국가가 있는 반면 주기적인 모니터링을 통해 진정성을 담보하는 국가도 있다.[10]

---

9) 포용 계약의 국가별 용어는 매우 다양하다. 고용 계획, 지도 계획, 개별 평가 및 서비스 계획, 구직 계획 혹은 협약, 활동 협약 등이 바로 그것이다. 한국에서는 개별 취업 계획(individual action plan, IAP)으로 불린다. 한편 OECD에서는 행동 계획(action plan)으로 통칭하고 있다.
10) 여기에 속하는 덴마크, 영국, 프랑스, 한국의 구체적인 내용은 차후에 언급할 것임.

여기서 제기되는 첫 번째 문제는 포용 계약의 수립 및 체결 과정이 개인과 국가(상담 전문가) 간에 수평적 관계를 바탕으로 쌍방적 성격을 지니고 있는지 아니면 개인의 대한 국가의 상대적 우월성을 바탕으로 일방적으로 진행되는가에 관한 것이다. 이는 국가별 법적 규정의 검토, 이의 실질적 적용 과정을 질적 연구를 통해서 파악이 가능할 것이다. 이에 대한 본격적인 국가별 비교 사례 연구는 찾기 어렵고 대신 특정 국가의 사례 연구를 바탕으로 할 때 덴마크가 쌍방적 성격이 강한 것으로 나타난다. 덴마크는 활성화 프로그램이 중앙정부의 책임하에 실시되고, 노동시장 편입보다는 인적 자본 개발에 더 많은 관심을 보이고 있으며, 활성화 프로그램이 참여자의 권리 기반적·자발적 의지에서 등장한 대표적 사례로 간주되고 있다(I. Lødemel, 2004). 반면, 영국의 활성화 조치는 일정 수급기간이 지나면 5가지 유형의 대안 중 한 가지를 선택하도록 강요하고 있다. 이러한 점을 고려하다면, 쌍방보다는 일방적 성격이 더 강한 것으로 판단된다.

둘째, 포용 계약을 통해 나타나 있는 개인과 국가의 상호 의무가 어느 정도 법적 효력을 가지고 있는가이다. 예컨대, 개인 혹은 국가가 포용 계약을 통해 합의된 내용을 제대로 이행하지 않을 때 이를 제재할 수 있는 법적 조치가 마련되어 있는가 하는 것이다. 활성화 개념은 개인의 의무에 상대적으로 경도되어 있는 근로연계 복지 개념과는 달리 국가의 의무 역시 못지않게 중요한 사안으로 간주하고 있다.

(2) 동기부여기제: 제재 그리고(또는) 인센티브

활성화 개념의 두 번째 법적 용어는 수급자를 노동시장 프로그램으로 참여를 독려하기 위한 동기부여기제에 관한 것이다. 이는 성격상 두 가지로 구분될 수 있다. 첫째, 억압적 성격이다. 즉 수급자가 노동시장 프로그램에 참여하지 않는 경우 제재 조치가 실시될 수 있다. 가장 많이 사용되는 방법이 급여의 일시적 중단 혹은 급여수준의 삭감 조치이다. 현재 활성화 조치를 실시하고 있는 대부분의 국가에서는 이 방법을 사용하고 있다. 조치의 효과적 실시의 차원에서 제재 조치 의존의 불가피성에 대해서는 활성화 개

넘도 공감하고 있는 점은 분명하다. 하지만 활성화 개념은 이와 관련된 수급자의 권리 개념을 중시하고 있는 것 또한 사실이다. 예컨대, 제재 조치의 사용을 사전에 공지해야 할 뿐만 아니라 필요한 정보를 수급자가 미리 인지하고 있어야 함을 강조한다. 또한 제재 조치가 법적 규정에 부합되는지에 대해서 수급자가 사법적 판단을 요청할 수 있는 법적 통로도 마련되는 것 또한 중요하다(W. Eichhorst et al., 2009: 7).

대비 관점에서 근로연계 복지 개념은 제재 조치의 실행에만 많은 관심을 두는 반면, 제재 조치와 관련된 수급자의 권리에 대해서는 상대적으로 소홀하다. 하지만 활성화 개념은 양자 공히 중요하게 간주함으로써 근로연계 복지 개념보다는 이념적으로 중립적, 관심 영역에서 포괄적인 특징을 지니고 있다고 볼 수 있다. 둘째, 보상적 성격의 동기부여이다. 이는 억압적 성격과는 달리 수급자가 노동시장 프로그램에 적극적으로 참여하는 경우 이에 대한 보상(인센티브)이 이루어진다. 수급자에 대한 인센티브 조치의 중요성에 대해서 근로연계 복지 개념은 상대적으로 관심이 덜 하다. 하지만 활성화 개념 지지자들은 이의 중요성을 강조할 뿐만 아니라 제재는 수급자 동기부여의 마지막 수단으로 사용되어야 함을 강조한다. 그리고 제제 조치 사용에 대한 사업 기관의 확인 절차도 필요하다고 보고 있다. 왜냐하면 이들에게 핵심 문제는 수급자의 적극적인 경제활동 참여를 장려하는 방향으로 동기부여기제가 사용되는가에 관한 것이기 때문이다.

이러한 점을 고려할 때 제재 조치의 국가별 특징을 살펴보는 것 또한 의미 있는 작업으로 판단된다. 이와 관련, 모레이라(A. Moreira)는 활성화의 양면성을 논하면서 국가별 제재 조치의 성격을 억압적 제재(repressive sanctions)와 회복 목적의 제재(restitutive sanction)의 둘로 구분하고 이 중 어떤 성격의 제재를 더 많이 강조하고 있는가를 살펴보고 있다. 그가 정의하는 억압적 제재는 포용 계약 내용에 대한 불이행의 경우 개인에 대해서 즉각적이면서도 강력한 처벌 조치가 가해지는 것을 의미한다. 구체적인 법적 조치로서는 최초 불이행 시 100% 급여 삭감, 급여 중지, 더 나아가서 수급자격 박탈을 들 수 있다. 이에 반해, 회복 목적의 제재는 개인행동에 대한 즉각적 처벌보다는 의무 이행 유도에 초점을 두고 있다. 이 경우, 최초 불이행이 수급자격 박탈로 직결되지는 않으며, 급여 삭감이 있더라도 그 비율은 약하다. 대신 위협 행위가 반복되는 경우에는 제재 조치가 누진적으로 부과될 수 있다. 즉, 회복 목적의 제재는 최초의 위법행위에 대해서는 관대한 반면, 누진방식의 적용을 통해 반복된 위법행위에 대해서 엄중히 경고하고 있다. 결국 이는 최초 위법행위와는 무관하게 가능하면 수급자들의 의무 이행을 유도하는 것을 목적으로 한다. 제재 구분의 기준은 다음과 같다. 첫째, 위법행위의 경우 수급자격 박탈 가능성이다. 국가별 상황에서 관련 제재 조항이 있으면 그 조항은 억압적 성격이 강하다. 둘째, 최초 위법행위가 초래할 수 있는 급여 삭감 최대 비율이다. 삭감 비율이 최대 100%까지 가능하고 억압적 성격이 강하면, 비율이 약할수록 회복 목적의 제재 성격이 강하다고 볼 수 있다. 셋째, 위법행위가 반복되는 경우, 재재 조치의 누진 가능성이다. 관련 조항이 있으면 해당 국가의 제재 조치는 회복 목적이 강하다고 할 수 있다. 이를 바탕으로 모레이라는 유럽 8개 국가의 제재 조치의 성격을 분석했는데, 그 결과는 〈표 2-10〉과 같다.

〈표 2-10〉에서처럼, 국가별로는 독일과 네덜란드가 회복 목적의 제재 조치 성격이 강한 국가에 속한다. 이들 국가는 수급자격 박탈과 관련된 조항이 없으며, 최초 위법행위 발생 시 적용될 수 있는 급여 삭감 최대 비율이 20%에 불과하다. 대신 위법행위가 반복될 때 누진적 적용이 가능하게 함으로써 최초 위법행위에는 관대함과 동시에 향후 수급자들의 의무 이행을 유도하고 있다. 반면, 프랑스는 포르투갈과 같이 수급자의 의무 불이행, 위법행위에 대한 즉각적 처벌을 가하는 억압적 제재 성격이 강하다. 예컨대, 프랑스 RMI의 경우, 통합 계약 내용 불이행의 경우 혹은 세 차례의 예정된 평가 인터뷰를 응하지 않는 경우, 급여 중단 혹은 자격 박탈을 가져올 수 있다. 하지만 이미 언급한 바와 같이 이는 법적 조항에 불과할 뿐, 법적 규정이 현실적으로는 제대로 적용되지 않은 양상을 보이고 있다. 덴마크는 1998년을 기점으로 중대한 변화가 생겼다. 이전의 제재 조치는 완전히 억압적 성격이 강했다. 하지만 1999년 이후 점점 회복 목적의 성격을 많이 보이

〈표 2-10〉 유럽 국가의 제재 조치 성격 비교

국가	연도	수급자격 박탈 가능성(0.5)*	최초 위법행위 시 가능한 급여 삭감 최대 비율(0.25)		누진적 제재 사용(0.25)**	회복 목적의 제재 성격 정도
			급여 대비 최대 제재율(%)	점수***		
독일 BSH	1997	1	25	0.75	1	0.94
	1999	1	25	0.75	1	0.94
덴마크 SB	1997	0	100	0	0	0.00
	1998	1	20	1	1(?)	0.75(?)
네덜란드 ABW	1997	1	20	1	1	1.00
	1999	1	20	1	1	1.00
프랑스 RMI	1998	0	100	0	0	0.00
포르투갈 RMG	1998	0	100	0	0	0.00
아일랜드 SWA	1998	1	100	0	1	0.75
핀란드 TTK	1997	1	20	1	0	0.75
	1999	1	20	1	1	1.00
영국 JSA	1997	0	50	0.5	1	0.38
	1999	0	50	0.5	1	0.38

점수 산정방식
* 수급자격박탈 가능성 조항: 1=없음; 0=있음(괄호 속의 숫자는 가중치)
** 제재 조치의 누진성 조항: 1=있음; 0=없음(괄호 속의 숫자는 가중치)
*** 1=급여 삭감 최대 비율이 25% 미만인 경우
   0.75=급여 삭감 최대 비율이 25% 이상 50% 미만
   0.5=급여 삭감 최대 비율이 50% 이상 75% 미만
   0.25=급여 삭감 최대 비율이 75% 이상 100% 미만
   0=급여 삭감 최대 비율이 100%인 경우
출처: A. Moreira, 2008: 79(table 5.7)

고 있음을 알 수 있다. 구체적으로 이전과는 달리 수급자격 박탈 가능성이 없게 되었을 뿐만 아니라 최초 제재 시 급여 삭감 비율 역시 높지 않다. 동시에 누진적 제재 조치의 도입을 통해 기존 급여의 40%까지 삭감이 가능

해졌다. 마지막으로 영국은 회복적 성격보다는 억압적 성격이 강한 국가이다. 수급자격이 박탈될 수 있고, 최초 제재 시 50%까지 급여가 삭감될 수 있다. 동시에 취업 상담 혹은 국가가 제의하는 경제활동 프로그램에 참여를 거부하는 경우 2주간 급여 중지가 이루어진다. 또한 여타 국가와 달리 누진적 제재도 가능하다. 즉 최초 제재 이후에 불이행이 반복되는 경우 4주간 급여 중지 조치가 수반된다. 억압적 성격과 누진적 제재 조치의 가능성이 동시에 있는 점을 고려할 때, 수급자의 입장에서는 영국이 분석 대상 국가 중 가장 엄격한 법적 조항을 보유하고 있는 국가라 보인다.

이상에서 본 바와 같이 수급자의 동기부여기제의 법적 용어는 활성화 개념의 핵심에 있다. 근로연계 복지 개념과 가장 차이를 보이는 점은 보편화의 한계에도 불구하고 제재의 법적 조항 못지않게 인센티브 조항 역시 많은 관심을 두고 있다는 점이다. 그리고 제재 조치가 위법행위자에 대한 즉각적 처벌을 지향하는 억압적 성격과 포용 계약 내용을 이행하는 방향으로 수급자를 유도하는 성격의 조치를 국가별 상대적 비중 차이도 중요한 사안으로 간주하고 있다.

(3) 급여

활성화 개념의 세 번째 법적 용어는 급여이다. 급여는 법적 구성에서 국가별로 상이하면서도 다양한 형태를 보이고 있다(W. Eichhorst et al., 2008: 7).

먼저, 현금급여(cash benefits)이다. 활성화 지지자들 사이에서 일차적인 관심의 대상이 되고 있는 급여는 현금급여이다. 왜냐하면 현금급여로 대변되는 소극적 조치와 적극적 조치의 결합은 수급자의 소득보장을 전제로 해야 된다는 것에 대한 강한 믿음을 가지고 있기 때문이다. 덴마크 등 일부 국가에서는 수급기간의 단축 등 급여수준의 하락을 가져온 경우도 있지만 이는 어디까지나 기존 복지수준이 상대적으로 높은 국가에 적용될 수 있는 사례에 불과할 뿐 이의 보편화는 타당하지 않다는 것이 이들의 입장이다. 오히려 소득보장 위주의 소극적 조치는 적극적 프로그램에의 참여를 가능하게 하는 원동력(motivator)이자 행위자(activator)로 간주되고 있다(R. v. Berkel and I. H. Møller, 2002: 49). 현금급여의 법적 사례로서는 소득보장급여, 사회부조급여(이상 근로연계 복지)와 근로유인 복지군의 근로장려세제, 근로조건부급여 등을 들 수 있다.

둘째, 현물급여(benefits in kind)이다. 구체적 법적 용어로는 노동시장 프로그램 혹은 경제활동 프로그램 등으로 명칭이 부여되고, 현물급여로서는 근로연계 복지와 관련하여 노동시장 일자리 제공, 훈련 및 교육 프로그램, 국가 임금 보조 일자리 제공 등을 들 수 있다. 여기서 강조되는 것은 활성화 개념에서는 수급자의 노동시장에의 즉각적 진입보다는 훈련 및 교육 프로그램의 실시에 더 많은 관심을 보이고 있다는 점이다. 이와 관련 하여, 활성화 전략은 노동시장 편입(Labor Market Attachment, LMA) 전략과 인적 자본 개발(Human Resource Development, HRD) 전략으로 구분되기도 한다. LMA 전략은 근로연계 복지의 이상형에 가까우며 사회보호에의 의존이 수급자의 근로행위에 영향을 미치고 있음을 전제로 한다. 따라서 이의 해결을 위해서는 수급요건의 엄격성 및 제재 조치의 활용을 통해 수급자를 가능한 빨리 노동시장에 진입하도록 하는 점이 중요하다고 보고 있다. 반면, HRD 전략은 노동 결여에 있어 구조적 측면의 이해에 관심을 가지고 있다.

〈그림 2-1〉 활성화 전략의 구분과 국가 비교

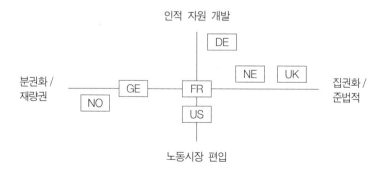

출처: I. Lødemel, 2004: 210의 Figure 8.2

따라서 인적 자본의 개발과 기회 제공에 초점을 맞추고 있다(I. Lødemel, 2004: 209). 7개 국가 분석 결과, 〈그림 2-1〉에서처럼 덴마크, 네덜란드, 영국은 HRD 전략을 선호하는 것으로 나타난 반면, 노르웨이와 미국은 LMA 전략의 대표적 국가이다. 한편, 독일과 프랑스는 양 전략의 상대적 비중이 비슷하게 나타난다(I. Lødemel, 2004: 210).

한편, 〈표 2-11〉은 유럽 일부 국가에서 어느 정도 훈련 및 교육 프로그램에 예산 배정이 이루어지고 있는지를 나타낸 것이다.

〈표 2-11〉 사회부조제도의 훈련 및 교육 프로그램 지출 국가별 비교

국가	연도	훈련 지출 비중*	견습 특별 지원 지출 비중**	교육 및 훈련 참여 기회	
				Σ	% of max
독일 BSH	1997	0.389	0.045	0.434	0.61
	1999	0.411	0.058	0.468	0.66
덴마크 SB	1997	**0.693**	*0.015*	**0.708**	1.00
	1998	**0.693**	*0.016*	**0.708**	1.00
네덜란드 ABW	1997	0.055	0.040	0.096	0.13
	1999	0.064	0.038	0.102	0.14
프랑스 RMI	1998	0.318	0.102	0.420	0.59
포르투갈 RMG	1998	0.174	0.065	0.239	0.34
아일랜드 SWA	1998	0.223	*0.000*	0.223	0.31
핀란드 TTK	1997	0.489	0.044	0.533	0.75
	1999	0.450	0.035	0.485	0.69
영국 JSA	1997	0.039	**0.099**	0.138	0.19
	1999	*0.046*	**0.106**	0.152	0.21

* 훈련 지출 비중: 실업자 혹은 여타 집단의 취업 가능성 제고 목적으로 실시되는 공식화된 공적 재정 지원 훈련 프로그램
** 견습 특별 지원: 고용주 견습 직원 채용 촉진 혹은 한계 집단에 대한 훈련/견습 수당 형태
출처: A. Moreira, 2008: 77의 table 5.6

이를 살펴보면 덴마크는 핀란드와 함께 훈련 및 교육 프로그램에 상대적으로 많은 지출을 하고 있다. 반면 영국은 네덜란드와 함께 이에 대한 관심이 상대적으로 적다. 한편, 프랑스는 독일과 함께 중간을 차지하고 있다. 분야별로는 어느 국가를 막론하고 전통적·적극적 노동시장 지출 항목인 훈련 지출 비중이 크고, 영국의 특징은 견습 특별 지원 지출이 여타 국가에 비해 높다는 점이다.

지금까지 다섯 가지 질문에 대한 필자 나름대로의 답을 통해 활성화 개념의 특징을 살펴보았다. 이를 정리하면 다음과 같다. 첫째, 활성화 개념에 대한 단일의, 공통된 정의는 존재하지 않는다. 대신 관점에 협의의 정의와 광의의 정의가 있는 본 저서는 광의의 정의를 채택한다. 둘째, 활성화의 용도 역시 매우 다양하다. 이데올로기, 목표, 원칙 및 윤리, 정책적 수단 등이 바로 그것이다. 본 저서는 활성화를 특정 목표 달성에 필요한 정책적 수단으로 보고 있다. 셋째, 활성화 전략은 소극적 조치와 적극적 조치의 연계를 강조하고 있다. 그 전제로서 이러한 연계가 소극적 조치의 후퇴를 초래해서는 안 된다고 활성화 연구자들은 강조하고 있다. 그리고 조건부적 연계에 초점을 두는 근로연계 복지와는 달리 활성화 개념은 연계의 다양성에 초점을 두고 있다. 넷째, 개인의 활성화(취업 가능성) 재고에만 초점을 두고 있는 근로연계 복지 개념과는 달리 활성화 개념은 체계의 활성화에도 많은 관심을 가지고 있다. 이와 관련하여 체계 활성화를 위한 국가의 역할은 활성화 개념의 주요 관심 영역이기도 하다. 다섯째, 활성화에 대한 정확한 법적 규정은 존재하지 않음에도 불구하고 활성화 조치의 효과적 집행과 관련된 법적 용어는 사용되고 있다. 상호의무, 동기부여기제, 급여 등이 활성화 법적 용어와 관련된 개념들이다. 개인의 의무 못지않게 국가의 의무도 동시에 강조하고 있는 점, 제재 조치 못지않게 인센티브의 중요성에 관심을 보이고 있는 점, 적극적 조치 실시의 원동력이자 전제 조건이 소극적 조치(현금급여)의 중요성, 노동시장에로의 즉각적 진입 못지않게 훈련 및 교육 프로그램의 중요성을 강조하고 있는 점 등이 법적 용어와 관련된 활성화 개념의 특징이다.

2. 활성화 정책의 범위

지금까지의 논의를 고려하여 본 저서의 활성화 개념은 취업 애로 집단의 노동시장 포용이라는 목적하에 사회보호 정책과 여타 분야 정책(노동시장 정책, 조세 정책 등)의 연계를 바탕으로 실시되고 있는 노동시장 취업(근로 연계) 혹은 유지(근로유인)와 관련된 제 조치 및 프로그램으로 정의하고자 한다.

다음의 〈표 2-12〉는 활성화 개념에 해당하는 정책 및 제도를 나타낸 것이다.

한편, 본 저서에서는 〈표 2-12〉에 나타나 있는 정책 및 제도의 국가별 특징을 활성화 관점에서 분석하고자 한다. 달리 말하면, 활성화 개념을 특정 국가의 정책, 제도 분석을 위한 하나의 도구, 즉 분석틀(analytical tools)로 서 사용하고자 한다. 그 배경은 다음과 같다(J.-C. Barbier, 2002; A. Serrano Pascual, 2004a; C.-H. SHIM, 2008). 첫째, 활성화 개념은 적용 대상의 포 괄성을 많이 강조하고 있다. 이는 선별적 적용 대상을 지향하는 근로복지

〈표 2-12〉 활성화 정책의 하위 범주

대구분	관련 제도	주요 특징
근로연계형 복지 정책 패키지	실업급여	사회안전망(사회보호 정책) 과 고용안전망(노동시장 정 책)의 연계
	실업부조	
	공적부조	
	장애급여	
	훈련 및 교육 프로그램	
근로유인형 복지 정책 패키지	근로조건부급여	사회보호 정책과 조세 정 책의 연계
	조세감면제도	
	최저임금제	
	고용 및 사회서비스(평생교육, 휴직계획)	

개념에 비해 한 국가의 복지 체계에 대한 광범위한 이해를 가능하게 할 것이다. 둘째, 유사 개념인 근로연계 복지 개념이 국가가 제공하고 있는 경제활동에 있어 수급자의 참여와 관련, 징벌적·훈육적 성격을 담고 있는 데 비해 활성화 개념은 개인과 국가의 쌍방 참여에 의한 계약의 체결, 쌍방 참여에 의한 체결 내용의 작성 및 확인, 체결 내용의 실현에 대한 쌍방 책임의 원칙을 강조하고 있다. 즉 경제활동에의 참여라는 것이 개인에 대한 국가의 일방적인 강제가 아니라 개인과 국가 양자 합의를 통해서 이루어져야 함을 강조하고 있다. 물론 현실적으로 양자 합의의 과정 및 정도는 국가에 따라 다를 수 있다. 하지만 양자 합의의 여부 혹은 정도 그 자체가 한 국가의 활성화 정도를 판단하는 중요한 잣대가 될 수 있다는 것이다.

셋째, 활성화 개념은 특정 프로그램에 대한 분석보다는 정책들 간의 연계에 주목하고 있다. 예컨대, 소득보장 위주의 전통적인 사회보호 정책과 여타 분야의 정책(노동시장 정책, 조세 정책) 간의 연계를 들 수 있다. 현대 복지국가의 개편과 관련된 쟁점 중의 하나는 노동시장의 유연화에 대응할 수 있는 사회보호 체계의 개편이다. 이의 연장선상에서 활성화 개념은 사회적 취약계층의 소득보장 유지와 노동시장에의 참여를 동시에 보장할 수 있는 정책의 개발 등을 강조하고 있다. 이렇게 볼 때, 한 국가의 사회보호 정책이 여타 분야의 정책과 어떻게 연계되어 있는가를 살펴보는 것 역시 활성화 관점에서 중요한 사안 중의 하나이다. 넷째, 최근 사회적 취약계층의 노동시장에의 참여와 관련, 개인의 취업 가능성의 제고에 많은 관심을 모으고 있다. 하지만 활성화 개념은 이러한 개인의 활성화 못지않게 체계 자체의 활성화를 강조하고 있다. 즉, 개인의 취업 가능성 재고로 대표되는 개인 활성화가 교육 수준의 재고, 기술 숙련도의 재고 등 개인적 측면을 많이 강조하고 있다면, 활성화 개념은 개인의 활성화가 가능할 수 있도록 체계 자체가 어느 정도 활성화되어 있는가에 주목하고 있다. 이와 관련하여 중요한 것이 개인의 활성화와 일자리 창출에 있어서 국가 역할이다. 즉 개인의 활성화를 위해 국가가 어느 정도 교육 및 훈련 프로그램을 제공하고 있으며 이에 대한 참여자의 만족도, 효과성은 어떠한가 하는 것이 분석의 첫 번째 측면이다. 동시에 일자리 창출의 마지막 원동력(the last resort)으로서 국가가 어느 정도 일자리 창출에 개입하고 있는가 역시 체계 자체 활성화의 중요한 측면이 되고 있다.

　이러한 점을 고려할 때 근로연계 복지 개념이 징벌적, 특정 프로그램 분석, 가치 지향적인 성격을 띠고 있음에 비해 활성화 개념은 가치중립적, 특정 국가의 사회보호 체계에 대한 좀 더 포괄적인 분석을 가능하게 한다는 점에서 그 유용성을 발견할 수 있다(J.-C. Barbier, 2002: 312-313).

제**3**장

활성화 레짐의 구성요소와
활성화 레짐 유형

I. 활성화 레짐의 연구 사례

여타 레짐 연구에 비해 활성화 레짐에 대한 관심은 상대적으로 부진하다고 할 수 있다. 이는 활성화 용어 자체의 생소함, 개념에 대한 단일의 공통된 정의가 없는 점과 관련된다고 볼 수 있다. 본 저서에서는 지금까지 확인된 활성화 레짐의 대표적인 연구 사례를 먼저 소개하고 본 저서에서 사용하고자 하는 활성화 레짐의 내용을 밝히기로 한다.

1. 자유주의 활성화 레짐(Liberal activation regime)과 보편주의 활성화 레짐(Universalistic activation regime): J.-C. Barbier의 연구 사례

한편, 활성화 레짐의 대표적 학자인 바르비에(J.-C. Barbier)는 유형화를 위한 두 개의 큰 범주로서 전 사회적 일관성(societal coherence)과 활성화 정책(activation policies) 등 두 가지를 제시하고 있다. 전 사회적 일관성은 활성화 정책에 영향을 미치는 외적 요인으로서 특정 국가의 복지 레짐, 보편적 가치 및 규범, 활성화의 정당화 규범, 노사관계 및 노동권, 고용 레짐 등을 가리키며, 이 중 고용 레짐은 일자리 창출에 있어서의 국가 역할에 주목하고 있다. 반면, 활성화 정책 범주에는 정책의 유형, 프로그램 및 서비스, 적용 대상 인구, 급여 유형, 권리 및 의무 성격, 공적 고용 서비스 및 사회 서비스의 역할 등이 포함되어 있다. 이에 근거하여 그는 자유주의 활성화 레짐과 보편주의 활성화 레짐 등 두 가지 이상형을 제시하고 있다.

간단히 살펴보면, 자유주의 활성화 레짐과 보편주의 활성화 레짐은 상호 대조적인 특징을 지니고 있다. 자유주의 활성화 레짐은 노동시장과 개인과의 관계에 초점을 맞추면서 자체적으로 형평성과 효율성을 가지고 오는 것으로 보고 있다. 여기서 사회 정책, 적극적 노동시장 정책은 단기간의 훈련 프로그램, 정보 제공을 통한 구직활동의 촉진에 한정하면서 제한된 역할을 취하고 있다. 반면 보편주의 활성화 레짐은 모든 시민을 대상으로 포괄적인 서비스 제공의 성격을 띠고 있을 뿐만 아니라 사회부조 수급자들에게 높은 수준의 생활을 보장하고 있으며, 저임금 분야에 대해서도 최저임금에 가까운 급여를 보장하고 있다. 일자리 창출의 주체와 관련, 보편주의 활성화 레짐은 국가의 역할 강화에 초점을 맞추고 있는 반면, 자유주의 활성화 레짐은 노동시장 스스로의 기능을 중시하고 있다. 프로그램(서비스) 유형 및 대상 집단에 있어서도 자유주의 활성화 레짐은 빈민 혹은 복지 의존자 등 특정 집단을 대상으로 하는 근로연계 복지 프로그램이 주를 이루고 있으며, 동시에 세금 공제의 역할에 많은 비중을 두고 있다. 반면, 보편주의 활성화 레짐은 보편주의 원칙하에 전체 사회 구성원을 대상으로 한 사회 서비스 및 고용 서비스가 활성화되어 있다. 제재 조치 부분에서도 자유주의 활성화 레짐은 국가에 의한 일방적인 강제 성격을 띠고 있는 반면, 보편주의 활성화 레짐은 경제활동에의 능동적 참여를 적극 장려하는 방향으로 실시되고 있다. 〈표 3-1〉은 각 활성화 레짐의 특징을 나타낸 것이다.

다음의 〈표 3-1〉에서 보듯이 활성화 레짐 역시 이상형으로서 제시된 것이다. 즉 활성화 레짐이 경험적으로는 어느 국가에도 정확히 부합되지는 않는다. 다시 말하면 특정 국가가 반드시 자유주의 레짐 혹은 보편주의 레짐에 정확히 부합된다는 의미는 아니다. 다만 자유주의 레짐보다는 보편주의 레짐이 그리고 자유주의 레짐에서 보편주의 레짐으로 갈수록 활성화 정도는 더 높다고 할 수 있다.

이상과 같이 단순한 활성화 정책의 국가 비교가 아니라 활성화 레짐 용어 사용을 통해 활성화 정책을 둘러싸고 있는 환경적 요인에 대한 관심을 강조하고 있다는 점에서 바르비에 연구가 지니고 있는 의의는 매우 크다고 할 수 있다. 그럼에도 불구하고 환경적 요인에 해당하는 전 사회적 일관성(societal coherence)에 대한 관심이 왜 필요한지, 전 사회적 일관성의 하부 영역으로 제시되어 있는 영역의 선정 배경에 대한 언급이 없는 점은 한계라 할 수 있다. 바르비에의 활성화 레짐에 대한 최근의 비판은 제3의 활성화 레짐 유형의 존재 가능성에 관한 것이다. 바르비에는 자유주의 활성화 레짐과 보편주의 활성화 레짐과 차별적인 제3의 활성화 레짐의 존재를 인정하기에는 시기상조라는 점을 강조하고 있다(J.-C. Barbier, 2004). 하지만 이러한 견해에 대한 비판도 만만찮다. 예컨대, 유럽 대륙 국가에서 보이는 활성화 레짐은 정책의 내용, 근로에 바탕을 둔 기여금 원칙의 강화, 노동시장 보호 집단과 비정규직 근로 집단 간의 양극화, 개별화된 위험관리의 성격을 띠고 있는 점에서 제3의 활성화 레짐의 존재 가능성을 주장하고 있다. 한편, 바르비에의 레짐 유형 구분은 학문적 엄밀성보다는 단순히 경험적 관찰을 통해 추출된 기준에 바탕을 두고 있다는 지적(Dipl.-Soz. Patrizia Aurich, 2008: 5) 역시 설득력이 있어 보인다. 이러한 비판에도 불구하고 바르비에

〈표 3-1〉 활성화 레짐 유형(J.-C. Barbier의 견해)

		자유주의 활성화 레짐	보편주의 활성화 레짐
전 사회적 일관성 (틀)	사회보호 체계	자유주의(잔여적) 모델	보편적 복지 모델
	일반적 가치 및 규범 (정치적 담론)	개인주의; 노동시장에 대한 개인의 자조 강조; 안전망으로서의 부조 역할	사회의 요구와 개인 요구 간의 균형; 개별화된 서비스 제공에 대한 사회의 의무
	대상 인구 집단의 능동성: 정당화	사회적 요구로서의 근로; 인센티브 절대 중요; 본질적 요소로서의 제재 → 처벌적(훈육적) 접근방법	복지 정책은 단순한 노동시장 정책이 아님; 인센티브, 제재, 서비스, 급여 간의 균형 → 상호 호혜적 개입 전략
	체계 능동성: 정당화	수동적 복지국가는 지속 불가능; 복지 의존자의 수가 너무 많음; 근로는 체계 효과성과 지속 가능성에 절대적으로 중요	효율성, 공평성, 평등 → 모든 사람의 능동성; 능동적 사회 정의: 연령, 성 차이와 무관한 통합적 노동시장
	고용기준 및 산업 관계 (고용/유연성)	고용주의 자유 극대화, 사업장 중심의 협약, 사회보호 운영에서 사회 파트너의 제한적 역할	고용주의 자유 극대화, 실업 및 빈곤 위험의 사회화 정도 높음, 사회 파트너의 역할 중요, 일자리의 질과 접근 보장은 기존의 공통된 관심사안
	고용 및 능동성 레짐 (생애 패턴)	높은 고용률, 특정집단의 높은 비경제활동참가율(연령, 기술, 성…), 파트타임 활성화, 전일제 고용에서 성 불평등, 열악한 일자리에의 차별적 노출	높은 전일제 고용률, 평등기회 보장(성 차이 무관), 일자리의 상대적 동질성, 공공일자리의 비중 강함(국가: 일자리 창출의 마지막 원동력)
활성화 정책	프로그램 및 서비스 유형	근로 인센티브와 연계된 사회부조 프로그램 또는 Tax credits의 역할 강화 → welfare to work 전략	활성화 관점에서 적용 대상의 보편성 추구, 다양한 사회, 고용 서비스 제공, Tax credits의 주변적 사용
	대상 집단	빈민, 복지 의존자(한부모, 실업자, 비근로가구, 장애인), 근로 빈민(Tax credits)	전체 시민 대상; 근로 빈민 개념 부재 혹은 약함
	제공 혜택 및 서비스	저수준, 단기적 혜택, 부가적 재원으로서 tax credits(조세 혜택)	중·장기적 통합 경로 접근 가능, 고수준, 장기적 혜택(시장 임금과 차이 거의 없음), 임금 기초적 노동시장 프로그램

제재 조치	적극적 구직활동을 위한 고강도의 일방적인 강제	능동적 참여의 적극 장려(강요)
고용 서비스 및 제도	중앙집중적 운영, 새로운 공적 관리, 벤치 마킹	탈중앙화, 지역 당국, 사회 파트너, 새로운 공적 관리 개입

출처: J.-C. Barbier, 2004b: 242-243의 table 2

의 연구가 활성화 그리고 활성화 레짐에 대한 국제적인 관심을 불러일으키는 데 중요한 기여를 했다는 점은 부인할 수 없을 것이다.

2. 활성화 행동 모델(an action model of activation): Patrizia Aurich의 연구 사례

파트리치아 오리치(Dipl.-Soz. Patrizia Aurich)는 바르비에의 활성화 레짐에 대한 비판적 인식에 바탕을 두고 단순한 관찰이 아니라 근로와 복지 간의 연계 유형 분석을 가능하게 하는 활성화 정책의 혁신적 특징에 주목하는 비교 기준을 제시하고 있다(Dipl.-Soz. Patrizia Aurich, 2008). 그의 연구는 다음 두 가지 점에서 바르비에의 연구와 차이가 있다. 첫째, 거시적 분석보다는 미시적 분석의 성격을 띠고 있다. 즉, 활성화 정책 대상자에 대한 인식의 차이가 정책 차이로 연결됨에 주목하고 있다. 둘째, 활성화 영역이 매우 포괄적인 바르비에의 연구와는 달리 특정분야의 활성화 레짐에 관심을 보이고 있다. 구체적으로 파트리치아 오리치는 실업 정책에 초점을 두고 있다. 그가 제시하는 활성화 행동 모델의 기준은 두 가지로서 우선 실업자 행동에 대한 인식 형성 양태를 들 수 있다. 이는 사회권과 조건부성 간의 긴장으로 표출되는데 실업자의 자율성 존중은 사회권의 싱대적 강조로 귀결되는 반면, 실업자 행동에 대한 강제적 성격의 강조는 조건부성의 강조와 연결된다. 3개 국가(덴마크, 독일, 영국) 비교를 위한 사회권 분석 지표(Pull)로서는 대체율, 수급요건, 공적 소득 이전 효과, 활동의 다양성 등이

<표 3-2> 실업자 대상 활성화 행동 모델

	강제*	자율성
노동시장**	재상품화	탈상품화
복지	근로복지	능력부여

* 강제/자율성: 실업자 행동 인식 형성
** 노동시장/복지: 국가 공여 양식
출처: Dipl.-Soz. Patrizia Aurich, 2008: 8의 Figure 1

사용되고 있으며, 조건부성 지표(Push)로서는 합리적 일자리의 정의, 제재 조치, 행동 법규범을 들고 있다.

활성화 행동 모델의 두 번째 기준은 활성화 행동 공여 양태이다. 여기서 파트리치아 오리치는 카우프만이 제시하고 있는 국가 개입의 네 가지 종류 즉 법적, 경제적(탈상품화), 생태적(수급자의 일반적 환경 변화), 교육적 측면을 인용하면서 이들 중 활성화 행동에 대한 공여 양태는 교육적 측면에 속하는 것으로 보고 있다. 이에 근거하여 적극적 복지 제공을 통한 사회적 개입(복지)과 노동시장에 대한 직접적인 부착(노동시장)의 두 가지 유형으로 구분하고 있다. 결국, 실업 문제에 대한 활성화 정책 비교 모델은 <표 3-2>와 같이 네 가지 유형으로 나누어진다.

먼저, 재상품화 유형은 실업자 행동에 대한 강제적 요소와 노동시장에의 직접적인 부착(attachment)을 강조하고 있다. 개인의 책임 강조, 시장 논리에 따른 행동, 근로윤리, 현재의 욕구 및 성취의 공정성이 이 모델의 특징이다. 국가별 비교에서 독일의 사회부조가 이 유형에 속하는 것으로 보고 있다. 두 번째 유형은 탈상품화 유형으로서 실업자 행동의 자율성 존중과 노동시장에의 직접적인 부착을 강조하고 있다. 여기서 사용되는 탈상품화 개념 역시 에스핑 앤더슨의 탈상품화 개념과는 의미가 약간 다르다. 구체적으로 소득보장 위주의 소극적인 사회권의 강조, 지위유지 원칙, 근로윤리 강조 및 과거 성취의 공정성이 이 유형의 특징으로서 보수주의적 실업 정책처럼 활성화를 위한 서비스 및 프로그램 제공은 불충분하다. 독일의 실업보험이 이 유형에 속한다. 이상의 두 유형은 노동시장의 직접적인 부착을 강조하고 있다는 점에서는 공통적인 반면, 실업자 행동에 대한 인식 형성(강제성 혹은 자율성)에서 의미 있는 차이를 지니고 있다. 즉, 독일의 사회부조는 수급자의 권리 대신 시급이 1~2달러에 불과한 근로에의 순응을 강조하는 반면 실업보험은 실업자의 자율적인 실업탈피 가능성을 존중하고 있는 것이다. 세 번째 유형은 근로복지 유형으로서 강제적 성격과 복지를 특징으로 하고 있다. 국가와 수급자 간의 상호 호혜, 국가 제공의 경제활동과 복지 윤리의 강조, 상호호혜적인 공정성이 이 유형에서 발견되는 대목이다. 국가별로는 영국의 사회부조와 덴마크의 실업보험에서 강하게 나타나며 정도는 약하지만 영국의 실업보험(JSA-UI)도 이 유형에 속하는 것으로 보고 있다. 이 유형은 수급자의 강제적 경제활동 참여를 강조하고 있다. 재상품화 유형과의 차이점은 노동시장에의 즉각적인 투입보다는 훈련, 재훈련 프로그램을 강조하고 있다는 점이다. 같은 유형의 국가 중에서도 덴마크에 비해 영국의 재취업 훈련 프로그램은 그 기간이 짧은 점에서 차이가 있다. 덴마크 실업보험 역시 활성화 레짐에 관한 일반적인 견해와는 달리 근로복지 유형에 속하고 있음에 유의할 필요가 있다. 이에 대해 파트리치아 오리치는 합리적 일자리의 개념 확대, 강제적·제한적 요소의 강화 등 최근 변화에 주목할 필요가 있다고 강조한다. 마지막 네 번째 유형으로서 능력부여 유형이다. 이는 실업자의 자율성 존중과 복지 강조를 특징으로 하고 있다. 즉, 높은 수준의 소득지원과 포괄적인 서비스 제공을 바탕으로 적극적 사회권, 사회투자 접근방법, 복지윤리의 강조, 공정성의 기준으로서 평등에의 강조가 이 유형에서 발견된다. 덴마크의 사회부조가 이의 대표적인 사례로 강조되고 있다.

이상의 분석 사례는 활성화 정도 및 성격이 국가마다 다르다는 점, 차이의 주요한 요인으로서의 실업자 행동에 대한 인식의 중요성, 국가 개입수준의 다양성은 탈상품화라는 단일의 지표만으로는 파악하기 힘들다는 점을 보여주고 있다는 점에서 나름 의의가 있는 것으로 보인다. 하지만 4가지 활성화 행동 유형이 국가마다 다르게 나타날 수밖에 없는 환경적 요인에 대한 언급이 없다는 점에서 활성화 레짐에 대한 포괄적인 이해를 불가능하게 하고 있다.

II. 본 연구의 활성화 레짐의 구성요소 및 활성화 레짐 유형

본 서는 활성화 레짐 관련 연구가 보여주고 있는 장점과 단점을 바탕으로 다음 몇 가지에 초점을 맞추고자 한다. 첫째, 바르비에 연구에 대한 파트리치아 오리치의 비판을 고려하여 특정 정책 분야에 초점을 맞출 것이다. 구체적으로 본 연구의 관심 분야는 두개 분야로 구분된다. 근로연계 복지 정책에서는 실업보험과 사회부조가 분석 대상이 되며, 근로유인형 복지 정책의 대표적 제도로서는 근로조건부급여가 바로 그것이다. 둘째, 바르비에의 활성화 레짐은 나름대로의 의의에도 불구하고 전 사회적 일관성(societal coherence)과 활성화 정책(activation policies)의 관계를 제대로 보여주지 못하고 있다. 구체적으로 전 사회적 일관성이 무엇을 의미하는 것인지, 이의 구성요소는 어떤 근거에서 도출될 것인지, 더 나아가서 전 사회적 일관성과 활성화 정책은 어떻게 연관되어 있는지, 양자 연계의 기본 관점은 무엇인지에 대해서는 언급이 없는 상태에서 단순히 내용을 소개하는 정도에 그치고 있다. 따라서 본 연구는 기존 연구의 한계를 극복하기 위해 전 사회적 일관성에 대한 개념과 관점을 제시하고 활성화 정책과 상호 관련성을 많은 것으로 판단되는 4가지 구성요소를 추출할 것이다. 그리고 본 연구에서 관심을 가지고 있는 사회보호 활성화 정책의 영역과 분석도구로서의 영역별 활성화 요소를 고찰할 것이다. 이상의 내용을 바탕으로 활성화 레짐의 유형에 관한 본 연구의 구상을 제시할 것이다. 이는 이상형으로서 특정 국가가 한 가지 레짐에 완전히 부합될 것이라는 것을 전제로 하지는 않는다. 하지만 분석 대상 국가의 활성화 레짐의 특성을 파악하는 데 도움을 줄 뿐 아니라 국가별 특징의 상호 비교에 크게 기여할 것으로 기대된다.

1. 전 사회적 일관성(societal coherence)

먼저 전(全) 사회적(societal) 용어가 지니고 있는 의미에 대해 살펴볼 필요가 있다. 일반적으로는 social(사회적)이라는 용어가 더 많이 사용되고 있다. 그럼에도 불구하고 학계에서는 societal이라는 용어가 사용되고 있는 것 또한 사실이다. 이와 관련하여 양자의 차이와 이러한 차이의 의미부여 가능성을 살펴보자.

헤란(F. Héran)에 따르면 societal은 미국에서 등장했다(P. Héran, 1991: 618). 그에 따르면, societal은 social을 대체할 정도의 신조어로서의 자격은 갖추지 못한 것으로 보고 있다. 하나의 용어가 기존 용어를 대체하면서 통합 용어로 정착되려면 이를 대변할 수 있는 나름대로의 패러다임을 동반해야 하는데 societal은 이러한 점에서 한계를 보이고 있기 때문이다(P. Héran, 1991). 이는 societal이 social의 대체용어가 아니라 보완용어의 성격을 지니고 있음을 의미한다. 구체적 내용을 확인하기 위하여 societal을 사용하고 있는 국내 문헌을 잠시 소개한다. 먼저, 기업의 사회적 성과를 분석하고 있는 한 논문은 이를 내부적인 사회적 성과(social performance)와 외부적인 사회적 성과(societal performance)로 구분하고 있다. 여기서 외부적인 사회적 성과는 종업원과 관련된 사회적 성과를 의미하는 내부적인 사회적 성과와는 달리 주주, 고객, 납품업자, 경쟁자, 환경, 사회적 기부 및 지역사회에 대한 공헌을 의미한다(최정철, 2005: 7). 한편, 아동학대의 사회적 성격을 강조하면서 사회적 아동학대(societal child abuse)라는 용어를 사용하고 있는 국내 문헌도 있다. 이에 따르면, 아이의 정상적인 발달에 악영향을 미치는 사회 문화적 환경이 사회적 아동학대인 것으로 보고 있다(신선인, 2006: 295). 이와 관련하여 바레르 모리슨(M.-A. Barrere Morrisson)은 파슨즈의 전 사회적 공동체(societal community)에 근거하여 '전체 사회에 관련된 것(that which concerns the whole society)'으로 societal을 개념 정의하고 있다(M.-A. Barrere Morrisson, 2000: 6). 위의 연구 사례에서처럼 societal이라는 용어는 social 용어가 내포하고 있는 의미보다는 좀 더 포괄적이면서도 좀 더 강한 지향성을 내포하고 있다. 다시 말하면 영역을 기준으로 할 때 사회(social)뿐만 아니라 정치, 경제, 문화 영역까지 포함하고 있으며 사회 전체의 이익과 관련되는 의미를 내포하고 있는 용어가 바로 societal인 것이다.

선행 연구를 바탕으로 분석 대상으로서의 societal이 가지고 있는 의미를 정리하면 다음과 같다. 첫째, 관심의 초점은 social이 아니라 societal 즉 사회 전체이다. 왜냐하면 준거 단위가 바로 전체 사회이기 때문이다. 둘째, societal을 분석 대상으로 하고 있는 연구들은 사회를 하나의 일관성 있는 전체(society as a whole and its overall coherence)로 보고 있는 공통점이 있다(M.-A. Barrere Morrisson, 2000: 6; A. Vinokur, 2003). 여기서 전 사회적 일관성(societal coherence)이라는 용어가 도출된다.

다음, 전 사회적 일관성이 의미하고 있는 것을 정리하면 다음과 같다. 첫째, 분석 관점으로서 전 사회적 일관성에 관한 원칙이다. 전체 체계로서의 사회 개념화 차원에서 이는 두 가지 원칙에 바탕을 두고 있다. 우선, 특정 제도 및 사회현상은 이러한 체계의 표현이라는 것이라는 것이다. 예컨대, 한 국가의 활성화제도 및 정책 역시 전체 체계로서의 사회의 한 표현인 것이며, 이러한 맥락에서 societal 분석 목적은 체계의 일관성과 규제 양태를 밝히는 데 있다. 전 사회적 일관성의 두 번째 원칙은 전 사회적 형태의 독특성을 조명하는 것이다. 특정 정책 혹은 사회현상의 등장을 가능하게 하는 요소로서 전 사회적 형태는 특정 국가의 특정 시기 혹은 특정 사회에 존재하는 것으로 간주된다. 이러한 독특성에 대한 파악은 전 사회적 일관성 개념의 핵심에 자리 잡고 있다. 둘째, 분석방법과 관련하여 전 사회적 일관성은 특정 정책들이 상호 연계되는 방식에 관심을 가지고 있다. 예컨대, 활성화 정책의 전 사회적 독특성은 복지와 생산의 상호 연계 방식에 대한 이해를 전제로 하고 있다. 왜냐하면 이러한 연계 방식은 특정 사회 전체에서 작동할 수 있는 조건을 창출하기 때문이다. 생산과 복지의 연계에 대한 연구는 상당히 많다. 예컨대, 경제의 수요 측면에 초점을 두고 있는 복지체제론, 경제의 공급 측면을 중시하는 사회적 생산 체제론과 자본주의 다양성 담론, 시장 경제제도와 초경제적 제도들 간의 상호 작용 분석을 통해 복지 성과를 비교 분석하는 제도적 상보성론 등이 바로 그것이다.[1] 특히 후버와 스테펜(Huber & Stephens)은 제도적 상보성론의 관점에서 복지 레짐을 4가지로 구분한 후 각 복지 레짐 국가군의 생산 체제 지표(노동시장 지표 9가지; 제도적 구성 및 거시경제 지표 5가지 등 총 14가지)와 12가지 복지 체제 지표를 활용하여 레짐별 복지 성과를 비교·분석하고 있다(E. Huber and J. D. Stephens, 2001). 한편, 복지 레짐별 근로연계 복지의 특징을 살펴봄으로써 생산과 복지의 연계 양상에 대한 구분을 시도한 연구도 있는 바 펙(Peck)의 연구가 바로 그것이다(J. Peck, 2001). 펙은 복지국가군별로 복지 레짐 변수와 근로연계 전략 변수가 달리 결합하고 있다는 것을 밝히고

〈표 3-3〉 세 가지 복지 세계와 근로연계 복지의 세 가지 경로

	보수주의 복지국가들	자유주의 복지국가들	사민주의 복지국가들
복지 레짐			
정당화 근거	사회보호를 통한 정치적 안정	시장지향적 시스템 지배적 노동 윤리	사회적 시민권 평등추구
노동-복지 레짐	범주적 사회프로그램 설계 노동시장 행위자에 대한 조합주의적 개입	다수를 위한 시장/국가 보험 한계집단을 위한 자산조사 보험 잔여적, 최소주의적 사회 프로그래밍 접근방법	보편적 프로그램 관대한 사회 공여 완전고용 지향 복지와 노동이 혼화
노동시장 정책	실업증가 제어 좌파 정치권력에 대응적	소극적 소득지원 정치적, 인구학적 압력 대응	포괄적, 적극적 접근방법 경기조절 압력에 대응
이데올로기	조합주의, 구조화된 기술 그리고 사회 안정성 계급 및 지위에 기초한 권리	한시적, 개인주의적 문제로서 사회부조 복지 수급자의 낙인화	보편적 권리와 책임 공유; 적극적 복지 지향

1) 이의 구체적 내용을 언급한 국내 문헌으로서는 노대명 외, 2008: 5-12를 참조.

근로(연계) 복지 전략			

정향	국가주의
	노동시장 조응 및 기술
	  강조
	노동가치 강조
	구조적 실업 대처
		시장
		개인주의적 접근방법:
		  행동 수정과 인센티브
		복지의존성 탈피
			사회적
			사민주의 수단을 통한 노
			  동시장 조응
			보편주의와 사회재분배에
			  대한 끊임없는 관여

근로복지
모델
	노동시장재통합 접근방법
	적극적 노동시장 정책에
	  대한 잔여적 관여
	차등화 전략
		노동력 집착 접근방법
		복지자격과 급여의 제한
			인적 자본 개발 접근방법
			정책입안 및 프로그램 전
			  달에서의 노동시장
			  파트너 포함

이데올로기/
담론
	노동가치
	계급/지위 권리에 대한 끊
	  임없는 관여
		도덕적 규제: 가족 가치와
		  노동 훈육
			복지주의 접근방법의 구
			  조적 재정향

규제적
딜레마
	대규모, 포괄적 근로복지
	  프로그램에 대해 소극적
	  자유방임과 조절 사이(?)
		근로복지 비용과 사회지출
		  감소 목표 사이의 모순
		기금없는(unfunded) 복지
		  주의
		사회 통제와 자유방임 사이
			가부장주의
			노동시장 목표와 개인적
			  자율성 간의 긴장
			조절과 사회통제

출처: J. Peck, 2001: 75-76

있는데 이의 자세한 내용은 〈표 3-3〉과 같다.

이와 같이 전 사회적 일관성 개념은 특정 정책 혹은 제도를 둘러싸고 환경적 요소와의 정합성에 초점을 두고 있다. 여기서 말하는 환경적 요소란 학자마다 다를 수 있다. 그럼에도 불구하고 기존의 선행연구결과와 활성화 정책의 특성을 고려할 때 본 연구에서 관심을 가지는 요소는 다음과 같다.

(1) 일반적 사회가치 및 규범(정치 및 사회 담론)

특정 정책 및 제도의 사상적 혹은 이념적 요소로서 다른 말로는 복지의 문화적 토대라고도 할 수 있다. 특정 국가 혹은 사회를 대표하는 이념 혹은 사상은 특정 정책 및 제도의 수립에 적지 않은 영향을 미칠 것이다. 특히 이는 활성화 정책에 대한 정당성의 근거로 작용한다. 한편, 한 국가를 대표하는 일반적 사회가치 및 규범이 무엇인가를 정의하는 것은 매우 어렵고도

〈표 3-4〉 네 가지 문화 유형

		집단경계의 강도	
		약함	강함
사회규제의 수와 다양성	많고 다양함	(무관심) 운명주의 문화	(집단성) 계층주의 문화
	적고 비슷함	(경쟁) 개인주의 문화	(평등) 평등주의 문화

출처: A, Wildavsky, 1987: 6; 박병현, 2005: 281에서 재인용··재정리

위험한 작업이다. 이는 문화에 대한 단일의 개념 정의가 없는 점을 고려할 때 더욱더 그러하다.2) 그럼에도 불구하고 역사적·이론적으로 한 국가의 복지제도 그리고 활성화 정책과 특정 정책 및 제도의 성격을 이해할 때, 그 사회의 지배적 가치 및 이념에 대한 고려가 매우 중요한 요소임은 부인할 수 없을 것이다. 이와 관련하여 본 연구는 문화이론의 대가이자 정책결정과 정에 실질적으로 적용한 월답스키의 견해를 바탕으로 한 국가의 지배적인 가치 및 신념체계를 확인해 보고자 한다. 월답스키는 문화이론의 제창자인 인류학자 메리 더글라스(Mary Douglas, 1970; 1982)의 견해를 바탕으로 다음의 〈표 3-4〉처럼 문화를 네 가지 유형으로 구분하고 있다(A. Wildavsky, 1987; 박병현, 2005에서 재인용).

위의 네 가지 문화 유형의 특징을 설명하면 다음과 같다.3)

첫째, 운명주의 문화(fatalism)는 집단경계가 약하고 사회규제의 수가 많고 다양한 경우이다. 이러한 문화에서 개인에게 영향을 미치는 결정적 요소는 외부인 즉 사회적 규제인 경우가 일반적이다. 따라서 이 모델에서의 구성원은 자유로운 삶의 영위보다는 주어진 상황에 적응하거나 타협하려는 경

---

2) 문화의 다양한 개념 정의에 대해서는 W. van Oorschot, 2007과 N. K. Jo, 2011을 참조.
3) 아래 내용은 박병현, 2005: 281-283을 정리한 것임.

향이 높다. 시장기제에 대한 불신이 강하며 그렇다고 공동이익을 공동체를 형성할 자신감도 없는 것이다. 따라서 이들은 자신 혹은 가족의 생존을 위해 근대적·제도적 장치보다는 사적관계에 기초한 후견적 네트워크에 의존하고 있다.

둘째, 개인주의 문화는 본질적으로 자아추구적이다. 따라서 집단경계도 약하기 때문에 집단의식도 약하며 개인의 삶에 영향을 미치는 사회규제 또한 약하다. 더 나아가서 개인주의자들은 자신을 둘러싸고 있는 집단과 사회규제를 삶의 저해요소로 보고 있다. 작은 정부를 선호하는 반면 시장 제도에 대해서는 매우 호의적인 것이 개인주의 문화의 특징이다.

셋째, 계층주의 문화는 집단경계도 강하고 사회규제도 많은 특징을 지니고 있다. 따라서 개인의 선택과 자유보다는 전체 조화를 위해 자신에게 부여된 지위와 역할을 수행하는 것에 만족한다. 그리고 권위관계에 있어서 불평등, 지위의 차이를 당연하게 여기며 이의 결과적 현상인 계층 질서를 긍정적으로 평가하는 경향이 있다. 이의 연장선상에서 공동선의 구현자로인 국가에 대한 강한 믿음을 보이고 있다.

넷째, 집단경계가 강하고 사회규제가 적은 평등주의 문화이다. 이 유형의 가장 큰 특징은 자신을 집단과 동일시한다는 것이다. 따라서 집단에 대한 충성심이 강하고 집단성원으로서 자신의 가치를 찾고자 한다. 계층주의 문화와 다른 점은 평등의식이 강하다는 점이다. 따라서 지위 및 집단 간 차이에 바탕을 둔 권위에 대한 복종이나 계층질서를 기본적으로 배제한다. 그리고 사회규제보다는 공동체적 접근을 중시하고 시장에 대한 의존성을 축소하려고 하는 것 역시 이 문화에서 볼 수 있는 독특성 중의 하나이다.

이상의 문화 유형과 관련하여 두 가지만 강조하고자 한다. 첫째, 월답스키의 문화 유형은 이상형으로 현실과 완전히 부합되지 않는 측면이 있다. 즉 'A'라는 국가가 평등주의 문화에 속한다고 해서 그 국가의 모든 국민이 평등주의 문화를 보여주고 있다는 점을 의미하지는 않는다. 이는 단지 지배적인 문화 혹은 해당 국가 국민의 경향성을 보여주고 있음에 지나지 않는다는 것이다. 역사적으로 혹은 그간의 선행 연구 결과를 살펴볼 때, 본 연구의 분석 대상 외국 사례 중 덴마크는 평등주의 문화에 속하는 반면, 프랑스는 계층주의 문화에 속한다고 볼 수 있을 것이다. 한편, 영국은 순수한 형태는 아님에도 불구하고 개인주의 문화의 속성이 강한 국가로 보인다. 둘째, 이러한 문화 유형의 차이는 거시적으로는 복지국가, 미시적으로 특정 제도의 성격 차이와 밀접한 관련성을 지니고 있음은 부인할 수 없을 것이다.4) 문화가 모든 것을 결정짓는다는 문화 결정론의 입장은 아님에도 불구하고 이러한 문화적 요소의 중요성은 간과할 수 없다는 것이 본 연구의 관점이기도 하다. 이는 활성화 정책이나 제도의 국가별 특징을 확인하는 데 필요한 중요한 요소가 될 것이다.

(2) 사회보험 운영체계

적용 대상(보편주의, 선별주의), 재원확보방식(조세, 기여금), 운영기구 등 사회보험 운영체계의 국가별 상이성은 활성화 정책의 적용 대상 및 제공되는 프로그램의 성격의 상이성과 깊은 연관성을 지니고 있다.

(3) 노사관계 모델

노사관계는 노동시장에서 노동력을 제공하여 임금을 지급받는 노동자와 노동력 수요자로서의 사용자 사이에 형성되는 관계를 의미한다. 개별 노동자와 사용자 간의 개별적 노사관계와 노동자 집단과 개별 사용자 혹은 노동자 집단과 사용자 집단 간에 형성되는 집단적 노사관계 등 두 개로 구분될 수 있으나 후자가 일반적으로 말하는 노사관계를 의미한다. 그럼에도 불구하고 국가에 따라서는 집단적 노사관계가 제대로 정착되지 못한 채 개별적 노사관계의 모습이 국가도 있는 것 또한 사실이다.

비세(J. Visser)는 이러한 노사관계 모델을 4가지 유형으로 구분하고 있는데 이의 구체적 내용은 〈표 3-5〉와 같다.

비세(Visser)가 분류한 노사관계 각 모델의 특징은 다음과 같다(J. Visser,

---

4) 이에 대한 국내 연구로는 박병현, 2005를 참조할 것.

〈표 3-5〉 노사관계 모델의 유형별 특징

	북유럽	유럽대륙	앵글로색슨	라틴
유형별 특성	전통적 조합주의	사회적 파트너십	다원주의	갈등주의(적대적)
노사단체의 특성	높은 결속력 포괄적 규율행사	분절적 부분적/안정적 규율 행사	파편화 불안정 가변적	라이벌 경쟁적 가변적
노사단체간 관계	노조 주도 균형적	사용자 주도 균형적	교호적 불안정	노사 공히 약함 국가 역할 강함
임금교섭 　교섭단위 　적용범위 　심도 　스타일 　패턴	산업 부문별 포괄적 중요함 통합적 안정적	산업 부문 중간 수준 이상 보통 통합 안정적	기업별 중간 이하 중요함 적대적 불안정적	산업·기업 혼재 중간 수준 이상 제한적 논쟁적 불안정적
조정정도	강함	강함	없음	가변적
노사분쟁	중간 이하 조직적	낮음 조직적	중간 이상 분산적	높음 돌발적
국가역할	적극적 노동 정책 추진 주도	적극적 노동 정책 추진 규제자 역할	부재	개입-간섭적 기능
노동법	단체노동권	개인 및 단체노동권	임의주의 (voluntarism)	개인 및 단체노동권
복지국가	포괄적 노동권 최우선적 사용주	파편적 소득보장권리 보상자	잔여적 노동강요자	맹아적 선언적인 노동 및 복지권 -
해당 국가	스웨덴, 핀란드, 노르웨이, **덴마크**	독일, 오스트리아, 벨기에, 네덜란드, 스위스	**영국**, 아일랜드	**프랑스**, 이탈리아, 스페인, 포르투갈, 그리스

* **진하게** 표시되어 있는 국가는 본 연구의 분석대상임
출처: J. Visser, 2001: 186(table 5.1)

2001: 185-190). 먼저 갈등주의로 대변되는 적대적 모형(confrontational model)은 노사 양자가 상호 소외되어 있다. 따라서 노사관계에 대한 정해

진 형태가 없으며 상호 작용도 매우 약하다. 그리고 상호 작용도 갈등 형태를 띠는 것이 일반적이다. 노사 양자의 상호 인정 역시 제한적이거나 아예 존재하지 않으며 상대방에 대해서 자신의 정당성 인정을 요구하는 경향이 강하다. 갈등 정도가 매우 높으며 노사 문제 해결에 국가 개입을 요청하는 현상이 매우 빈번하다. 이 모델에서 노동법의 역할은 절차적 의미보다는 본질적 의미에서 개별 권리를 정의하는 데 중요한 역할을 수행하고 있다. 즉, 근로자의 권리보장에 필요한 절차보다는 권리 자체에 많은 관심을 가지고 있기 때문에 형식적이라는 한계를 보이고 있다. 왜냐하면 노사분쟁에 대한 국가의 빈번한 개입에도 불구하고 집행과 관련된 국가 능력은 약하거나 논쟁의 대상이 되기 때문이다. 본 서의 분석 대상 국가 중에는 프랑스가 이 유형에 속하는 것으로 보고 있다.

한편, 다원주의 모델(pluralist model)에서 노·사 양자는 교섭관계(bargaining relations)를 발전시켰다. 즉, 상호 적대적 가치 체계를 지니고 있음에도 불구하고 양자는 절차를 존중하고 상대방의 활동이 규칙에 바탕을 두고 있다면 패배를 인정한다. 하지만 조직 구조 자체가 파편적이고 이에 대한 조정 구조가 약하기 때문에 노사관계가 교호적이고 불안정한 경향을 띠고 있다. 게다가 적대적 모형과는 달리 국가 역할이 부재하고 기본적으로 시장의 자기 규제적 능력에 의존하고 있기 때문에 단체협약 자체가 법적, 강제적 제약 성격을 가지지 못하는 한계를 보이고 있다. 즉 여기서 국가는 잔여적 역할 수행자 혹은 노사분쟁 최종 단계의 보상자(compensator of last resort)로 한정되어 있다. 본 연구의 분석 대상 국가 중에는 영국이 이 유형에 속한다.

비세(Visser)가 제시하고 있는 노사관계 모델의 마지막 유형은 조합주의 모델(corporatist model)이다. 이 모델의 첫 번째 특징은 단체협약이 노사를 대표하는 포괄적인 단체조직에 의해 이루어지고 유지된다는 점이다. 여기서 단체협약은 갈등적이라기보다는 통합적이며 때로는 일부 중복되는 가치 체계에 바탕을 두고 있다. 둘째, 단체협약의 준수를 보장하는 협상지지 기제가 작동되고 있다. 전국 단위의 협의 그리고 기업 단위의 노동자 평의회, 연석 위원회가 바로 그것이다. 셋째, 이 모델에서 보이는 국가의 기본적 역할은 노사협약을 독려(facilitating)하는 것이다. 이를 위해 국가는 우선 노사 양자의 특정 조직을 대표단체로 인정하는 대신 경쟁조직에 대해서는 견제하고 있다. 그리고 공인 대표단체에 대해서는 정책 포럼에 참여를 보장하는 등 특혜 조치를 취하고 있다.

비세의 유형론에서 주의할 점은 조합주의 모델을 두 개의 하위 모델로 재구분하고 있다는 점이다. 우선 노르딕 혹은 스칸디나비아 모델을 들 수 있다. 전형적인 조합주의 모델로서 이 모델에서의 노조의 위상은 어느 모델보다 강력하다. 노동법 역시 갈등주의 모델과는 근로자의 개인권리보다는 단체 권리의 보장에 초점을 맞추고 있다. 역사적으로 보더라도 이러한 권리 제공 주체로서의 단체 교섭 방법은 국가가 제공하는 것보다 훨씬 광범위한 역할을 수행하고 있다. 단일의 노조 대표단체, 사업장 내의 협의 및 근로자의 참여 활성화가 이를 뒷받침하고 있다.

노르딕 모델에서의 국가는 첫 번째 단계의 사용주로서 사회 시민권 관점에서 노동권 보장에 많은 관심을 보이고 있으며 분쟁 발생 시 마지막 단계의 보상자 역할도 같이 수행하고 있다. 교육, 건강, 사회서비스 등 공공서비스 분야에 대한 여성의 경제활동 참여를 지지하고 있는 것도 여기서 나타나는 국가의 모습이다. 본 연구의 분석 대상 국가 중에는 덴마크가 이에 속한다. 조합주의 모델의 두 번째 하위 유형은 유럽대륙의 사회 파트너십 모델이다. 여기서는 공장 평의회 체계가 특징인데 단일 노조에 바탕을 두고 있는 노르딕 모델과는 달리 이러한 체계 유지의 토대가 되는 요소로서 공법이 중요한 역할을 하고 있다는 점이 이 모델의 특징이다.[5] 노동법은 개인권리와 단체권리에 동시에 관심을 보이고 있다. 그리고 여기서의 국가는 보상자 역할이 우선적이며 부가적으로 마지막 단계에서의 고용주 모습도 보이고 있다. 역사적으로 국가는 고령자나 비숙련 근로자에 대해서 노동시장퇴출을

---

5) 노조와 공법에 동시에 바탕을 두고 있다는 점에서 "이중적" 공장 평의회 체계("dual" works council system)로 불린다. cf. J. Visser, 2001: 187.

유도하는 정책을 펼치기도 했다. 이 모델의 복지 레짐은 계층 및 집단 이익을 중요시하는 조합주의적 성격을 강하게 보이고 있다. 유럽 대륙 국가 중에는 독일이 이 모델의 전형적 사례라 할 수 있다.

한편, 이상의 노사관계 모델은 기본적으로 근로자(취업자)와 사용자 간의 관계에 관한 것으로 일견 활성화 정책과는 무관할 수도 있다. 하지만 노동시장 취약집단의 노동권 보장은 노조의 핵심적 관심 분야이다. 그보다 중요한 점은 활성화 정책이 단순히 실업자만을 대상으로 하는 것이 아니라 여기에는 저임금 근로자도 포함되어 있다는 점이다. 이미 언급한 바와 같이 활성화 정책의 두 가지 범주 중 근로연계 복지가 전자를 적용 대사자로 간주하고 있다면 근로유인 복지는 후자 즉 저임금 근로자에 많은 관심을 보이고 있다. 이러한 점을 고려한다면 노동시장 취약집단(실업자, 사회부조 수급자 그리고 저임금 근로자)에 대한 노조의 관심의 여부 및 정도와 활성화 정책의 주요 요소인 노동시장 취업(혹은 재취업)과 관련된 국가 역할 간에는 관련성이 매우 높을 것이라는 본 연구의 기본 관점이다.

(4) (저소득층 대상) 조세제도

한 국가의 조세제도는 각종 조세를 그 성질과 작용에 따라 조세 원칙에 부합되도록 유기적으로 결합시켜 편성한 통일적 조직을 말한다. 이를 수립하기 위해서는 조세의 종류 및 용도 그리고 명확한 조세 원칙이 전제되어야 할 것이다. 본 연구에서는 한 국가의 조세제도의 전반적 개관과 동시에 저소득층 대상 조세제도를 살펴볼 것이다. 왜냐하면 활성화 정책의 주요 적용 대상이 실업자 혹은 사회부조 수급자 등 저소득층임을 고려할 때, 전 사회적 일관성의 관점에서 이들 집단에 대한 조세제도는 활성화 정책을 통해서 제공되는 급여와 직·간접적으로 연계되어 있을 것이라는 판단 때문이다. 또한 조세제도의 분석은 상이한 분야의 정책(제도) 간의 연계를 강조하는 활성화 개념에 상응하는 대목이기도 하다.

이상 네 가지 요소는 전 사회적 일관성의 관점에서 활성화 정책과의 상호작용을 통해 활성화 레짐을 구성하고 있다는 것이 본 연구의 기본 관점이다.

2. 사회보호 활성화 정책(activation policies in social protection)

활성화 레짐의 두 번째 구성요소는 활성화 정책이다. 여기서 말하는 활성화 정책은 국가 차원에서 시행되는 사회보호 분야의 정책 중 활성화 성격이 두드러지게 나타나는 정책을 지칭한다. 영역과 관련하여, 본 연구에서는 근로연계 복지와 근로유인 복지를 대표하는 정책 혹은 제도를 살펴볼 것이다. 먼저 근로연계 복지영역의 정책(workfare policy)은 사회보호 수급자에게 근로 관련 활동에 대한 참여를 조건부 혹은 의무화하는 정책들을 가리킨다. 따라서 이의 적용 대상은 실업자 혹은 사회부조 수급자이며 국가에 따라서는 청년집단도 포함된다. 이의 구체적인 사회보호제도로서는 실업보험 및 실업부조, 공적부조 등을 들 수 있다. 한편, 근로유인 복지영역의 정책(make work pay policy)은 노동시장에의 취업촉진 혹은 유지를 목적으로 시행되는 정책을 의미한다. 이의 주요 적용 대상으로서는 미취업자(실업자)와 저임금 근로자를 들 수 있으며, 제도적으로는 근로보상 차원에서 미취업자가 취업할 때 더 나은 금전적 보상을 받도록 함으로써 취업을 선택하도록 유도하는 근로조건부급여(employment-conditional benefits), 조세감면제도, 고용 및 사회서비스 프로그램(휴직제도) 등을 들 수 있다. 특히 휴직제도는 재직근로자의 직무능력 향상을 위해 유급휴가를 부여하는 훈련휴직제도와 출산 및 양육으로 인한 노동시장 불안정 해소의 차원에서 실시되고 있는 육아휴직체계(parental leave systems)에 초점을 맞출 것이다.[6] 한편

---

6) 육아휴직체계는 OECD의 용어로서 출산 및 양육과 관련된 제반 휴가제도를 의미한다. OECD는 이를 세 가지 제도로 구분하고 있는데 먼저 출산휴가(maternity leave or pregnancy leave)는 여성근로자의 출산과 입양(해당국가)의 시기에 제공되는 고용보장제도이다. ILO 협약은 최소 14주 이상을 보장할 것을 규정하고 있다. 부성 휴가제도 혹은 배우자출산휴가제도(paternity leave)는 자녀 출산 시 남성 근로자에게 제공되는 고용보장의 휴가제도이다. 국제협약에 의해 규정된 바는 없으나 출산휴가보다 그 기간이 매우 짧은 것이 특징이다. 마지막으로 부모휴가 혹은 육아휴직(parental leave)은 근로자 부모에게 제공되는 고용보장제도로서 일반적으로는 출산휴가 후속 프로그램이다. 육아휴직제도의 법정권리단위는 국가에 따라 개인 혹은 가족(부부합산)이다 (OECD Family database).

〈표 3-6〉 활성화 정책의 영역 및 분석 대상

구분	관련 정책(제도)	연구분석 대상 정책(제도)	주요적용 대상
근로연계 복지 (workfare)	실업보험	실업보험 실업부조 공적부조	실업자 사회부조 수급자
	실업부조		
	공적부조		
	장애급여		
근로유인 복지 (make work pay)	근로조건부급여 (Employment-conditional benefit)	근로조건부급여 조세감면제도(덴) 고용및사회서비스 (훈련휴직제도, 육아휴직체계)	저임금근로자
	조세감면제도		
	최저임금제		
	고용 및 사회서비스		

〈표 3-16〉은 이상 설명한 사회보호 활성화 정책의 영역과 이와 관련된 본 연구의 분석 대상을 정리한 것이다.

한편, 활성화 관점에서 본 연구가 살펴보고자 하는 제도별 활성화 정책의 구성요소는 다음과 같다.

(1) 적용 대상 집단

이는 활성화 정책의 포괄성 정도와 관련된다(보편주의 vs. 선별주의). 동일 용어의 집단에도 불구하고 국가에 따라 적용 대상의 범위는 매우 상이하며 이는 실업보험, 사회부조뿐만 아니라 근로조건부급여에서 공통적으로 나타나는 현상이다. 적용 대상 범위의 차이는 전 사회적 일관성의 구성요소 중 일반적 사회가치, 사회보험 운영체계, 저소득층 대상 조세제도와 관련성이 매우 높을 것으로 보인다.

(2) 프로그램 및 서비스 성격(현물급여)

관련 제도를 통해 실시되고 있는 프로그램 및 서비스의 성격 구분에 관한 것이다. 우선 관련 정책 및 제도의 여타 분야 정책 간의 연계성을 확인할 것이다(노동시장 정책 혹은 조세 정책). 예상컨대 근로연계 복지는 노동시장 정책과 연계성이 높은 반면, 근로유인 정책은 조세 정책과 강한 친화성이 있을 것으로 보인다. 한편, 두 가지 정책패키지 중 근로연계 복지제도는 인적 자본 개발(Human Resource Development, HRD)과 노동시장에의 즉각적 진입(Labour Market Attachment, LMA) 중 어디에 더 많은 강조점을 두고 있는가 역시 본 연구의 관심사이다(I. Lødemel, 2004). 그리고 근로유인 복지의 대표적인 제도인 근로조건부급여의 경우 적용 대상자의 소득보장과 노동시장 유지 중 어디에 초점을 두고 있는가에 관한 부분 역시 확인이 필요하다. 한편, 이상의 성격들은 전 사회적 일관성의 구성요소 중 사회보험 운영체계, 노사관계의 양상 그리고 저소득층 대상 조세제도와 밀접한 관련성을 가지고 있을 것으로 판단된다.

(3) 급여의 종류 및 수준

활성화 개념은 기본적으로 적용 대상자의 소득보장을 전제로 하고 있다. 이러한 관점에서 실업보험과 사회부조를 통해서 제공되는 급여수준 및 수급기간은 국가별 특징을 파악하는 중요한 요소이다. 뿐만 아니라 수급자의 취업 가능성 제고(개인의 활성화)의 목적으로 제공되는 적극적 노동시장 프로그램의 성격 역시 활성화 정책의 중요한 구성요소이다. 근로조건부급여를 통해서 제공되고 있는 급여수준 역시 활성화 성격을 파악하는 중요한 기준이 될 것이다. 이러한 급여종류 및 수준은 일반적 사회가치 및 규범, 사회보호 운영체계와 상호작용하에 결정될 것이다.

(4) 동기부여기제의 성격

활성화 개념 핵심 중의 하나인 소극적 조치와 적극적 조치 연계 여부의 확인과 직결되는 부분이다. 주지하다시피 활성화 개념은 국가와 수급자 간

의 권리·의무의 상호 존중을 기반으로 하고 있으며 인센티브 및 제재 조치
는 이의 핵심에 있다. 즉 개인의 취업 가능성 제고에 필요한 노동시장 프로
그램에 적극적으로 참여하는 경우 주어지는 별도의 인센티브제도가 있는가
의 여부이다. 동시에 수급자의 의무 불이행 경우 부과되는 제재 조치의 성
격은 어떠한가의 문제 역시 초점의 대상이 된다. 이와 관련하여 본 연구는
제제 조치를 성격별로 억압적 성격의 제재(repressive character of sanctions)
와 회복 목적 성격의 제재(restitutive character of sanctions)로 구분한 모
레이아(A. Moreira)의 분석방법에 주목할 것이다(A. Moreira, 2008).

(5) 활성화 프로그램 제공의 법적 성격

활성화 관점에서 적극적 노동시장 프로그램을 비롯한 활성화 프로그램에
대한 참여는 수급자의 의무임과 동시에 권리이기도 하다. 이는 또한 수급자
의 욕구에 부응하는 활성화 프로그램 제공에 대한 국가의 의무임을 의미함
과 동시에 체계 활성화의 중요한 준거가 되기도 한다. 국가별 실행의 특징
을 이해하기 위해서는 우선 활성화 프로그램의 제공을 요구할 수 있는 수급
자의 권리가 법적으로 보장되어 있는지를 확인해야 할 것이다. 뿐만 아니라
최근 수급자의 의무 이행 사안의 하나로 주목받고 있는 합리적 일자리
(suitable job)의 개념 정의 및 이와 관련된 수급자의 권리 인정 여부 또한
중요한 요소 중의 하나이다. 다시 말하면 합리적 일자리 개념 정의가 보여
주고 있는 합리성 정도, 비합리적 일자리에 대한 수급자의 거부권의 법적
장치 여부를 살펴보아야 할 것이다.

3. 활성화 레짐 유형(typology of activation regimes)

지금까지의 논의를 바탕으로 본 연구의 활성화 레짐의 구성요소를 정리
하면 다음의 〈표 3-7〉과 같다.

〈표 3-7〉 본 연구의 활성화 레짐 구성요소

구분	구성요소	내용	비고
전 사회적 일관성 (societal coherence)	사회의 일반적 가치 및 규범		
	사회보험 운영체계		
	노사관계		
	조세제도(저소득층 대상)		
활성화 정책 (activation policies)	적용 대상 집단	보편주의 vs. 선별주의	근로연계 복지/ 근로유인 복지
	프로그램 및 서비스 성격	여타 분야 정책 간의 연계성	근로연계 복지
	급여의 종류 및 수준	소득보장 유지	근로연계 복지/ 근로유인 복지
	동기부여기제의 성격	인센티브 혹은 제재	근로연계 복지
	활성화 프로그램 제공의 법적 성격	국가 및 수급자 간의 권리 의무 상호 존중	근로연계 복지

　　그리고 본 연구가 구상하고 있는 활성화 레짐의 유형을 제시하면 〈표 3-8〉과 같다.

　　본 연구의 활성화 레짐 유형은 자유주의 활성화 레짐과 보편주의 활성화 레짐의 2가지이다. 각 레짐은 전 사회적 일관성의 구성요소와 사회보호 활성화 정책에서 상호 대조적인 모습을 보이고 있다. 국가별 활성화 레짐의 구체적인 내용을 살펴본 후 본 연구는 해당 국가의 활성화 레짐의 정체성을 확인할 것이다. 한편, 〈표 3-8〉은 이상형으로서 특정 국가의 활성화 레짐의 성격과 활성화 레짐 유형의 내용은 완전히 부합되지 않을 수도 있다. 다시 말하면 활성화 레짐 유형을 통한 분석을 통해 해당국가의 활성화 레짐 특징 및 그 경향을 파악하는 데 도움을 얻고자 하는 것이 본 연구의 기본관점이라 할 수 있다.

〈표 3-8〉 본 연구의 활성화 레짐 유형

대범주	구성요소	자유주의 활성화 레짐	보편주의 활성화 레짐
전 사회적 일관성	사회의 일반적 가치 및 규범	• 개인주의 성향 강함 • 국가개입에 부정적	• 평등의식 강함 • 국가의 강한 역할 지지
	사회보호 체계	• 선별주의 • 가입대상 제한, 수급요건 엄격, 급여수준 낮음	• 보편주의 • 시민권바탕, 수급요건 관대, 고수준의 급여
	노사관계	• 사회 파트너의 역할 약함 • 개별적 권리 강조 • 낮은 노조 가입률, 낮은 단체협약 적용률	• 사회 파트너의 역할 강함 • 단체권리지향 • 높은 노조 가입률, 단체협약 적용률 높음
	조세제도	• 형평성 지향 • 소득재분배 효과 약함	• 공정성 지향 • 높은 소득 재분배 효과
사회보호 활성화 정책	적용대상	• 선별주의	• 보편주의
	서비스 및 급여의 성격 (활성화 프로그램)	• 노동시장 수단: 근로조건부 급여 역할 강함 • 취업 프로그램 위주 • 저 수준의 급여	• 노동시장 유지 수단: 고용 및 사회서비스, 조세제도 • 근로조건부급여 역할 약함 • 교육 및 훈련 프로그램의 상대적 강조 • 급여수준 높음
	동기부여기제	• 인센티브제도 없음 • 제재 조치 있음 • 억압적 성격의 제재 조치	• 인센티브제도 있음 • 제재 조치 있음 • 회복목적의 제재 조치
	활성화 프로그램의 법적 성격	• 프로그램 의무적 참여 • 권리 및 의무의 상호 존중 성격 약함(국가 의무 부재) • 수급자에 대한 징벌적·훈육적 성격 • 수급자의 권리 약함(이의제기권, 청구권 없거나 약함) • 합리적 일자리 개념 부재	• 프로그램 의무적 참여 • 권리 및 의무의 상호 존중 성격 강함(국가 의무 있음) • 수급자의 강한 권리(이의제기권, 청구권 있음) • 합리적 일자리 개념 중시

제2부 활성화 레짐의 국제비교

제**4**장

덴마크의 활성화 레짐

I. 전 사회적 일관성

1. 사회의 일반적 가치 및 규범

월답스키의 문화 유형에 근거하여 볼 때 덴마크 사회를 대표하는 일반적 가치 및 규범은 평등주의라고 볼 수 있다. 이렇게 볼 수 있는 근거로서 우선 설문조사를 통해서 나타나는 덴마크 사람들의 복지태도를 들 수 있다. 예컨 대 복지국가에 대한 덴마크 사람들의 설문조사 분석 결과를 살펴보면 1990 년대 이후 진행된 사회개혁에 대해서 설문대상자의 25%만이 사회개혁에 대한 반대 입장과 동시에 사회보장과 조세에 대한 부정적 입장을 표명한 반면 69%는 기존의 사회개혁과 조세 부담에 대해서 지지를 표명하고 있다(J. G. Andersen, 2008: 80). 이러한 입장은 월답스키가 제시하는 평등주의 요소 중의 하나인 개인과 집단의 동일시와 맥락을 같이하는 것이다. 이는 〈표

〈표 4-1〉 덴마크 국민의 복지태도(1994년~2005년)

조사내용	연도	A문항 선택	B문항 선택	모름	합	차이(B-A)
조세경감선호 (문항 A) 복지서비스개선 선호 (문항 B)	1994	47	44	9	100	-3
	1998	41	54	5	100	13
	2000	40	55	5	100	15
	2001	45	51	4	100	6
	2003	34	61	5	100	27
	2005	35	61	4	100	26

출처: J. G. Andersen, 2008: 80 〈table 1〉에서 발췌, 재인용

4-1〉처럼 조세경감과 복지서비스 개선 중 어느 것을 선호하는지에 대한 설문결과를 통해서 더욱 증명된다.

우선, 1994년을 제외하고는 덴마크 국민 중에는 조세 경감보다는 복지서비스 개선을 선호하는 사람의 비율이 더 높게 나타나고 있음을 알 수 있다. 한편, 이러한 경향은 2001년 후에는 점점 더 많아지는 경향을 보여주고 있다. 신자유주의 득세와 세계화로 대변되는 2000년대의 시대적 배경을 고려할 때, 복지제도에 대한 덴마크 국민의 신뢰야말로 평등주의의 표상으로 판단된다.

복지 문제에 대한 덴마크 국민의 깊은 관심은 다음의 〈표 4-2〉와 같이 유권자에 대한 설문조사를 통해서도 그대로 나타난다.

〈표 4-2〉에서 흥미로운 점은 높은 조세 부담에도 불구하고[1] 세금 문제를 정치 어젠다로 선택하는 사람의 비율은 매우 낮다는 점이다. 오히려 덴마크 국민의 전통적인 관심은 복지와 실업 그리고 2000년대 이후에는 이민자 문제이다. 특히 복지 문제에 대한 관심은 갈수록 증대되는 경향을 보이고

---

1) 덴마크의 조세 부담률(사회보장 제외)을 살펴보면 1980년에는 42.4%, 2005년에는 49.7%로 정점에 달했고 2010년에는 47.2%이다. cf. 한국노동연구원, 2012: 87.

〈표 4-2〉 덴마크 유권자의 정치 어젠다 선호 추이

구분	1971	1975	1987	1994	2000	2005
1. 실업	3	40	16	24	3	16
2. 재정균형	5	2	21	3	1	-
3. 경제	19	30	10	12	3	3
4. 세금	12	6	2	2	6	5
합(1~4)	39	78	49	41	13	24
5. 환경	8	1	15	8	8	4
6. 복지	26	4	15	38	47	53
7. 이민	-	-	4	8	22	13
8. 외교(EU, 외교 정책)	17	1	3	3	5	3
9. 기타	10	16	14	2	5	3
합	100	100	100	100	100	100

출처: J. G. Andersen, 2008: 81 〈table 2〉에서 재인용

있다.

이러한 덴마크 국민의 평등주의 및 복지제도에 대한 애착은 역사적 배경에 기인한 것이다. 우선 전통적으로 북구의 여타 국가와 마찬가지로 덴마크역시 사회 구성원의 생활을 규제하는 데 있어서 국가는 중요한 역할을 수행했으며 이러한 공공 제도에 대한 덴마크 사람들의 신뢰 정도는 매우 높다. 이러한 높은 신뢰는 국가-시민 관계가 상호 존중관계에서 비롯된다는 사실에서 비롯된다(R. Halvorsne, P. H Jensen, 2004: 464-465). 둘째, 근대민주주의로의 이행과정에서 노동자와 농민 간의 갈등관계가 부재했음을 지적할 수 있다. 다시 말하면 노동자계급과 농민계급의 동반성장이 가능했다는 것이다. 농민계급의 성장은 덴마크의 특수성 즉 유럽의 소국(小國)으로유럽의 경제상황에 종속될 수밖에 없었던 점과 연결되어 있다. 이러한 덴마크의 특수성은 농촌귀족권력의 약화로 이어졌고 이는 결국 농민계급의 성장

을 용이하게 만드는 요인으로 작용했다(H. T. Petersen, 2004: 36). 노동자 계급과 농민계급의 갈등 부재 현상은 협력과 타협을 중시하는 전통문화와 결합되면서 덴마크 국민들에게 정치 및 사회 영역에 평등주의를 확산시키는 기폭제가 되었던 것이다.[2]

2. 사회보호 체계

우선, 적용 대상과 관련하여 덴마크의 사회보호(social protection)는 보편주의 원칙에 바탕을 두고 있다. 다시 말하면 모든 시민에게 수급권이 보장되어 있는 것이다. 실업보험 등 특수한 성격의 사회보험은 근로경험 등 일정한 수급요건이 명시되어 있다. 하지만 가입 자체는 시민권 개념에 기초하여 개방되어 있다.[3] 연금 역시 덴마크 시민 혹은 외국인이라 하더라도 최소 거주요건만 충족되면 수혜 대상이다. 건강보험의 현물급여, 산재 및 직업병보험의 현물급여, 가족보험도 보편주의 원칙에 바탕을 두고 있다.

한편, 덴마크의 사회보장 주관 행정부처 및 실질적 운영기구는 다음과 같다.

다음의 〈표 4-3〉에서처럼 덴마크 사회보호의 운영은 공공성이 매우 강하다. 특히 보험 분야별 실질적 운영기구에서 엿볼 수 있는 바, 지방정부의 역할이 매우 강하게 나타난다. 이는 활성화 정책 및 제도의 운영 역시 상당 부분은 지방정부에서 담당하고 있음을 추측 가능하게 하는 대목이라 할 수 있다.

사회보호 체계 국제비교의 중요한 요소 중의 하나는 재정충당방식이다.

---

2) 정치영역에서도 1913년 헌법 개정에 따라 한 정당이 절대 다수당이 되는 것은 불가능하며 정당 간 연정(聯政)도 의무사항이다.

3) 구체적으로 18세에서 63세 사이의 봉급생활자, 자영인뿐만 아니라 18개월 이상의 직업훈련 이수자, 중앙 및 지방정부의 직원 등이 적용 대상자이다(J.-C. Barbier et al., 2006).

<표 4-3> 사회보장 주관부처 및 운영기구

분야	종류	주관부서	운영기구
노령(연금)	보편연금	고용성	지방정부
	노동시장보충연금(ATP)	재정관리국	노동시장보충연금제도
건강(질병, 출산)	현금급여	고용성	지방정부
	현물급여	보건성	지방정부
산재		고용성·재정관리국	전국산재담당기구 직업병펀드
실업		고용성	공인실업펀드(노조)
가족부양		사회복지성	지방정부

출처: SSPTW, 2010: 77-83(Denmark)의 내용을 발췌 정리

이를 통해 한 국가의 사회보호 재원 및 재정의 흐름을 파악할 수 있기 때문이다. 결론적으로 말하면 덴마크는 조세 지배 유형 국가라 할 수 있다. 다음의 <표 4-4>는 OECD의 통계로서 덴마크의 1980년부터 2003년까지 총임금 대비 사회보장기여금 및 소득세가 차지하는 평균비율을 나타낸 것이다.

덴마크의 높은 공적사회보호지출 정도를 고려할 때[4] <표 4-4>는 재원의

<표 4-4> 덴마크의 총임금 대비 사회보장기여금과 소득세 부담비율
(1980년~2003년 평균)

	사회보장기여금		소득세
	고용주분담금	근로자분담금	
덴마크	0.9	2.0	33.1
OECD 평균	15.2	6.8	13.3

출처: OECD, 2007c: 4

---

4) 1980년의 24.8%에서 2007년에는 26.1%로 상승. 한국노동연구원, 2012: 89.

〈표 4-5〉 덴마크의 사회보호 재원 추이

재원구분	1980	1984	1988	1992	1996	2001	2005
조세	83	79	80	82	68	63	63
분담금	12	14	13	12	26	30	29
기타	5	5	7	6	6	7	8

출처: Eurostat, 2008; K. Julienne et M. Lelièvre, 2004: 93과 98의 tableau 1과 2의 내용을
　　바탕으로 재정리

대부분이 조세임을 알 수 있게 한다. 이는 〈표 4-5〉를 통해서도 여실히 증
명된다.

〈표 4-5〉에서처럼, 1990년 상반기를 기준으로 조세 비중이 현저히 떨어
지는 것은 사실이다. 그럼에도 불구하고 여타 국가에 비하면 여전히 높은
것 또한 부인할 수 없는 사실이다.[5] 게다가 〈표 4-6〉에서처럼 사회보험 분

〈표 4-6〉 덴마크 사회보험 분야별 재원의 성격

분야	종류	재원의 성격
노령(연금)	기초보편연금	조세
	노동시장보충연금	근로자분담금
건강(질병, 출산)	현물급여	조세
	현금급여	근로자분담금
산재		사용주분담금
실업		근로자분담금/일부 사용주부담금
가족부양		조세

출처: SSPTW, 2010: 77-83(Denmark)의 내용을 발췌 정리

---

5) 사회보호 재원 중 조세가 차지하는 비중은 64%로 이는 스웨덴(46%), 핀란드(43%)보
　　다 높다. cf. N. Deletang, 2003: 529.

야에서조차 대부분은 조세를 통해서 재정 충당이 이루어지고 있다.

이상에서 살펴본 바와 같이 덴마크의 사회보호 체계는 보편주의원칙을 바탕으로 운영 측면에서의 강한 공공성, 조세를 통한 재정충당방식이라는 특징을 지니고 있다. 추측컨대 이러한 특징은 활성화 정책의 운영에도 그대로 반영될 것으로 보인다.

3. 노사관계

비세의 노사관계 모델 유형에 따르면 덴마크는 북유럽의 전통적 조합주의 모형에 속한다(〈표 3-5〉 참조). 전통적 조합주의 모형의 가장 큰 특징은 노사 문제에 대한 국가의 개입을 최대한 자제하는 반면 노사 양자의 주도에 의한 해법을 강조하고 있다. 그리고 단체협약의 형태로 그 결과물이 도출된다. 조합주의 모델의 운영이 가능하기 위해서는 노사 양자를 대표하는 공인단체가 존재해야 한다. 이와 관련하여 덴마크에는 1898년 설립된 LO라는 노조가 근로자를 대표하는 조직으로 활동 중이다.[6] 물론 〈표 4-7〉처럼 LO 외에도 직종 및 직위에 부응하는 여타 조직이 있는 것도 사실이다. 그럼에도 불구하고 LO는 전체 근로자의 53%를 대변하는 대표단체라는 점은 아무도 부인하지 못할 것이다. 80%에 달하는 노조 가입률은 근로자 권익의 대변자로서 LO의 정치적 영향력 행사의 큰 밑거름으로 작용하고 있다(T. M. Andersen et al., 2006: 128).

한편, 덴마크의 고용주 대표단체로서 DA가 있다.[7] 1896년 설립된 DA는 28,000여 개의 기업을 포함하고 있는 12개의 고용주 단체의 우산조직(umbrella organization)으로서 조식화의 정도는 LO에 비해 낮으나 단체협약의 주체로서 활동하고 있다.

---

6) 이의 덴마크 원어는 Landsorganisationen i Danmark.
7) 이의 덴마크 원어는 Dansk Arbejdsgiverforening.

〈표 4-7〉 덴마크 노조 개관

노조연맹 (organization)	가입 노조 수 (Unions)	대표 노조	가입자 수	여성비율
덴마크노조연맹 (LO)	24		1,502,400	48.4
		HK(상업)	361,000	74.8
		Sid(비숙련)	306,773	14.5
		FOA(지자체)	202,500	88.0
		KAD(여성)	92,500	100
봉급생활자노조연맹 (FTF)	44		338,400	64.9
		교사노조	59,688	62.6
		간호사노조	50,579	96.6
		은행노조	44,470	57.0
전문직단체연맹(AC)	19		137,200	33.4
관리직노조연맹(LH)	3		75,900	15.0
기타	40		52,011	54.7
합	117		2,160,700	48.3

출처: J. Visser, 2001: 200

조합주의로 특징되는 덴마크의 노사관계의 기원은 1899년으로 거슬러 올라간다.[8] 이를 바탕으로 이듬해에는 이른바 '9월의 합의'로 불리는 덴마크식 노사관계가 등장한다. '9월의 합의'에는 노사 양자 조직화의 자유 그리고 파업권과 폐업권의 상호 인정, 노사 평화 유지의 대원칙이 담겨 있다. 그리고 1910년에는 노사 분쟁해결의 기제로서 노동법정이 설립되었다.

제2차 세계대전 후 덴마크의 노사관계는 중앙 집중화의 경향을 띠고 있었다. 여기서 국가는 협상실패 시 갈등 증폭을 예방하려는 의도하에 중재자의 역할을 수행하기도 했다. 덴마크의 단체협약이 가지고 있는 영향력에도 불

---

8) 이하 내용은 H. Jørgensen, 2003: 135-139를 정리한 것임.

구하고 명시적 혹은 암묵적으로 공공연한 국가 개입 사례도 있었음이 지적되는 것도 바로 이에 기인한 것이다. 최저임금 역시 사회 파트너에 의해 정해짐에도 불구하고 이러한 결정이 완전히 정치적 결정과 독립적인 것은 아니다. 왜냐하면 이의 최종 결정은 사회부조급여 및 실업급여 수준과의 고려하에 이루어지기 때문이다.

중앙집권적 성격의 노사관계는 1990년대에 접어들어 일정 부분 변화를 가져오게 된다. 중앙집권화된 분권화의 형태가 바로 그것이다. 이는 덴마크 사회보호 분야 및 고용 정책의 분권화와 일정 부분 맥락을 같이한다. 따라서 임금이나 근로시간 등은 중앙집권적 형태를 통해서 협상이 이루어지는 반면 지방정부의 권한에 속하는 지역 고용 정책, 육아 시설 개선 분야는 분권화의 형태를 띠게 되었다. 특히 덴마크 노조는 여성의 경제활동 참여를 보장하기 위한 차원에서 육아 시설의 개선에 많은 관심을 가지고 투쟁한 결과, 275개에 달하는 전 기초자치단체에서 뚜렷한 개선이 이루어지는 성과를 낳기도 했다. 오늘날 지역의 노조 지부는 지역 정책당국이나 분권화된 지방정부에 대한 영향력 행사를 통해 노조 가입자의 권익 쟁취 및 보장을 위해 매우 적극적으로 활동하고 있다. 덴마크 활성화 정책의 상당 부분이 지방정부의 주도로 이루어지고 있는 점을 고려할 때 이에 대한 덴마크 노조의 입장 나아가서 노사관계 모델은 활성화 정책의 입안과 집행에 직·간접적으로 영향을 미칠 것이다.

4. 조세제도

앞에서 살펴본 바와 같이 활성화의 주요 특징 중의 하나는 사회보호 정책과 여타 분야 정책 간의 긴밀한 연계이다. 이러한 맥락에서 국가별 사례연구 통해 활성화 정책이 조세제도와 어떤 관련성을 지니고 있는가를 살펴보는 것은 매우 중요한 사안이다. 특히 활성화 정책의 주요 적용대상인 저소득층을 대상으로 조세제도의 구체적 내용에 초점을 두는 것이 필요하다.

하지만 덴마크 사례에서 이러한 모습을 찾아보기 힘들다. 예컨대 영국이나 프랑스와 달리 근로조건부급여 등의 근로유인 복지제도가 덴마크에서는 실시되고 있지 않다.

따라서 여기서는 덴마크 조세제도의 특징을 살펴보면서 이의 이유에 대해 생각해보기로 한다. 먼저, 덴마크 조세는 소득세, 법인세, 부가가치세로 구분되며 소득세는 다시 국세와 지방세, 신자를 대상으로 부과되는 교회세(church tax)로 다시 구분된다. 여기서 지방세는 다시 기초자치단체세(municipal tax)와 건강세(region tax)로 구분된다. 이 중 소득세는 1903년에 도입되었으며 국세는 누진세율인 데 반해 두 개의 지방세는 정율세(flat tax)의 성격을 띠고 있다(Deloitte, 2012). 한편, 덴마크 조세제도의 특징을 나름대로 정리하면 다음과 같다.

첫째, 과세대상의 포괄성을 들 수 있다. 여기서 포괄성이라 함은 과세대상소득의 폭이 광범위할 뿐만 아니라 소득원에 따라 별도로 부과되고 있다는 것을 의미한다. 예컨대 국세의 경우 이는 다시 개인소득과 자산소득으로 구분되어 있는데 자산소득에는 동산 및 부동산 소득뿐만 아니라 배당금소득, 이자소득, 자산양도소득 등이 망라되어 있다. '소득 있는 곳에 세금 있다'라는 전통적 과세원칙이 철저히 이행되고 있는 것이다. 한편, 1991년부터는 자산소득에서배당금소득을 분리시켜 별도의 세율과 공제제도가 운영되고 있다(박노호, 1994: 182).

둘째, 지방세의 높은 비중을 들 수 있다. 세율은 지방정부에 따라 다르나 기초자치단체세의 경우 23%에서 28% 수준을 보이고 있다(2010년).[9] 이는 여타 국가에 비해 매우 높은 수준인데 분권화와 밀접한 관련성을 보이고 있다. 예컨대 덴마크에서 사회부조는 지방정부의 권한 사무이다. 사회부조 등 지방정부의 사무 집행에 필요한 재정적 지원이 바로 높은 지방세율을 통해 이루어지고 있는 것이다.

셋째, 높은 담세율이 강조되어야 할 것이다. 예컨대 2009년 기준 덴마크

---

9) 평균 지방세율은 24.9%(Deloitte, 2012: 15).

〈표 4-8〉 소득이전 전후 덴마크 지니계수의 변화

년도	시장소득 지니계수(A)	가처분소득 지니계수(B)	차이(B-A)	변화비율(%)
1987	33.0	23.2	9.9	30
1992	36.5	22.3	14.3	39
1995	36.0	20.3	15.7	44
2000	35.2	21.0	14.2	40
2004	36.0	21.6	14.4	40

출처: H. Immervoll, L. Richardson, 2011: 34의 table 5에서 발췌

의 조세 부담률(total tax revenu as percentage of GDP)은 48.2%로 OECD 회원국 중 가장 높다. 국가 비교 관점에서 덴마크는 프랑스(41.9%), 영국(34.3%), 한국(25.6%)보다 훨씬 높은 수준일 뿐만 아니라 스웨덴(46.4%)보다 높다.[10] 이상의 높은 담세율은 덴마크의 불평등 해소에 많은 기여를 하고 있는 것으로 판단된다. 이의 근거로서는 〈표 4-8〉에서처럼, 소득이전 전후에 나타나는 지니계수의 변화를 들 수 있다.

시장소득 지니계수만 보면 덴마크는 OECD 회원국 중 중위권에 속한다. 다시 말하면 소득이전 전의 덴마크의 불평등 현상은 상당히 심각하다는 것이다. 하지만 소득이전 후의 가처분소득의 지니계수는 OECD 회원국 중 가장 낮은 집단에 포함된다. 소득이전으로 인한 지니계수변화비율 역시 40%를 보이고 있는데 이 수치 역시 가장 높은 위치에 속한다. 소득이전으로 인한 불평등 감소 효과가 큼을 보여주는 대목이다. 소득이전에 필요한 재원

10) 조세 부담률을 100으로 했을 때 가장 많이 차지하는 세금항목은 개별소득세(52%)이며 소비세(32%)가 그 뒤를 잇고 있다. 여기서 흥미로운 것은 법인세(7%)와 사회보장부담금(2%)은 상대적으로 낮은 비율을 보이고 있다는 점이다. 한편, 2008년 기준, OECD 회원국의 평균은 개별소득세는 25%, 법인세는 10%, 사회보장부담금은 25%의 비중을 보이고 있다(B. Brys et al., 2011: 13). 이렇게 볼 때 덴마크의 조세 부담률 구조는 소득세의 높은 비중과 법인세 및 사회부담금의 낮은 비중으로 요약될 수 있다.

〈표 4-9〉 덴마크의 과세표준소득구간별 과세현황(2010년)

과세표준 소득구간 (단위: DKK*)	세금 유형 및 세율				합(%)
	총세 (gross tax)	지방세 (municipal tax)	지방세 (건강세, region tax)	국세 (state tax)	
42,900 이하	8				8
42,900~ 389,900	8	23~28	8	3.76	42.76~ 47.76
389,900~	8	23~28	8	15	54~59

* 1DKK=192원
출처: http://www.taxindenmark.com/article.69.html; http://en.wikipedia.org/wiki/Taxation_
  in_Denmark의 내용을 바탕으로 정리

의 대부분이 세금임을 고려한다면 덴마크의 높은 담세율이 불평등 감소에
미친 영향은 상당히 크다고 할 수 있다.

　넷째, 과세방식에서의 누진세율을 들 수 있다. 일반적으로 높은 담세율이
불평등 해소에 기여하고 있다면 누진세율의 적용 역시 이러한 측면에서 고
려되어야 할 것이다. 한 가지 사례로서 덴마크 소득세의 과세표준소득구간
별 과세 현황을 살펴보면 〈표 4-9〉와 같다.

　여타 국가와 마찬가지로 덴마크 역시 공제제도가 있기 때문에[11] 연 소득
과 과세표준 소득 간에는 일정한 차이가 있을 것이다. 그럼에도 불구하고
면세점인 42,900DKK 이상의 과세표준소득에 속하는 경우 최저 43%의 세
율이 적용되고 있음을 알 수 있다. 뿐만 아니라 누진세율의 적용에 의해
최고구간의 소득인 경우에는 최대 59%의 세율이 적용된다. 반면 과세표준
소득이 42,900DKK 이하인 저소득층은 지방세와 국세의 부과 대상은 아니
지만 '총세(gross tax)' 혹은 '덴마크 사회기여세(DK social contribution)'로

---

11) 예컨대 이자지불비용, 노조회비, 민간연금보험료, 통근비용, 기부금 등(Deloitte, 2012:
　　15).

불리는 세금12)의 부과대상에는 포함된다. 이상 본 바와 같이 덴마크의 조세제도는 높은 세율과 누진세의 성격을 띠고 있다. 이를 통해서 확보된 재정의 상당부분은 높은 수준의 사회지출비용으로 사용되고 있는 점을 고려할 때, 직접적인 연계는 아님에도 불구하고 조세제도가 활성화 정책의 토대로 작용하고 있음은 분명하다.

II. 덴마크의 사회보호 활성화 정책

지금까지 활성화 레짐의 두 가지 범주 중의 하나인 전 사회적 일관성의 관점에서 활성화 정책과 상호작용을 하고 있는 네 가지 구성요소 즉 사회의 지배적인 가치 및 이념(복지의 문화적 토대), 사회보호 체계, 노사관계 마지막으로 조세제도에 대해서 살펴보았다. 이상의 네 가지 구성요소는 직·간접적으로 사회보호 활성화 정책과 긴밀한 관련성을 보이고 있는 것도 알 수 있었다. 이를 바탕으로 본 절에서는 덴마크의 사회보호 활성화 정책의 구체적인 내용을 살펴보기로 한다.

1. 근로연계 복지와 활성화: 실업보험 및 사회부조제도

1) 적용 대상

(1) 실업보험
실업보험 가입자로서 수급요건을 충족한 자 중에서 실업상태가 6개월(30

---

12) 이의 덴마크 원어는 Arbejdsmarkedsbidrag(노동)임.

세 미만 혹은 (60~64세) 혹은 9개월 이상(30세~59세)인 실업자는 활성화 프로그램의 적용 대상자이다. 먼저 덴마크의 실업보험 가입요건에 대해서 살펴보면 임의가입임에도 불구하고 보편주의원칙을 견지하고 있다. 구체적으로 18~63세의 봉급생활자, 자영인 등의 취업자 그리고 취업자가 아니더라도 18개월 이상의 직업훈련을 이수한 자, 중앙 및 지방정부 종사자(공무원 신분은 아님), 국방 서비스 종사자라면 누구든지 가입할 수 있다(SSPTW, 2010). 단 이들은 노조가 설립한 공인실업보험기금(an approved unemployment fund)의 회원이어야 한다.

주지하다시피 덴마크의 실업보험은 겐트시스템으로서 이의 실질적 운영은 민간 기구인 공인실업보험기금이 맡고 있다. 2006년 기준 덴마크에는 33개의 공인실업보험기금이 있으며 기금별 가입자 수는 8,000명에서 300,000명까지 매우 다양하다.13) 이들은 직업적 범주에 바탕을 둔 노조와 연계되어 있다. 예컨대 공무원노조와 철강 노조는 상호 독립적인 기금을 운영하고 있다. 33개 중 2개 기금은 본래 자영업 종사자 대상으로 했으나 2002년 이후 이러한 경계는 점점 무너지고 있으며 현재는 모든 기금이 종사상 성격과는 무관하게 모든 취업자에게 개방되어 있다. 여기서 잠시 가입자 규모를 살펴보면 2006년을 기준으로 했을 때 봉급생활자는 약 200백만 명, 자영업 종사자는 190,000명 정도로 추산되는데 이는 전체 취업자의 4분의 3에 해당된다(J.-C. Barbier et al., 2006: 41). 한편, 실업보험 미가입자는 크게 두 집단으로 구분된다. 첫째, 실업 위험에 덜 노출되어 있는 집단이다. 대표적으로 회사의 간부급 직원이나 공무원 집단을 들 수 있다. 둘째, 노동시장에서 유리된 집단으로 청년집단이 한 사례이다.

가입과 관련된 덴마크 실업보험의 특징 중의 하나는 시간제 근로자에 대한 제도적인 개방을 들 수 있다. 전일제 근로자와 마찬가지로 주 30시간의 미만의 시간제 근로자 역시 실업보험의 임의가입대상이다. 뿐만 아니라 수

---

13) 법적으로 공인실업보험기금은 민간비영리단체이다. 하지만 이의 설립 목적과 행정규정은 법으로 정해져 있다(J.-C. Barbier et al., 2006: 41).

급요건, 급여수준에 있어서 시간제 근로자에게만 적용되는 별도의 규정이 마련되어 있는 것이다. 한편, 시간제 근로자에게는 가입 시 선택권이 부여되어 있다. 즉, 시간제 근로자임에도 불구하고 전일제 근로 실업보험에 가입신청할 수 있는 것이다. 자료의 제약상 전일제 근로 실업보험을 신청한 시간제 근로자 규모는 파악하기 어려우나 실업 보상 차원에서 선택권 부여 제도 자체는 매우 의미 있는 제도로 판단된다.

한편, 실업보험 가입 추이를 살펴보면, 1970년대부터 가입자 규모가 급증했음을 알 수 있다. 당시에 발생한 고실업은 취업자로 하여금 실업보험 가입에의 필요성을 인식시켰던 것이다. 제도적 요인 또한 실업보험에 대한 관심을 가져오게 했는데 대표적인 것이 1979년에 도입된 조기퇴직제도이다. 5년의 실업보험 가입경력만 충족되면 조기퇴직제도의 수혜대상이 된다는 점에서 당시 고령근로자들은 실업보험 가입에 호의적인 반응을 보였던 것이다.

실업보험 가입자가 모두 활성화 프로그램의 적용 대상인 것은 아니다. 두 가지 조건이 충족되어야 하는데 실업보험 수급요건 충족이 첫 번째 조건이며 연령에 따라 6~9개월 이상의 실업상태에 있어야 하는 것이 두 번째 조건이다. 첫 번째 조건과 관련하여 덴마크 실업보험은 세 가지 수급요건을 제시하고 있다(J. Kvist et al., 2008: 234-238). 우선, 실업 직전 최소 1년의 실업보험 가입경력과 최근 3년 중 52주 이상(1,924시간)의 근로경력이 충족되어야 한다(이상 최소 경제활동 요건).[14] 그리고 자발적인 휴직, 근로자의 부정, 노사 분규, 적당한 일자리의 제공 거부에 의해 실업이 발생한 경우 역시 수급자의 자격을 받지 못한다(실업발생요인). 마지막으로 수급자의 즉각적인 경제활동 가능성 요건 역시 충족되어야 한다. 이를 위해서는 수급자는 공공 고용 서비스에 등록되어야 하며 근로능력과 의지 역시 인정되어야 한다. 한편, 덴마크의 수급률 즉 실업자 대비 실업급여 수급자 비율은 90%를 상회하고 있다. 예컨대 2004년 기준, 평균 실업자인 16만여 명 중 14만 9천여 명이 실업급여를 받은 것으로 나타난다.[15] 이러한 수급률은 여타 국

---

14) 시간제근로자는 1년 이상의 가입기간과 34주(1,258시간) 이상의 근로경력.

〈표 4-10〉 덴마크 실업보험 수급자와 활성화 프로그램 참여자 추이
(전일제 균등화 환산 수치)

	1994	1995	1998	2001	2004
실업급여 수급자	264,425	231,937	144,581	119,643	149,405
활성화 프로그램 참가자	0	14,292	23,096	27,734	33,745

출처: J.-C. Barbier et al., 2006: 60의 〈표 7〉에서 발췌

가에 비해 매우 높은 수치이다.

한편, 실업자 중 활성화 프로그램의 적용 대상자가 되기 위해서는 실업기간이 비교적 장기간이어야 한다. 구체적으로 30세 미만 혹은 60세~63세인 경우는 6개월, 나머지 연령 집단의 경우에는 9개월이 되어야만 활성화 조치의 대상자가 되는 것이다. 실업급여 수급자 중 활성화 프로그램 참가자의 추이는 〈표 4-10〉과 같다.

먼저, 1995년의 상황을 살펴보면 실업급여 수급자는 23만여 명인 데 비해 활성화 프로그램 실질 참여자는 5만 2천여 명으로서, 그 비율은 약 23%이다. 한편, 2004년에는 14만 9천여 명의 수급자 중 3만 3천여 명이 활성화 프로그램에 참여하여 22%의 참여율을 보이고 있다. 달리 말하면 덴마크의 실업자 중 5분의 4는 활성화 프로그램에 참여하지 않는다는 것을 의미한다. 이는 덴마크 실업자의 조기 재취업 경향과 밀접한 관련성이 있는 것으로 보인다. 예컨대, 한 통계에 따르면 덴마크의 실업자 중 6개월 이내 재취업 비율은 1997년의 70%에서 2007년에는 80%로 증가 추세에 있는 것으로 나타난다(IMF, 2008).

이상 본 바와 같이 덴마크 실업보험을 통해서 실시되는 활성화의 적용

---

15) 이는 http://www.tradingeconomics.com/denmark/unemployed-persons와 J. Kvist et al., 2008: 225의 table 19의 상호비교를 통해 파악한 것임. 2005년도의 수급률도 비슷하게 나타남.

대상에는 실업기간이 비교적 긴 실업자가 중심에 자리 잡고 있다. 덴마크의 활성화는 장기실업으로 인한 사회적 배제를 예방하는 데 주요 목적이 있음을 보여주는 대목이라 할 수 있다.

(2) 사회부조

덴마크 사회부조에서 활성화 개념이 본격적으로 도입된 것은 1998년의 사회부조 법 개혁을 통해서이다(H. Johansson and B. Hvinden, 2007: 342). 적용 대상과 관련하여 동법은 사회부조 수급자 중 20세 이상의 노동능력이 있는 것으로 판단되는 사람으로 규정하고 있다. 한편, 활성화 조치의 개입 시점은 연령에 따라 다르다. 구체적으로 20세에서 30세 이하인 경우는 3개월 이내(13주), 30세 이상의 수급자는 12개월 내에 공공기관이 제공하는 활성화 조치를 받아들여야 한다고 강조하고 있다. 이렇게 볼 때 실업보험의 적용에 벗어나는 실업자뿐만 아니라 청년집단도 포함된다는 것을 적용 대상에 포함되어 있음을 알 수 있다.[16] 앞에서 본 바와 같이 청년집단에 관심이 구체화된 것은 1996년의 youth guarantee 프로그램에 의한 것이다. 이 프로그램은 1990년대 초 10~12%를 기록한 청년 실업률의 대응 차원에서 실시된 것이다. 이는 청년집단을 실업보험 수급자와 실업보험에는 가입되어 있으나 수급자격 미충족 청년 그리고 실업보험 미가입 청년 실업자의 세 집단으로 나누어 각 집단에 차별적인 활성화 조치를 제시하고 있다. 이 중 사회부조 수급자에 해당되는 집단은 세 번째 집단에 해당되는 경우로서, 이들 역시 PES에 구직등록을 해야 하며, 정해진 기간 내에 지자체가 제의하는 활성화 조치에 순응해야 함을 강조하고 있는 것이다. 활성화 참여 대상자 중 30세 미만인 자에 대해서는 최소 18개월의 활성화 조치가 제공되며, 30세 이상인 자에 대한 활성화 제공 기간은 지자체마다 다르다. 한편, 두 번째

---

16) 덴마크에서 청년집단은 18세에서 30세까지의 인구 집단을 지칭한다. 네덜란드(18~23세), 영국(18~24세) 등 여타 국가에 비해 포괄적인 것으로서 이는 청년집단 대상 활성화 조치가 상대적으로 더 많을 수 있다는 것을 의미한다(S. Dryberg-Jacobsen and K. Holsbaek, 2005: 71).

집단에 대해서 급여제공이 이루어지는데 이 역시 활성화 프로그램의 참여를 전제로 한다.[17)

한편, 포괄성 측면의 연장선상에서 덴마크 사회부조 활성화 조치는 노동 능력이 있는 구직 수급자뿐만 아니라 실질적으로 취업과 거리가 먼 집단에게까지 확대 적용되고 있음에 주목할 필요가 있다. 이들은 실업 외의 다른 문제를 가진 집단으로서 관련 활성화 조치는 중앙정부와 지자체의 양자 재정 부담하에 지자체의 주도로 실시되고 있다. '사회적 활성화(social aktivering)'로 불리는 이러한 조치의 목표는 취업을 통한 재통합이라기보다는 활성화 조치에의 참여를 통한 인간적 접촉, 사회적 배제의 예방에 있다. 이들 집단은 다시 두 집단으로 분류되는데, 첫 번째 집단은 구직자 대상 프로그램에 적합한 기술이 부족한 경우로서, 이들은 예비 재활 혹은 재활 등의 전이적 조치에 참여하고 있다. 두 번째 집단은 재활 조치도 여의치 않는 집단으로서, 이들에게는 이른바 유연한 일자리(fleksjob, flex-jobs) 또는 가벼운 일자리가 주어진다. 여기서의 유연한 일자리는 영구적으로 감소된 근로능력을 가진 사람을 대상으로 보조 임금(최저임금의 2분의 1에서 3분의 2수준)이 지급되는 무기 성격의 전일제 일자리를 말한다(J. Høgelund & J. G. Pedersen, 2002: 12). 이는 1980년 대 이후 점증 추세를 보인 장애급여 수급자의 증대 현상에 대한 대응의 의미도 가지는 것으로 일자리의 3분의 1에서 4분의 3은 민간 영역에서 만들어졌다(지자체에 따라 다름). 보조 임금의 100%는 전액 상환되기 때문에 지자체와 민간 영역의 많은 관심을 모으면서 일자리 수가 계속 증가, 2004년 말 기준 35,000여 개까지 늘어났다(전체 일자리의 1.3%; cf. S. Carcillo and D. Grubb, 2006: 25).

한편, 다음의 〈표 4-11〉은 사회부조 수급자 대비 활성화 프로그램의 참여자 및 재활 프로그램 참여자 추이를 나타낸 것이다.

---

17) 이들 집단에 대한 급여는 고용성의 주관하에 지방정부에 의해 운영되며 이의 재정은 중앙정부와 지방정부의 양자부담이다(P. H. Madsen, 2009: 7). 본 연구에서는 이 급여도 사회부조에 포함되는 것으로 보고자 한다.

〈표 4-11〉 덴마크 사회부조 수급자와 활성화 프로그램 참여자 추이

	1994	1995	1998	2001	2004
사회부조 수급자	122,769	102,223	91,846	90,665	101,950
활성화 프로그램 참가자	32,344	38,246	41,664	47,674	32,485
재활 프로그램	15,000	17,000	22,000	26,000	23,000

출처: J.-C. Barbier et al., 2006: 60의 〈표 7〉과 J. Kvist et al., 2008: 225의 table 19에서 발췌

먼저, 1995년의 상황을 살펴보면 사회부조 수급자는 10만 2천여 명인 데 비해 활성화 프로그램 실질 참여자는 3만 8천여 명로서, 참여 비율은 약 37%이다. 한편, 2004년에는 10만 1천여 명의 수급자 중 3만 2천여 명이 활성화 프로그램에 참여하여 32%의 참여율을 보이고 있다. 이는 실업보험에 비해서는 활성화 참가자 비율이 높게 나타난다. 여기에 재활프로그램참가자까지 합치면 그 비중은 훨씬 높아진다. 달리 말하면 실업보험과 달리 사회부조에서 활성화 개념이 보여주는 영향력은 매우 크다는 것이다.

2) 서비스 및 급여

급여와 관련하여 실업보험급여는 하한선과 상한선이 있으며 급여의 임금대체율은 90%이다.[18] 그리고 사회부조급여는 가족 구성에 따라 달리 산정된다. 예컨대 독신은 평균임금의 31%이며, 배우자가 있는 여기에 31%가 추가되며 자녀가 있으며 10%가 또 추가된다.

한편, 활성화 프로그램 참여자에게 제공되는 서비스는 상담 서비스와 훈련 서비스의 두 개로 구분된다. 먼저 상담 서비스는 최초 면담과 심층면담으로 구분되는데 최초면담은 연령에 관계없이 전체 실업자를 대상으로 구직등록일 기준 한 달 이내에 이루어진다. 최초면담은 수급자의 근로의사 및 능력

---

18) 2010년 기준 급여하한선은 160,406DKK, 상한선은 195,516DKK임.

의 확인이 이루진다는 점에서 매우 중요하다. 구체적으로 상담가와 최초 면담을 통해 취업 기대, 기술 숙련도, 능력, 건강, 지역 경제 상황에 확인이 이루어지는 것이다. 동시에 구직자는 다섯 가지 범주 집단 중의 하나에 분류되는데, 다섯 가지 범주는 취업 가능성의 측면에서 완전 적합(full match), 고 적합정도(high degree of match), 부분적합(partial match), 저 적합정도(low degree of match), 비적합(no match) 등을 가리킨다(E. Besson, 2008a: 8). 다음 단계는 개인별 행동 계획의 수립이다. 이의 시점은 대상자별로 다른데, 실업 고 위험 집단에 대해서는 상담가의 조기 심층면담 후 실업 초기, 계획의 계약체결이 이루어진다. 한편, 30세에서 59세까지의 실업자는 9개월 후, 30세 미만, 60세 이상 실업자에 대해서는 일반적으로 실업한 지 6개월 후 행동 계획의 계약체결이 완성되는 것이다(2007년 기준). 마지막 상담 서비스로 후속면담을 들 수 있다. 이는 개별 행동 계약의 이행 확인 및 변경의 목적으로 이루어지는 것으로 3개월 주기로 실시된다.[19]

한편, 실업보험과 사회부조를 통해서 실시되고 있는 활성화 프로그램은 상담과 훈련, 현장 수습, 그리고 보조 일자리 등 세 가지로 구분된다(E. Besson, 2008b: 30).[20] 실업보험 수급자는 중앙정부에서, 사회부조 수급자는 지자체를 통해서 이루어지고 있는데, 이는 적용 대상자의 성격에 따라 프로그램 운영 주체가 다름을 의미한다. 한편, 상담 및 훈련은 단기 지지 활동(guidance and clarification activities), 특별 훈련,[21] 정규 훈련(education with training allowance, 훈련수당지급교육) 등을 포함하고 있으며, 참여 기간은 최대 6주이지만 노동시장 숙련과 같은 특별 훈련의 경우는 1년까지

---

19) 2004년 실시된 OECD는 회원국을 대상으로 실업기간 중의 국가 개입의 양태 및 내용에 대해서 항목별 질문에 대한 응답의 방식으로 조사를 실시한 바 있다. 위의 본문 내용은 이 중 덴마크 부분을 정리한 것임. 질문 및 회원국 응답의 구체적인 내용에 대해서는 OECD, 2007b를 참조.
20) 이러한 구분은 2002년 관련법에 근거한 것으로 32개 조치가 포함되어 있다.
21) 중앙정부가 실시하는 특별 적응 훈련 활동(specially adapted education activities) 혹은 지방정부 주관하의 specially adapted project 등을 가리킴.

가능하다. 현장 수습은 현재 참여 비중은 크지 않지만 최근 괄목할 만한 증가 추세를 보이고 있다.[22] 공적 혹은 민간 영역을 중심으로 주로 시장 통합에 심각한 어려움을 겪고 있거나 정상적인 일자리 취업이 불가능한 집단, 혹은 임금 보조 일자리에로의 통합이 어려운 사람을 대상으로 하고 있다. 기간은 적용 대상의 성격에 따라 최대 4주에서 13주이며, 실업급여 혹은 사회부조 그리고 추가 수당이 지급되고 있다. 세 번째 보조 일자리(Employment with wage subsidies)는 취업 보조 및 한시적 일자리의 혼용으로서 민간 영역, 특히 공공 영역을 중심으로 진행되고 있다. 기존의 직업훈련(job training)범주를 대신하는 새로운 범주로서 정상적 일자리에의 통합을 촉진하기 위해 필요한 기술적, 사회적, 언어 강화 훈련을 목표로 하고 있다. 기간은 최대 1년이며 훈련도 겸용하고 있다. 임금은 영역에 따라 다양하며, 공공 영역의 최대 임금은 시간당 13유로(96.12DKK)다. 한편, 실업보험 수급자는 최저 실업급여의 82%를 받으며 20DKK에서 100DKK까지 훈련 프로그램에 대한 고용주 보조금이 지급된다. 이상 활성화 주요 프로그램에 대한 참여 현황은 〈표 4-12〉와 같다.

〈표 4-12〉를 토대로 프로그램별 참여 현황 및 추이를 정리하면 다음과 같다. 첫째, 활성화 조치 프로그램에의 참여자 수는 2004년 1/4분기의 7만여 명에서 2006년 1/A분기의 4만 9천여 명으로 하락추세에 있다. 이는 기본적으로 동 기간 나타난 경기 호조에 따른 구직등록 실업자의 감소와 밀접한 관계가 있는 것으로 보인다. 둘째, 프로그램의 주관과 관련, 중앙정부 못지않게 지방 정부의 역할 또한 상당히 큰 것을 알 수 있다. 사회부조 수급자 대상 활성화 조치 실시의 책임을 맡고 있는 지방 정부는 실업보험 수급자와 관계되는 중앙정부와 동일한 종류의 프로그램을 독자적으로 실시하고 있으며, 참여 인원 또한 비슷하게 나타난다. 이는 활성화 조치의 관리와 관련하여 덴마크 역시 여타 노르딕 국가와 마찬가지로 이중체계의 모습을 보이고 있음을 의미한다. 특히 사회부조 수급자의 증대에 직면하여 지자체는

---

22) 현장 훈련 서비스(Business in-service training)가 이 범주의 대표적 프로그램이다.

〈표 4-12〉 활성화 프로그램별 참여 현황

(단위: 명)

적용 대상자	2004년1/4분기(Q4)		2005년1/4분기(Q4)		2006년1/4분기(Q4)	
	실업보험 수급자	사회부조 수급자	실업보험 수급자	사회부조 수급자	실업보험 수급자	사회부조 수급자
성격	activation state	activation local counsal	activation state	activation local counsal	activation state	activation local counsal
보조일자리	16,744 (44.3%)	3,277	12,659 (38.9%)	2,737	9,320 (39.6%)	2,319
훈련수당 지급교육	17,968 (47.5%)	940	16,660 (51.3%)	810	11,621 (49.4%)	709
단기지지활동	1,801	3,385	2,007	3,845	1,802	4,405
현장 훈련 서비스	949	7,741 (23.4%)	980	6,391 (21.6%)	680	4,741 (18.1%)
특별훈련	323	15,380 (46.4%)	154	14,332 (48.3%)	94	10,187 (38.9%)
합*	37,785 (100%)	33,111 (100%)	32,460 (100%)	29,656 (100%)	23,517 (100%)	26,145 (100%)
총합*	70,896		62,116		49,662	

* 〈표〉에 나타나 있지 않는 여타 프로그램 참여자를 전부 포함한 수치임
출처: Denmarks Statistik, www.statbank.dk/AB702(http://www.statbank.dk/statbank5a/default.asp?w=1440)

독자적으로 취업지도 및 알선 서비스, 활성화 조직화 등의 조치를 실시하고 있다(H. Johansson and B. Hvinden, 2007: 336).[23] 셋째, 그럼에도 불구하고, 적용 대상자별 주요 참여 프로그램의 측면은 대조적인 모습을 보이고

---

23) 2007년 개혁 이후 이중 체계의 모습은 약간 약화되어 구직등록자의 취업알선 업무에 대해서는 적용 대상자의 유형에 관계없이 기자체 관할 Jobcenter(98개) 및 임무를 위탁받은 외부 수행기관(360개, 민간 기업, 훈련기관 …)에서 맡고 있다(E. Besson, 2008a: 15의 tableau 3).

있음에 주목할 필요가 있다. 즉, 실업보험 수급자의 90% 정도는 훈련 수당 교육, 보조 일자리 등의 프로그램에 참여하고 있는 반면, 사회부조 수급자들이 주로 많이 참여하고 있는 프로그램은 특별 훈련과 현장 훈련 서비스이다. 다시 말하면, 실업보험 수급자들은 중앙정부가 실시하는 훈련 및 공공 영역 중심의 보조 일자리 프로그램에 많은 참여가 이루고 지고 있는 반면, 사회부조 수급자 중 구직 수급자는 현장 훈련 서비스, 사회적 활성화 대상 집단은 특별 훈련에 많이 참여하는 특징을 보이고 있다.

3) 동기부여기제의 성격

일반적으로 동기부여기제는 인센티브와 제제 등 두 가지로 구분될 수 있다. 이런 차원에서 볼 때 덴마크 역시 여타 국가와 마찬가지로 제재 조치가 점점 강화되는 현상을 보이고 있음은 사실이다. 특히 근로능력이 있는 수급자의 활성화 의무는 일반법에서 조차 명시되어 있는 사안이다(J.-C. Barbier et al., 2006: 52).[24] 이에 근거한 제재 조치의 구체적 내용을 예시한다면, 실업보험의 경우 수급자에게 부과된 의무는 두 가지 유형으로, 첫째, 자신의 현 상황을 공적 고용 서비스(PES, job center)에게 알려야 하며, 둘째, 활성화 조치와 연계된 적극적 구직활동 절차를 이행해야 한다는 것이다.[25] 이러한 의무의 불이행은 상황에 따라 급여의 일부 또는 전부의 중지라는 제재 조치를 초래할 수 있다. 제재 조치 실시 기간은 수일에서 수주까지이며 이상의 제재 조치의 통지는 PES의 의견 제시에 근거하여 실업보험 공단이 그 역할을 수행한다. 뿐만 아니라 정당한 이유 없이 고용기관이 제의하는 일자

---

24) 높은 수준의 실업급여 제공에도 불구하고 제재 조치의 강화, 높은 노동시장 유연성의 변화에 주목하면서 덴마크 고용체계가 1990년대부터 기존의 안전망 모델에서 트렘폴린 모델(trampoline model)로 이행이 이루어졌다고 주장하는 학자도 있다(D.-S. Patrizia Aurich, 2008: 17).

25) 후자의 경우, 구체적으로 주당 4회의 구직편지, Jobnet 인터넷 사이트 검색, 개인별 행동 계획에 근거한 상담가와의 면담 등을 들 수 있다. 이외에 활성화 조치의 핵심이라 할 수 있는 것으로 PES가 제시하는 훈련에 반드시 참여한다(E. Besson, 2008a: 22).

리를 거부하는 경우, 정당한 이유 없이 근로 중단하는 경우, 그리고 정당한 이유 없이 적극적 고용 정책 실행에 협력하지 않는 경우 역시 급여제공의 중단 혹은 소멸된다(J. Kvist et al., 2008: 236). 일자리 제의와 관련하여, 원칙적으로 실직기간이 3개월 이상인 실업자는 고용지원센터(PES)가 제안하는 일자리 중 자신이 수행하는 것은 무엇이든 수용해야 한다. 가령 실직한 학자의 경우라도 우편배달부로 일할 의향이 있어야 한다.26) 하지만 현실적으로는 그런 경우 해당 근로자의 사기 저하를 근로하여 고용-센터에서는 이러한 원칙을 엄격히 적용하지 않는다(P. K. Madsen, 2009: 6).

이와 관련하여, 덴마크 사례에서 확인되어야 할 부분은 제재 조치가 과연 일방적이면서도 강제적 성격을 띠고 있는지 혹은 강제적인 성격보다는 수급자의 적극적인 경제활동 참여를 장려하는 방향으로 진행되고 있는가 하는 것이다. 그리고 권리 및 의무 관계가 수평 관계를 지향하고 있는지 아니면 개인에 대한 국가의 일방적 강요의 성격을 띠고 있는가의 여부 역시 중요한 문제이다. 첫 번째 질문과 관련하여, 제재율에 관한 많은 연구자들이 지적하듯이 덴마크 역시 이에 관한 공식 통계는 찾기 힘들다(J.-C. Barbier et al., 2006: 53). 그럼에도 불구하고 덴마크의 실업보험 및 사회부조 수급자에 대한 제재 규모는 상대적으로 작고 제재 강도 또한 약하다는 것이 일반적인 견해이다(D. Grubb, 2000: 157-158; E. Besson, 2008b: 22). 예컨대, 덴마크 노동부의 전문가에 의하면 실업보험 제제 조치 건수는 연 500에서 1,500건 사이인데 이 수치는 영국과 비교할 때 매우 적은 것으로 한 연구는 보고 있다(J.-C. Barbier et al., 2006: 53-54).27) 제재 조치 중의 3분의 2는 급여 제공 중지 기간이 2~3일로서 매우 짧다는 연구 결과도 있다(E. Besson, 2008b: 22). 그리고 사회부조 제재 조치 역시 현실적으로는 제재 조치의 통지 권한을 가지고 있는 지자체는 수급자들을 급여 소득 없이 방치해 두는

---

26) 기존에는 합리적 일자리 개념이 있었으나 2003년 폐지됨. 기존의 합리적 일자리는 근로시간, 공용 조건, 가입자의 이전 일자리를 고려하여 정의되었음(J. Kvist et al., 2008: 236).

27) 2004년 기준 실업보험 수급자는 149,405명으로 추산됨.

것이 현실적으로 불가능하기 때문에 많은 경우 통지하기 전에 문제 해결을 시도하는 것으로 나타난다(J.-C. Barbier et al., 2006: 54). 이렇게 볼 때 강제성을 띤 법적 규정에도 불구하고 현실적으로 덴마크의 제재 조치는 적용 정도가 매우 미약하다. 오히려 관련 기관(실업보험공단, 지자체)과의 사전 접촉에 의해 수급자의 프로그램 참여를 유도하는 매개 역할의 성격이 더 강하다고 할 수 있다.[28) 두 번째 질문과 관련하여 덴마크의 활성화 프로그램은 수급자의 의무 못지않게 권리 또한 존중되고 있음이 강조되어야 할 것이다. 다음의 〈표 4-13〉은 사회부조에서 나타나는 덴마크 동기부여기제의 구체적 내용을 북구의 여타 국가와 비교한 것이다.

〈표 4-13〉처럼, 덴마크는 제재 조치뿐만 아니라 수급자의 참여에 따라 경제적 인센티브제도도 있다는 점에 주목할 필요가 있다. 그와 동시에 사회고충 위원회(social complaints board)를 통해 수급과 관련된 권리 구제도

〈표 4-13〉 북구 국가 사회부조 수급자의 동기부여기제 개관

	덴마크	핀란드	노르웨이	스웨덴
관련법	Act on Active social policy (1998)	The Rehabilitative Work Experience Act(2001)	Social Services Act(1991)	Social Services Act(1998, 2001)
경제적 제재 조치 가능성	있음, 불참 시간에 따라 급여 삭감 혹은 중지	20+20%(반복 경우) 법정 급여 감소	규정 없음, 사회사업가의 재량권	규정 없음, 사회사업가의 재량권
경제적 인센티브활용	있음, 참여에 비례	사회사업가의 재량권(노동시간 참여 지지)	전국적 규정 없음, 지역 차원 존재	전국적 규정 없음, 지역 차원 존재
소송제기권	있음, 사회고충위원회	있음, 행정법원	없음, 지자체 행정 공무원	있음, 행정법원

출처: H. Johansson and B. Hvinden, 2007: 342(table 1)에서 관련 내용 발췌

---

28) 앞의 〈표 2-10〉에서처럼, 덴마크의 제재 조치는 억압적 성격보다는 회복목적의 성격이 더 강하다는 연구 결과도 있다(A. Moreira, 2008).

가능함을 명시하고 있다. 이렇게 볼 때 덴마크는 제재 조치의 명시를 통해 강제성이 강화되는 추세에 있음은 분명함에도 불구하고 인센티브와 관련된 규정, 권리 구제 인정은 제제 조치와 관련된 징벌적 성격의 회피, 수급자의 권리 존중 의지를 보여주는 대목으로 판단된다. 다시 말하면 국가와 수급자의 관계가 수직적이 아닌 수평적 성격을 지향하고 있다는 것이다.

4) 활성화 프로그램의 법적 성격

활성화 관점에서 적극적 노동시장 프로그램을 비롯한 활성화 프로그램에 대한 참여는 수급자의 의무임과 동시에 권리이기도 하다. 이는 또한 수급자의 욕구에 부응하는 활성화 프로그램 제공에 대한 국가의 의무임을 의미함과 동시에 체계 활성화의 중요한 준거가 되기도 한다. 국가별 실행의 특징을 이해하기 위해서는 우선 활성화 프로그램의 제공을 요구할 수 있는 수급

〈표 4-14〉 북구 국가 활성화 프로그램의 법적 성격

	덴마크	핀란드	노르웨이	스웨덴
관련법	Act on Active social policy (1998)	The Rehabilitative Work Experience Act(2001)	Social Services Act(1991)	Social Services Act(1998, 2001)
개인 활성화 의무	있음, 활성화 제의에 따라야 함, 단 3개월 내(30세 이하), 12개월 내(30세 이상)	있음, 활성화 제의에 따라야 함, 법에 분명히 명시	있음, 활성화 제의에 따라야 함, 상세한 법적 규정은 없음	있음, 활성화 제의에 따라야 함, 25세 이하에 대해서는 명확함
개인 활성화 권리	있음	있음	없음	없음
활성화 제공에 대한 국가 의무 규정	있음	있음(단, 재원이 있다면)	없음	없음
소송제기권	있음, 사회고충위원회	있음, 행정법원	없음, 지자체 행정 공무원	있음, 행정법원

출처: H. Johansson and B. Hvinden, 2007: 342(table 1)에서 관련 내용 발췌

자의 권리가 법적으로 보장되어 있는지를 확인해야 할 것이다.

이러한 관점에서 볼 때 덴마크는 〈표 4-14〉처럼 활성화 프로그램 참여에 대한 수급자의 의무와 동시에 수급자의 욕구에 부응하는 프로그램 제공에 대한 국가의 의무가 동시에 법적으로 규정되어 있는 대표적 국가라 할 수 있다.

〈표 4-14〉에서처럼 덴마크의 활성화 프로그램의 법적 성격은 매우 강하다. 예컨대 노르웨이, 스웨덴의 경우는 활성화에 대한 수급자와 국가 간의 권리 및 의무 상호성이 법적으로 불분명한 상태이다. 하지만 덴마크는 핀란드와 함께 권리 의무의 상호성이 분명하게 나타나는 국가 중의 하나임을 알 수 있다.

2. 근로유인 복지와 활성화: 저소득층 조세감면제도와 고용 및 사회 서비스

실업자 및 사회부조 수급자의 노동시장 통합을 목적으로 실시되는 근로연계 복지와는 달리 근로유인 복지는 저소득근로자의 노동시장 정착 혹은 유지를 목적으로 한다. 근로조건부급여가 이의 대표적인제도이며 이외에도 조세감면제도 그리고 근로자의 능력 향상을 목적으로 실시되는 고용 및 사회서비스 프로그램도 이에 포함된다. 활성화 개념의 특징 중의 하나인 사회보호제도와 여타 분야제도 간의 연계, 특히 조세제도와의 연계가 두드러지게 나타나는 부분이 바로 근로유인 복지라 할 수 있다. 덴마크에서 실시되고 있는 근로유인 복지와 관련되는 프로그램을 살펴보면 다음과 같다.

1) 저소득층 조세감면제도

여타 국가와 달리 덴마크에서는 근로조건부급여의 성격을 명확하게 보여주는 특정 제도는 존재하지 않는다(OECD, 2009). 이는 덴마크의 특이한 현상 중의 하나로서 이의 배경은 분명하지 않으나 아마 일반적인 조세제도나 사회보호제도가 지니고 있는 재분배효과 그리고 주거급여, 가족급여 등

<표 4-15> 덴마크의 저소득층 조세감면제도

프로그램명칭	급여형태	적용대상	공제 상한선	근로시간요건
없음	자산조사 시 취업소득의 부가적 공제	사회부조 수급자	24,456DKK (AW*의 7%)	시간당 정액공제

* 근로자 평균임금: 367,051DKK(2009년 기준)
출처: http://www.oecd.org/els/benefitsandwagespolicies.htm에서 발췌

의 다양한 급여제공을 통해 이루어지는 저소득층 근로자의 소득보장효과에 대한 강한 믿음이 있는 것으로 보인다.[29]

한편, 덴마크는 저소득층을 위한 조세감면제도가 광범위하게 적용되고 있다. 우선 <표 4-15>처럼 근로 중인 사회부조 수급자의 자산 조사 시 취업소득의 일정 부분에 대한 공제 혜택이 있다.

그리고 근로자의 소득공제 및 세액공제의 범위가 광범위한 특징을 보여 주고 있다. 소득공제와 세액공제로 구분될 수 있는데, 먼저 교통비, 노조회비 등이 과세대상소득의 공제대상이다. 반면 세액공제가 저소득층 근로자에

<표 4-16> 덴마크의 세액공제율

세금유형	하위유형	세액공제율 (면세점소득*대비, %)	세액공제액
국세	소득세	5.04	2,162
	보건세	8.0	3,432
지방세	소득세와 보건세	25.549	10,961
합			16,555

* 면세점 소득: 42,900DKK(2009년 기준)
출처: OECD, 2009: 13

---

29) 급여 개관에 대해서는 OECD, 2009를 참조할 것.

게 미치는 영향은 매우 크다. 왜냐하면 〈표 4-16〉처럼 세금 유형별로 면세점 소득의 일정 비율이 세액공제의 형태로 전환되기 때문이다.

소득에 관계없이 세액공제액이 같은 점을 고려할 때 이는 상대적으로 저소득층 근로자에게 돌아가는 혜택이 상대적으로 클 것이다.

2) 고용 및 사회 서비스(휴직제도)

일자리 순환 혹은 근로 공유를 통한 실업 문제 약화와 근로자의 능력 향상 기회 제공이라는 두 가지 목적을 가지고 1995년 도입된 휴직제도는 몇 년간은 신청자가 상당히 많았다. 하지만 이후의 경제 상황 호전과 신청 시 나타나는 현실적 어려움으로 인해 1995년 당시 7만 9천 명에 달했던 신청자는 점점 줄어들어 2003년도에는 3천 명에 불과했다(J. Kvist et al., 2008). 그리고 1999년에는 안식휴직제도가 폐지되기도 했다. 그리고 휴직체계와 관련된 법(Leave scheme act)에 의해 용어도 변화되어 교육휴직(educational leave)이 훈련휴직(training leave)으로 변경되었으며 교육과 훈련을 포함하고 있으며 자녀의 육아와 관련된 제도도 육아휴직(parental leave)으로 개칭되었다. 제도 운영에서 나타나는 특징 중의 하나는 사회 파트너의 강한 역할이다. 즉 제도의 운영과 관련된 모든 사항들이 사회 파트너의 협상을 통해서 진행되고 그 결과가 단체협약의 형태로 나타난다(Eurofound, 2004a).

(1) 훈련휴직제도

덴마크 교육과 훈련에 대해 전통적으로 많은 관심을 가지고 있는 국가 중의 하나이다. 이에 대한 관심은 19세기까지 거슬러 올라가며 이에 대한 사회 파트너의 역할은 1930년대부터 나타나기 시작했다. 1960년대에는 노동시장 수요에 부응하는 저숙련 근로자의 능력 개선을 촉진하기 위해 노동시장 교육체계에 평생훈련체계(continuous vocational training, CVT)가 부가적으로 도입되었다.[30]

---

30) http://www.eurofound.europa.eu/eiro/studies/tn0803038s/dk0803039q.htm

1995년 유급휴직체계의 도입과 함께 등장한 당시의 교육 휴직은 봉급생활자뿐만 아니라 자영인 그리고 실업자를 대상으로 했다. 이후의 경기 호전에 따라 신청자가 감소했으나 최근 다시 관심을 불러일으키고 있다. 이는 평생 교육에 대한 유럽연합의 관심이 하나의 배경으로 작용하기도 했다. 예컨대 2002년부터 실시된 유럽연합의 '코펜하겐 절차'는 직업교육 및 훈련의 확대를 통한 성인 교육 참여 증진을 목적으로 하고 있다. 여기서 제시되어 있는 평생직업훈련(CVT)은 유럽 회원국에게 평생학습 정책의 전략적 영역으로 간주된다(Eurofound & CEDEFOP, 2009: 1).

덴마크 역시 평생직업훈련에 대한 높은 관심을 표명하고 있으며 이의 연장선상에서 훈련휴직이 근로자의 평생직업훈련에 대한 참여를 독려하는 제도적 장치로 간주하고 있다. 훈련제도의 제정 형태와 관련하여 법으로 정해져 있는 핀란드, 룩셈부르크 그리고 포르투갈과 달리 덴마크는 단체협약의 형태로 이루어져 있다.[31] 휴직 최저 기간은 구체적으로 명시되어 있지 않는 반면, 최대기간은 유형에 따라 통상 연 10일(VEU 프로그램) 혹은 200일(SUV 프로그램)이다(CEDEFOP, 2012: 18). 덴마크의 훈련휴직은 유급이며 재원은 기업의 기여금과 국고이다.[32]

2004년 덴마크 정부는 평생직업훈련과 관련하여 노사 대표와 3자 위원회를 구성한 바 있다. 위원회 보고서는 성인 평생 훈련의 활동과 프로그램의 강화를 강조하면서 특히 노동시장 취약집단에 대한 특별한 조치가 필요하다고 지적하고 있다. 위원회 보고서는 재원별로 세 가지 차원의 평생직업훈련 체계를 제시하고 있는데 이의 구체적 내용은 〈표 4-17〉과 같다.

〈표 4-17〉 내용 중 유급휴직제도와 직결되는 것은 개인체계이다. 즉, 근로자는 유급휴직신청을 하는 대신 훈련 프로그램 비용은 스스로 부담하는 것이다. 이는 훈련 프로그램 참여에 대한 개인의 동기부여를 강화시킬 수

---

31) 유럽 국가의 훈련휴직제도의 구체적인 내용 및 비교에 대해서는 유럽 개발 및 직업훈련센터(CEDEFOP)가 최근 발간한 보고서를 참조할 것. Cedefop, 2012.
32) 덴마크 기업은 전일제 근로자 1명당 400유로에 상응하는 훈련비를 납부하고 있음(Cedefop, 2012: 25).

〈표 4-17〉 재원별 평생훈련제도

구분	단체협상재원	기업재원	개인체계
성격	전체 근로자 대상 교육/훈련 활동 기금	개별기업 혹은 사업장의 교육/훈련 기금	개인부담
운영	사회 파트너	개별기업 혹은 노사 대표와의 협력	훈련 프로그램 선택권/고용주와의 동의하에 휴직권 보장
장점	특별한 훈련 욕구를 가진 근로자	적용대상의 표적화 가능	개인의 동기부여 강화/적용대상의 표적화 가능
단점	개인체계에 비해 개인의 동기부여 약함	훈련제도의 혁신성 부족	고비용

출처: http://www.eurofound.europa.eu/eiro/2006/02/feature/dk0602103f.htm

있는 장점이 있는 반면 고비용적 성격이 강하다고 할 수 있다. 현재 단체협약을 통한 평생훈련체계 및 유급휴직제도의 적용 하에 있는 근로자는 전체 근로자의 85% 정도인 것으로 파악된다(Eurofound & CEDEFOP, 2009: 16). 뿐만 아니라 〈표 4-18〉에서처럼, 덴마크 국민의 평생교육참여율은 연령대와 무관하게 유럽 국가에 비해 매우 높다.

이렇게 볼 때 훈련휴직제도는 덴마크 근로자의 노동시장 정착을 유도하는 보편적인 프로그램으로 자리 잡고 있다고 할 수 있다.

〈표 4-18〉 덴마크의 평생교육참가율(2011년)

	25~34세	35~44세	45~54세	55~64세
덴마크	82	83	80	72
EU 25개 회원국 평균	50	46	40	30

* 공식, 비공식 직업교육 및 훈련 모두 포함
출처: Eurostat, Lifelong learning(http://www.buildupskills.eu/en/resource/eurostat-lifelong-learning-statistics)

(2) 육아휴직체계(parental leave systems)

일견, 육아휴직체계는 여성의 경제활동 참여의 보장과 직결된 것으로 간주될 수 있을 것이다. 하지만 관련 제도도 다양화되며 적용대상이 아버지에게도 확대되고 그 기간도 길어짐에 따라 이는 결국 성별과 무관하게 전체근로자의 출산 및 양육으로 인한 노동시장참가단절을 예방하는 제도로 인식되고 있다.

덴마크의 경우, 1960년에 출산휴가제도(maternity leave)가 최초로 도입되었고 20여 년 후인 1984년에는 배우자출산휴가제도(paternity leave)와 육아휴직제도(parental leave)가 도입되었으며 1995년에는 휴직체계의 법안에 포함되었다.

육아휴직제도와 관련된 덴마크의 첫 번째 특징으로 지출 비중을 들 수 있다. 〈표 4-19〉처럼 덴마크의 육아휴직에 사용되는 지출은 유럽 회원국 중 높은 편에 속한다.

2000년을 기준으로 할 때 덴마크의 1인당 국민소득 대비 육아휴직지출비중은 2.6%로서 이는 가장 높은 룩셈부르크(3.7), 노르웨이(3.6), 핀란드(3.3), 스웨덴(2.7)에 이어 다섯 번째로 높다. 추이를 살펴보면 1994년과 1995년에 높았던 것을 알 수 있는데 이는 육아휴직제도가 휴직체계에 포함된 데에 기인한 것이다(Eurofound, 2004a: 3). 이후 하락추세를 보이고 있으나 유럽국가들 중 여전히 높은 지출 비중을 유지하고 있다.

제도의 구체적 내용을 살펴보면 모성휴가제도(maternity leave)의 경우

〈표 4-19〉 덴마크의 출산휴가 및 육아휴직급여 비중

(1인당 소득 대비, %)

	1993	1994	1995	1996	1997	1998	1999	2000
덴마크	2.8	4.1	4.4	3.6	3.0	2.7	2.7	2.6
EU15평균	–	–	1.8	1.7	1.6	1.8	1.5	1.5

출처: Eurofound, 2004a의 table 1에서 발췌(http://www.eurofound.europa.eu/eiro/2004/03/study/tn0403101s.htm)

그 기간은 16~18주이며 이 기간 동안 임금의 80~100%를 받는다. 한편 덴마크의 부성휴가제도(paternity leave)의 수혜기간은 2주 정도이다. 한편, 육아휴직제도(parental leave)의 수혜기간은 부모 합쳐서 최대 40주이다.[33] 유급휴직기간 중 처음 32주 동안 근로자는 모성휴가제도와 똑같은 수준의 급여를 받는 한편 나머지 8주는 무급이다. 단 육아휴직기간 중 시간제 근로 등 여타 경제활동은 허용되지 않는다. 덴마크 특징 중의 하나는 이러한 자녀 나이가 9살까지 신청 가능한 것으로 이는 유럽 국가 중 가장 높은 것이다(OECD, 2012).

III. 소결: 근로연계 복지 및 보편주의 활성화 레짐

지금까지 활성화 레짐의 관점에서 덴마크의 전 사회적 일관성의 구성요소와 활성화 정책의 두 가지 범주(근로연계 복지와 근로유인 복지)에 포함되는 정책 및 제도의 구체적 내용을 살펴보았다. 그 특징을 정리하면 다음과 같다.

첫째, 활성화 레짐은 전 사회적 일관성의 구성요소와 활성화 정책 간의 정합성을 전제로 하고 있다. 국가에 따라서 이러한 정합성이 제대로 반영되지 않는 사례도 있을 것이다. 덴마크는 강한 정합성을 보여주고 있는 국가로 판단된다. 평등주의로 대변되는 사회의 일반적 가치 및 규범(문화적 요소) 그리고 사회보호 체계의 보편주의 원칙은 그대로 활성화 정책의 적용대상에게 반영되고 있다. 조세제도 또한 높은 담세율에도 불구하고 저소득층 근로자에게 유리한 세액공제의 혜택, 이를 바탕으로 하는 다양한 사회서비스가 실시되고 있는 점이 근거 중의 하나이다. 그리고 조합주의로 대표되는

---

33) 1995년 휴가체계도입 당시에는 26주였음.

노사관계에서 나타나는 사회 파트너들의 강한 역할 역시 활성화 정책의 입안과 집행에서도 여실히 증명되기도 한다. 지자체의 주관하에 이루어지는 활성화 프로그램의 입안 과정에서의 관여, 근로유인 복지범주의 하나인 휴직체계의 제도의 구체적 운영의 결정 과정에서의 관여 등이 바로 그것이다. 이렇게 볼 때 전 사회적 일관성의 구성요소와 활성화 정책 및 제도 간에는 상호 양립하는 측면이 강하다도 볼 수 있다.

둘째, 활성화 정책의 두 가지 범주 중 덴마크는 근로연계 복지의 대표적 국가로 판단된다. 물론 근로유인 복지와 관련된 정책이 없다고 말할 수는 없다. 예컨대, 휴직체계제도는 덴마크를 대표하는 정책 및 제도라 해도 손색이 없을 것이다. 하지만 중요한 점은 국제적으로 근로유인 복지 성격을 대변하고 있는 근로조건부급여가 없다는 것이다. 그리고 덴마크 고용체계는 황금 트라이앵글 모델로 인정받고 있는데 본 연구의 두 가지 범주 중 근로연계 복지와 직결되어 있다. 이러한 점을 고려할 때 덴마크의 활성화 정책은 근로유인 복지보다는 근로연계 복지의 성격이 상대적으로 강하다는 것이다.

셋째, 활성화 관점에서 덴마크 근로연계 복지에서 나타나는 특징으로는 다음과 같이 정리할 수 있을 것이다. 우선, 덴마크의 근로연계 복지는 적용대상의 포괄성 측면에서 강도 높은 성격을 보여주고 있다. 우선, 실업급여 수급자 중 6~9개월 이상의 실업자는 활성화 조치의 대상으로 간주된다. 뿐만 아니라 실업보험 수급의 사각지대에 있는 청년집단, 근로능력의 감소 등 현실적으로 취업이 어려운 집단들은 사회부조에서 제공하는 활성화 조치에 참여하고 있다. 그리고 이러한 참여는 강제성, 개인에 대한 국가의 일방적 관계가 아닌 권리 및 의무의 상호 존중, 쌍방관계에 바탕을 두고 있음에 주목할 필요가 있다. 그리고 제재(보상) 조치의 규정 및 실행의 측면에서 실업보험과 사회부조 공히 의무 불이행의 경우 급여 중단 등의 제재 조치를 취할 수 있다. 그와 동시에 수급자의 참여 정도에 따라 경제적 인센티브제도도 있으며 뿐만 아니라 사회 고충 위원회 등의 기구를 통해 권리 구제도 가능하다는 점에 주목할 필요가 있다. 한편, 제재 조치의 현실적 실행은 그 정도가 미약한 것으로 나타난다. 결국, 제재 조치 규정은 의무 불이행자와 관련 기관의 사전 접촉에 의해 프로그램 참여를 유도하는 매개 역할의 성격이 더 강한 것으로 보인다. 마지막으로 국가 역할과 관련, 취업 가능성 측면에서 덴마크 특징 중의 하나는 실업보험 수급자는 국가 프로그램에, 사회부조 수급자는 지자체 주관 프로그램에 참여하는 것처럼 적용 대상 집단에 따라 국가 및 지자체의 역할이 구분되어 있다는 것이다(이중체계). 달리 말하면 활성화 조치의 시행과 관련, 중앙정부 못지않게 지방정부의 역할 또한 매우 크다는 것이다. 결국, 덴마크 활성화는 권리 및 의무에 있어서 국가와 개인의 상호 존중 원칙하에 적용 대상의 포괄성, 활성화 조치에의 적극적인 참여를 적극 장려하는 수단으로서의 제재 조치 역할, 개인의 취업 가능성 제고와 관련된 중앙정부와 지방정부의 역할 분담 등의 성격을 지니고 있다. 사실 덴마크의 근로연계 복지에 나타나는 활성화 요소에 대한 평가는 다양하다. 위협 효과, 대체 효과 등 전략으로서의 덴마크 활성화에 대한 비판적 시각에도 불구하고[34] 여타 국가에 비해 덴마크의 근로연계 복지 정책 및 제도에서 활성화의 성격이 강하게 나타난다는 점은 부인하지 못할 것이다.

넷째, 본 연구의 활성화 레짐 유형에 근거할 때 덴마크는 보편주의 활성화 레짐에 속하는 것으로 보인다(〈표 3-8〉 참조). 보편주의 활성화 레짐은 평등주의 문화를 바탕으로 모든 시민을 대상으로 포괄적인 서비스 제공의 성격을 띠고 있을 뿐만 아니라 사회부조 수급자들에게 높은 수준의 생활을 보장하고 있다. 사회 파트너의 역할이 강하며, 단체협약의 적용률 또한 상당히 높다. 프로그램(서비스) 유형 및 대상 집단에 있어서 보편주의 활성화 레짐은 전체 사회 구성원을 대상으로 한 사회 서비스 및 고용 서비스가 활성화되어 있다. 제재 조치 부분에서도 국가에 의한 일방적인 강제 성격을 띠고 있는 자유주의 활성화 레짐과는 달리 보편주의 활성화 레짐은 경제활동에의 능동적 참여를 적극 장려하는 회복 목적의 성격이 강하다. 뿐만 아니라 수급자와 국가 간 권리 의무의 상호존중원칙이 실현되는 방향으로 활성화 프로그램이 집행되는 것 또한 덴마크의 특징 중 하나이다.

---

[34] 평가의 구체적 내용에 대해서는 심창학, 2010을 참조할 것.

제**5**장

영국의 활성화 레짐

I. 전 사회적 일관성

1. 사회의 일반적 가치 및 규범

복지에 대한 영국의 지배적인 사회가치 및 이념을 파악하기 위한 방법으로서 영국인의 복지태도에 대한 몇 가지 연구 결과를 먼저 살펴보기로 한다. 이를 위해 복지태도를 극명하게 보여주고 있는 빈곤의 발생 원인과 관련된 인식 유형을 먼저 제시하고자 한다. 다음의 〈표 5-1〉은 빈곤설명을 네 가지 차원으로 나누고 있다.

〈표 5-1〉에서처럼 개인-사회적 차원과 비난-운명적 차원의 결합은 네 가지 유형으로 도출된다. 이 중 개인적 비난과 운명은 빈곤의 원인이 사회적 아닌 개인에게서 비롯됨을 강조하고 있다. 개인적 비난 유형은 개인의 게으름과 의지 결여의 결과가 바로 빈곤으로 인식하고 있다. 한편, 개인적 운명

〈표 5-1〉 빈곤설명의 네 가지 유형

	유형	빈곤설명	유형	빈곤설명
	개인적(individual)		사회적(social)	
비난(blame)	개인적 비난	개인의 게으름/의지 결여	사회적 비난	빈곤은 여타사람의 행동, 사회부정에 기인한 것임
운명(fate)	개인적 운명	개인의 불운	사회적 운명	통제불가능한 사회진보의 불가피한 결과가 빈곤

출처: W. van Oorschot, L. Halman, 2000: 7

유형에서 빈곤은 예외적인 현상이며 개인에게 닥친 나쁜 운명에 기인하는 것으로 보고 있다. 앞의 두 가지 유형은 빈곤발생의 사회적, 구조적 요인의 영향을 부정하는 공통점을 지니고 있다. 반면, 사회적 비난 유형은 특정 집단의 행위 혹은 사회에 의한 사회적 배제의 결과가 바로 빈곤으로 보고 있다. 따라서 비난의 대상은 개인이 아니라 사회라는 것이다. 한편, 사회적 운명 유형은 전 사회적 요인(societal factors)과 과정이 빈곤 존재의 책임주체로 보고 있다. 하지만 사회적 비난 유형과는 달리 전 사회적 요인의 변화가 통제될 수 없는, 객관적인 그리고 불가피한 것으로 보고 있다. 이 유형에서 빈민은 익명적인 경제적 시장력, 인플레이션, 경기침체, 자동화 및 기술발달의 희생자로 인식된다. 한마디로 광범위한 전 사회적·세계적 변화의 희생자가 빈민이라는 것이다(W. van Oorschot, L. Halman, 2000: 7-8). 따라서 여기서의 사회는 비난의 대상이라기보다는 그 자체 하나의 운명적 요소가 된다.

한편, 추론차원에서 사회의 지배적인 가치와 인식과 관련하여 본 연구의 분석틀인 네 가지 유형(〈표 3-4〉 참조)을 대비시켜 볼 때 개인적 운명 유형은 개인주의 문화와 부합되는 측면이 많다. 한편, 덴마크와 같은 평등주의 문화는 사회적 비난 유형, 사회적 운명 유형 그리고 부분적으로 개인적 운명

〈표 5-2〉 빈곤발생 원인에 관한 영국민의 인식

빈곤설명	개인의 게으름/ 의지결여	개인의 불운	근대사회진보의 불가피성	정의롭지 못한 사회	기타
빈곤설명유형	개인적 비난	개인적 운명	사회적 운명	사회적 비난	
영국	25	23	25	22	6
EU15개국	18	19	23	35	6

출처: Eurofound, 2004b: 10의 figure 1에서 발췌, 재정리

유형과 복합적 관련되어 있다. 반면, 계층주의 문화는 빈곤설명의 네 가지 유형의 혼합형일 가능성이 높은 것으로 판단된다.

이를 바탕으로 영국의 일반적 사회가치 및 규범을 보여주는 여론 조사 결과를 소개하면 다음과 같다. 먼저, 유럽연합을 통해 실시된 사회통합 및 배제에 관한 인식 조사 결과이다. 유럽연합은 Eurofound에 의뢰하여 정기적으로 유럽회원국 사람들을 대상으로 사회 및 경제 상황에 관한 인식 조사를 실시하고 있다.[1] 조사 결과 중 위의 〈표〉와 직결되는 내용을 소개하면 〈표 5-2〉와 같다.

〈표 5-2〉 내용을 살펴보면 영국은 빈곤설명의 두 가지 구분 중 사회적 요인보다는 개인적 요인에 좀 더 많은 관심을 표명하고 있음을 알 수 있다. 그리고 개인적 차원의 두 가지 범주 중에는 개인적 비난 유형의 비중이 상대적으로 높다. 한편 영국인 역시 근대사회진보의 불가피성에 대한 관심 또한 매우 높음에 유의할 필요가 있다. 그럼에도 불구하고 EU15 회원국과 비교 관점에서 영국은 개인적 비난을 선호하는 비율이 매우 높음을 알 수 있

---

[1] 이 조사는 사회적 배제와 빈곤 인식, 사회적 네트워킹과 가족통합, 노동시장 정착, 경제적 자원 등으로 구분되어 있는데 이중 본 연구가 참조하고 있는 조사 결과는 첫 번째 범주이다. 사회적 배제와 빈곤 인식은 욕구 상태에 빠져 있는 이유, 사회적 배제의 일반적인 원인 등 전부 7개 항목으로 구성되어 있다(Eurofound, 2004b: 7의 table 1). 이 조사에는 물론 본 연구의 3개 분석 대상 국가가 모두 포함되어 있다.

〈표 5-3〉 왜 가난한가, 1986년~2006년(%)

원인	1986	1989	1994	2000	2003	2004	2006
불운	11	11	15	15	13	16	10
게으름/의지결여	19	19	15	23	28	21	27
정의롭지 못한 사회	25	29	29	21	19	16	21
근대적 삶의 불가피성	37	34	33	34	32	38	34

출처: British Social Attitudes, the 24th report(2007/2008): 242; 박지향, 2012: 292의 〈표 8〉에
서 재인용.

다. 반면 사회적 비난에 대한 영국민의 관심은 매우 낮다. 이렇게 볼 때 영
국은 빈곤설명 유형과 관련해서 볼 때는 개인적 비난 유형의 국가이며, 이
를 〈표 3-15〉와 대비시켜 볼 때는 개인주의 문화 유형과 부합된다고 할 수
있다.[2]

영국의 개인주의 문화는 1980년대 이후 점점 강화되는 모습을 보이고 있
는 판단된다. 영국의 British Social Attitudes는 영국인의 복지태도를 알 수
있는 조사로서 1983년부터 실시되었다. 이 조사 결과를 바탕으로 한 국내
연구를 살펴보면 〈표 5-3〉에서처럼 빈곤설명과 관련하여 사회적 비난 유형
을 선호하는 비율은 감소추세에 있는 반면 개인적 비난 유형 비중은 점증추
세에 있음을 알 수 있다.

한편, 자유주의 문화는 작은 정부를 선호하는 반면 시장제도에 대해서는
매우 호의적인 특성을 보이고 있다. 이러한 경향이 영국에서는 어떻게 나타
나고 있는지 살펴보자. 한 예로 정부의 재분배 역할에 대해서 다음 〈표
5-4〉처럼 영국민들은 시간의 흐름에 따라 점점 부정적인 경향을 보이고 있
다. 이에 대해 박지향(2012)은 1999년을 분기점으로 보고 있다. 즉 이전에

---

2) 이 조사에서 덴마크는 사회적 운명 유형의 비율(32%)이 가장 높게 났다(Eurofound,
2004b: 10의 figure 1).

〈표 5-4〉 영국 정부의 재분배 역할에 대한 영국민의 인식 변화(1987년~2000년)

구분	1987	1989	1991	1994	1996	1998	1999	2000
동의	45	50	49	51	44	39	36	39
비동의	33	29	29	25	28	31	35	36
이것도 저것도 아님	20	20	20	23	26	28	27	24

출처: British Social Attitudes, the 18th report(2001): 15; 박지향, 2012: 292의 〈표 12〉에서 재인용

는 정부의 재분배 정책에 대해 동의하는 비율이 반대 비율보다 높았지만 1999년경에는 양 입장이 균형을 이루고 있는 것으로 보고 있다(박지향, 2012: 295).

특히 복지에 대한 정부 지출과 세금을 연관시켜서 어떠한 지출증가도 세금증가로 이어질 수 있다고 강조하면 국민은 더욱 민감하게 복지지출에 소극적이라는 사실을 강조하고 있다. 이러한 현상은 덴마크 사례와 대조적인 부분이다. 즉 덴마크 국민 중에는 조세 경감보다는 복지 서비스 개선을 선호하는 비율이 항상 높게 나타났으며 이러한 현상은 2001년 후에는 점점 더 많아지는 추세에 있다(〈표 4-1〉 참조). 더 나아가서 영국민들은 실업급여에 더 많은 예산을 지출하는 것보다는 쇠퇴하는 산업에의 지원 투자가 바람직한 실업 문제의 해법으로 인식하고 있다. 결국 이러한 현실 인식 때문에 정부 역할에 대한 기대치는 낮을 수밖에 없으며 정부의 재분배 역할에 대한 인식 역시 부정적일 수밖에 없는 것이다(박지향, 2012: 296-297).

이상을 종합해 볼 때 복지에 대한 영국 사회의 지배적인 가치 및 규범은 개인주의 성격이 강하다고 할 수 있다. 전통적으로 복지 문화 혹은 복지 레짐의 유형론에서 영국이 차지하는 위치가 불분명한 것은 사실이다. 박병현(2005)의 지적과 같이 미국의 강한 개인주의 정신의 비교 관점에서 보면 영국은 개인주의가 약한 국가로 볼 수 있다(박병현, 2005: 288). 뿐만 아니라 영국의 페비언 사회주의가 복지국가 건설에 미친 영향력이 지대했던 시

기도 있었다. 현대 복지국가 건설의 토대가 되었던 베버리지 보고서가 발간된 국가 또한 영국이다. 에스핑 앤더슨이 고충을 토로하듯이 복지 레짐의 유형론의 관점에서 영국은 하나의 문제거리이다(G. Esping-Andersen, 1999: 87). 그의 초기 저작(1990)의 복지국가 레짐 유형 구분에서 영국은 자유주의 복지국가 레짐의 국가에 포함되어 있는 것은 주지의 사실이다. 하지만 당시 영국의 탈상품화 점수(23.4)는 보수주의(조합주의) 복지국가 레짐 국가 중의 하나인 이탈리아(24.1)와 차이가 거의 나지 않는다(G. Esping-Andersen, 1990: 52의 table 2.2). 더 나아가서 에스핑 앤더슨은 그의 후기 저작(1999)에서 복지 레짐 유형 구분을 위한 분석시기가 제2차 세계대전 직후였다면 영국은 북구 국가와 같은 군에 속했을 것이라고 강조하기도 한다(G. Esping-Andersen, 1999: 87).

반면, 영국의 개인주의 전통을 강조하는 입장 역시 매우 강한 설득력을 지니고 있다. 오로프와 스카치폴(Orloff and Skocpol)은 영국이 개인주의 전통이 매우 강한 국가임을 보여주고 있다. 구체적으로 1870년대부터 1920년대 사이 영국은 경제적 자유방임주의와 자조정신이 매우 강했으며 이러한 측면이 독일보다 빠른 산업화 진해에도 불구하고 사회보장제도의 도입은 늦은 원인이 되었다고 보고 있다. 19세기 중반의 빅토리아 시대를 지배했던 경제사상 또한 근검, 절약하는 사람들에 대한 동등한 기회 보장과 경쟁 그리고 이익 극대화를 강조하는 자유방임주의였다(박병현, 2005: 288에서 재인용). 이러한 자유방임주의 사상하에서의 정부의 역할은 적극적이고 활동적이기보다는 제한적일 수밖에 없었다. 이 시기의 공제조합(friendly society)과 자선조직협회의가 국가 역할을 대신할 수 있었던 것은 이에 기인한 것이었다. 20세기 상반기의 페비언 사회주의 등장과 베버리지 보고서(1942년 발간)에 바탕을 둔 복지국가개혁이 진행되면서 영국 역시 보편주의 복지국가 모습을 띠기 시작했다. 하지만 이 역시 오래가지 못하고 70년대부터 선별주의 원칙의 도입과 함께 탈규제, 의료 및 사회서비스에서 민영화의 모습을 보이고 있다(G. Esping-Andersen, 1999: 87). 극단적으로 말하면 1945년 이후 30여 년간 보여주었던 영국의 보편주의적 복지국가 모습은 영국의 역사적 전통의 관점에서 보면 하나의 일탈 사례(deviation case)로 간주될 수 있을 것이다.

이상의 점등을 종합적으로 고려할 때 영국은 본 연구의 유형 구분의 관점에서 개인주의 문화 전통이 강한 국가로 판단된다. 이러한 요소가 영국 활성화 정책에 어떻게 반영되고 있는지 살펴보는 것은 매우 흥미로운 주제가 될 것이다.

2. 사회보호 체계

영국의 사회보호 체계는 국민보험제도(National insurance)와 국민부조(Social assistance) 그리고 임의보험제도로 구성되어 있다. 이는 베버리지 보고서에 바탕을 둔 것으로 이후 사회보호 체계의 변화가 있었지만 기존의 틀은 그대로 유지되어 있다.

적용 대상과 관련하여 베버리지 보고서의 전통을 이어받아 보편주의를 지향하고 있는 것은 사실이다. 그럼에도 불구하고 국민보험의 경우 영역별로 가입 조건이 엄격하여 근로함에도 불구하고 가입대상에서 제외되어 있는 사람의 비율이 높으며 이는 결국 국민부조의 역할 강화로 이어지고 있다는 점에 유의를 요한다. 예컨대, 연금의 경우 16세에서 65세(남성; 여성은 16세에서 60세)의 근로자 중 주당 소득이 97파운드에서 844파운드인 자로 규정하고 있다. 자영인 집단 역시 연 소득이 5,075파운드 이상인 자만 연금의 적용 대상하에 있다. 이는 덴마크와 달리 상당 규모의 비정규직 근로자를 연금의 사각지대에 방치하고 있다.[3] 실업보험(정확하게는 기여기초형 구직급여제도) 역시 봉급생활자에게는 개방되어 있지만 자영인 집단은 적용제외 집단이며 대신 자산조사형 구직급여제도의 적용하에 있다(SSPTW, 2010).[4] 결국, 영국의 국민보험은 보편주의 지향에도 불구하고 소득(혹은

---

3) 비정규직 근로자 연금가입 배제의 구체적 내용에 대해서는 심창학, 2005를 참조.

근로시간)과 종사상 성격에 따른 적용제외집단을 규정함으로써 실질적으로는 선별주의적 성격을 띠고 있는 것이다. 물론 국민부조 등 국민보험 적용제외 집단에 대한 별도의 보호 장치가 작동되기 때문에 베버리지 정신이 무시되고 있다고 말할 수는 없을 것이다. 하지만 본 연구의 3개 분석 대상국가 중 사회보험 가입으로 부터의 배제 강도가 가장 심한 것은 사실이다.

한편, 주관행정부터 및 운영기구와 관련하여 사회보험의 경우는 〈표 5-5〉와 같다.

〈표 5-5〉에서처럼 영국의 사회보호의 운영은 공공성이 매우 강한 모습을

〈표 5-5〉 사회보험 주관부처 및 운영기구

분야	종류	주관부서	운영기구
노령(연금)	국가기초연금, 국가2층연금(SSP) …	근로 및 연금성	연금서비스청 세금 및 관세청(징수) 고용센터플러스청
건강 (질병, 출산)	현금급여	근로 및 연금성	고용센터플러스청
	현물급여	보건성	NHS, 지역보건국, 사회서비스부
산재		근로 및 연금성	고용센터플러스청 연금서비스청 세금 및 관세청(징수)
실업		근로 및 연금성	고용센터플러스청 연금서비스청 세금 및 관세청(징수)
가족부양	아동수당 tax credits	세금 및 관세청	세금 및 관세청 (관리 및 징수)

출처: SSPTW, 2010: 316-322(United Kingdom)와 손병덕 외, 2012의 제2장(사회보장관리체계)의 내용을 바탕으로 재정리

---

4) 영국의 실업보상제도는 1996년 구직급여제도로 개명되어 내부적으로 기여기초형(contributory job seeker's allowance)과 자산조사형(means-tested job seeker's allowance)으로 구분된다.

보여주고 있다. 특히 역할이 드러나는 기구로서는 사회보험의 거의 전 분야
를 관장하고 있는 중앙의 근로 및 연금성을 들 수 있다. 근로 및 연금성
(Department for Work and Pensions)은 연금과 노동시장 취약계층의 실
업 및 빈곤 문제 그리고 취업관련 맞춤형 서비스 제공의 목적으로 2001년
6월에 기존의 교육 및 근로성의 근로부분과 사회보장성의 통합을 통해 설립
되었다(손병덕 외, 2012: 38). 실질적 운영기관 중에는 고용센터플러스청의
역할이 매우 중요하고 임무 역시 매우 다양함을 알 수 있다. 통합 서비스의
제공의 목적으로 2008년 설립된 고용센터플러스청은 전국적으로 800여 개
의 고용센터와 30개의 문의 센터 그리고 75개의 전달센터를 두고 있다(손병
덕 외, 2012: 41). 그리고 세금 및 관세청을 통한 징수 업무의 통합 역시
눈에 띄는 대목이라 할 수 있다. 국민건강보험공단을 통해서 해당 업무가
이루어지는 한국과 달리 영국은 국가 공공 기관이 담당하고 있는 것이다.

사회보호 체계 국제비교의 중요한 요소 중의 하나는 재정충당방식이다.
이를 통해 한 국가의 사회보호 재원 및 재정의 흐름을 파악할 수 있기 때문
이다. 우선, 〈표 5-6〉을 통해 근로자의 임금 중에서 소득세과 사회보장부담
금이 차지하는 비중을 살펴보자. 이는 사회보호의 직접적 재원구조는 아님
에도 불구하고 영국 근로자와 사용주의 조세 부담 구조의 파악에는 도움을
줄 것이다.

〈표 5-6〉에서처럼 영국 근로자의 임금 대비 사회보장기여금과 소득세 비
율은 약간 낮은 것으로 보인다. 특히 고용주분담금 비율은 OECD 회원국의

〈표 5-6〉 영국의 총임금 대비 사회보장기여금과 소득세 부담비율(1980년~2003년 평균)

	사회보장기여금		소득세
	고용주분담금	근로자분담금	
영국	7.6	5.5	11.6
OECD 평균	15.2	6.8	13.3

출처: OECD, 2007c: 4

<표 5-7> 영국 사회보호 재원 구조 및 지출 비중

	사회보호재원(100)				사회보호지출비중 (GDP 대비, %)	지출추이 (2000-05, %)
	정부재원	사회보장기여금		기타		
		고용주분담금	근로자분담금			
영국	51	32	16	2	26.8	2.6
EU 27	38	38	21	3	27.2	2.1

출처: Eurostat, 2008: 2(eurostat news release)

평균의 절반 수준이다.

이를 바탕으로 영국 사회보호 재원 구조를 살펴보면 <표 5-7>과 같다.

먼저, 영국의 GDP 대비 사회보호 지출 비중은 26.8%로 유럽 27개 회원국 평균인 27.2%보다 약간 낮다.[5] 이러한 사회보호 지출의 재원확보방식을 살펴보면 기여금과 조세 비중이 비슷한 이른바 혼합형 국가라 할 수 있다. EU 회원국 평균 수치에 비해 정부 재원이 차지하고 있는 비율은 상당히 높다. 본래 영국은 베버리지 복지 모델의 대표적인 국가로서 조세를 통해서 재정 충당이 이루어지는 성격의 국가였다. <표 5-7>은 이후의 변화에도 불구하고 정부의 역할은 여전히 강함을 보여주는 대목이라 할 수 있다. 이러한 정부 역할 강화 현상은 간접적이나마 <표 5-8>을 통해서 간접적으로 확인된다.

<표 5-8>에서처럼, 사회보장지출에서 사회보장기여금이 차지하는 비중은 1990년을 정점으로 하락추세에 있다. 이는 그만큼 일반조세에의 의존도가 점점 강해지고 있음을 시사한다. 정리하면 영국의 사회보호 재원 구조는 조세와 사회보장기여금의 비중이 비슷한 혼합형이며 여타 국가와 비교할 때 일반조세의 역할은 여전히 크다고 할 수 있다. 한편, 사회보험 분야별 재원

---

5) 사회보호지출은 사회보장뿐만 아니라 사회서비스 등을 포함한 것임.

〈표 5-8〉 사회보장지출 대비 사회보장 부담률의 추이(GDP 대비)

	1980	1985	1990	1995	2000	2005	2007
사회보장 지출(B)	16.5	19.4	16.8	19.9	18.6	20.6	20.5
사회보장 부담률(d)	5.8	6.6	6.0	6.1	6.2	6.7	6.7
d/B	35.2	34.0	35.7	30.7	33.3	32.5	32.7

출처: 손병덕 외, 2012: 122 〈표 1-5-4〉에서 발췌

구조는 다음의 〈표 5-9〉와 같다.

　사회보험 분야별 재원 구조와 관련하여 영국 특징 중의 하나는 분야별 기여율이 별도로 정해져 있지 않고 실업, 노령, 건강보험을 합친 것이다(손병덕 외, 2012: 191). 따라서 근로자는 소득에 따라 사회보험 거의 전 분야를 포괄하는 기여금을 납부하고 있으며 이는 자영인과 고용주에도 그대로 적용된다.[6] 그럼에도 불구하고 본 연구 나름대로 세분화시켜보면 〈표 5-9〉처럼 일반조세를 통해서 재정 확보가 이루어지는 분야 역시 상당히 많음을

〈표 5-9〉 영국 사회보험 분야별 재원의 성격

분야	종류	재원의 성격
노령(연금)	국가연금(기초, 2층)	기여금(근로자, 고용주)
	자산 조사/비기여 연금	조세
건강(질병, 출산)	출산급여, 의료서비스, 자산조사급여	조세(92~100%)
	고용 및 지원급여(근로무능력급여)	고용주/조세
	상병수당, 자산조사급여	고용주
산재		고용주/조세
실업	기여기초형 구직급여	기여금
가족부양		조세

출처: SSPTW, 2010: 316-322(United Kingdom)의 내용을 발췌 정리

알 수 있다. 예컨대, 건강보험에서 법정 출산급여(부모 포함)의 92%(영세기업의 경우는 100%)가 일반 조세를 통해서 재정이 확보된다. 자산조사급여의 지출과 의료 서비스급여(NHS) 그리고 가족부양보험을 통해서 지급되는 아동수당 역시 일반조세의 몫이다. 반면 국가연금과 산재 그리고 실업보험의 재원은 기여금에 의존하고 있다. 이렇게 볼 때 영국의 사회보험 재원 구조는 전통적인 베버리지 모형에 부가적으로 기여금 형태가 보조 역할을 수행하는 모습을 띠고 있다. 한편, 이러한 성격이 활성화 정책의 재원 구조와 어떤 연관성을 지니고 있는가에 대해서는 다음 절에서 확인하도록 한다.

3. 노사관계

제3장의 〈표 3-5〉에서처럼, 비세(Visser)에 의하며 영국의 노사관계는 다원주의 모델 국가군에 포함된다. 이 모형의 특성은 노사관계가 협상에 바탕을 두고 있다. 즉 조합주의적 노사관계 모델과는 달리 노사 양측은 상호 적대적 가치 체계를 보이고 있다. 그리고 협상에 성공한다 하더라도 노사 양 단체 공히 조직 구조 자체가 파편적이고 조정 구조가 약하기 때문에 대표성이 약하고 불안정하다. 뿐만 아니라 적대적 모형과는 국가의 개입 역할 또한 약하기 때문에 단체협약 자체가 법적, 강제적 성격을 지니고 못하는 경우도 많다. 이상의 점을 고려하면서 영국 노사관계의 특징을 살펴보면 다음과 같다.

개관 차원에서 영국 노조의 대표 조직으로 영국 노총(trade union congress,

---

6) 상술하면 4개의 class(근로자, 자영인, 임의가입자, 기업)로 구분되어 있고 이 중 근로자는 제1군(class)에 속한다. 그리고 제1군의 근로자 중 주 소득이 110파운드 이하인 자는 0%, 110파운드~844파운드는 소득의 11%가 부과되며 주 소득이 844파운드를 초과하는 근로자에게는 1% 추가된다(손병덕 외, 2012: 193의 표). 사회보험에 가입되어 있는 근로자 대부분은 11% 기여율에 해당된다. 왜냐하면 연금만 하더라도 주당 소득이 97파운드 이하 혹은 844파운드를 초과하는 근로자는 적용 제외 집단에 속하기 때문이다(SSPTW, 2010: 316).

이하 TUC)에 대해서 살펴보자. 지역과 산업별로 분절되어 있기는 했지만 영국의 노동조합운동은 정당이 형성되기 이전에 이미 활성화되어 있었다. 이 과정에서 1868년 설립된 TUC는 산업별, 직종별로 형성되어온 숙련공 위주의 노동조합을 수적으로 연계하여 만든 노동조합의 중심조직이다(송호근, 1997: 75). 그럼에도 불구하고 실질적으로는 최소한의 경제적 이익 증진에만 몰두하는 제한적인 성격을 유지했다. 이의 이유로서는 TUC의 결성에도 불구하고 산업별, 직종별로 분절현상을 유지한 영국노동운동의 한계를 들 수 있다. 그리고 스웨덴 등 북구 국가와는 달리 노조와 노동자 이익을 대변하는 정당(즉, 노동당) 간의 약한 연계 역시 노조의 정치적 영향력을 제한시키는 요인으로 작용했다(송호근, 1999: 74). 이는 1970년대 말 급진적인 우익보수정부의 집권을 가능하게 했으며 당시 대처 정부는 집권 기간 중 노조 운동을 약화시키는 데 역점을 두었다. 이의 여파로 〈표 5-10〉에서처럼, 1979년 말 1,200여만 명에 달했던 TUC조합원 수는 이후 격감하여 현재는 650만 명에 불과하며 노조 가입률은 30%를 육박하는 수준에 그치고 있다.[7]

〈표 5-10〉 영국 TUC의 가입 조합 및 조합원 추이

연도	가입조합 수	가입조합원 수
1868	–	118,367
1869	40	250,000
1910	212	1,647,715
1940	223	4,886,711
1970	150	9,894,881
1980	109	12,172,508
1990	78	8,405,246
2000	76	6,745,907
2008	58	6,471,030

출처: 채준호, 2008: 21(〈표 1-1〉과 Eurofound, 2010a의 내용을 바탕으로 재정리

현재 등록관(Certification Officer)에 등록되어 있는 노조는 전부 154개인데 이 중 58개 노조가 TUC에 가입되어 있다.[8] 58개 노조 중 이른바 '빅3'으로 불리는 3개 대표노조를 살펴보면 우선 Unite를 들 수 있다(채준호, 2008: 23-25). 190만여 명의 조합원을 보유하고 있는 민간 분야의 노조인 Unite the Union(Unite)은 2007년 기존 노조의 통합을 통해서 출범된 영국 최대의 노동조합이다. 주로 제조업과 운수업에 종사하는 조합원이 많다. 둘째, 공공 분야의 노조로서 130여만의 근로자가 조합원인 Unison을 들 수 있다.[9] 이 역시 기존 10개 공공 분야 노조의 통폐합을 통해 1993년 설립되었다. Unison은 6개의 서비스 그룹으로 나뉘어져 각각의 단위그룹이 담당 부문의 단체교섭을 책임지는데 지방정부, 의료, 상·하수도와 환경, 고등교육, 경찰, 운수가 바로 그것이다. 셋째, GMB의 특징은 특정분야가 아니라 전 분야의 노동자에게 가입이 허용되고 있다는 점이다. 현재 각 분야의 60만 명에 달하는 조합원이 있으며 영국 50개 기업의 노동조합 중 34개가 GMB에 속해져 있을만한 막강한 영향력을 행사하고 있다.

한편 사용주를 대표하는 조직으로서 영국산업연맹(Confederation of British Industry, 이하 CBI)이 있다. 1965년, 기존의 고용주 대표단체인 영국경영자연맹(FBI)과 영국제조업자협회의 통합을 거쳐 탄생되었다. 현재 농업, 자동차, 항공 분야 등 전 산업 분야에서 운영 중인 24만여 개의 영국 기업의 이익을 대변하고 있다.

이와 같이 영국의 노사의 대표단체에 개관만 본다면 덴마크 사례와 거의 차이가 없다. 결정적인 차이는 이들 단체협상의 법적 구속력과 단체 교섭

---

7) 최근의 영국 노조 가입률 추이를 살펴보면 1997년의 30.4%를 정점으로 이후 하락 추세에 있으며 2006년도에는 28.7%임(채준호, 2008: 106).

8) 가입 노조 수만 본다면 TUC가 영국의 대표노조인가에 대해서 의문점을 가질 수 있다. 하지만 TUC에 가입되어 있는 조합 수(즉 650만 명)가 전체 조합원의 93%를 차지하고 있다는 점이 더 중요하다.

9) 영국에서는 민간 분야(16.1%)보다 공공 분야의 노조 가입률(59%)이 훨씬 높다(2008년 기준).

수준 및 조직 구조에 있다. 먼저, 덴마크의 LO와 달리 영국의 TUC는 단체 협약을 체결하지 못하거나 체결할 권리가 부여되어 있지 않다. CBI 역시 집단 차원에서 협상할 수 있는 권한이 없으며 이를 강제할 수도 없다. 다시 말하면 3자주의 즉 정부의 중재와 이를 바탕으로 하는 노사 대표단체 간의 중앙집권적이면서도 조정적인 성격의 협상이 이루어질 수 없는 제도적 환경에 놓여 있는 것이다(S. Lefèvre et al., 2011: 73). 다원주의 모형의 전형적 성격이 그대로 드러나는 대목이다. 둘째, 저수준의 노조 가입률을 들 수 있다. 한 국가의 역사(특히 북유럽) 혹은 이론(예: 권력자원이론)을 통해서 알 수 있듯이 근로자의 노조 가입은 노조의 정치적 영향을 행사하는 중요한 수단이다. 하지만 〈표 5-11〉에서처럼, 영국의 노조 가입률은 그렇게 높지 않다.

〈표 5-11〉처럼, 1970년대만 하더라도 영국의 노조 가입률은 상당히 높았다. 하지만 이후 하락 추세를 보이면서 2000년에는 31%를 보이고 있다. 차후에 상술하겠지만 프랑스 역시 노조 가입률이 매우 낮다(10%, 2000년 기준). 하지만 프랑스에서는 이를 보완하는 제도적 장치가 마련되어 있다. 하지만 이러한 제도적 보완 장치가 없는 영국의 경우 낮은 노조 가입률은 노조를 대표하는 사회 파트너로서의 TUC의 위상을 약화시킬 수밖에 없을 것이다.

셋째, 단체 교섭 수준의 분권화 현상을 들 수 있다. 이 역시 일정 부분은

〈표 5-11〉 영국의 노조 가입률 추이(1970년~2000년)

국가	1970		1980		1990		2000	
	%	순위	%	순위	%	순위	%	순위
덴마크	60	3	79	2	75	3	74	4
영국	45	9	51	21	39	16	31	13
OECD평균(가중치)	34		32		27		21	

출처: OECD, 2004: 145의 Table 3.3에서 발췌

덴마크와 유사한 대목이기도 하다. 덴마크 역시 1990년대부터 지역고용 정책이나 육아시설 개선 등 지역수준의 성격이 강한 분야에 대해서는 의사결정 수준의 분권화가 이루어졌다. 그럼에도 불구하고 덴마크는 전국적 이해관계가 있는 분야 즉 임금, 근로시간 등은 여전히 중앙 차원에서의 협상이 이루어지고 있음에 유의할 필요가 있다. 이와 달리 영국에서는 노사관계 현안 대부분의 협상이 기업 혹은 사업장 수준에서 진행되고 있다. 예컨대 최저임금의 경우 산별 교섭을 통해 가이드라인은 제시되나 이의 구체적 내용은 어디까지는 사업장 수준에서 단체 교섭의 몫인 것이다.[10] 채준호(2008)에 따르면 영국의 단체 교섭 수준의 분권화 혹은 하향화 현상은 1960년대부터 시작되었으며(채준호, 2008: 72-73), 1970년대와 80년대에 가속화되었다(Eurofound, 2010a: 5). 한편, 제도적 보완이 없는 상태하에서 사업장 위주의 단체 교섭은 결국 낮은 단체협약 적용률로 이어지고 있다. 2008년 기준, 영국의 단체협약 적용률은 34.6%에 불과하다. 흥미로운 현상은 산별수준의 단체교섭이 비교적 활발한 공공영역에 비해 그러지 못한 민간영역의 단체협약 적용률이 매우 낮게 나타난다는 점이다(72% 대 20%).[11] 한편 다음의 〈표 5-12〉는 영국의 단체 교섭 수준의 변화와 단체협약 적용률 사이에 밀접한 관련성이 있음을 보여주고 있다. 동시에 이는 비슷한 시기에 분권화 현상이 발생했던 덴마크와 매우 대조적인 모습을 보여주고 있다.[12]

그럼 다원주의의 전형적 모습을 보여주고 있는 영국의 노사관계는 어디에 연유한 것일까? 이에 대해서는 다음 세 가지 요인이 작용하고 있는 것으로 보인다. 첫째, 정치적 요인으로서 노동당(현재의 신노동당)과 노조 간의 연계 부족 혹은 약한 동맹관계이다. 일견 유사해 보이는 정치적 이해관계가 영국에는 잘 적용되지 못했던 것으로 보인다. 20세기 초까지만 보더라도

---

10) 비세(Visser)에 의하면 덴마크의 54%에 비해 영국 노사 협상의 중앙화 정도는 13%에 불과한 것으로 나타남(2003년 기준). cf. F. Visser, 2005: 43.
11) 2008년 기준, EU 회원국의 노사관계에 대해서는 Eurofound, 2010b를 참조.
12) 한편, 프랑스는 낮은 노조 가입률(10%)과 산별 혹은 사업장별 단체협상 양태에도 불구하고 90%의 단체협약 적용률을 보이고 있다(2000년 기준). OECD, 2004: 145.

〈표 5-12〉 단체협약 적용률 추이

국가	1960년	1965	1970	1975	1980	1985	1990	1995
덴마크	67	68	68	70	72	74	69	69
영국	67	~67	68	~72	70	64	54	40

출처: DICE reports: 63의 관련〈표〉에서 발췌

노조 가입자의 대부분은 노동당에 가입하는 등 양자 간에는 상당한 결속력을 보여주었다. 하지만 이 후 노동조합이 사무직종과 전문 직종으로 확대됨에 따라 노동당에 가입한 사람들의 비율은 줄어들었으며 오늘날 대부분의 노동조합원은 노동당 비가입자들이다. 뿐만 아니라 양자 간의 정책적 괴리 역시 노동조합의 정치적 영향력을 상쇄시키는 데 일정 부분 기여한 것으로 볼 수 있다. 대표적인 것이 규제에 대한 노조와 노동당의 입장 차이이다. 구체적으로 1960년대와 70년대에 노조는 규제를 하나의 족쇄로 판단하고 이의 완화를 주장한 반면 노동당은 규제 옹호를 천명했다. 뿐만 아니라 노조는 규제를 의미하는 전국 차원보다는 산별과 기업별 단체협약을 선호하기도 했다(Owen Tudor, 2004: 54-56). 이러한 불일치는 결국 1970년대 말 우익보수정부의 집권으로 이어졌는데 이는 결국 두 번째 요인의 등장을 가져왔다. 대처 정부에 의한 반노조운동 정책이 바로 그것이다. 1979년에 집권한 보수우익정부는 1997년까지 8차례에 걸친 관련법의 개정을 통해 노조운동의 약화를 시도한 바 있다(채준호, 2008). 셋째, 가장 중요한 요인으로서 단체협약에 대한 영국의 자원주의적 전통(voluntarist tradition)을 들 수 있다(Eurofound, 2011: 11). 영국 전통에서 단체협약은 자원주의적 수단에 불과하다. 따라서 단체협약은 개별 고용 계약으로 실현될 때에만 비로소 법적 의미가 있는 것으로 간주되고 있다. 이런 연유로 단체협약은 법 제정을 통한 확대 적용의 대상이 되지 못할 뿐만 아니라 확대 적용을 위한 자원주의적 성격의 기제도 존재하지 않는 것이다.

이상의 노사관계가 영국의 활성화 정책에 미치는 영향은 무엇일까. 추론

컨대 활성화 정책의 적용대상이 실업자 혹은 저임금 근로자 등 노동시장 취업 애로 집단임을 고려할 때 영국의 노사관계가 활성화 정책의 입안 및 집행에 미치는 영향은 극히 제한적일 것으로 보인다. 단체협약의 법적 성격 부재, 기업 별 혹은 사업장별 중심의 단체협약 실행 등으로 비쳐지는 영국 노사관계 모델이 활성화 정책의 적용 대상을 이해관계를 반영하기에는 거의 불가능할 것으로 보인다. 달리 표현하면 영국의 활성화 정책은 중앙정부나 지방정부 등 공공기관의 주도에 의해 이루어질 가능성이 많다는 것이다.

4. 조세제도

활성화 관점에서 해당 국가의 조세제도는 매우 중요하다. 사회보호제도 와 여타 분야 제도와의 연계 파악의 한 분야가 바로 조세제도이기 때문이다. 더 나아가서 저소득층에 대한 조세혜택제도가 있다면 본 서에서 의미하는 근로유인 복지와 직결되기 때문이기도 하다.

여기서는 개괄차원에서 영국 조세제도의 일반적 특징을 먼저 살펴보기로 한다. 영국 세금은 성격을 기준으로 먼저 직접세와 간접세로 구분되고 직접 세는 다시 소득세, 법인세, 자산소득, 상속세 그리고 사회보장세로 구분된 다. 그리고 간접세는 부가가치세, 소비세를 비롯하여 여러 가지 세목이 있다 (박정수, 2004: 30).

영국 조세제도의 첫 번째 특징은 세목의 대부분이 국세라는 점이다. 〈표 5-13〉처럼 소득세, 부가가치세, 법인세 등이 국세의 대표적인 세목이다. 한 편, 지방정부는 대부분 중앙정부의 교부금에 많은 부분을 의존하고 있으며 지역에 따라 사업세(business rates),[13] 카운슬세(Council Tax)[14] 그리고

---

13) 잉글랜드와 웨일즈에서 도입(http://en.wikipedia.org/wiki/Taxation_in_the_United_Kingdom).

14) 잉글랜드, 스코틀랜드, 웨일즈에서 시행 중인 지방세로서 1993년 지방정부재정법에 의해 도입되었다. 과세 기준은 지역주민의 재산이며 독신에게는 할인혜택이 있다

〈표 5-13〉 직·간접세 등의 분류에 의한 영국 주요 세목

직접세	간접세	세제혜택	기타 조사
소득세(income tax) 법인세(corporation) 자산소득세(capital gains tax) 상속세(inheritance tax) 사회보장세(National Insurance contribution)	보험료세 유류세 인지세 토지인지세 채권주식인지세 부가가치세	아동세제혜택 아동복지금 세액공제	지방세 (카운슬세, 사업세)

출처: 손병덕 외, 2012: 107의 〈표 1-4-12〉를 재정리

공공시설 이용료 및 부과금이 있는 정도이다. 2007년 기준, 전체 세수에서 지방세가 차지하는 비중은 8%에 불과할 정도로 매우 적은 수준이다(손병덕 외, 2012: 97).

한편, 위의 세목들이 정부 세수에서 차지하는 비중을 살펴보면 2008년~2009년[15])을 기준으로 할 때 소득세가 1,150억 파운드로 29%를 차지하면서 가장 큰 비중을 차지하고 있으며 사회보장세(19%, 1,045억 파운드, 19%), 부가가치세(838억 파운드, 15%), 법인세(513억 파운드, 9%), 유류세(257억 파운드, 5%) 등 국세 수입이 그 뒤를 잇고 있는 반면 카운슬세(249억 파운드, 5%), 사업세(237억 파운드, 4%) 등 지방세 수입이 차지하는 비율은 매우 적다.[16] 이렇게 볼 때 영국은 국세 수입 중심의 국가라 할 수 있으며 이러한 경향은 〈표 5-14〉에서처럼 2012년~13년의 세수 예측에서도 그대로 나타난다.

영국 조세제도의 두 번째 특징으로 광범위한 과세 대상을 들 수 있다. 예컨대, 소득세 경우 현금소득뿐만 아니라 현물급여도 과세대상에 포함된

(http://en.wikipedia.org/wiki/Taxation_in_the_United_Kingdom).

15) 영국의 회계연도는 4월 6일부터 이듬해 4월 5일까지임.

16) http://en.wikipedia.org/wiki/Taxation_in_the_United_Kingdom의 그림에서 발췌 (2008년~2009년 기준).

〈표 5-14〉 영국 세원 구조(2012년과 2013년)

대항목	소항목(예시)	수입(단위: 10억 파운드)	비중
소득세		154.8	26.2
사회보장기여금		105.6	17.9
부가가치세		102.0	17.2
Company tax	법인세	43.9	7.4
	사업세	26.2	4.4
Council tax		26.3	4.4
기타 간접세	유류세(fuel duties)	27.3	4.6
	주세(alcohol duties)	10.6	1.8
합		591.5	100.0

출처: J. Browne, B. Roantree, 2012: 5의 table 1에서 발췌

다. 예컨대 회사가 제공하는 차량 및 연료비 혹은 저율 혹은 무이자 대부, 무상 주택에 따른 혜택 또한 과세 대상에 포함된다는 것이다. 뿐만 아니라 단기 매매에 따른 주식 양도 차익 역시 자본 이득의 하나로 간주되어 과세 대상에 포함된다(박정수, 2004: 38). 뿐만 아니라 구직급여, 국가연금 등 사회급여 일부도 과세대상의 하나이다.[17]

셋째, 영국 역시 여타 국가와 마찬가지로 누진세를 적용하고 있다. 누진 세율의 적용은 특히 개인소득세율에 두드러진 부분으로 이의 구체적 내용은 〈표 5-15〉와 같다.

우선 세율 추이와 관련하여 세 가지 점만 확인한다면 첫째, 2008년~09년 부터 최저세율제도가 폐지되었다. 예외적으로 저축으로 인한 소득(saving income)이 있는 경우에만 10%의 세율이 적용된다. 둘째, 기본 세율의 하락

---

17) 반면, 자산 조사 사회급여 대부분과 아동 수당은 과세 대상에서 제외됨(J. Browne, B. Roantree, 2012: 6).

〈표 5-15〉 과세표준소득구간별 세율 추이

세율(%)	소득구간(단위: 파운드)			
	2007~08년	2008~09년	2009~10년	2010~11년
10(최저세율)	2,230 이하	(2,230 이하)*	(2,440 이하)*	(2,440 이하)
22(기본세율)	2,231~34,600			
20(기본세율)		0~34,800	0~37,400	0~37,400
40(고 세율)	34,600 초과	34,800 초과	37,400 초과	37,400~150,000
50(부가세율)				150,000 초과

* 근로소득 없이 저축으로 인한 소득 발생의 경우에만 적용
출처: 손병덕 외, 2012: 109의 〈표 1-4-14〉; http://www.worldwide-tax.com/uk/uk_taxes_
    rates.asp의 내용을 바탕으로 재정리

이다. 구체적으로 2007~08년까지 22%였던 기본세율이 20%로 2% 인하되
었다. 셋째, 부가세율의 도입을 들 수 있다. 〈표 5-15〉에서처럼 연간소득이
15만 파운드를 초과하는 고소득자에게는 50%의 세율이 적용된다.[18] 결국
2010년~2011년을 기준으로 할 때 영국의 개인소득세율은 10%에서 50%사
이라고 할 수 있다. 잠시 후에 살펴보겠지만 영국도 덴마크 등 여타 국가와
마찬가지로 공제제도가 있기 때문에 과세표준소득이 근로자의 연소득(급여)
보다는 적을 것이다. 그럼에도 불구하고 위의 〈표 5-15〉를 살펴보면 영국
역시 높은 담세율[19]과 강한 누진세율이 적용되고 있는 점은 분명한 것 같
다. 특히 과세표준소득이 37,400파운드를 기점으로 세율이 2배 이상 높아지
는 것은 중간 이상의 소득을 가진 자에 대한 높은 과세를 의미하는 것이다.
    넷째, 본 연구에서 영국의 조세제도 중 가장 두드러지게 보이는 부분으로
서 사회적 취약집단에 대한 공제제도의 발달을 들 수 있다. 앞에서 본 바와
같이 영국은 높은 담세율과 동시에 누진적 소득세율의 특징을 지니고 있다.

---

18) 1파운드=약 1,700원 정도. 15만 파운드는 2억 5천만 원을 약간 넘음.
19) 2009년 기준 영국의 GDP 대비 조세 부담(tax revenue)률은 34.3%임.

이러한 제도는 일정 부분 소득 재분배 효과가 있을 것으로 판단되는데 이러한 성격이 좀 더 강하게 구현되어 있는 부분이 바로 공제제도이다. 대표적으로 소득세 기초공제제도(income tax allowance)를 들 수 있다. 이는 근로자의 소득수준, 연령, 배우자 유무 등에 따라 일정액이 총소득에서 공제되는 것을 말한다. 단순화시켜서 말한다면 과세표준소득은 근로자의 총소득에서 소득세 기초공제에 포함되는 액수를 제(除)한 것이다. 소득세 기초공제제도 중 대표적인 것이 개인공제(personal allowance)이다. 이는 다음의 〈표 5-16〉처럼 연령대에 따라 개인공제액이 달리 책정되어 있다.

〈표 5-16〉에서처럼, 개인공제는 고령자일수록 많이 공제되는 방향으로 제도화되어있다.

소득세 기초공제의 두 번째 변수는 배우자 유무로서 배우자가 있는 근로자에게 공제제도의 혜택이 갈 수 있도록 제도화되어 있다. 구체적으로 2008~09의 경우 75세 이하는 6,535파운드, 75세 초과의 경우에는 6,625파운드가 공제액이다(손병덕 외, 2012: 109).[20]

소득 변수 역시 소득세 기초공제의 주요 기준 중의 하나이다. 위의 두 가지 조건 충족에도 불구하고 고소득 근로자는 기초 공제액의 삭감 혹은 적용 제외 집단으로 명시되어 있다. 이는 영국 소득세 기초공제가 지향하는

〈표 5-16〉 연령대별 개인 공제액

연령대	2007~08	2008~09	2009~10	2012~13
65세 미만	5,225	6,035	6,475	8,105
65세~74세	7,550	9,030	9,490	10,500
75세 이상	7,690	9,180	9,640	10,600

출처: 손병덕 외, 2012: 108의 〈표 1-4-13〉에서 발췌; 2012~13년 자료는 J. Browne, B. Roantree, 2012: 6의 table 2

---

20) 100% 중복적용은 금지되어 연령 변수가 우선이며 초과액의 50%만이 추가됨(J. Browne, B. Roantree, 2012: 6-7).

주요 적용 대상은 중산층 이하 특히 저소득층 근로자임을 의미하고 있는 것이다. 예컨대 연소득이 10만 불 이상인 경우에는 법정 공제액의 50%만 적용되며 116,210불 이상의 연소득을 지닌 고소득 근로자는 적용 대상에서 제외되는 것이다(J. Browne, B. Roantree, 2012: 7).

이렇게 볼 때 활성화 관점에서 영국의 공제제도는 조세감면을 통해 저소득층 근로자의 노동시장 정착을 유도하는 중요한 제도로 판단된다. 한편 공제제도와 함께 영국을 대표하는 근로유인 복지제도가 있으니 세액공제제도(tax credit)가 바로 그것이다. 이의 구체적 내용은 다음 절에서 살펴보기로 한다.

한편, 지금까지 살펴본 영국의 조세제도가 어느 정도 빈곤 및 소득재분배 효과를 가져왔는지 살펴보자. 물론 소득재분배 효과는 조세제도 외에 여러 가지 사회 제도 실시의 결과일 것이다. 하지만 조세제도는 소득재분배 효과의 기저가 된다는 점에서 매우 중요한 요소인 것이다. 이와 관련하여 〈표 5-17〉은 소득 이전 전후 영국의 소득불평등 정도의 변화 양상을 지니계수를 통해 나타낸 것이다.

먼저 영국의 시장소득 지니계수는 미국, 이스라엘과 함께 OECD 회원국 중 가장 높은 편에 속한다. 특히 1980년대 중반 이후 소득불평등 정도는 매우 심했던 것으로 나타난다. 한편, 소득이전 후의 가처분소득 지니계수를

〈표 5-17〉 소득이전 전후 영국 지니계수의 변화

년도	시장소득 지니계수(A)	가처분소득 지니계수(B)	차이(B-A)	변화비율(%)
1979	33.5	25.7	7.8	23
1986	42.9	30.2	12.7	30
1994	46.3	34.0	12.3	27
1999	46.0	34.8	11.3	24
2004	45.2	34.6	10.6	23

출처: H. Immervoll, L. Richardson, 2011: 34의 table 5에서 발췌

살펴보면 10% point 하락된 것을 알 수 있다. 그리고 해당 시기의 변화 비율은 20~30% 정도이다. 이렇게 볼 때 소득이전 자체가 소득불평등 완화에 도움을 준 것은 사실이다. 그럼에도 불구하고 비교 관점에서 영국의 소득이전이 보여주고 있는 소득불평등 효과는 그렇게 괄목할만한 수준의 것은 아니다.

우선 일정 부분의 효과에도 불구하고 가처분소득 지니계수 자체가 여전히 높다는 점이 지적되어야 할 것이다. 이는 애당초 시장소득 지니계수가 높은데서 연유한 것이라고 볼 수도 있을 것이다. 하지만 분명한 것은 소득이전에도 불구하고 영국 사회의 불평등은 여전히 심각하다는 것이다. 둘째, 변화 비율 역시 OECD 회원국 중 중간 이하 수준이다. 이 역시 높은 시장소득 지니계수에 기인한 것으로 볼 수도 있을 것이다.[21] 하지만 사회보호 정책의 기본 취지를 고려한다면 영국의 소득이전이 가지는 효과는 제한적이라는 평가를 받을 수밖에 없을 것이다. 추론컨대 이는 좀 더 근본적인 부분에서 원인을 찾는 것이 더 적절할 것이다. 예컨대, 영국의 개인주의 문화, 보편주의를 지향하면서도 내부적으로는 선별주의를 취하고 있는 사회보호제도(특히 사회보험), 사업장 중심의 단체 교섭에 치중한 나머지 사회적 취약 집단의 삶에 대해서는 상대적으로 무관심한 영국 노사관계 등의 요인 등 여러 가지 요인에 대한 고려가 필요한 것으로 판단된다. 다음 절에서 살펴보게 될 영국의 활성화 정책 역시 이러한 맥락에서 이해되어야 할 것이다.

---

21) 예컨대 OECD 국가 중 스위스의 변화 비율은 15%내외로 아주 낮다. 하지만 스위스는 시장소득 지니계수 자체가 30%를 약간 웃도는 수준이다.

II. 영국의 사회보호 활성화 정책

덴마크와 달리 영국에서는 활성화 용어가 국가의 공식적인 정책이나 제도에 사용되지는 않는다. 영국 사회보호분야에 활성화 개념의 도입 시점에 대해서 이견이 존재하는 것도 이에 기인한 것이다. 도입 시점에 대한 견해는 두 가지로서 첫 번째 견해는 1980년대 실업에 대한 보수당 정부의 대응을 활성화 정책의 기원으로 보고 있다. 예컨대 당시 시행되었던 청년과 장기실업자에 대한 새로운 훈련 프로그램에서 이미 활성화 성격이 나타난다는 것이다(여유진 외, 2010: 166; D. Finn and B. Schulte, 2008: 304). 다른 견해는 1997년 이후 실시된 노동당의 노동시장 개혁 정책을 활성화 정책의 시발점으로 보고 있다. 대표적으로 뉴딜 프로그램을 들 수 있다(C. Lindsay, 2007; J.-C. Barbier et al., 2006). 이에 본 연구는 제3의 도입 시점을 제시하고자 한다. 구체적으로 1996년을 영국 사회보호 정책에 활성화 개념이 도입된 시점으로 보고자 한다. 1996년은 실업보험의 개혁이 이루어진 해로서 보수당 집권 마지막 해이기도 하다. 이 개혁의 의의는 단순히 실업보험의 명칭 변화에 있지 않다. 명칭 변경과 함께 기존에 볼 수 없었던 여러 가지 조치가 수반되었는데 이에 활성화 성격이 분명하게 드러나고 있는 점에 주목할 필요가 있다.

한편, 영국 활성화 정책의 특징 중 하나는 덴마크와 달리 근로유인 복지에 포함될 수 있는 다양한 정책 및 제도가 실시되고 있다는 것이다. 예컨대 세액공제(Tax credit)의 하나로서 2003년에 도입된 근로소득세액공제제도(Working Tax Credit, 이하 WTC)와 아동세액공제제도(Child Tax Credit)를 들 수 있다.

따라서 본 절에서는 1996년부터 도입된 사회보호 활성화 정책을 본 연구의 두 가지 범주인 근로연계 복지와 근로유인 복지로 나누어서 살펴볼 것이다.

1. 근로연계 복지와 활성화:
기여기초형 구직급여제도와 뉴딜(New Deal) 프로그램[22]

1) 적용 대상

(1) 기여기초형 구직급여제도

기여기초형 구직급여제도의 가입자 중 수급요건을 갖춘 실업자가 바로 활성화 조치의 실질적 적용 대상자이다. 먼저 가입요건과 관련하여 덴마크의 실업보험과 달리 영국의 구직급여제도는 선별주의 성격을 띠고 있다. 예컨대 자영인은 아예 가입에서 배제되어 실업이 발생하면 자산조사형 구직급여의 적용 하에 놓이게 된다.

기여기초형 구직급여의 수급요건을 살펴보면 국민보험 가입자 중 실업자 중 연령이 18세이어야 하며,[23] 실업상태이거나 주당 근로시간이 16시간 미만이어야 한다. 가장 중요한 수급요건으로서 국민보험기여금 납부실적을 충족해야 한다. 두 가지 경우로서 국민보험제도의 최저 소득 기준(2010년 기준 주당 97파운드)의 25배 이상의 소득에 상등하는 기여금 납부 실적 혹은 50배 이상의 점수(credits)를 받은 경우를 말한다.[24] 이외 수급을 위한 기본요건으로서 적극적 구직활동 수행, 근로에의 적용가능성, 구직합의서의 작성 및 서명 등이 있음은 이미 언급한 바 있다. 다음의 〈표 5-18〉은 2000년 이후 기여기초형 수급자 수의 추이를 나타낸 것으로 이들이 바로 활성화

---

22) New Deal Program은 개혁의 여파로 2009년 유연 뉴딜로 개칭되었으며 2011년에는 근로프로그램(Work Program, WP)으로 대체되었다. 한편 본 연구는 영국 활성화 성격이 강하게 드러나는 기존의 뉴딜 프로그램에 초점을 맞추고자 한다. 한편, 근로프로그램에 관한 국내 문헌으로서는 손병덕 외, 2012: 199-203을 참조.

23) 16세~17세인 경우 부모와 떨어져 살거나 혹은 배우자가 있거나 혹은 구직급여 없이는 살기가 어렵다고 판단되는 경우에는 수급자격이 주어지는 경우도 있다. 이 경우 반드시 지역의 카운슬 청년 서비스에 등록해야 한다(DWP, 2012: 11-12).

24) 여기서 말하는 점수(credits)는 실직을 당했거나 상병으로 근로하지 않는 사람에게 부여되는 점수를 말한다. 이 점수를 받게 되면 기여금과 합산하여 기여형 급여를 받을 수 있는 자격이 부여된다.

〈표 5-18〉 기여기초형 구직급여 수급자 추이

(단위: 천 명)

	2000	2001	2002	2003	2004	2005	2006	2007	2008	2009	2010
남성	101.2	100.8	110.8	114.1	93.8	99.5	95.8	79.6	90.6	248.7	143.4
여성	42.8	41.0	44.5	46.3	37.2	40	38.7	34	37.2	93.1	61.9
합	144.0	141.9	155.3	160.4	131	139.5	134.6	113.6	127.8	341.8	205.3

출처: http://www.ons.gov.uk/ons/index.html

조치의 적용 대상자인 것이다.

　추이를 살펴보면 2000년부터 2008년까지는 11만 명에서 16만 명 정도가 기여기초형 구직급여를 받은 것으로 나타난다. 이후 2009년도에는 34만 명으로 급증했으며 2010년에는 감소되긴 했으나 20만 명을 상회하고 있다. 이는 영국의 실업률 추이와 밀접한 관련성이 있다. 예컨대 2008년 영국 실업자는 약 186만 명으로 실업률은 6.0%였다. 하지만 세계적 금융위기의 여파로 2009년과 2010년의 실업률은 7.9%까지 상승했다.

　한편, 영국 기여기초형 구직급여의 수급률을 살펴보면 그 비율이 아주 낮은 사실을 발견할 수 있다. 자료의 한계상 2008년부터 2010년까지 실업자 대비 수급자 비율만을 살펴보면 〈표 5-19〉처럼 7%~14% 정도인 것을 알

〈표 5-19〉 실업자 대비 기여기초형 구직급여 수급자 비중

(단위: 천 명, %)

	2008	2009	2010
실업자(B)	1,864	2,469	2,448
기여기초형 구직급여 수급자(A)	127.8	341.8	205.3
비율(%, A/B)	6.8	13.8	8.3

출처: http://www.ons.gov.uk/ons/index.html의 관련 내용을 토대로 정리

수 있다.

실업보험의 본래 취지를 생각할 때 영국의 수급률은 턱없이 낮은 것으로 판단된다. 이의 이유를 생각해보면 우선 6개월에 불과한 짧은 수급기간을 들 수 있다. 한편, 6개월 이상 장기 실업자는 평균 50%를 넘는다. 이는 수급 요건이 됨에도 불구하고 짧은 수급기간으로 인해 기여기초형 급여를 더 이상 받지 못하는 사람이 많을 것이라는 것을 보여주는 대목이다. 그리고 엄격한 수급요건 때문에 가입에도 불구하고 급여제공에서 제외되는 경우까지 고려하면25) 영국의 기여기초형 급여제도가 지니고 있는 실업자의 소득보장 효과에 대해서 의문을 가지지 않을 수 없다.

(2) 자산조사형 구직급여제도

자산조사형 구직급여는 기여기초형 구직급여의 자격을 갖추지 못했거나 소정급여일수(182일)가 경과한 사람 중에서 자산조사를 거쳐 지급하는 급여로서 수급자는 모두 활성화 프로그램의 적용 대상자이다.26) 수급자 규모를 살펴보면 〈표 5-20〉처럼 기여기초형 구직급여에 비해 수가 압도적으로 많은 것을 알 수 있다. 이는 앞에서 언급한 바와 같이 기여기초형 구직급여

〈표 5-20〉 자산조사형 구직급여 수급자 추이

(단위: 천 명)

	2000	2001	2002	2003	2004	2005	2006	2007	2008	2009	2010
남성	615.6	519.4	478.7	475.6	421.1	433.2	498.9	447.5	427.6	698.9	729.5
여성	167.0	139.8	137.9	143.8	134	142.1	165.5	157.8	149.8	241.1	281.4
합	782.6	659.2	616.6	619.4	555.1	575.3	664.5	605.3	577.4	940	1,010.9

출처: http://www.ons.gov.uk/ons/index.html

---

25) 엄격한 수급요건과 비정규직 근로자의 불리함에 대해서는 심창학, 2005를 참조.
26) 2010년 기준 구직급여 신청자와 가족의 재산이 16,000파운드 이하인 경우 수급자격이 있음(SSPTW, 2010).

의 엄격한 수급요건과 관련성이 높다.

2000년부터 2008년까지 5~7십만 명을 기록했던 자산조사형 급여 수급자는 2009년의 9백만 명에 이어 2010년에는 1백만 명을 넘었다. 이 역시 당시 세계적인 금융 위기의 여파로 실업 문제가 심각해진 데 기인한 것으로 보인다.[27]

(3) 뉴딜 프로그램

1997년부터 영국은 집단별로 6개의 뉴딜 프로그램을 실시했다. 이 중 청년 뉴딜과 25세 이상 뉴딜 적용 대상자는 자산조사형 구직급여의 수급자가 중복된다. 그리고 아래 두 개 프로그램은 강제적 성격을 지니고 있기 때문에 활성화 프로그램의 당연 적용 대상자이다.

먼저 청년집단 뉴딜 프로그램(NDYP)은 당시 청년실업 문제의 해결 차원에서 6개월 이상 실업상태인 18~24세 이상의 청년집단을 대상으로 하고 있다. 한편, 25세 이상 뉴딜(ND25+)은 25세 이상 성인 중 18개월 이상의 장기 실업상태인 자가 적용 대상이다.[28]

임의참여 대상자로서는 장애인을 먼저 들 수 있다. 장애인이나 만성적 질병을 앓은 사람들 중 장해급여, 소득지원 혹은 중증장애인 수당을 받은 자 중 자신이 원하는 경우 장애인 뉴딜 프로그램에 참여할 수 있다. 한부모 역시 임의 참여 대상자가 되었다. 구체적으로 소득지원을 받는 한부모 중에서 어린아이의 연령이 만 5년 3개월이 넘는 경우 한부모 뉴딜(NDLP)에의 참여가 장려되었다. 이외 실업자의 배우자 그리고 50세 이상의 중·고령 구직급여 수급자도 자발적인 참여 대상이다.

1998년 뉴딜 프로그램이 처음 실시될 당시 총 참여자는 약 1백만 명이었다. 이 중 강제적 성격의 청년 뉴딜 프로그램에는 약 52만 명 정도가 참여했

---

27) 자산조사형 구직급여의 수급자까지 합치면 영국 구직급여의 수급률은 72%까지 올라가는 경우도 있는데 이는 전적으로 자산조사형 구직급여의 포괄성에 기인한 것임(J. Leschke, 2006: 29).

28) 도입 당시 적용 실업기간이 2년에서 2001년에 18개월로 바뀌었음.

다. 흥미로운 점은 임의참여 성격의 프로그램임에도 불구하고 한부모 뉴딜의 참여자가 꾸준히 많았다는 점이다. 1998년에는 27만 6천 명이 참여한 것을 시작으로 2003년까지 총 577,720명이 관심을 보였다. 2003년 말에는 10만 명 정도 참여한 것으로 집계되었다(P. Dolton, J. Smith, 2011: 7).[29] 한편, 장애인 뉴딜(NDDP)은 초기의 소규모 적용 집단에서 시작하여 2003년 근로경로(Pathways to Work)제도의 도입과 함께 적용대상이 확대되었다.[30]

2) 서비스 및 급여의 성격

(1) 기여기초형 구직급여

먼저 수급자에게 제공되는 급여는 기여금이 아니라 연령에 따라 정액 지급된다. 2010년 기준, 25세 이상인 자에는 주당 65.45 파운드, 25세 미만인 경우는 51.85파운드가 지급되었다. 이는 평균임금의 10%로서 급여의 임금대체율은 높지 않는 한계를 보이고 있다(OECD, 2010a). 즉 영국의 기여기초형 구직급여는 수급기간, 수급률 그리고 임금대체율의 측면에서 근본적인 문제를 안고 있는 것이다.

한편 이들에게 제공되는 서비스는 두 가지로 구분된다.[31] 첫째, 상담 서비스이다. 이는 고용지원센터(잡센터플러스)의 전문상담가와 수급자의 면담을 통해서 진행되는데 이러한 면담을 work focused claim process라 부르고 있다. 먼저 최초면담(first contact)은 구직등록 시 실시된다. 주로 전화면담을 통해 수급자의 기본 정보 및 근로에의 적용가능성이 확인된다. 면

---

29) 이는 적용 대상의 확대와도 관련성이 깊다. 2000년에는 자녀 나이가 3세까지로 확대되었으며 2001년의 법 개정으로 근로하지 않거나 주당 16시간 미만 근로하는 모든 한부모에게 자격이 부여되었다.

30) 영국과 덴마크 양국의 장애 및 장기 상병 수당 수급자 대상 활성화 정책의 비교 연구로는 D. Etherington and L. Ingold, 2012를 참조.

31) 이하 내용은 OECD, 2007b의 영국 부분에 바탕을 둔 것임.

담 결과를 바탕으로 급여신청 허가 여부가 결정되며 구직 인정 시에는 초기 면담 시점을 기준으로 급여가 제공된다. 구직등록뿐만 아니라 급여제공의 근거가 된다는 점에 최초면담의 중요성을 볼 수 있는 대목이다. 두 번째 단계는 심층면담(intensive interviews)이다. 심층면담은 구직합의서 작성과 직결된 행위이다. 이는 구직등록을 한 지 2주 이내에 진행되며 심층면담을 통해 구직합의서에 들어가야 할 내용이 정해진다. 구직합의서 작성이 끝난 후 수급자에게는 이행 점검을 위한 또 다른 심층면담이 기다리고 있다. 구직등록 시점을 기준으로 13주 내에 4회 정도의 정기적인 면담을 통해 이행 여부가 확인된다. 이와 같이 기여기초형 구직자에 대한 상담 서비스는 최초면담, 구직합의서 작성과 이행 여부 확인을 위한 심층 명담으로 구성되어있다.

한편, 이들에게는 훈련 서비스가 제공된다. 적극적 노동시장 프로그램이 이와 관련되는 것으로 이에 대한 구직자의 참여는 의무적이다. 한편, 영국의 훈련 서비스 특징으로는 장기적, 포괄적인 성격보다는 단기적 훈련 혹은 노동시장에의 적극적 진입을 목적으로 하는 프로그램이 주를 이루고 있다(Albrechtsen, H., 2004; Lindsay, C. and Mailand, M., 2004). 이러한 영국의 근로우선(work first)적 특징은 OECD의 노동시장 프로그램 지출구조에도 그대로 드러난다. 즉 7가지 적극적 조치 중 영국의 지출 비중이 전통적으로 유난히 높은 항목은 고용지원서비스(PES)의 운영과 관리 부분이다.[32] 반면 훈련, 취업지원 및 재활, 비취업소득유지 및 지원 등 수급자의 안정된 일자리로의 복귀를 가능하게 하는 프로그램에 대한 지출 비중은 상대적으로 매우 낮다. 달리 말하면 영국의 노동시장 프로그램은 PES에 의한 실업자의 일자리 알선에 초점을 두고 있는 것이다.

이와 같이 기여기초형 구직급여는 연령에 따라 달리 정액으로 지급되는 현금급여가 있다. 그리고 국가가 제공하는 활성화 프로그램에 대한 의무적 참여를 통한 서비스 접근에의 길이 열려 있다고 할 수 있다.

---

32) 이는 OECD Employment Outlook(해당년도)의 statistical annex에서 확인 가능함.

(2) 자산조사형 구직급여와 뉴딜 프로그램

앞에서 언급한 바와 같이 적용 대상이 상호 중복되는 측면이 있기 때문에 본 연구에서는 다음과 같이 살펴보기로 한다.

먼저 자산조사형 구직급여를 통해서 제공되는 급여는 연령 및 가구 형태에 따라 다른데 예시하면 〈표 5-21〉과 같다.[33]

한편, 자산조사형 구직급여 수급자 및 뉴딜 프로그램 참여자에게 제공되는 프로그램의 내용을 살펴보자. 먼저 18세에서 24세 사이의 청년집단 중 실업상태가 6개월이 경과해도 재취업이 되지 않는 경우 청년 뉴딜 프로그램을 통해서 제공되는 서비스의 적용 하에 놓이게 된다.[34] 청년 뉴딜 프로그램은 진입(Gateway), 뉴딜 옵션(Options) 그리고 사후관리(Follow-up)의 세 단계로 구성되어 있다(I. Beale et al., 2008). 먼저 진입(Gateway) 단계는 최장 4개월 계속되는데, 이 기간에는 개인별로 지도상담원(New Deal Personal Adviser, NDPA)이 배정되며 참여자에 대한 개별 능력 평가를 통해 직업 계획이 수립된다. 뉴딜 옵션(New Deal Option) 단계는 진입 단계

〈표 5-21〉 자산조사형 구직급여의 수준(2012년)

(단위: 파운드)

대구분	소구분	최대급여(주 기준)
독신	25세 미만	56.25
	25세 이상	71
부부	18세 이상	111.45
한부모	18세 이상	71
	18세 미만	56.25

출처: https://www.gov.uk/jobseekers-allowance/what-youll-get

---

33) 신청자와 그 가족의 저축액이 6,000파운드에서 16,000파운드 사이인 경우에는 급여가 삭감됨.

34) 이 기간 동안 이들은 자산조사형 구직급여의 수급자이기도 하다.

의 조치가 아무런 효과가 없는 경우 국가의 개입이 이루어지는 단계이다. 이 단계에서 수급자는 국가가 제시하는 네 가지 옵션 중 한 가지에는 반드시 참여해야 한다. 여기서 말하는 네 가지 옵션은 국가의 적극적 노동시장 프로그램으로서 최장 26주의 임금 보조 일자리 취업, 창업 지원, 환경 사업단 분야 고용, 최장 52주의 전일제 교육 및 훈련 참여를 지칭하는 것이다(E. Besson, 2008a: 29). 이에 참여하는 경우 수급자는 상황에 따라 구직급여 대신 임금 혹은 구직급여와 보조금을 합친 임금을 받게 되는 것이다. 마지막 사후관리단계는 뉴딜 프로그램의 실시에도 불구하고 여전히 실업상태인 경우에 진행된다. 이 단계에서는 취업을 위한 추가적인 지지와 도움이 제공되며 그 기간은 최대 26주이다.[35] 〈표 5-22〉는 방금 살펴본 청년 뉴딜 프로

〈표 5-22〉 청년 뉴딜 프로그램 개관

단계(Phase)	개입시기	서비스 내용	세부내용	
진입	시작과 동시	• 지도상담원 투입 • 구직활동지원, 직업계획 수립	• 최장 16주	
옵션	진입단계 직후	4가지 옵션 중 의무적 선택	일반취업 (EO)	• 민간분야취업, 26주 • 국가지원: 고용보조금+훈련수당 • 취업자: 임금
			환경근로 (ETF)	• 26주 • 임금=구직급여+보조금
			자원봉사 (VS)	• 26주 • 임금=구직급여+보조금
			교육 및 훈련 (FTET)	• 취업능력 취약집단 • 12개월 • 구직급여+필요경비
사후관리	옵션단계 후	취업촉진 추가지지 및 도움	• 26주	

출처: 김종일, 2001: 115의 〈표 5-2〉와 I. Beale et al., 2008의 관련 내용을 바탕으로 재정리

그램의 단계별 프로그램 내용을 정리한 것이다.

〈표 5-22〉에서 흥미로운 점은 청년집단에 대한 교육 및 훈련 프로그램의 중요성은 매우 약하다는 것이다. 그 대상이 취업 능력이 가장 취약한 집단에 한정되어 있는 반면 이에 속하지·않은 집단에 대해서는 노동시장에의 진입을 유도하고 있다. 영국식 활성화 특징인 근로우선(work first)의 모습을 다시 한 번 볼 수 있는 대목이다. 실질적으로도 청년 뉴딜 프로그램 참여자의 절반 정도는 교육 및 훈련이 아니라 나머지 3개 중 한 가지 옵션을 선택한 것으로 나타나 노동시장에의 신속한 진입을 유도하는 영국 정부의 의도는 상당히 많이 관철된 것으로 보인다.[36]

이러한 성격은 25세 이상 장기 실직자 뉴딜에서 더욱 강하게 나타난다. 예컨대, 4개월의 진입단계가 지난 후 이어지는 단계인 강화된 활동 단계(Intensive Activity Period) 시기에 국가는 수급자에게 청년 뉴딜과 유사한 프로그램 중 하나를 선택하도록 강요하고 있는 것이다(C. Lindsay, 2007: 41). 1998년을 기준으로 할 때 강화된 활동단계에 있었던 5만 5천 명의 장기 실직자 뉴딜 프로그램 참여자 중 교육 및 훈련 프로그램을 선택한 사람은 990명에 불과했으며 나머지는 임금보조일자리 등 노동시장 진입 성격의 프로그램을 선택했다(K. Judge, 2001: 20의 table 1.7).

한부모 뉴딜은 복지급여에의 의존도가 높은 한부모가구의 근로참여를 독려하기 위해 도입되었다. 이들에게 가장 먼저 주어지는 서비스로 직업상담 서비스를 들 수 있다. 직업상담 과정에서 한부모들은 일자리 알선, 근로에 관한 정보, 육아시설 정보, 취업 계획 등의 서비스를 제공받는다. 직업상담 후에 직업훈련, 정부 보조 일자리 등 프로그램에 참여토록 지원한다. 그리

---

35) 2003년 3월부터 2004년 4월 사이, 170,000여 명의 NDYP 참여자 중 150,000명이 진입단계, 50,000여 명이 옵션단계에 있었으며 사후관리단계까지 남아 있었던 사람은 30,000명이었음(I. Beale et al., 2008).

36) 1998년 통계에 의하면 12만여 명의 참여자 중 7만 5천여 명이 진입단계, 4만 2천여 명이 옵션단계에 있었다. 이 중 2만 천여 명만 교육 및 훈련 프로그램을 선택했다(K. Judge, 2001: 17의 table 1.4).

고, 직업훈련에 참여하는 경우 훈련 수당과 육아 비용이 지급된다(여유진 외, 2010: 178-179).

지금까지 본 바와 같이 자산조사형 구직급여와 뉴딜 프로그램은 영국 활성화 정책의 중심에 있다. 그리고 뉴딜 프로그램을 통해서 집단의 성격이 고려된 다양한 활성화 프로그램이 있음을 알 수 있다. 그럼에도 불구하고 각 프로그램의 공통적인 현상으로 훈련 프로그램보다는 근로우선 프로그램이 상대적으로 더 많이 강조되고 있다는 점에 주목할 필요가 있을 것이다. 이는 청년실업, 장기 실업자 등 실업 문제의 해결을 위한 대응이라는 관점에서 보면 일견 이해되는 측면도 없지 않다. 하지만 덴마크 등 유사한 문제를 가진 여타 국가의 대응방안을 고려한다면 이야말로 영국식 활성화 특징으로 판단된다.

3) 동기부여기제

덴마크와 달리 영국은 활성화 참여를 독려하는 인센티브제도는 없다. 대신 불이행 시 수반되는 제재 조치는 매우 강한 국가로 판단된다. 이미 본 바와 같이 기여기초형 구직급여의 경우 기존의 제재 조치 사안 외에 구직합의서에 명시되어 있는 훈련 계획, 취업 프로그램에의 참여 거부 혹은 고용지원센터의 명령을 제대로 이행하지 않은 경우 처음에는 2주, 반복하는 경우에는 4주까지 수급자격의 박탈을 명시하고 있다. 그리고 청년 뉴딜 프로그램 역시 옵션 단계에서 프로그램 참여를 거부하는 경우 구직급여가 2주간 중지되며 세 번 이상 이러한 제재를 받으면 6개월간 급여가 제공되지 않는다.

한편, 제재 조치의 성격을 억압적 성격과 회복 목적의 성격으로 구분을 시도한 한 연구에 의하면 〈표 5-23〉처럼 회복목적의 성격은 매우 약한 국가이다. 다시 말하면 제제의 근본 취지가 수급자의 의무이행보다는 즉각적이면서도 징벌적인 성격이 더 강하다는 것이다.

결국 영국의 동기부여 성격은 인센티브가 아닌 제재에 초점을 두고 있는 제재 조치의 성격 역시 의무를 제대로 이행하지 않는 수급자에 대한 억압적

〈표 5-23〉 영국 제재 조치 성격과 국가 비교

국가	연도	수급자격 박탈 가능성(0.5)*	최초 위법행위 시 가능한 급여 삭감 최대 비율(0.25)		누진적 제재 사용(0.25)**	회복 목적의 제재 성격 정도
			급여 대비 최대 제재율(%)	점수***		
독일 BSH	1997	1	25	0.75	1	0.94
	1999	1	25	0.75	1	0.94
덴마크 SB	1997	0	100	0	0	0.00
	1998	1	20	1	1(?)	0.75(?)
영국 JSA	1997	0	50	0.5	1	0.38
	1999	0	50	0.5	1	0.38

점수 산정방식
* 수급자격박탈 가능성 조항: 1=없음; 0=있음(괄호 속의 숫자는 가중치)
** 제재 조치의 누진성 조항: 1=있음; 0=없음(괄호 속의 숫자는 가중치)
*** 1=급여 삭감 최대 비율이 25% 미만인 경우
    0.75=급여 삭감 최대 비율이 25% 이상 50% 미만
    0.5=급여 삭감 최대 비율이 50% 이상 75% 미만
    0.25=급여 삭감 최대 비율이 75% 이상 100% 미만
    0=급여 삭감 최대 비율이 100%인 경우
출처: A. Moreira, 2008: 79(table 5.7)에서 발췌

성격을 지니고 있다. 이렇게 볼 때 덴마크와의 비교 관점에서 영국의 활성
화 정책은 수급자에 대한 국가의 일방적인 강제 성격이 상대적으로 강하다
고 할 수 있으며 이 역시 영국 활성화의 특징 중 하나로 판단된다.

4) 활성화 프로그램의 법적 성격

활성화 관점에서 활성화 프로그램에 대한 참여는 수급자의 의무임과 동
시에 권리이기도 하다. 이는 국가와의 관계에서 권리 및 의무의 상호 존중
원칙을 지향하고 있다는 것을 의미하기도 한다.

한편, 덴마크와 달리 영국은 이러한 성격이 약한 것으로 판단된다. 그 근
거로서는 국가가 제공하는 노동시장 프로그램이 수급자의 욕구를 충족하지

못할 때 이에 대한 수급자 권리구제에 대한 조항이 미비하다는 점을 들 수 있다. 본 연구에서 확인가능한 수급자의 권리는 두 가지다. 첫째, 최초 면담 시 수급자 자신이 원하는 일자리의 성격을 전문상담가에게 확인시킬 수 있다. 둘째, 구직합의서의 작성을 거부할 수 있으며 이와 관련된 후속 조치로 소송할 수 있다. 하지만 이 역시 기여기초형 구직급여에 국한된 것이며 이 역시 노동시장 프로그램 제공 요구 권리와는 별개의 사안이다. 한편, 뉴딜 프로그램은 국가가 제공하는 프로그램을 선택할 수 있으나 그렇다고 해서 별도의 프로그램까지 요구할 수 있는 권리는 없는 것이다.

합리적 일자리(suitable job)와 관련된 수급자의 권리 역시 활성화 프로그램 법적 성격의 중요한 요소이다. 이와 관련하여 영국에서는 합리적 일자리 개념이 법적으로 규정되어 있지 않으며 대신 최초 면담 혹은 심층면담 시 구직자가 원하는 고용 형태를 규정할 수 있다. 실업상태 1주부터 13주까지는 일자리 제의에 대한 수용 여부와 관련하여 수급자의 결정을 존중하는 기간도 있다.[37] 반면, 13주의 허용기간이 끝나면 실업자는 국가가 제공하는 일자리 제의를 거부할 수 없다. 뿐만 아니라 실업기간이 길어질수록 통근시간 혹은 보수와 관련된 일자리의 질적 측면은 점점 더 열악해 질 가능성이 많은 것 또한 사실이다(E. Besson, 2008a: 41).

이렇게 볼 때 영국 활성화 프로그램의 법적 성격은 상대적으로 약하다. 합리적 일자리에 대한 어느 정도의 권리는 보장되어 있으나 이 역시 시간적으로 제한적이다. 가장 중요한 점은 수급자 자신의 욕구에 부응할 수 있는 노동시장 프로그램의 제공을 요구할 있는 권리가 없다는 것이다. 달리 말하면 이와 관련된 국가의 의무 역시 법적으로 규정되어 있지 않다는 것을 의미한다.[38] 이는 수급자의 취업 가능성 제고를 위한 훈련 프로그램보다는 일자리의 성격과 무관하게 노동시장에의 즉각적인 진입을 유도하는 영국 활

---

37) 이를 허용기간(permitted period)이라 함.
38) 불문법 국가로서 영국의 공통법(common laws)은 권리보다는 치료를 강조하는 것으로 보는 견해도 있음(D. Finn and B. Schulte, 2008: 298).

성화 정책의 이면으로 판단된다.

2. 근로유인 복지와 활성화: 근로조건부급여(WTC, CTC)와 고용 및 사회서비스

본 연구는 근로유인 복지(Make work pay)를 활성화 정책범주 중 저소득층 근로자의 노동시장 정착을 목적으로 하는 정책 및 제도로 정의내린 바있다. 대표적으로 근로조건부급여, 조세감면제도, 휴직제도 등을 들 수 있다. 덴마크의 경우 근로조건부급여제도는 없는 반면 휴직제도가 매우 발달되어 있음을 알 수 있었다. 한편, 영국은 덴마크와 달리 근로조건부급여제도가 정착되어 실시 중이다. 반면 휴직제도의 경우 육아휴직제도만 제도적으로 정착되어 있을 뿐 교육 및 훈련 목적의 유급휴가제도는 미비하며 이에 관련된 사회 파트너의 역할도 약한 것으로 판단된다. 이러한 점을 고려하면서 영국의 근로유인 복지에 대해서 살펴보자.

1) 근로조건부급여: WTC와 CTC
영국의 대표적인 근로조건부급여(employment-conditional benefit)[39]인 근로소득세액공제제도(Working Tax Credit, WTC)가 도입된 것은 2003년이다. WTC는 도입 당시 좀 더 적극적인 소득보장, 근로와 급여 간 연계를 통한 강력한 소득보장 제공, 수급률의 상승, 수혜자의 규정 준수 수반 비용 감소라는 네 가지 목표를 가지고 있었는데 이는 기존 유사 제도의 평가에 바탕을 둔 것이다(M. Godwin and C. Lawson, 2009: 4-5).[40]

---

39) in-work benefits(취업 중 급여)로 불리기도 한다.

40) 영국 근로조건부급여제도의 역사는 1971년으로 거슬러 올라간다. 당시 가족소득보완제도(FIS)가 도입되었으며 이는 1988년 가족세액공제제도(Family Credit, FC)에 의해 대체되었다. 이후 1999년 이는 다시 세액공제프로그램인 근로가족소득 세액공제(Working Families' Tac Credit, WFTC)로 대체되었으며 2003년에 도입된 WTC는 CTC와 함께 바로 WFTC를 대체한 것이다(L. Leppik, 2006: 3).

당시 노동당 정부는 근로야 말로 빈곤가정이 가난을 피할 수 있는 가장 적합하고 지속가능한 해결책이라는 신념하에 일을 통한 복지(making work pay)가 가능한 방법들을 찾기 위해 노력했는데, 그중 하나가 사회보호와 조세와의 결합을 통한 제도인 WTC 제도인 것이다.[41]

WTC는 아동세액공제제도(Child Tax Credit, 이하 CTC)와 함께 도입되었다. 사회보호와 조세와의 결합이라는 유사한 성격과 환급형이라는 공통점에도 불구하고 CTC는 기존의 WFTC, 소득지원/구직수당 및 자녀세액공제(Children's Tax Credit) 등 자녀양육비 지원에 관한 다양한 제도를 통합하여 근로 여부와 관계없이 아동의 주 보호자에게 혜택을 주는 제도라면 WTC는 CTC의 보완제도로서 자녀여부에 관계없이 근로 중인 저소득층 가정을 대상으로 하고 있다는 점에서 차이가 있다. 기본 성격을 고려할 때 CTC보다 WTC가 본 연구의 근로유인 복지에 더 부합되는 것으로 보는 것은 바로 이에 근거한 것이다. 두 제도의 구체적 내용은 다음과 같다.

먼저, CTC는 유자녀 가정지지 프로그램으로 구체적으로 자녀 나이가 16세 미만(공인 교육 및 훈련 중인 자녀는 20세 미만)인 가정은 잠정적인 적용 대상이다. 이들 가정에 대한 세액공제는 〈표 5-24〉와 같이 가족 요소(기본요소)와 자녀 요소(영아요소, 유아 및 청소년요소)의 고려를 통해 산정된다.

〈표 5-24〉 영국 CTC 세액공제산정요소 예시(2012년)

구분		산정액
기본요소	가족항목	545
자녀요소	자녀 1명당	최대 2,690
	장애아 1명당	최대 2,950
	중증장애 1명당	최대 1,190(추가)

출처: https://www.gov.uk/child-tax-credit/what-youll-get

---

41) 이 점은 활성화 기본 관점과 맥락을 같이 한다. 한편 최저임금제도 역시 노동당 정부 시기인 1999년에 도입되었음.

관련되는 요소의 산정액을 합하면 CTC를 통한 환급액이 산출될 수 있다. 이에 추가적으로 고려되는 요소가 바로 해당 가구의 자산(소득)수준이다. 예컨대 가구소득이 일정액 이하이면 최대금액이 적용되며, 일정액 이상인 경우에는 일정 비율로 감산되는 것이다.[42] 이러한 산정방식은 WTC도 마찬가지이다.

여기서 CTC제도의 특징은 적용대상이 매우 포괄적이라는 점이다. 6백만을 헤아리는 유자녀 가구 중 570만 가구가 CTC를 지급받은 것으로 나타난다(2004년 기준, D. Piachaud, 2005: 20).

한편, WTC는 자녀 여부에 관계없이 근로 중인 저소득층을 대상으로 실시되는 환급형 세액공제이다. 따라서 근로 중인 저소득층이 유자녀인 경우는 CTC와 WTC의 동시 수혜자가 될 수 있다. 그럼에도 불구하고 CTC와는 달리 WTC의 수급요건은 매우 제한적임에 유의할 필요가 있다. 가장 중요한 요건이 연령, 장애 여부 그리고 독신(혹은 부부), 자녀 여부에 따라 달리 규정되어 있는 최소 근로시간이다. 구체적으로 25세에서 59세 사이는 최소 30시간 이상 근로해야 한다. 60세 이상 비장애근로자, 장애근로자(연령무관), 유자녀 독신인 경우는 16시간이 최소 근로시간이다. 마지막으로 유자녀 부부인 경우는 24시간 이상 근로해야 하며 이 중 한 사람은 적어도 16시간 근로해야 수급자격이 인정된다.[43] 한편, 〈표 5-25〉는 WTC 수혜 가족 규모 추이이다. 근로 중인 근로자 가족 중 유자녀인 경우는 CTC를 동시에 받게 되며 무자녀인 경우는 WTC만을 받기 때문에 WTC 수급자 가족의 실질 규모는 양자가 합친 것이 될 것이다.

〈표 5-25〉에서처럼, WTC만의 수혜대상 혹은 CTC와 동시 수혜 대상인 가족 수는 도입 연도인 2003년에는 160만여 가구에서 점증 추세를 나타내면서 2010년에는 250만여 가구로 정점을 보이다가 이후 약간 하락 추세에

---

42) 2006년~07년의 일정액: 14,155파운드(연 세전소득).

43) https://www.gov.uk/working-tax-credit/eligibility(2012년 기준). 이는 종전보다 더 엄격해진 것이다. 예컨대 2007년에는 유자녀 부부에 대한 24시간 근로시간 규정은 없었다.

〈표 5-25〉 영국 WTC 수혜 가구의 연도별 추이

	2003	2004	2005	2006	2007	2008	2009	2010	2011	2012
WTC+ CTC	1,481	1,492	1,497	1,596	1,650	1,763	1,870	1,975	1,922	1,837
WTC only	200	258	320	323	352	426	511	561	566	541
합	1,681	1,750	1,817	1,919	2,002	2,189	2,381	2,536	2,488	2,387

출처: HM Revenue and customs, 2012: 13의 〈table 1.1〉에서 발췌

있다. 이러한 수치는 영국 전체 가구 대비 10% 정도를 차지하는 것으로 적용 범위는 매우 좁다고 할 수 있다.[44)]

한편, 급여수준은 신청자의 상황과 소득에 따라 환급액이 달라진다(〈표 5-26〉 참조).

〈표 5-26〉과 〈표 5-27〉의 내용을 종합해 볼 때, 적용 대상은 좁은 반면

〈표 5-26〉 영국 WTC 세액공제산정요소 예시(2012년)

구분		환급액(최대)
기본요소		1,950
상황요소	부부	1,950
	독신	1,950
	주 근로시간 30시간(최저)	790
	장애근로자	2,790
	중증장애근로자	1,190(추가)
	공인육아비용 지급	122.50(1명)/210(두 명 이상)

출처:www.gov.uk/working-tax-credit/what-youll-get

---

44) 예컨대 미국이나 프랑스 경우는 전체가구 대비 20~25% 정도임(J.-C. Barbier, 2004b: 245).

〈표 5-27〉 영국 근로조건부급여

프로그램 명칭	working tax credit(WTC)
급여 형태	환급형
수급자	근로자 개인
소득 평가 단위	가족
자녀 유무(수급요건)	없음(근로시간 연계)
자녀 고려 여부(급여산정)	없음(예외: 한부모)
최대급여	최대 4,600GBP(주 근로 30시간 이상/부부, 한부모)
최저소득	없음
근로시간 요건	16시간/30시간*
점증구간 환급률(Phase-in rate)	No
점감구간 환급률(Phase-out rate)	39%
점감구간시작소득	6,420GBP(가구소득, AW의 19%)
점감구간종결 최대소득	18,215GBP(AW 53%, 두자녀)

* 24시간 주 근로시간 조항은 후에 추가된 것임
출처: www.oecd.org/els/social/workingincentives

급여수준은 높은 것이 영국 WTC 특징 중의 하나로 볼 수 있다. 이는 해당 가구 구성원의 인터뷰를 통해 WTC의 급여가 가처분소득에 미친 영향을 인터뷰를 통해 조사 분석한 연구 결과에서도 나타나는데 이에 의하면 가구에 따라서 WTC 및 CTC가 가구소득에 기여한 정도가 약 45%에 근접할 정도로 급여수준은 높다(J. Millar, 2011: 42).

지금까지 본 바와 같이 영국의 대표적인 근로유인 복지제도인 WTC는 그 자체 적용대상의 협소성에 불구하고 CTC와의 연계하에 저소득층 근로자의 노동시장 정착을 위한 제도로 자리 잡고 있다.

2) 고용 및 사회 서비스(휴직제도)

(1) 훈련휴직제도

덴마크와 달리 영국은 교육 및 훈련 혹은 안식 목적의 유급휴직제도는 존재하지 않는다. 대신 개인학습계좌제도(individual learning accounts), 혹은 성인학습자계좌제도(adult learner accounts)를 통해 재직 근로자를 포함하여 성인집단의 평생훈련을 지원하고 있다. 개인학습계좌제도의 목적은 학습계좌 혹은 바우처 방식을 통해 학습자의 구매력을 증대시키고 훈련제공기관에 대한 선택권 부여를 통해 훈련받은 사람의 욕구에 부응할 수 있도록 하는 것이다(Cedefop, 2009: 1). 영국에서는 1997년에 도입되어 훈련제공기관의 도덕적 해이가 문제되어 2001년 폐지되었다. 이후 2008년부터는 지역단위에 학습 및 기술 위원회의 설립을 통해 운영되는 성인학습자계좌제도가 시행 중이다(J. Dalton, 2009). 한편, 계좌제도는 그 좋은 취지에도 불구하고 실효성은 많이 떨어진다는 평을 받고 있다. 한 조사에 의하면 훈련 목적의 계좌를 개설한 근로자의 22%는 최근 1년 동안 한 번도 사용한 적이 없으며 사용자의 56%는 훈련비 조달을 위한 다른 방법이 없었던 것으로 나타났다. 훈련에 참여함에도 불구하고 그중 16%는 직업기술의 향상 결과를 나타내지 못한 것으로 응답하고 있다(Cedefop, 2009: 16). 뿐만 아니라 훈련휴직제도에 대한 법적 장치는 제대로 되어 있지 않은 것으로 보인다. 이는 여타 국가와 달리 영국의 휴직제도는 최저기간, 최대기간 등 프로그램의 구체적 운영에 대해서는 어떠한 확인도 불가능한 사실에서도 나타난다(CEDEFOP, 2012: 81).

이상의 점들은 재직자 훈련을 포함한 평생직업훈련(CVT)에 대한 관심은 오래전부터 있었음에도 불구하고 사업장 중심의 노사관계에서 나타나는 근로자 권리로서의 직업훈련에 대한 상대적 관심 소홀, 고용주의 주도로 이루어지는 영국 직업훈련제도의 전통 등에 기인한 것이라는 평가가 지배적이다(〈표 5-28〉 참조). 이는 평생직업훈련에 대한 단체협약 적용률이 9%에 불과하다는 것에서도 그대로 나타난다(Eurofound & Cedefop, 2009: 17).

〈표 5-28〉 영국 재직자 훈련 재정부담

(파운드, %)

구분	지출 비용	비율
중앙정부	1,457	12
기업	10,600	87
개인	130	1

출처: 고혜원, 2001: 13의 〈표 2〉에서 발췌

한편, 유급휴직제도의 제도적 미비에도 불구하고 직업훈련자체에 대한 영국 근로자의 관심은 매우 높다고 할 수 있다. 이는 통계치를 통해서 여실히 증명되는데 25~64세의 인구 집단의 훈련 참여율은 27%로 이는 스웨덴(32%), 덴마크(29%)에 이어 세 번째로 높은 것이다(J. Kákai, B. Vető, 2009: 24).

(2) 육아휴직체계(parental leave systems)

유럽 국가 중 영국은 육아휴직체계와 관련된 제도의 도입이 가장 늦은 국가에 속한다. 출산휴가의 경우 1978년에 도입되었으나 무급이었으며 1987년 유급제도가 도입될 때까지는 출산휴가기간 자체가 사업장별 단체교섭의 하나였다. 육아휴직제도는 1999년에 도입되었는데 이는 덴마크(1984년)와 프랑스(1994년)에 비해 늦은 편이다. 한편 영국에서 배우자출산휴가 제도가 도입된 연도는 2001년(무급) 그리고 2003년(유급)이다. 이러한 점을 고려하면서 영국의 육아휴직체계의 특징을 정리하면 다음과 같다.

육아휴직제도와 관련된 영국의 첫 번째 특징으로 낮은 지출 비중을 들 수 있다. 〈표 5-29〉처럼, 영국의 육아휴직에 사용되는 지출은 유럽 회원국 중 높은 편에 속한다.

2000년을 기준으로 할 때 영국의 1인당 국민소득 대비 육아휴직지출비중은 0.4%로 이는 유럽 15개 회원국 중 아일랜드(0.2%)에 이어 끝에서 두

〈표 5-29〉 영국의 출산휴가 및 육아휴직급여 비중

(1인당 소득 대비, %)

	1993	1994	1995	1996	1997	1998	1999	2000
영국	0.5	0.4	0.3	0.3	0.3	0.3	0.3	0.4
EU15 평균	-	-	1.8	1.7	1.6	1.8	1.5	1.5

출처: Eurofound, 2004a의 table 1에서 발췌(http://www.eurofound.europa.eu/eiro/2004/03/
study/tn0403101s.htm)

번째이다. 추이를 살펴보면 1995년부터 1999년까지 변함없으며 2000년에 약간 높아진 것을 알 수 있다. 이 시기의 낮은 비중은 여성모성휴가제도가 법으로 정해져 있었을 뿐 나머지 두 개 제도는 단체교섭의 대상에 머물렀던 것에 기인한 것으로 보인다(Eurofound, 2004a).

제도의 구체적 내용을 살펴보면 영국 특징이 많이 나타난다. 우선 모성휴가기간(maternity leave)이 52주로 OECD 국가 중 가장 길다. 단 출산 전 15주를 기점으로 전에 지속적으로 26주 근로해야 수급자격이 주어진다. 급여는 두 가지 대안이 있는 데 그 첫 번째는 처음 6주 동안은 총임금의 90%와 남은 기간은 정액 지급(주당 135.45파운드)되며, 두 번째 대안으로는 처음 26주는 임금의 90%가 지급되는 대신 나머지 26주는 무급인 것이다. 어떤 경우이든 소득보장 측면에서 근본적인 한계를 지니고 있다고 할 수 있다. 덴마크와 마찬가지로 영국의 부성휴가제도(paternity)의 수혜기간은 2주 정도이며 이 기간 동안 정액(주당 135파운드) 혹은 임금의 90%가 지급된다. 한편, 육아휴직제도(parental leave)의 수혜기간은 유럽의 여타 국가에 비해 짧은 편이다(부모 각각 13주). 뿐만 아니라 이 기간에는 임금이 지급되지 않음에 유의할 필요가 있다(OECD, 2012). 동시에 시간제 근로 등 여타 경제활동의 수행 역시 허용되지 않는다. 〈표 5-29〉에 나타나는 영국의 낮은 육아휴직지출 비중은 바로 이러한 제도적 한계에서 비롯되는 것으로 판단된다.

III. 소결: 근로연계 복지와 근로유인 복지의 균형적 강조 및 자유주의 활성화 레짐의 국가

지금까지 활성화 레짐의 관점에서 영국의 전 사회적 일관성의 구성요소와 활성화 정책의 두 가지 범주(근로연계 복지와 근로유인 복지)와 직결되는 정책 및 제도의 구체적 내용을 살펴보았다. 그 특징을 정리하면 다음과 같다.

첫째, 활성화 레짐은 전 사회적 일관성의 구성요소와 활성화 정책 간의 정합성을 전제로 하고 있다. 덴마크와 마찬가지로 영국 역시 강한 정합성을 보여주고 있는 국가로 판단된다. 개인주의로 대변되는 사회의 일반적 가치 및 규범(문화적 요소)은 활성화 정책의 징벌적·강제적 성격 강화로 반영되고 있으며 사회보호 체계에서 나타나는 범주적 접근방법(categorical approach) 역시 뉴딜 프로그램의 제도적 모습과 흡사하다. 한편, 고수준의 과세와 고령자에 유리한 과세방식에도 불구하고 여타 국가에 비해 여전히 소득불평등 문제가 심한 것은 의문으로 남는다. 영국 소득불평등 문제는 조세제도보다는 문화적 요인, 범주적 접근을 취하고 사회보호제도 그리고 노사관계 특징에서 그 해답을 찾는 것이 더 적절한 것으로 보인다. 덴마크와 달리 영국의 단체협약제도가 활성화 정책에 미치는 영향은 매우 약하다. 이는 활성화 정책은 중앙정부를 통해서 정해지는 반면 영국의 단체협상은 사업장 위주로 되어 있는 제도적 괴리에 기인한 것으로 판단된다. 따라서 활성화 정책을 비롯하여 사회보호 정책의 입안 및 집행 부분에서 노사의 역할이 강해지려면 근본적인 제도 개혁이 수반되어야 할 것이다.

둘째, 활성화 정책의 두 가지 범주 중 덴마크와 달리 영국은 근로연계 복지와 근로유인 복지가 균형적으로 발달된 국가로 보인다. 근로연계 복지의 대표적인 정책 및 제도로서는 구직급여와 뉴딜 프로그램을 들 수 있으며 근로유인 복지로서는 근로조건부급여가 대표적이다. 한편, 비교 관점에서 덴마크와 달리 근로자의 기술 능력 향상을 위한 휴직제도는 상대적으로 덜 발달되어 있다. 이는 영국 특유의 근로우선(work first) 철학이 반영된 것으로 보인다.

셋째, 활성화 관점에서 영국 근로연계 복지에서 나타나는 특징으로는 다음과 같이 정리할 수 있을 것이다. 우선, 영국의 근로연계 복지는 범주적 접근방법을 통해서 적용대상에 대한 확인을 시도하고 있으며 일부 집단은 사각지대에 방치되는 한계도 드러난다. 대표적인 것이 기여기초형 구직급여 제도에서 자영인은 가입대상에서 배제되어 있다. 한편, 근로연계 복지 관련 제도의 구체적인 운영방식에서 드러나듯이 영국의 활성화는 징벌적·강제적 그리로 노동시장에의 신속한 진입을 강조하는 성격이 강하다. 이렇게 보는 근거로서는 우선, 청년 뉴딜 프로그램에서 보듯이 청년집단에게 제공되는 선택적 대안(option)의 대부분이 취업 촉진형(임금보조일자리, 자원봉사, 환경)이라는 점이다. 반면 훈련 프로그램에 대한 강조는 상대적으로 덜하다. 훈련 프로그램에 대한 상대적 관심 부재는 GDP 대비 노동시장 프로그램 지출구조에서도 그대로 드러남을 알 수 있다. 수급자의 동기부여 성격에서도 덴마크와 달리 영국에서 인센티브제도는 없다. 대신 수급자의 의무 불이행 시 수반되는 제재 조치가 많이 강조되고 있다. 뿐만 아니라 제재 조치 역시 수급자의 의무 이행을 유도하는 회복 목적보다는 즉각적인 징벌의 성격이 강하다(억압적 성격). 가장 중요한 점은 활성화 프로그램의 참여와 관련된 조치가 수급자에 대한 국가의 일방적인 강제적 성격을 많이 내포하고 있다는 점이다. 즉, 수급자의 의무는 많이 강조되는 반면 국가의 의무에 대해서는 침묵하고 있는 것이다. 이는 덴마크 사례와 극단적으로 대조되는 부분이다. 이렇게 볼 때 사회보호 정책과 노동시장 정책의 연계를 특징으로 활성화 개념이 영국 사례에서 분명하게 나타남에도 불구하고 그 성격은 권리 의무의 상호 존중이라는 활성화의 기본 개념과는 일정 부분 괴리가 큰 것으로 보인다.

넷째, 근로연계 복지 못지않게 영국의 활성화 개념이 많이 반영되는 부분이 근로유인 복지이다. 조세제도의 연계를 통해서 저소득층 근로자의 노동시장 정착을 유도하는 것이 근로유인 복지의 근본 취지임을 고려할 때 근로자의 소득을 고려하여 환급형 세액공제의 형태로 이루어져 있는 영국의 WTC 제도에 대한 관심이 필요하다. 저소득 근로자에 대한 소득보장을 통한 노동시장 정착의 관점에서 영국의 WTC 제도는 장점과 단점을 동시에 보이고 있다. 즉, 급여(환급액)의 수준은 높은 반면 수혜대상은 매우 제한적이다. 특히 최저 근로시간 규정은 파트타임 근로자 등 영국의 비정규직 근로자를 사각지대에 방치할 우려가 높다. 한편, 덴마크와의 비교 관점에서 훈련휴직제도는 상대적으로 열악한 것으로 보인다. 유급휴직제도는 아예 없거나 개인 차원으로 한정되어 있으며 단체협상을 통해 이루어지는 훈련휴직의 적용률은 9%에 불과하다. 한편 육아휴직제도는 그 기간이 짧을 뿐만 아니라 무급 휴직으로 되어 있기 때문에 이의 실효성에 대해서는 논란의 여지가 많은 것으로 보인다.

다섯째, 이상의 점을 고려할 때 영국은 자유주의 활성화 레짐에 속하는 것으로 보인다(〈표 3-8〉 참조). 자유주의 활성화 레짐은 노동시장과 개인과의 관계에 초점을 맞추면서, 이 자체 형평성과 효율성을 가지고 오는 것으로 보고 있다. 여기서 사회 정책, 적극적 노동시장 정책은 훈련 프로그램보다는 정보 제공을 통한 구직활동의 촉진에 한정하면서 제한된 역할을 취하고 있다. 프로그램(서비스) 유형 및 대상 집단에 있어서도 자유주의 활성화 레짐은 빈민 혹은 복지 의존자 등 특정 집단을 대상으로 하는 근로연계 복지 프로그램이 주를 이루고 있으며(New Deal 프로그램), 동시에 근로조건부 급여의 역할에 많은 비중을 두고 있다. 제재 조치 부분에서도 경제활동에의 능동적 참여를 적극 장려하는 방향으로 실시되고 있는 보편주의 활성화 레짐과는 달리 자유주의 활성화 레짐은 국가에 의한 일방적인 강제 혹은 억압적 성격이 강하다. 따라서 이 유형에서는 활성화 프로그램의 실시와 관련된 수급자의 법적 권리보장 장치는 약하다고 할 수 있다.

제6장

프랑스의 활성화 레짐

I. 전 사회적 일관성

1. 사회의 일반적 가치 및 규범

덴마크 및 영국 사례분석과 마찬가지로 먼저 양적 조사 결과를 바탕으로 복지에 대한 프랑스 사회의 일반적 가치 및 규범에 대한 확인을 시도한다. 첫째, 빈곤원인에 대한 프랑스 사람들의 인식이다. 앞 장의 〈표 5-1〉의 분석틀을 사용하여 프랑스인의 빈곤 인식을 정리하면 〈표 6-1〉과 같다.

〈표 6-1〉에서처럼, 프랑스 조사 응답자의 60%는 빈곤발생의 원인이 개인보다는 사회에 있는 것으로 보고 있다. 개인의 게으름 혹은 개인의 불운 등 개인적 측면을 선호하는 응답비율은 33%에 불과한 반면, 전체 응답자의 62%는 빈곤발생 원인의 구조적 측면에 더 많은 관심을 가지고 있다. 이는 EU 15개국 평균치는 물론이거니와 구조적 원인에 대한 응답률이 47%에 불

〈표 6-1〉 빈곤발생 원인에 관한 프랑스 국민의 인식 비교

빈곤설명	개인의 게으름/ 의지결여	개인의 불운	근대사회진보의 불가피성	정의롭지 못한 사회	기타
빈곤설명유형	개인적 비난	개인적 운명	사회적 운명	사회적 비난	
프랑스	16	17	20	42	5
EU15개국	18	19	23	35	6

출처: Eurofound, 2004b: 10의 figure 1에서 발췌, 재정리

과한 영국보다는 15%나 높은 것이다. 특히 흥미로운 점은 불공정한 사회에
대한 불만이 여느 국가보다도 프랑스에서 높게 나타난다는 점이다.

뿐만 아니라 프랑스 사람들의 대부분(약 90%)은 빈곤 문제가 최근 5년간
심화되었을 뿐만 아니라 앞으로 더 심해질 것이라고 예상하고 있다. 문제는
이에 응답하는 비율이 〈표 6-2〉에서처럼 2004년부터 최근까지 점점 더 높
아지고 있다는 것이다.

〈표 6-2〉 빈곤 및 사회적 배제의 심각성에 대한 인식 변화 추이

(단위: 연도, %)

응답내용	2000	2001	2002	2004	2005	2006	2007	2008	2009	2010	2011
최근 5년 동안 심각해졌다	73	63	68	82	82	85	83	85	88	88	90
앞으로 심각해질 것이다	65	60	61	71	75	77	75	82	83	84	86

출처: Dress,[1] 2012: 51의 graphique 28

---

1) Dress는 프랑스 행정부 산하 연구·평가 및 통계국으로서 2000년부터 매년(2003년
   제외) 18세 이상 프랑스 국민 4,000명을 대상으로 건강, 사회보호, 가족 및 연대에
   관한 설문조사를 실시, 그 결과를 발표하고 있다. 본 연구에서 사용되는 자료는 2012
   년에 발표된 것이다.

〈표 6-3〉 국가의 경제·사회적 개입수준에 대한 인식

응답내용	2002	2004	2005	2006	2007	2008	2009	2010	2011
과도함	19	18	18	22	17	14	16	20	17
충분하지 못함	52	54	55	51	52	53	56	55	57
반드시 필요	23	22	22	22	27	27	26	23	24
무응답	6	6	5	5	4	6	2	2	2

출처: Dress, 2012: 22의 graphique 8

이와 같이 지속적인 경제성장에도 불구하고 빈곤 및 사회적 배제에 대한 프랑스 국민의 우려는 매우 크다고 할 수 있으며 개인적 측면보다는 사회·구조적 측면에서 그 원인을 찾고 있는 것이다.[2] 그러면 이러한 사회 문제 해결의 주체로서 국가 역할에 대한 프랑스 국민의 인식은 어떠한지 살펴보기로 하자. 본 연구의 문화 유형 모델에 의하면 운명주의 문화와 개인주의 문화는 국가 역할에 대해 부정적, 소극적인 특징을 지니고 있는 반면 평등주의 문화 그리고 특히 계층주의 문화는 이와는 대조적인 모습을 보이고 있다. 아래 〈표 6-3〉은 국가 역할에 대한 프랑스 국민의 인식 추이를 보여주고 있다.

〈표 6-3〉에서처럼, 프랑스 국민의 50% 이상은 국가의 역할이 지금보다 더 강해져야 한다고 믿고 있으며 이러한 추세는 경기변동과는 무관하게 일관되게 나타난다. 반면 현행 국가의 개입수준이 지나친 것으로 인식하는 조사 응답자는 전체 대비 20%를 넘지 못한다. 이는 35% 이상이 정부의 재분배 역할에 대해서 부정적인 태도를 보여준 영국과의 비교할 때 의미 있는 차이를 보여주고 있는 것이다.

지금까지의 조사 결과를 해석하면 프랑스 국민은 빈곤원인의 사회적 측

---

2) 프랑스는 유럽 국가 중 최초로 사회적 배제를 국가의 공식 정책으로 받아들인 국가이기도 함(심창학, 2001).

면에 많은 관심을 가지고 있으며 이의 해결을 위해서는 국가 역할에 긍정적인 태도를 보이고 있는 것이다. 윌답스키의 문화 유형을 기준으로 할 때 남아 있는 질문은 프랑스가 계층주의 문화와 평등주의 문화 중 어디에 속하는가 하는 것이다. 이에 대해 본 연구는 프랑스를 계층주의 문화의 대표적 국가로 보고자 한다. 이의 이유는 첫째, 에스핑 앤더슨이 강조하듯이 프랑스는 독일과 마찬가지로 조합주의 전통을 가진 국가라는 것이다(G. Esping-Andersen, 1990: 24). 조합주의는 지위 및 계층의 분화를 특징으로 한다. 따라서 내적 동질성과 외적 차이의 유지를 통해서 집단 간, 계층 간 정체성을 유지하려고 애쓰며 국가 정책 역시 이러한 성격을 반영하고 있다. 프랑스 조합주의는 중세 가톨릭 지배사회의 길드 개념에 연유하는 기능적 단체인 조합에 구조적 근원을 두고 있다. 그리고 가톨릭 전통 역시 조합주의의 강화에 일조했다고 볼 수 있다. 왜냐하면 가톨릭은 계층주의를 인정하면서 계층 간의 조화로운 관계를 강조하고 있기 때문이다. 뿐만 아니라 독일, 오스트리아와 함께 프랑스는 국가주의적 가부장주의 국가로서 이는 조합주의와 결합되어 공무원집단의 특권은 더욱더 강화되었다(G. Esping-Andersen, 1990: 59-61). 혁명의 국가라는 선입견에도 불구하고 프랑스 사회는 내적으로 분절된 모습을 보이고 있는 바 이는 바로 지위 및 계층의 분화 유지를 지향하는 조합주의적 전통에 기인한 것이다.

둘째, 지위 및 계층의 분화라는 프랑스 전통이 사회보호 체계를 통해 그대로 드러나고 있는 점이 고려되어야 할 것이다. 독일과 마찬가지로 프랑스 역시 사회보험모델의 국가임과 동시에 보험제도는 직종별·직역별로 상호 독립적으로 운영되고 있다. 예컨대 연금분야만 하더라도 국민연금(프랑스 용어로는 일반레짐) 외에 공무원연금 등 복수의 특수직역 연금은 물론이거니와 전문직 연금도 각 직종별로 따로 운영되고 있을 정도이다(예: 변호사 연금 등).[3] 지위 분화 및 계층화가 제도적으로 표현된 것의 대표적인 사례

---

3) 예컨대 연금분야만 하더라도 일반레짐 연금(우리나라의 국민연금과 유사) 외에 공무원 연금 등 복수의 특수직역 연금(특별레짐)은 물론이거니와 전문직 연금도 각 직종별로

라 할 수 있다. 이에 프랑스 정부는 조합주의 복지 모델 대신 통합주의 모델을 구현하기 위한 개혁을 시도한 바 있다. 대표적인 개혁 사례가 1945년 전후의 프랑스 사회보장개혁이다. 당시 정부의 개혁 철학은 보편주의와 통합주의였다. 하지만 보편주의는 일정 부분 성공했지만 통합주의 원칙은 관철시키지 못하고 여전히 조합주의 모습을 유지하면서 개혁은 종지부를 찍게 되었다. 이의 결정적인 요인으로 자영인 집단 등 특권의식을 가진 사회집단의 반발을 들 수 있다. 이들은 사회보험에의 가입은 찬성하는 반면, 봉급생활자와는 다른 별도의 제도 도입을 요구했으며 결국 이들의 요구는 자영인 연금제도의 탄생으로 귀결되었다(SHIM Chang Hack, 1997).

월답스키에 의하면 계층주의 문화는 권위관계에 있어서 지위 차이를 당연하게 여기며 이의 결과적인 현상인 계층질서를 긍정적으로 평가하는 경향이 있는데, 프랑스가 이의 대표적인 사례라는 것이 본 연구의 판단이다. 앞으로 본 연구가 유의해야 할 부분은 이러한 계층주의 문화가 활성화 정책에 미치는 영향에 관한 것이다. 만약 활성화 정책의 실시에도 불구하고 이러한 정책이 결국은 노동시장 양분, 사회의 계층화 유지 강화에 기능적이라는 평가가 도출된다면 이는 바로 내재성의 관점에서 볼 때 계층주의 문화에 기인한 것이라는 해석이 가능할 것이다.

2. 사회보호 체계

앞에서 언급한 바와 같이 프랑스 사회적 보호, 그중에서 사회보험은 조합주의적 성격을 강하게 유지하고 있다. 가족부양보험을 제외한 보험분야는 가입자의 종사상 성격 혹은 종사 분야에 따라 의무적으로 가입해야 하는 제도(레짐)가 달리 유지되고 있다. 프랑스 사회보험 성격을 이해하는 데 레

따로 운영되고 있음(예: 변호사 연금 등). 한 연구에 의하면 사회보험 레짐 수가 많을 때에는 442개까지 되었다고 한다(M.-Th. Join-Lambert et al., 1994: 286).

짐(Régime)이 중요한 이유는 레짐별로 기여율, 급여수준, 운영기구가 다르기 때문이다. 다시 말하면 조합주의의 제도적 결과물이 바로 레짐인 것이다. 〈표 6-4〉에서처럼 프랑스를 대표하는 사회보험 레짐임과 동시에 가장 많은 가입자를 보유하고 있는 레짐은 일반레짐(Régime général; general regime)이다. 구체적으로 일반레짐의 가족부양보험제도는 전 국민이 적용

〈표 6-4〉 프랑스 사회보험의 조합주의적 성격

가입자 유형	보험분야(사회적 위험)	레짐(제도)
민간봉급생활자	• 건강보험(질병 및 출산) • 산재 및 직업병보험 • 노령보험(장애, 사망, 노령) • 가족부양보험	일반레짐
	• 실업	실업보험 및 연대레짐
농업봉급생활자	• 건강보험(질병 및 출산) • 산재 및 직업병보험 • 노령보험(장애, 사망, 노령)	농업레짐 (농촌사회공제조합)
	• 가족부양	일반레짐
	• 실업	실업보험 및 연대레짐
도시자영업자 (전문직종사자)	• 건강보험(질병 및 출산)	자율레짐
	• 노령보험(장애, 사망, 노령)	자율레짐(보충레짐)
	• 가족부양보험	일반레짐
농촌자영업자	• 건강보험(질병 및 출산) • 산재 및 직업병보험 • 노령보험(장애, 노령)	농업레짐
	• 가족부양보험	일반레짐
특수직역 종사자 (공무원 등)	• 건강보험(질병 및 출산) • 산재 및 직업병보험 • 노령보험(장애, 사망, 노령)	특별레짐
	• 가족부양보험	일반레짐
기타	• 질병, 출산, 장애	일반레짐/ 보편의료보장제도(CMU)
	• 노령	임의보험
	• 가족부양	일반레짐

출처: X. Prétot, 2011: 31-32(tableau No.2)

대상이며 규모가 가장 큰 민간봉급생활자를 기준으로 할 때 실업보험을 제외한 사회보험 전 영역을 포함하고 있다.[4]

조합주의 운영 방식임에도 불구하고 적용 대상 측면에서 프랑스 사회적 보호는 전 국민을 적용대상으로 하는 보편주의적 원칙을 지향하고 있다. 예컨대 일반레짐에서 노령보험의 가입대상으로서 상공업분야의 봉급생활자로 명시되어 있을 뿐 가입을 위한 별도의 조건이 없다. 그리고 건강보험 역시 봉급생활자뿐만 아니라 구직자, 직업훈련생까지 포함된다. 그리고 퇴직자와 비봉급생활자 일부 집단도 의료 서비스의 수혜대상으로 포함되어 있다 (SSPTW, 2012). 1945년 사회보장 개혁 당시 등장한 보편주의 원칙은 그 이후 한 번도 포기한 적이 없으며 최근의 개혁 역시 이러한 원칙을 실현하기 위한 차원에서 이루어졌다. 대표적인 것이 의료서비스의 사각지대 방치 문제를 해결하기 위한 목적으로 도입된 보편의료보장제도(CMU)라 할 수 있다(2000년 실시).[5]

이어서 프랑스 사회보험의 관장행정부처 및 실질적 운영기구를 살펴보자. 조합주의 국가로서 프랑스는 실질적 운영기구 역시 레짐별로 다르다. 여기서는 일반레짐을 중심으로 살펴보기로 한다. 다음의 〈표 6-5〉는 사회보험 일반레짐의 주관행정부처 및 운영기구를 정리한 것이다.[6]

주로 공공행정기관을 통해서 사회보험 운영이 이루어지는 덴마크 및 영국과는 달리 프랑스에서는 공단(caisse)이 보험 가입, 가입자 관리 및 급여의 제공 업무를 담당하고 있다.[7] 여기서 잠시 프랑스 공단을 설명하면 전국

---

4) 건강보험 일반레짐의 가입자 및 가족은 전 국민의 87%인 5,600만여 명임. 한편, 공무원 등 특수직 종사자가 가입대상인 특별레짐에는 120만 명(전 국민의 2%)이 적용 대상자이며 도시 자영업자의 자율레짐은 340만 명(전 국민 대비 5%), 농업레짐은 360만 명(전 국민의 6%)의 가입자 및 그 가족을 보유하고 있다(노대명 외, 2012: 65).

5) 이의 구체적 내용에 대해서는 심창학, 2012: 91-93을 참조. 하지만 영국과 마찬가지로 실업보험에서 자영인 집단은 가입대상에서 배제되어 있음에 유의할 필요가 있는데 이는 1958년 실업보험 도입 자체가 노사 단체협약을 통해서 실현된 역사적 특수성에 기인한 것이다. 따라서 실업보험은 일반레짐에 포함되지는 않는다.

6) 여타 레짐에 대해서는 J.-L. Matt, 2008: 32-34를 참조.

〈표 6-5〉 프랑스 사회보험 주관부처 및 행정기구(일반레짐을 중심으로)

분야	중앙행정부처	업무조정 및 실질적 운영기구		
		중앙	지역	도
노령	사회 문제 및 보건부/ 경제 및 재정부	Cnavts*	CARSAT*	
건강	사회 문제 및 보건부/ 경제 및 재정부	Cnamts*		Cpam*
산재 및 직업병	사회 문제 및 보건부/ 경제 및 재정부	Cnamts*	CARSAT*	Cpam*
가족부양 보험	노동, 연대 및 시민서비스 부/ 경제 및 재정부	Cnaf*		Caf*
기여금 징수 및 배분		ACOSS*	Urssaf (3개)	Urssaf (78개)*

* Cnavts(임금근로자노령보험전국공단)/CARSAT(연금및산재보험지역공단)/Cnamts(임금근로자
   건강보험전국공단)/Cpam(건강보험기초공단)/Cnaf(가족수당전국공단)/Caf(가족수당공
   단)/ACOSS(사회보장조직중앙기구)/Urssaf(사회보험료통합징수기구)
출처: SSPTW, 2012: France 부분과 노대명 외, 2012의 해당 부분을 참조하여 재정리

공단은 공법인임과 동시에 행정적 성격을 띤 공공단체이다. 반면 지역 및
도 소재 공단은 공적 서비스를 담당하는 민법상의 조직을 말한다. 또한 프
랑스의 공단(caisse)은 한국과 달리 노사 자치주의에 바탕을 두고 있다. 구
체적으로 각 공단마다 최고의사결정기구로서 운영위원회가 있는데 이의 구
성은 노사동등주의(paritarism)에 바탕을 두고 있는 것이다.
    프랑스 사회보험 운영의 또 다른 특징은 기여금의 배분 및 통합 징수를
위한 별도의 기구가 있다는 점이다. 먼저 중앙의 ACOSS는 기여금과 국가보

---

7) 이는 전국소재공단에 비해 지역 및 도 소재 공단이 상대적으로 민간 조직의 성격이
   더 강하다는 것이다. Caisse 용어를 우리나라에서는 금고, 기금, 공단 등 여러 가지로
   번역되고 있으나 본 연구를 포함하여 그 어느 것도 의미를 제대로 전달해주지는 못하
   고 있는 것 같다. 한편, 국제통계인 SSPTW는 fund로 번역하고 있음(SSPTW, 2010:
   1012).

조의 재원을 세 개의 전국금고에 분배한다. 또한 이 기관은 피용자의 기여금 징수를 조정하고 일반레짐의 단기 자금을 운영하는 업무를 맡고 있다(노대명 외, 2012: 43).[8] 한편, 기여금의 통합 징수 업무는 전국 78 장소에 산재한 Urssaf에서 담당하고 있다. Urssaf 역시 순수 공공기관이 아니라 공적 업무를 위탁받은 민간조직이다.

이처럼 프랑스 사회보험은 순순행정기구가 아닌 공단(caisse)이라는 공적 업무를 위탁받은 민간조직에 의해 운영되고 있다. 이러한 측면에서 덴마크와 영국에 비해서는 공공성이 떨어진다는 평가를 받을 수도 있을 것이다. 하지만 이는 외형적인 평가일 뿐 공단의 기본 성격과 이들 조직 역시 중앙의 행정부처의 감독하에 있다는 점을 고려할 때 프랑스 사회보험의 공공성 역시 매우 강하다고 할 수 있다.

마지막으로 프랑스의 사회보험의 재정충당방식에 대해 알아보자. 주지하다시피 프랑스는 영국, 덴마크와 달리 전통적으로 비스마르크 복지체계에 가까운 국가이다. 따라서 재정 충당 역시 기여금에 많이 의존할 것으로 추측된다. 먼저, 〈표 6-6〉을 통해 근로자의 임금 중에서 소득세과 사회보장부담금이 차지하는 비중을 살펴보자. 이는 사회보호의 직접적 재원구조는 아님에도 불구하고 프랑스 근로자와 사용주의 조세 부담 구조의 파악에 도움

〈표 6-6〉 프랑스의 총임금 대비 사회보장기여금과 소득세 부담비율
(1980년~2003년 평균)

	사회보장기여금		소득세
	고용주분담금	근로자분담금	
프랑스	32.3	12.9	7.6
OECD 평균	15.2	6.8	13.3

출처: OECD, 2007c: 4

---

8) Acoss 역시 전국 공단과 마찬가지로 행정적 성격을 띤 공공단체임(http://www.acoss.fr/).

을 줄 것이다.

〈표 6-6〉에서처럼 프랑스 근로자의 임금 대비 소득세 비율은 OECD 회원국 평균의 절반 수준으로 낮은 편에 속한다. 반면 사회보장기여금이 차지하는 비중은 매우 높다. 특히 눈에 띄는 부분은 높은 고용주분담금이다. 32.3%로서 이는 OECD 회원국 평균의 2배 수준일 뿐만 아니라 스웨덴(33.2%) 다음으로 높은 수준을 보이고 있다.

이를 바탕으로 프랑스 사회보호 재원 구조를 살펴보면 〈표 6-7〉과 같다.

먼저, 프랑스의 GDP 대비 사회보호 지출 비중은 31.5%로 유럽 27개 회원국 평균인 27.2%보다 매우 높은 수준이다.9) 이러한 사회보호 지출의 재원확보방식을 살펴보면 조세보다는 기여금에 의존하는 경향이 높음을 알 수 있다. 그중에서도 고용주분담금 비율이 약 45%나 차지하고 있는 점은 프랑스의 특징 중 하나이다.

그럼에도 불구하고 예상과는 달리 정부의 재원 비중 또한 상당히 높은 점에 주목할 필요가 있다. 신사회 위험의 등장 이후 일반 조세에 의한 재원충당 방식이 갈수록 많이 나타나는 것은 유럽 각국에서 보이는 공통적인

〈표 6-7〉 프랑스 사회보호 재원 구조 및 지출 비중

	사회보호재원(100)				사회보호지출비중 (GDP 대비, %)	지출추이 (2000-05, %)
	정부재원	사회보장기여금		기타		
		고용주분담금	근로자분담금			
프랑스	31	45	21	4	31.5	2.6
EU 27	38	38	21	3	27.2	2.1

출처: Eurostat, 2008: 2(eurostat news release)

---

9) 사회보호지출은 사회보장뿐만 아니라 사회서비스 등을 포함한 것임. 한편 OECD 통계에 따르면 2005년 기준 프랑스의 공적사회총지출비중은 NNI(net national income) 대비 39.3%로 OECD 회원국 중 가장 높다(OECD, 2009a: 99).

〈표 6-8〉 사회보장 수입 구조의 추이

	1980	1985	1990	1995	2000	2005	2010
기여금	97.9	97.1	96.4	89.9	72.5	74.3	69.6
조세	2.1	2.9	3.6	10.1	27.5	25.7	30.4
CSG	0	0	0	5.9	18.8	19.5	18.5
기타	2.1	2.9	3.6	4.2	8.7	6.2	11.9
합	100	100	100	100	100	100	100

출처: *Rapport sur les prélèvements obligatoires et leur évolution 2012*: 15(tableau 7)

현상이다. 프랑스 역시 빈곤 및 사회적 배제라는 사회보호지출 항목이 따로 만들어져 있을 정도로 이에 대한 관심이 높다.[10] 그럼 언제부터, 어떤 방식 을 통해 프랑스는 신사회 위험에 대응하고 있는지 살펴보기로 한다. 우선 〈표 6-8〉을 통해 프랑스 사회보장 재정 수입 구조의 추이를 살펴보자.

〈표 6-8〉에서처럼, 1995년 전까지 고용주와 근로자의 분담금(기여금)에 의해 유지되었던 사회보장은 1995년부터 조세가 수입 구조의 상당 부분을 차지하기 시작한다. 예컨대 2010년 기준, 기여금이 사회보장 수입의 70%를 차지하고 있는 반면 CGS를 비롯한 조세가 차지하는 비중은 약 30%까지 증대되었다.

이의 직접적 배경으로는 두 가지 종류의 사회보장 목적세 신설이 강조되 어야 할 것이다. 첫째, 1990년에 도입된 일반사회보장부담금(CSG)이다. CSG는 일반 소득세(IRPP)와는 달리 산정방식이 비례적이며, 일반적인 소득 뿐만 아니라 대체 소득, 재산 소득까지 과세 대상에 포함되어 있다. 그리고 사회보험 가입 여부와 무관하게 모든 근로자에게 부과된다는 점에서 사회보 험분담금과 일정한 차이가 있다. CSG를 통해 확보된 재정은 도입 당시에는

---

10) GDP 대비 빈곤 및 사회적 배제 지출 비중은 2000년의 0.4%에서 2009년에는 0.9%로 2배 이상 높아짐(노대명 외, 2012: 114).

건강보험과 노령보험에 충당되었으나 지금은 가족부양보험까지 확대되었다. 〈표 6-8〉처럼 CSG를 통해 확보되는 재정 수입은 전체 대비 19% 정도가 될 만큼 그 비중이 매우 크다. 둘째, 1996년에 도입된 사회부채상환부담금(CRDS) 역시 일반 조세의 비중 증대에 일정한 기여를 했다. 사실 CRDS는 2009년까지 한시적으로 시행될 예정으로 도입되었으나 지금은 2025년까지 연장되어 시행되고 있다(P. Valtriani, 2011: 48-49).

앞에서 본 바와 같이 여타 국가에 비해 프랑스의 고용주 부담비율은 매우 높으며 이는 고용주의 강한 반발에 직면하고 있다. 이에 사회보장 목적세를 근로자 부담분과 직결시키는 움직임이 몇 년 전부터 나타났는데 이의 자세한 사항은 〈표 6-9〉와 같다.

〈표 6-9〉에서처럼, 2012년 기준, 가변적인 산재 및 직업병 분야를 제외

〈표 6-9〉 사회보장 일반레짐 영역별 부담 구조

		고용주 부담률	근로자 부담률	총합	부과대상
사회보장분담금(2012년 1월)					
	건강	12.8%	0.75%	13.55%	임금총액
노령	*임금 상한선 미만	8.3%	6.65%	14.95%	
	총임금	1.6%	0.1%	1.7%	
가족		5.4%	–	5.4%	
산재 및 직업병		가변적	–	–	
사회부담금(2012년 1월)					
CSG		–	7.5%	7.5%	• 최대임금총액 (145,488유로): 98.25%
CRDS		–	0.5%	0.5%	• 145,488유로 초과 부분: 100%

* 2012년 기준 36,372유로
** 단체협약에 의해 운영되는 실업보험의 고용주와 근로자 기여율은 각각 4.0%와 2.4%임(소득 상한선: 12,124유로)
출처: http://www.entreprises.ccip.fr/web/reglementation/developpement-entreprise/droit-social/charges-sociales에서 발췌

한 사회보험 영역에서 근로자의 임금 총액에 대해서 고용주 부담비율은 28.1%, 근로자 부담비율은 15.5%이다. 이는 종전에 고용주 부담비율이 근로자 부담비율의 2배 이상이었던 때에 비해 그 격차가 많이 줄었음을 의미한다. 그리고 흥미로운 점은 근로자 부담비율의 반 이상을 사회보장 목적세가 차지하고 있다는 점이다. 이러한 CSG 등에 의한 사회보장분담금의 대체는 갈수록 점증 추세에 있는 것으로 보고 있다(J. Dupeyroux et al., 2011: 813).

지금까지의 논의를 정리하면 프랑스 사회보호 체계는 보편주의 원칙을 견지하면서도 실현 방식은 조합주의에 바탕을 두고 있다. 사회보호의 실질적 운영기구는 행정적 성격의 공동단체 그리고 민법상 조직의 성격을 지니고 있다는 점에서 영국이나 덴마크와 다르다고 할 수 있다. 프랑스는 비스마르크 복지 모델에 가까운 국가로서 기여금 의존 정도가 여전히 높은 것은 사실이다. 하지만 1990년대 중반 이후 정부의 재원 역시 많은 비중을 차지하고 있으며 정부의 재원 의존도가 갈수록 높아지고 있음에 주목할 필요가 있을 것이다. 한편 활성화 관점에서 이러한 프랑스의 사회보호 체계가 활성화 정책과 어떤 상호관련성을 맺고 있는지 살펴보는 것은 매우 중요한 주제임에 틀림없다.

3. 노사관계

비세(Visser)의 노사관계 모델 유형에 따르면 프랑스는 갈등주의로 대변되는 적대적 모형(confrontational model) 유형에 속한다. 이 모델의 특징은 노사관계에 대한 정해진 형태가 없으며 상호 작용도 매우 약하다. 그리고 상호 작용도 갈등 형태를 띠는 것이 일반적이다. 노사 양자의 상호 인정역시 제한적이거나 아예 존재하지 않으며 상대방에 대해서 자신의 정당성인정을 요구하는 경향이 강하다. 갈등 정도가 매우 높으며 노사 문제 해결에 국가 개입을 요청하는 현상이 매우 빈번하다. 이 모델에서 노동법의 역할은 절차적 의미보다는 본질적 의미에서 개별 권리를 정의하는 데 중요한 역할을 수행하고 있다. 즉, 근로자의 권리보장에 필요한 절차보다는 권리 자체에 많은 관심을 가지고 있기 때문에 형식적이라는 한계를 보인다는 점이다. 왜냐하면 노사분쟁에 대한 국가의 빈번한 개입에도 불구하고 집행과 관련된 국가 능력은 약하거나 논쟁의 대상이 되기 때문이다.

이러한 점을 고려하면서 먼저 프랑스의 노·사 대표단체를 살펴보기로 하자. 주지하다시피 프랑스 노조 존재 양식은 복수노조주의 성격을 띠고 있다. 구체적으로 5개의 전통적인 노동조합 총연맹(CGT, CFDT, FO, CFTC, CFE-CGC) 외에 3개 신생 노조(Unsa, FSU, Solidarités) 등 전부 8개의 노조가 독자적으로 활동하고 있다. 노조 가입자 수를 기준으로 할 때 CGT가 52만 5천 명으로 가장 많고, 다음으로는 CFDT(45만 명), CGT-FO(31만 명), CFTC(10만 5천 명), CFE-CGC(8만 명)이며 다음으로는 비교적 최근에 결성된 노조인 Unsa(13만 5천 명), FSU(12만 명), Solidaires(9만 명)의 순이다.[11] 이러한 프랑스 노조의 분열은 〈표 6-10〉처럼 정치적 이념 논쟁의 결과라 할 수 있다.

〈표 6-10〉에서처럼, 20세기 상반기까지 프랑스를 대표하는 노조는 CGT와 CFTC였다. 하지만 제2차 세계대전 직후 CGT가 공산주의에 의해 통제받는 현실에 불만을 품은 CGT내의 일부 세력이 CGT-FO를 결성했다. 비슷한 시점에 CGT 가입 근로자 중 엔지니어, 간부급 근로자, 기술자 집단 역시 CGT에서 이탈하여 자신의 이익을 극대화할 수 있는 노조를 결성했다(CFE-CGC). 한편, CFDT는 CFTC 가입 근로자 중 종교주의에 반발하여 새로 결성된 노조이다. 이러한 노조의 분열 양상은 단일노조주의를 지향하고 있는 영국이나 덴마크와 대조되는 부분이기도 하다.

한편, 프랑스 고용주 대표단체 중 대표적인 것은 Medef(프랑스 기업 운동)이다. 1998년 명칭 변화에 의해, 기존의 CNPF를 계승한 것으로 프랑스

---

11) 이는 2009년 기준 정부 통계임. 노조 총연맹이 자체 발표하는 가입자 수는 이보다 훨씬 많음(Les Echos, 2009).

〈표 6-10〉 프랑스 노조 총연맹 개관

이름	설립연도	이념 및 전략	특징
CGT (노동총연맹)	1895	혁명적/최근 개혁성향	공공영역, 자동차 산업
CGT-FO (노동자의 힘)	1946 (CGT에서 이탈)	개혁주의	정당 연계 약함
CFTC (기독노동자연맹)	1919	개혁주의/기독교 전통	민간교육분야, 간부급직원
CFDT (민주노동연맹)	1964 (CFTC에서 이탈)	탈종교주의/ 자본주의 대안사회 추구	보건, 지자체, 보험, 금융, 화학 분야
CFE-CGC (간부직원연맹)	1944 (CGT에서 이탈)	가입 근로자 이익 극대화/ 협상에 호의적	금융 및 산업/ 엔지니어, 간부, 기술자

출처: http://ressources-cla.univ-fcomte.fr/motsculture/connaissances/syndicats/syndicats.htm #partie3에서 발췌

전체 기업의 4분의 3 이상인 750,000여 개의 회원사가 가입되어 있다. 85개의 직업별 조직과 170여 개의 지역별 조직을 기반으로 구성되어 있으며,[12] 국가 정책의 조언과 전국 수준의 단체 교섭에 참여한다. 그리고 CGPME(중소기업전국연맹)은 중소기업의 이해관계를 대변할 목적으로 1944년 설립되었으며 UPA(전국소상공인연합)도 고용주 대표단체의 하나이다. 그럼에도 불구하고 Medef가 고용주 대표단체라는 점에서는 최근까지 이견의 여지가 없다.

이를 바탕으로 프랑스 단체협약의 특징을 살펴보면 다음과 같다. 첫째, 교섭 수준과 관련하여 기업별 교섭, 산별 교섭, 전국 교섭이 있으며 이 중에서 전통적으로는 산별교섭이 일반적이다.[13] 임금 문제도 영국이나 독일과

---

12) UIMM(금속산업연합)이 가장 영향력이 큼.

13) 프랑스 단체교섭의 중앙화 정도는 17%로 25개 분석 대상 국가 중 24위이며, 가장 낮은 국가는 13%의 영국임. F. Visser, 2005: 43.

는 달리 산별교섭을 통해 이루어지고 있다. 산별교섭의 경우, 적어도 1년에 한 번씩, 그리고 임금 체계 조정(Classification)을 위한 정례 모임을 5년에 한 번씩 가지도록 노동법은 규정하고 있다. 그리고 이들의 모임 결과는 단체협약의 형태로 발표하기로 되어 있는데, 단체협약에는 노동 조건뿐만 아니라 고용 안전, 사회보장의 혜택, 직업교육 등이 포함된다. 반면 기업별 협약도 최근 증가 추세에 있으며 특히 대기업의 경우 많이 볼 수 있다. 여기서 강조될 것은 산별 교섭과 기업별 교섭의 관계에 관한 것이다. 프랑스의 경우 전국적 혹은 지역적 차원에서 이루어지는 산업별 교섭과 기업 차원의 기업별 교섭 간에는 기본 원칙이 전제되어 있다. 즉 기업별 교섭은 산별 협약의 일반적 규정을 해당 기업의 특별한 사정에 적합하도록 하기 위한 차원에서 이루어진다. 여기서 중요한 것은 기업별 협약에는 새로운 내용이나 근로자들에게 보다 유리한 조항들을 포함할 수는 있지만 산별 협약보다 근로자들에게 불리한 내용을 정할 수는 없다는 것이다. 뿐만 아니라 기업별 협약이 체결된 이후 해당 기업에 적용되는 산별협약이 성립된 경우에는 기업별 협약이 산별 협약에 맞게 수정되어야 한다. 결국 기업별 협약은 그보다 넓은 적용 범위를 갖는 산별 협약에 반할 수 없고, 양자가 경합하는 경우에는 근로자에게 보다 유리한 내용을 갖는 협약이 적용되도록 하고 있다(조용만, 2002: 2).

둘째, 프랑스 노조의 취약한 단체 교섭 역량을 지적할 수 있다. 대표적인 것이 7.6%에 불과한 낮은 노조 가입률이다(2005년 기준). 1949년의 30.1%를 정점으로 60년 동안 노조 가입률이 4분의 1로 줄어든 것이다. 특히 1990년에 9.8%를 기록, 한자리 노조 가입률을 기록한 이래 한번도 10% 이상을 기록한 적이 없을 정도로 프랑스 노조 가입률은 매우 낮다.[14] 셋째, 노사관계 형성에 있어서 국가의 강한 역할을 들 수 있다. 노·사 양자의 단체협약 제도가 정착되어 있는 북구 국가와 달리 프랑스는 노사관계의 방향 설정 및 협약의 구체적 내용을 결정하는 데 있어서 국가 개입의 사례가 많이 나

---

14) 240만 명 가입되어 있으며 이 중 봉급생활자는 190만 명 정도임.

타난다. 본 연구에서 살펴보게 되는 근로시간 단축 역시 법을 통해서 일정한 틀이 제시되고, 제시된 틀을 바탕으로 노사협약에 의한 실시를 요구하고 있는 것이다. 이러한 국가의 강한 역할은 비세가 제시하고 있는 적대적 모형과 일정 정도 차이가 드러나는 부분이기도 하다. 넷째, 낮은 가입률에 기인한 노조의 대표성 문제, 강한 국가 개입에도 불구하고 프랑스 노조의 영향력은 매우 크다는 사실은 반드시 강조되어야 할 것이다(DARES, 2004). 이는 노조 가입률은 낮음에도 불구하고 영국과 달리 단체협약 적용률은 〈표 6-11〉에서처럼 매우 높다는 사실에서도 나타난다.

이러한 역설적인 현상은 어디에 기인한 것인가? 첫째, 제도적 보완 장치가 마련되어 있음에 주목할 필요가 있다. 구체적으로 단체협약은 조합원뿐만 아니라 비조합원에게도 적용된다. 예컨대, 비조합원이라 할지라도 소속 사업장에서 결성되어 있는 특정 노조(대표성을 지닌 노동조합) 중 한 노조라도 협약에 서명하면 단체협약은 유효한 것으로 간주되는 것이다.[15] 이

〈표 6-11〉 프랑스 노조 가입률 및 단체협약 적용률 추이

	1960	1965	1970	1975	1980	1985	1990	1995	2000	2005
노조 가입률	17.7	17.3	19.7	19.9	16.6	12.6	9.8	-	8.6	7.6
단체협약 적용률	〉70	〉70	〉70	〉70	80+	〉70	90+	95	90+	95*

* 2007년 통계수치임
출처: DICE Report, 63의 관련 〈표〉; OECD, 2004: 145의 Table 3.3; D. Venn, 2009: 16 이하 (table 1)의 내용을 바탕으로 재정리

---

15) 최근 대표성을 지닌 노조의 개념, 협약의 효력 기준에 대해서 변화의 움직임이 있지만 가장 중요한 것은 해당 노조에 대한 근로자의 지지율이다. 구체적으로 기업차원에선 10%, 산별차원에서는 8% 이상의 지지만 받으면 해당 노조의 대표성이 인정되는 것이다(손영우, 2011: 203). 한편, 50인 이상 사업체 중 둘 이상의 노조가 결성되어 있는 사업체는 64%에 달하는 만큼 프랑스 복수노조현상은 매우 강하다(2004년 기준, D. Andolfatto(dir.), 2007: 137).

경우 비조합원은 조합원과 동일하게 단체협약의 적용하에 들어가게 되는 것이다(손영우, 2011: 197-198). 노조 가입률보다 노조 결성률이 더 중요하게 인식되는 것은 바로 이러한 제도적 보완 장치에 기인한 것이다. 즉, 기업별 혹은 사업장별로 노조가 설립되어 있고 그 노조가 대표 노조로 인정만 받으면 교섭대표단체로 협상에 임할 수 있기 때문이다. 그리고 단체협약에 대해서 법정 반대 요건만 충족되지 않으면 그 결과는 자동적으로 전체 근로자에 적용되는 것이다.[16] 한편, 다음의 〈표 6-12〉는 프랑스 노조 가입률과 노조 결성률을 유형별로 정리한 것이다.

〈표 6-12〉의 내용을 살펴보면 몇 가지 특징이 발견된다. 우선 노조 가입률에 있어서 민간 기업보다 공공 영역 근로자의 가입률이 3배 이상 높은 것을 알 수 있다. 다시 말하면 프랑스 민간 기업의 노조 가입률은 평균에 비해 상대적으로 많이 낮으며, 이는 공공 영역의 상대적으로 높은 가입률에 의해 어느 정도 상쇄되어 있다는 것이다. 둘째, 가입률에 비해 노조 결성률이 5배 이상 높게 나타난다. 달리 말하면, 봉급생활자의 40%는 적어도 하나

〈표 6-12〉 프랑스의 노조 가입률 및 노조 결성률(2003년)

유형	노조 가입		노조 결성률	
	조합원 수(천 명)	노조 가입률(%)	사업장	기업 혹은 공공 기관
중앙정부/지자체/공공병원	890	15.1	52.7	76.2
공공기업/사회보험운영기구	160	15.6	70.7	89.3
민간 기업	834	5.2	31.2	41.9
전체	1,884	8.2	38.5	52.9

출처: DARES, 2004: 3의 tableau 1

---

16) 근로자 전체의 50% 이상 지지를 받는 하나 혹은 복수 노조의 반대가 있는 경우 단체협약은 무효임.

의 노조에 의해서 보호받고 있다는 것이다. 근로 현장보다는 단일 기업 혹은 공공 기관 차원의 노조 결성률이 높으며, 민간 기업보다는 공공 영역에서의 노조 결성률 역시 높다는 것도 알 수 있다. 이상의 점을 고려할 때 낮은 가입률에도 불구하고 비조합원도 조합원과 동일한 단체협약의 적용을 받을 수 있도록 하는 제도적인 장치는 프랑스 노조의 영향력을 무시하지 못하게 하는 요인으로 작용하고 있다.

그럼, 이상의 프랑스 노사관계가 활성화 정책의 입안 및 집행에 미칠 수 있는 영향은 무엇일까? 비교 관점에서 영국보다는 그 영향력이 클 것으로 예측된다. 첫째, 근로자 권리 보호 및 극대화라는 노조의 기본 성격에도 불구하고 프랑스 노조는 전통적으로 근로자뿐만 아니라 사회적 취약집단의 권익 보호에도 많은 관심을 보여 왔다. 특히 2006년과 2009년의 정부 정책에 대한 반대 시위는 프랑스에서는 보기 드물게 노조 연대의 모습을 보였다. 당시 사회적 취약집단의 생존권 보장이 노조 연대를 가능케 한 핵심 이슈였다. 사회적 취약집단과 활성화 정책 적용 대상 간의 중복성을 고려할 때 활성화 정책 역시 프랑스 노조의 관심분야에서 배제되지는 않을 것으로 판단된다. 이는 또한 주요 정책 결정 시 사회 파트너와의 대화를 중시하는 국가의 입장에서도 마찬가지일 것이다. 둘째, 덴마크 사례 정도는 아니지만 프랑스에서도 사회적 보호 분야 중 특정분야는 분권화 경향을 강하게 보이고 있다. 특히 활성화 정책을 통해서 실시되는 사회서비스는 지방정부의 소관사항이다. 프랑스 단체교섭의 수준을 고려할 때 지역 차원 활성화 정책의 입안 및 집행에 있어서 프랑스 노사관계가 일정 부분 역할을 할 것으로 보인다.

4. 조세제도

활성화 관점에서 해당 국가의 조세제도는 매우 중요하다. 사회보호제도와 여타 분야 제도와의 연계 파악의 한 분야가 바로 조세제도이기 때문이다.

<표 6-13> 프랑스 조세 수입 구조

(단위: 10억 유로, %)

공공행정기관	수입	비율	GDP 대비
중앙정부	292.5	74.6	17.1
지방정부	95.2	24.3	5.6
유럽연합	4.5	0.1	0.3
합	392.2	100	22.9

출처: Taxation in France(http://en.wikipedia.org/wiki/Taxation_in_France)

더 나아가서 만약 저소득층에 대한 조세혜택제도가 있다면 본 연구가 의미하는 근로유인 복지와 직결되기 때문이기도 하다.

여기서는 개괄차원에서 프랑스 조세제도의 일반적 특징을 먼저 살펴보기로 한다. 프랑스 조세는 그 성격에 따라 소득세, 사업세, 소비세, 자본세로 구분되고 부과징수기관에 따라 국세와 지방세로 구분되며 담세자에 따라 직접세, 간접세, 등록세 등으로 구분될 수 있다. 여기서 나타나는 특징 중의 하나는 전통적으로 중앙집권국가임에도 불구하고 <표 6-13>에서처럼 지방세의 비중이 상당히 크다는 점이다.

지방세는 프랑스 조세 역사 중 가장 오래된 세금이다.[17] 지방세 중 주요 직접세로서는 4가지가 있는데 동산 및 부동산세, 주거세 그리고 사업소세가 바로 그것이다. 간접세로서는 광산, 관광, 광고, 항해, 전기, 환경오염에 관련되는 세금이 있다. <표 6-13>에서처럼, 프랑스 지방세가 차지하는 비중은 약 25% 수준이다.

한편, 전체 세수 대비 약 75%를 차지하는 국세는 직접세와 간접세 그리고 유통세로 구분되며 직접세에는 개인소득세, 법인소득세, 부동산양도소득세, 상속세 및 증여세 그리고 부유세가 있다. 간접세에는 부가가치세와 주세

---

17) 프랑스 대혁명 시기인 1790년에 도입.

〈표 6-14〉 국세 수입 구조

(단위: 백만 유로, %)

유형	2007	2008	2011	비율(2011년)
부가가치세	133,486	134,981	130,612	51.3
소득세(개인)	57,057	60,455	52,111	20.5
법인세	45,905	53,825	44,254	17.4
유류세	18,005	16,514	14,155	5.6
기타	11,280	5,847	13,249	5.2
합	265,733	271,622	254,381	100

출처: 최진혁, 2008: 226의 〈표 3-3-5〉와 Public Finances General Directorate, Tax Policy Directorate, 2011: 107의 표에서 발췌

가 있으며 유통세에는 인지세와 유류세가 있다. 이 중 국세 수입 부분에서 나타나는 프랑스의 가장 큰 특징은 소득세 등 직접세보다 부가가치세가 가장 높은 세수 비중을 차지하고 있다는 점이다. 〈표 6-14〉에서처럼 부가가치세가 차지하는 비중은 50%를 넘는다. 이는 17.2%의 영국을 포함하여(〈표 5-14〉 참조), 여타 국가에 비해 상당히 높은 수준을 보이고 있음을 확인할 수 있다.

프랑스 조세의 세 번째 특징은 부유세가 있다는 점이다. 부유세(wealth tax)란 일정액 이상의 자산을 보유하고 있는 사람에게 비례적 혹은 누진적인 과세제도이다(안창남, 2009: 310). 부유세는 여러 논란에도 불구하고 세계적으로 폐지추세에 있는 것이 사실이다. 하지만 프랑스는 1989년에 도입한 후 지금까지 계속 유지하고 있을 뿐만 아니라 최근의 집권 사민당 정부는 세율 인상을 시도하고 있는 중이다.[18] 2011년 부유세 과세 대상은 그 가족의 재산액(자산액-부채액)이 80만 유로 이상인 자로서 세율은 재산 규

---

18) 부유세의 프랑스 용어는 impôt de solidarité de la fortune(ISF, 재산에 대한 연대세)임.

모에 따라 0.55%부터 1.80%(1,679만 유로 이상)까지 구간별로 다르게 적
용된다(2011년 기준).[19] 2007년 기준 부유세 납세 의무자는 52만 8천여 명
이었으며 이로 인한 세수 규모는 45억 유로로 전체 세수 대비 1.7%를 차지
한다. 현재 전 세계적으로 부유세가 도입 중인 국가는 프랑스를 비롯하여
일부 국가에 지나지 않는다.[20] 뿐만 아니라 이미 도입했던 국가들 중에는
폐지한 국가도 상당수 있다.[21] 그럼에도 불구하고 프랑스는 이를 좀 더 강
화시키려는 시도를 하고 있으며 이에 대한 논란이 계속되고 있다. 부유세에
대한 찬·반 양론에도 불구하고 프랑스의 이러한 시도는 매우 흥미로운 사
안임에 틀림없는 것 같다. 사민당 집권이라는 정치적 요인뿐만 아니라 프랑
스의 전통적인 철학사상인 연대주의가 아직도 그 명맥을 유지하고 있는 것
의 방증으로 판단된다.[22]

한편, 저소득층의 소득보장차원에서 나타나는 프랑스 조세제도의 구체적
내용을 살펴보기로 하자. 우선, 영국과 마찬가지로 프랑스 역시 근로조건부
급여제도(PPE)를 들 수 있다. 근로유인 복지를 대표하는 제도로서 2001년
에 도입되었는데 이의 자세한 내용은 차후에 살펴보기로 한다. 여기서는 개
인소득세율에서 나타나는 특징에 대해서 알아보자. 프랑스 소득과세단위는
가족단위이다. 즉 가족단위로 소득을 모아서 이를 다시 가족수(part)로 나눈
뒤 이에 상응하는 세율을 곱하면 1파트(part)당 세액이 산출된다. 이에 다시
가족 수(part)를 곱하면 납부 세액이 산출되는 것이다. 여기서 프랑스 조세
제도는 유배우자일수록, 부양가족이 많을수록 그리고 장애인인 경우 가족
수 계산에서 좀 더 많은 점수가 부여된다. 예컨대 독신자 혹은 이혼자 중

---

19) 이 점이 부채를 고려하지 않고 자산의 현시가만을 고려하는 재산세(property tax)와
차이가 있다.
20) 실시 중인 국가: 프랑스, 인도, 네덜란드, 노르웨이, 스위스 등.
21) 폐지 국가: 오스트리아, 덴마크(1995), 독일(1997), 핀란드(2006), 룩셈부르크(2006),
스웨덴(2007), 스페인(2008). 한편 영국에서는 부유세가 도입된 적이 없음.
22) 2012년 9월 발표된 여론조사에 의하면 최고 소득구간에 대한 부유세율 75% 인상에
대한 설문에서 응답자의 60%는 찬성, 40%는 반대 입장을 표명함(http://www.son
dages-en-france.fr/sondages/Actualit%C3%A9/Imp%C3%B4ts).

〈표 6-15〉 1파트당 과세대상소득구간 및 적용세율

(단위: 유로, %)

1파트당 과세대상소득구간 (portion of taxable income, one part)	세율(rate, %)
5,693 이하	0
5,694~11,896	5.5
11,897~26,420	14
26,421~70,830	30
70,830 초과	41

출처: Public Finances General Directorate, Tax Policy Directorate. 2011: 31

1인 부양가족이 있는 경우의 가족 수는 1.5인 데 비해 1인의 부양가족이 있는 부부의 가족 수는 2.5이다. 그리고 상이군인이나 교통사고로 장애인이 된 경우에는 1.5의 점수가 부여된다(안창남, 2009: 117-118). 이를 기준으로 두 번째 단계인 가족 1파트당 과세대상 순소득이 산출되는 것이다.[23] 이를 바탕으로 1파트당 세율과 세액이 결정되며 다시 이를 가족 전체의 파트로 곱하면 전체소득세액이 산출되는 것이다. 이렇게 볼 때 1파트당 과세대상소득과 세율이 프랑스 소득세 과세의 관건이라고 할 수 있는데 〈표 6-15〉는 이를 나타낸 것이다.

〈표 6-15〉에서 나타나는 몇 가지 특징을 살펴보면 우선 영국이나 덴마크와는 달리 프랑스에서는 면세소득구간이 존재하고 있음을 지적할 수 있다. 예컨대, 과세대상소득이 5,693유로 이하인 독신은 아예 과세대상에서 제외되는 것이다. 저소득층에 대한 조세감면의 혜택이 나타나는 대목이다. 반면 고 소득자에 대해서는 누진세율이 적용되고 있음도 확인된다. 특히 연 과세대상소득이 7만 유로가 넘는 고소득층에게는 41%의 세율이 적용되고 있

---

23) 가족 1파트당 과세대상 순소득=가족단위 과세대상 순소득/가족 수(part).

다.24) 이에 부유세까지 적용되는 상황을 고려하면 부가가치세의 높은 세수 비중에도 불구하고 프랑스 조세제도는 소득세 부분에서 저소득층에 대한 면세혜택과 누진세율 적용의 특징을 지니고 있다고 할 수 있다.

그럼, 지금까지 살펴본 프랑스의 조세제도가 어느 정도 빈곤 및 소득재분배 효과를 가져왔는지 살펴보자. 앞에서 언급한 바와 같이 조세제도와 소득재분배간의 직접적인 관련성에 대해서는 논란의 여지가 많을 수 있다. 하지만 조세제도가 소득재분배 효과의 기저가 된다는 점에서 그 의미는 분명할 것이다. 이와 관련하여 〈표 6-16〉은 소득 이전 전후 나타나는 프랑스의 소득불평등 정도의 변화 양상을 지니계수를 통해 영국 및 덴마크와 비교한 것이다.

1980년대 중반의 경우 프랑스의 소득 개선 효과는 31%로 이는 영국은 물론 덴마크보다 높은 것이다. 하지만 시장소득 관련 GINI계수가 애당초

〈표 6-16〉 GINI계수를 통해서 본 소득불평등 효과 추이 비교

	1980년대 중반			1990년대 중반			2000년		
	시장소득	가처분소득	개선효과	시장소득	가처분소득	개선효과	시장소득	가처분소득	개선효과
덴마크	0.296	0.22	0.257	0.348	0.214	0.385	0.355	0.226	0.363
프랑스	0.392	0.267	0.319	0.414	0.277	0.331	0.403	0.272	0.325
영국	0.389	0.277	0.288	0.424	0.304	0.283	0.432	0.319	0.262
OECD-15개국	0.357	0.266	0.255	0.395	0.284	0.281			
OECD-19개국				0.399	0.290	0.273	0.400	0.295	0.263

출처: M. Förster and M. Mira d'Ercole, 2005

---

24) 2010년 기준, 프랑스의 조세 부담률은 26.3%로 덴마크(47.2%)와 영국(28.3%)보다 많이 낮다. 하지만 사회보장기여금까지 포함된 국민 부담률은 42.9%로 덴마크(48.2%) 보다는 낮으나 영국(35.%)보다는 높다(한국노동연구원, 2012: 86-87).

높기 때문에 이러한 개선 효과에도 불구하고 가처분소득 GINI계수는 여전히 높게 나타나는 한계가 있다. 이러한 추세는 그 이후의 시기에도 그대로 반영되고 있음을 알 수 있다. 예컨대 1990년대 중반의 경우 시장소득 관련 GINI계수가 워낙 높기 때문에 개선의 노력에도 불구하고 소득불평등 문제는 여전히 상존하고 있다. 그럼에도 불구하고 단순비교차원에서 프랑스의 소득불평등 효과 정도는 덴마크보다는 낮지만 영국보다는 높다고 할 수 있다. 특히 1990년 중반 이후의 소득불평등 개선 효과는 매우 높게 나타난다. 소득이전에 필요한 재원의 상당 부분이 국가재정을 통해서 확보되는 점을 고려할 때 프랑스 조세제도가 일정 부분 소득 재분배 역할을 수행하고 있음은 부인하지 못할 것이다.

II. 프랑스의 사회보호 활성화 정책

프랑스는 덴마크와 마찬가지로 그리고 영국과는 달리 활성화 용어가 국가의 공식적인 정책이나 제도에 사용되고 있는 국가이다. 예컨대 activité(활성화성, 적극성) 혹은 active(적극적)와 같은 활성화(activation)와 성격이 유사한 용어가 사용되었거나 지금도 사용되고 있다. 활성화 개념에 대한 프랑스의 깊은 관심을 엿볼 수 있는 대목이다.

프랑스 활성화에 관한 기존 연구를 바탕으로 그 특징 및 기원을 정리하면 다음과 같다. 먼저 프랑스의 활성화 전략은 다음과 같이 다섯 가지 요소의 결합으로 볼 수 있다(J.-C. Barbier and O. Kaufmann, 2008: 71-72). 첫째, 활성화 조치는 1980년대 말에 실시되었지만 실업보험과 연대에 바탕을 둔 다양한 사회급여는 지금도 정치적 논쟁의 전면에 위치하고 있으며 최근의 초점은 최저소득보장 수급장의 '비경활 함정(inactivity trap)'에 대한 대응에 두고 있다. 이는 활성화가 역사적 개념임과 동시에 현재적 개념임을 의미한다. 둘째, 국가에 의한 임금 보조를 통한 고용 프로그램에 대한 강조를 들 수 있다. 민간 분야에 대한 임금 보조 혹은 공공 영역의 일자리 창출을 통해 활성화 조치 적용 대상자의 취업을 유도하는 정책을 펼치고 있다. 이는 특히 청년집단을 주요 적용 대상으로 있다. 이는 국가가 마지막 단계의 고용주 역할을 하고 있음을 의미한다. 셋째, 고용주의 사회보장분담금 감면에 특별한 관심을 두고 있다. 앞서 본 바와 같이 여타 국가에 비해 사회보장분담금에 대한 고용주의 부담률은 매우 높은 편이다. 근로시간 단축 및 세액공제제도의 연계하에 실시되고 있는 이러한 조치는 활성화의 선도적인 기능을 수행하고 있다. 넷째, 활성화 적용 영역의 포괄성이다. 구체적으로 사회서비스, 가족 및 주택 급여 등이 근로동기부여와 연계되어 있는데 이러한 점은 소득보장에만 치중했던 전통적인 사회 정책에서의 이탈을 의미하는 것이다. 다섯째, 그럼에도 불구하고 적극적 노화(active ageing)와 관련된 프랑스의 활성화 조치는 상대적으로 부족하다. 유럽의 여타 국가에 비해 프랑스 중·고령자의 고용률 및 경제활동 참여율은 매우 저조한 편이다.[25] 이에는 조기퇴직제도에 대한 변함없는 관심이 이들 집단을 활성화 조치의 대상에 포함시키는 데 장애물로 존재하고 있는 것이다.

한편, 프랑스 사회보호 분야에 활성화 개념이 언제 도입되었는가에 대해서는 여러 가지 견해가 있을 수 있다. 첫째, Revenu minimum d'activité (활성화 최소수당, 이하 RMA)제도가 도입된 2004년을 활성화 개념이 도입된 해로 보는 견해이다. 하지만 당시 RMA제도는 독자적인 제도라기보다는 그 전에 존재했던 Revenu minimum d'insertion(최소통합수당, RMI)의 보완 제도적 성격이 더 짙다. 따라서 2004년 설은 무리가 있는 것으로 보인다.

둘째, 2001년을 중요하게 간주하는 견해가 있다. 왜냐하면 2001년은 두 개의 중요한 제도가 도입되었거나 개혁 시도가 있었던 해이기 때문이다. 우

---

25) 2007년 기준, 프랑스 중고령 근로자(55세~64세)의 고용률은 38.2%로 덴마크(58.6%), 영국(57.4%)은 물론 유럽연합 15개국 회원국 평균인 46.5%에도 미치지 못함(European Commission, 2008: 33).

선 근로유인 복지의 대표적 제도인 Prime pour l'emploi(이하 PPE)제도가 도입된 해가 바로 2001년이다. 그리고 프랑스의 실업보험의 개혁이 완성된 해이기도 하다(PARE제도의 도입). 이런 점을 고려할 때 2001년 설은 매우 설득력이 있어 보인다. 하지만 PPE는 근로유인 복지의 대표적 제도로서 활성화의 다른 범주인 근로연계 복지와 관련된 제도의 도입 및 변천사를 무시하는 우를 범하고 있다. 한편, 실업보험이 근로연계 복지의 대표적 제도임은 분명하지만 사회부조 역시 이에 못지않게 중요한 제도이다.

셋째, 이상의 점을 고려할 때 본 연구는 사회부조 혹은 사회적 미니멈 제도 개혁과정에서 RMI제도가 도입된 1988년을 프랑스 사회보호 분야에 활성화 개념이 도입된 시점으로 보고자 한다(J.-C. Barbier et al., 2006: 205; J.-C. Barbier and O. Kaufmann, 2008: 71). RMI제도는 RMI-RMA (2004년)로의 부분적 변화, 적극적 연대수당(rSa)제도(2009년)로 대체되면서 지금은 거의 그 흔적을 찾아볼 수 없는 제도이다.[26] 하지만 이후에 도입된 제도의 모태 역할을 하고 있다는 점에서 RMI제도가 지니는 역사적 의의는 대단히 크다. 뿐만 아니라 프랑스 특유의 활성화 특징이 이미 RMI제도에서 나타나고 있는 점 역시 주목할 만하다. 이렇게 볼 때 프랑스 사회보호분야에 활성화 개념의 도입은 역사임과 동시에 현재진행형이기도 한 것이다.

이상의 점을 고려하여 본 장에서는 근로연계 복지와 근로유인 복지를 대표하는 제도들의 현황을 살펴보면서 프랑스에서 나타나는 활성화 정책의 특징을 살펴보고자 한다.

---

26) 프랑스의 대표적인 최저소득보장제도인 RMI → RMI-RMA → rSa제도의 변천과정에 대해서는 심창학·어기구, 2011: 96-99.

1. 근로연계 복지와 활성화: 실업보험 및 적극적 연대수당제도(rSa)

1) 적용 대상자

(1) 실업보험(PARE)

실업보험에서 활성화 조치의 적용 대상자는 실업급여 수급자이다(J.-C. Barbier and O. Kaufmann, 2008: 85). 이와 관련한 프랑스 실업보험은 공무원과 자영인 그리고 특수직역 종사자를 제외한 민간 분야 봉급생활자를 가입대상으로 하고 있다.[27] 뿐만 아니라 수련생(훈련생), 재가근로자, 보육사 등도 가입대상에 포함되어 있다(SSPTW, 2012).[28]

한편, 실업상태라고 해서 모든 실업자가 실업급여를 받을 수 있는 것은 아니다. 재취업지원수당(기존의 실업급여, 이하 ARE)을 받기 위해서는 기본요건 중 가장 중요한 것은 최소가입요건의 충족이다.[29] 여타 국가와 달리 프랑스 ARE 수급을 위한 최소가입기간은 연령에 따라 다르다. 구체적으로 50세를 기준으로 그 미만인 경우는 실업 전 28개월 중 4개월(122일 혹은 610시간), 그 이상인 경우는 36개월 중 4개월이 ARE를 받을 수 있는 최소 가입기간이다. 이는 중·고령자 근로자가 ARE를 받을 수 있는 가능성이 더 높음을 의미한다. 한편 ARE 수급자의 최근 추이를 살펴보면 〈표 6-17〉처럼 점증 추세에 있다.

2008년에 비해 2009년도의 수급자 수는 약 35만 명 급증했다. 이는 두 가지 요인에 기인한 것으로 세계적인 금융위기로 위한 경기침체와 이로 인한 실업자 증가가 첫 번째 요인이며 두 번째 요인은 수급요건 변화를 들 수 있다. 구체적으로 기존에는 수급을 위한 최소가입기간이 6개월이었던 것

---

27) 자영인의 임의가입은 가능함.

28) 실업보험 개혁 이듬해인 2002년 기준 가입자 수는 1,500만 9천 명임(C. Minni, 2004: 45).

29) 이외 여타 국가와 마찬가지로 고용지원센터(Pôle Emploi)에 구직등록의무, 신속한 취업 가능성, 비자발적 실직 사유 등도 수급요건에 포함되어 있음.

〈표 6-17〉 프랑스 ARE 수급자 추이

	2007년	2008년	2009년
구직등록자(A)	3,939,000	3,849,000	4,578,000
ARE 수급자(B)	1,692,000	1,691,000	2,045,000
수급률(B/A)	42.9	49.3	44.7

출처: Dares, 2011: 3의 tableau 1에서 발췌

이 2009년 4월부터 4개월로 줄어들었다. 이로 인해 30만 명 정도의 구직등록자에게 수급권이 부여된 것이다.[30] 한편, 프랑스 실업보험의 수급률은 10% 내외인 영국보다 훨씬 높은 40% 이상을 유지하고 있음을 알 수 있다.

(2) 적극적 연대수당(rSa)

rSa 수급자 역시 활성화 조치의 적용 대상자이다. 앞에서 언급한 바와 같이 rSa제도는 취업여부에 관계없이 수급자 가구의 자산(혹은 소득)이 일정 수준(법정 상한선 혹은 최저생활보장 수준) 이하인 저소득층 가구에 대한 재정적 지원을 목적으로 하고 있다. 달리 표현하면 취업 상태라는 이유로 과거에는 전혀 지원받을 수 없었던 근로빈곤층에게도 수급혜택이 주어진 것이다. 먼저 rSa제도의 수급요건을 구체적으로 살펴보면 다음과 같다.

첫째, 연령 요건이다. RMI제도와 마찬가지로 수급자가 되려면 적어도 25세 이상은 되어야 한다. 보편주의가 선별주의로 간주되는 이유가 바로 여기에 있다. 이와 관련하여 rSa제도가 최저소득보장제도 중의 하나임에도 흥미로운 점은 영국이나 덴마크와는 달리 청년집단이 배제되어 있다는 것이다.[31] 앞에서 언급한 바와 같이 프랑스 역시 청년집단의 실업 문제는 매우

---

30) 2009년 4월 개혁으로 인해 최소가입기간은 단축되었으나 최대수급기간은 기존의 30개월에서 24개월(50세 미만), 50세 이상은 기존의 45개월에서 36개월로 줄었다. 즉 수급요건은 관대해진 반면 수급기간은 축소되는 방향으로 변화된 것이다.

31) 예외적으로 18세 이상 25세 미만이라 하더라도 신청자가 자녀가 있거나 자녀가 없더

심각한 상황이다. 그럼에도 불구하고 청년집단이 rSa제도의 적용대상에 빠져 있다는 점은 의아하게 만드는 대목이다. 여기서 청년집단 대상 프랑스 정책의 특수성이 발견된다. 구체적으로 프랑스의 청년집단은 활성화 정책의 대상이 아니라 임금보조를 통한 일자리 창출 정책(임금지원계약제도) 혹은 청년집단만을 위한 프로그램의 대상으로 간주되고 있다.32) 이들 정책에서도 적용 대상이 rSa수급자인 경우에는 활성화 조치가 적용된다. 하지만 이는 특별한 경우에 한한 것이며 기본적으로 이들 정책들에서 활성화 개념을 찾아보기 어려운 것 또한 사실이다. 뿐만 아니라 이들 프로그램의 대부분은 직업훈련이 아니라 국가의 임금 보조 및 고용주의 사회보장분담금 감면 혜택을 통한 일자리 창출에 초점을 두고 있다.

둘째, 자산 조사 요건이다. 이에는 신청자뿐만 아니라 그 가족의 자산도 모두 포함된다. 자산에 포함되는 항목으로는 근로소득 외에 실업급여, 상병수당, 휴업급여, 성인 장애 수당, 연금 및 가족급여 일부 등의 사회급여를 들 수 있다. 따라서 가구 형태 및 부양가족 수에 따라 법정 상한선이 있는데 해당 가구의 자산(혹은 소득)이 일정 수준에 미치지 못하면 수급자격이 주어진다. 2011년 기준, 수급을 위한 법정 자산(소득) 상한선은 다음의 〈표 6-18〉과 같다.

한편, 2012년 현재 rSa급여 수급자는 187만여 명으로 집계되었다. 수급자는 취업 여부, 해당 가구의 자산 여부(정도) 등을 기준으로 〈표 6-19〉처럼 두 개의 집단으로 구분 가능하다. 첫 번째 집단은 경제활동이 없거나 있더라도 해당 가구의 자산(혹은 근로소득)이 법정 상한선에 미치지 못하는 집단으로 약 142만 명에 달한다(rSa 기본급여 수급자). 이는 다시 세부적으로 아예 경제활동을 안 하는 집단(생계급여 수급자)과 취업 상태임에도 불구하고 해당 가구의 소득이 법정 상한선 이하인 집단으로 구분할 수 있다

라도 최근 3년 중 2년 이상 직업활동 유경험자라면 신청 가능하다.
32) 이의 자세한 사항은 노대명 외, 2012: 176-178 표를 참조. 기존의 청년집단대상 프로그램(청년고용 프로그램, 현장훈련계약, 직업전문화 계약…)에 대해서는 J.-C. Barbier and O. Kaufmann, 2008: 97-105를 참조.

제6장 | 프랑스의 활성화 레짐　**217**

〈표 6-18〉 수급요건 법정 자산(소득) 상한선(2011년)

(단위: 월 기준, 유로)

자녀수	독신	독신 (기존 한부모지원급여 수급자)	부부
0	466.99	599.67	700.49
1	700.49	799.56	840.58
2	840.58	999.45	980.68
자녀 1명 추가 시	186.80	199.89	186.80

출처: http://www.service-public.fr/(공공서비스)

〈표 6-19〉 집단별 rSa 수급자(2012년 6월)

구분		규모(단위: 천 명)	비율(%)	비고
rSa 기본급여 수급자 (rSa socle)		1,422	76	사회적 미니멈 급여 제도
	rSa 생계급여 수급자 (rSa socle seul)	1,213	65	사회적 미니멈 급여 제도
	rSa 부분 경제활동 수행 수급자 (rSa socle + activité)	209	11	
rSa 경제활동 수행 수급자 (rSa activité seul)		457	24	PPE 제도와 연계
합		1,879	100	

출처: C. Arnold et al., 2013: 3

(부분 경제활동 수급자).

　두 번째 집단은 'rSa 경제활동 수행 수급자(rSa activité seul)'이다. 이는 가구원이 취업 상태임과 동시에 가구 자산이 법정 상한선보다는 높으나 최저 생활보장 수준에 미치지 못하는 경우로서, 45만 7천여 명에 달한다. 이들에게는 PPE제도(프랑스의 EITC)가 적용되면서 세액공제의 형태로 지급된다.

기존의 RMI 및 한부모지원급여(API)제도를 대체한 것이 rSa제도임을 고려하더라도 적용 대상자 규모는 분명히 확대되었다. 구체적으로 rSa제도가 도입되기 직전 연도인 2008년도의 RMI급여와 API급여 수혜자를 합치면 131만여 명이었다. 한편, 위의 〈표 6-19〉에서처럼, rSa 수급자는 187만여 명으로 50만 명 이상 증대되었다. 이는 무엇보다도 새로운 수급자로서 저임금 취업자가 포함된 것에 기인한다.

이와 같이 프랑스 근로연계 복지의 대표적인 제도인 실업보험과 적극적 연대수당제도의 수급자는 활성화 조치의 대상자로 간주된다. 3백만여 명이 넘는 규모의 방대함에도 불구하고 강조되어야 할 사항은 영국과 덴마크와는 달리 청년집단과 장애인집단은 활성화 조치의 적용대상에서 빠져있다는 점이다. 이들 집단을 대상으로 별도의 정책이나 제도는 시행 중인 것은 물론이다. 하지만 이들 프로그램의 성격이 활성화와는 일정 정도 거리를 두고 있는 것 또한 사실이다. 이는 청년실업 문제의 심각성에도 불구하고 영국이나 덴마크에 비해 프랑스 활성화 조치의 적용 대상은 덜 포괄적인 성격을 지니고 있다는 것을 시사한다.

2) 서비스 및 급여의 성격

(1) 실업보험(PARE)

먼저, 활성화 조치 참여자 즉 실업급여 수급자에게 제공되는 급여를 살펴보면 재취업지원수당(ARE)이 있다. 정액으로 지급되는 영국과 달리 프랑스 재취업지원수당은 수급기간과 수준이 연령, 가입기간 및 임금에 따라 결정된다. 먼저 수급기간은 다음의 〈표 6-20〉과 같다.

〈표 6-20〉에서처럼 일반적인 수급기간은 가입기간에 따라서 최저 4개월에서 최대 24개월까지이다. 그리고 50세 이상인 경우의 최대수급기간은 36

〈표 6-20〉 프랑스 재취업지원수당의 수급기간

연령			가입기간	수급기간
50세 미만*	최소	28개월 중 4개월(122일 혹은 610시간)		4개월
		1일 초과		1일 연장
	최대	28개월 중 24개월(730일)		24개월
50세 이상*	최소	36개월 중 4개월(122일 혹은 610시간)		4개월
		1일 초과		1일 연장
	최대	36개월 중 36개월(1095일)		36개월

* 7일의 대기기간이 있음
출처: Unédic, 2011: 54

개월로 12개월 더 길다. 이는 수급요건뿐만 아니라 수급기간에서도 중·고령 근로자에게 유리한 내용을 담고 있음을 의미한다.

한편, 급여수준은 〈표 6-21〉처럼 연령과는 무관하게 실직 전 임금수준에 의해 결정된다.

임금구간별 적용비율을 살펴보면 수급자의 실직 전 임금이 낮을수록 높으며, 고임금일수록 낮다. 일반적으로 프랑스 실업자가 받는 일일 급여는 27.25유로(하한선)부터 220유로(상한선)까지로 약 8배 정도의 차이가 있는

〈표 6-21〉 재취업지원수당의 수준(2010년 7월)

세전임금(월 기준, 유로)	급여액(일 기준, 유로)
1,090 미만	임금(세전소득)의 75%
1,090~1,194 미만	27.25(최저급여)
1,194~1,971 미만	임금의 40.4% + 11.17
1,971~11,540	임금의 57.4%

출처: Unédic, 2011: 54

데 이는 덴마크에 비해 큰 편이다. 이는 어떤 의미에서는 프랑스의 계층주의 문화 요소를 반영하는 것으로도 이해될 수 있을 것이다.

한편 ARE 수급자에게 제공되는 서비스로서는 상담 서비스를 들 수 있다.[33] 초기면담은 구직등록을 기준으로 7일이 경과한 후에 이루어진다.[34] 그리고 심층면담은 구직등록 후 처음 3개월 동안은 2주에 1회 실시된다. 초기면담과 심층면담을 통해 이루어지는 것이 바로 프랑스의 행동 계획(action plan)인 개별화된 취업접근 계획(Projet Personnalisé d'Accès à l'emploi, 이하 PPAE)이다. 덴마크의 개별 활성화 계획, 영국의 구직합의서에 상응하는 PPAE에 포함되어야 할 내용은 다음과 같다.

- 구직자가 원하는 일자리 성격, 특징, 지역, 임금
- 고려사항(훈련, 자격증, 직업활동 수행 중 취득한 지식 및 능력, 개인 및 가족 상황, 지역 노동시장 상황 등)
- PPAE는 수급자가 행해야 될 의무사항뿐만 아니라 고용지원센터가 적당한 기간 내에 구직자의 취업에 필요한 조치도 명기되어야 함(능력 평가, 구직, 훈련, 동행 관련 …)

한편, PPAE는 3개월 주기로 확인 검토를 통해서 갱신하는 것을 원칙으로 하고 있다.

수급자에게 제공되는 두 번째 서비스는 개별 동행 서비스이다. 이는 구직 등록한 지 3개월이 지나도 취업을 하지 못하는 경우 실시되는 것으로 개별 추수프로그램(individual follow-up)으로도 불린다. 구체적으로 고용지원센터[35]의 상담가는 전담상담가로 그 성격이 전환되어 구직자의 취업과 관련되는 제반 상황을 확인하고 지원하는 역할을 수행한다. 예컨대 전담 상담가

---

33) 이하 내용은 OECD, 2007b의 프랑스 부분에 바탕을 둔 것임.
34) 이는 7일의 대기 기간을 고려한 것임.
35) Pôle Emploi. 2009년 기구 통폐합을 거쳐 지금은 구직등록 및 상담, 취업알선 그리고 급여제공과 관련된 모든 업무를 담당하고 있음(single contact point).

는 구직활동 지도, 정서적 지지와 상담, 취업 지원 계획 자문, 구직행동 평가 및 새로운 행동 제시 등의 역할을 수행하게 된다.[36]

마지막으로 훈련 서비스가 있다. 대표적으로 구직자를 대상으로 실시되는 적극적 노동시장 프로그램을 들 수 있다. OECD 통계에 의하면, 프랑스의 GDP 대비 적극적 노동시장 프로그램의 공공 지출 비중은 0.60%로 이는 북유럽 국가 예컨대 덴마크의 0.89%보다는 낮으나 영국(0.29%) 혹은 OECD 회원국 평균인 0.41%보다는 높은 수준이다(2010년 기준). 그리고 7개 영역 중 프랑스는 훈련 및 고용촉진 프로그램에 공공 지출이 많은 반면 창업 분야 지출 비중은 여타 국가에 비해 약한 특징을 보이고 있다. 한편, 훈련 서비스의 효과에 대해서는 부정적인 견해가 많은 것 같다. 구체적으로 고용 프로그램의 상당수는 활성화의 효과적인 경로로 인식되기보다는 공개적 실업을 감소시키는 수단으로 사용되고 있다는 지적이 바로 그것이다(J.-C. Barbier and O. Kaufmann, 2008: 96).

(2) 적극적 연대수당(rSa)

먼저, 적극적 연대수당의 급여산정은 수급자의 경제활동 여부에 따라 다르다.[37] 첫째, 수급자가 경제활동이 없는 경우, 다시 말하면 근로소득이 없는 경우에는 〈표 6-26〉에 상응하는 급여가 제공된다. 예컨대, 경제활동을 하지 않는 무자녀 독신의 경우 466.99유로가 지급되는 것이다. 이는 해당 가구의 근로소득이 없음은 물론이거니와 사회급여를 받더라도 미미할 것이라는 전제에서 출발한 것이다. 따라서 이들에게는 법정 자산 상한선에 버금가는 수준의 급여가 지급되는 것이다. 이의 주요 적용 대상으로서는 기존의 RMI 및 API 수급자, 그리고 저수준의 실업급여를 받는 구직자 등을 들 수 있다.

---

36) 통계의 의하면 전담 상담가 1명당 120명의 구직자가 배당된다(MISEP, 2008: 38).
37) 이하 내용은 프랑스 공공서비스 홈페이지 내용에 바탕을 둔 것임(http://www.service-public.fr/).

〈표 6-22〉 법정 주택 수당

가구 구성원 수(신청자 포함)	법정 수당
1	56.04유로
2	112.08유로
3명 이상	138.70유로

출처: http://www.service-public.fr/(공공서비스)

둘째, 수급자에게 근로소득이 있는 경우이다. 이 경우 엄격하게 보충급여의 성격을 띠고 있다. 산정방식은 수급자 가구의 최저생활보장 수준(R)을 먼저 정한다. 이는 해당 가구마다 다르다. 이어서 해당 가구의 법정 주택 수당을 확인한다. 2011년 기준, 법정 주택 수당은 〈표 6-22〉와 같다.

마지막으로 이상의 것을 근거로 rSa급여(S)가 결정된다. 이를 상술하면 다음의 〈상자 6-1〉과 같다.

결국 위 사례의 근로자는 월 546유로의 임금 외에 380유로의 적극적 연대수당의 수혜자가 되는 것이다. 다만 여기서 고려되는 것이 프랑스의 근로장려세제 즉 PPE이다. 앞선 말한 바와 같이 PPE와 rSa제도는 상호 밀접한

〈상자 6-1〉 rSa급여 산정방식 예시

가. 최저생활보장 수준(R)의 결정:
   R = 〈표 V-8〉의 법정 자산 상한선 + 신청자 가구의 총 취업 소득의 62%
나. 해당 가구의 법정 주택 수당 확인(〈표 6-30〉)
다. rSa급여(S) 산정:
   S = R - (신청자 가구 총 근로소득 + 법정 주택 수당)

사례) 월 546유로의 근로소득이 있는 1자녀 독신 가구의 rSa급여는

   가. R = 700.49유로 + (546*62%) = 1,039.01유로
   나. 법정 주택 수당: 112.08유로
   다. S = R - (546 + 112.08) = 380.93유로임

관계에 있음과 동시에 중복 지급은 금지되어 있다. 구체적으로 해당 가구의 PPE급여가 rSa급여보다 적은 경우, 이 가구에게 지급되는 실질적 rSa급여는 산정을 통해 도출된 rSa급여에서 PPE급여를 뺀 액수가 된다.

한편, 적극적 연대수당 수급자에게 제공되는 서비스로서는 먼저 상담 및 동행 서비스를 들 수 있다. 그 절차는 실업보험 수급자와 마찬가지로 rSa 수급자들도 개별화된 취업접근 계획(PPAE)의 작성 및 체결을 위해 1~2개월 내에 초기면담 및 심층면담이 이루어진다. PPAE 계약 및 체결의 권리가 수급자뿐만 아니라 배우자에게까지 인정된다는 점이 실업보험과는 다른 점이다. 둘째, 사회적 취약집단인 이들에게 보편적 의료 무상 서비스(CMU)가 제공되며 이외에도 주민세, 시청료 등의 면제 혜택, 그리고 도별로 무상대중교통 이용 서비스, 무상급식 등의 지역 서비스가 제공된다. 셋째, '개별화된 일자리 복귀 지원 서비스'의 수혜자가 될 수 있다. 이는 바우처의 형태로 운영되는데 기본 취지는 취업에 필요한 제반 비용에 대한 국가 지원을 통해 취업에 도움을 주자는 것이다. 지원 대상으로는 교통비(대중교통, 유류비, 운전면허증 취득비용, 차량 구매 비용 …), 의류비(취업에 적합한 의복 혹은 구두 구매 비용), 주거 비용(이전 비용), 육아 비용, 학위 혹은 자격증 취득 소요 비용 등이다. 수혜 대상 및 수혜 조건의 구체적 내용은 도에서 정하게 되어 있으나 일반적으로는 기본 rSa급여 수급자 및 최근 3개월간 근로소득이 500유로 이하인 자이다. 이와 같이 rSa제도는 단순한 소득보장급여가 아니라 취업 가능성 제고를 위한 여러 가지 사회서비스가 제공되고 있는 것이다.

이와 같이 프랑스의 실업보험과 적극적 연대수당제도는 적용 대상자에게 소득보장을 위한 현금급여뿐만 아니라 이들의 노동시장 (재)진입을 위한 다양한 상담 및 동행 서비스 그리고 훈련 서비스가 제공되고 있다. 특히 적극적 연대수당 수급자들에게는 기본생활 영위를 위한 의료 및 사회 서비스가 추가적으로 제공되고 있음에 주목할 필요가 있을 것이다.

3) 동기부여기제

　프랑스의 근로연계 복지의 동기부여기제와 관련하여 영국처럼 활성화 참여를 독려하는 별도의 인센티브제도는 없는 것으로 보인다. 다만 강조되어야 할 점은 적극적 연대수당제도에서 저소득 취업자를 위한 급여산정방식이다. 앞에서 본 바와 같이 이들에게는 법정 상한선뿐만 아니라 임금의 상당부분이 급여산정의 기초로 사용된다. 이는 결국 취업 상태라는 이유로 과거에는 전혀 지원받을 수 없었던 근로빈곤층에게도 수급혜택의 기회가 주어짐을 의미한다. 어떤 의미에서 이는 근로 인센티브의 전형으로 판단된다.

　한편, 기존제도와 달리 프랑스의 실업보험과 적극적 연대수당제도에는 제재 조치가 적용되고 있다. 먼저 실업보험의 경우, 노동법과 노동법 시행령은 실업급여의 중지 및 자격박탈에 관한 조항을 두고 있다. 제재 조치가 발생할 수 있는 사례는 다음과 같다.

- 적극적, 반복적 구직활동의 불충분성
- 숙련 계약과 직업 전문화 계약체결 거부
- 임금 보조 계약체결 거부
- PPAE에 명시되어 있는 훈련 이행 거부
- 사회 포용 활동 거부
- 고용지원센터의 출석 요구에 불참(건강검진 포함)
- 허위 신고
- PPAE 수립 및 실행 거부
- PPAE 내에 명시되어 있는 구직 지원 활동 이행 거부
- 정당한 이유 없이 합리적 일자리 제의에 대한 거부 2회

　한편, 제재 조치의 구체적 내용은 상황에 따라 다른데, 일반적으로 급여 제공 중단 기간이 최저 15일에서 최대 12개월까지이다. 구체적으로 구직활동을 입증하지 못하거나 훈련 제의를 거부하는 경우는 2~6개월간 급여의 20%가 삭감되며 불이행이 반복되는 경우에는 최대 50%까지 삭감가능하다

(2005년 법; J.-C. Barbier and O. Kaufmann, 2008: 110-111).

제재 조치의 실행은 활성화 성격을 판단할 수 있는 척도라 할 수 있다. 최근 프랑스 실업보험에서 나타나는 제재 건수는 증가하고 있다. 예컨대, 2004년/2005년 기준, 구직등록자 중 수급자격이 소멸된 340,000건 중 제재 조치의 실행과 관련되는 건수는 35,000건에서 40,000건 정도 되는 것으로 파악되었다. 이는 1991년의 5,000건에 비해 놀라운 증가세를 보이고 있는 것이다(J.-C. Barbier et al., 2006: 208). 이러한 제재 조치의 증대는 2001년 실업보험 개혁이 가져온 변화된 모습 중의 하나이다.

실업보험과 마찬가지로 rSa급여도 일부 혹은 전액 지급이 중단될 수 있다.[38] 이는 수급자의 의무사항 불이행 시 발생하는 것으로 예컨대, 정당한 이유 없이 개별화된 취업접근 계획 혹은 사회 포용 계약 작성을 하지 않을 때 혹은 갱신하지 않을 때, 정당한 이유 없이 개별화된 취업 지원 계획 혹은 사회 포용 계약 내용을 준수하지 않을 때, 구직자 명단에서 삭제되었을 때 마지막으로 수급자에 대한 관찰 후 예정된 통제를 거부할 때 등이다. 그리고 관련법은 수급자의 일신상의 변화의 경우도 언급하고 있다. 예컨대, 수급자가 입원하게 되었을 경우에는 수급자가 독신이고 입원 기간이 60일 이상이면 해당일의 다음 달 1일부터 퇴원하는 달의 1일까지 급여는 50% 삭감된다. 한편, 독신인 수급자가 금고형 혹은 투옥되는 경우 그 기간이 60일 이상되는 달의 다음 달부터 출옥 시까지 급여제공이 중지되며, 배우자 혹은 자녀가 있는 경우, 급여 재산정 작업이 이루어지는데, 기존 수급자는 더 이상 가구 구성원에 포함되지 않는다.

공화주의적 연대철학의 영향하에 수급자보다는 국가의 의무를 좀 더 상대적으로 강조하는 국가가 프랑스이다. 하지만 최근에는 수급자의 의무도 못지않게 강조되는 방향으로 변화하고 있는 것이다. 대표적인 사례가 사회 파트너들의 반대에도 불구하고 도입된 실업급여와 구직자 의무 간의 연계 부분인 것이다(J.-C. Barbier and O. Kaufmann, 2008: 88). 이러한 변화가

[38] http://www.service-public.fr/

공화주의적 연대철학의 쇠퇴를 의미하는 것인지에 대해서는 좀 더 면밀한 검토가 필요할 것이다.

4) 활성화 프로그램의 법적 성격

활성화 관점에서 활성화 프로그램에 대한 참여는 수급자의 의무임과 동시에 권리이기도 하다. 이는 국가와의 관계에서 권리 및 의무의 상호 존중 원칙을 지향하고 있다는 것을 의미하기도 한다. 이런 관점에서 볼 때 프랑스는 덴마크와 영국의 중간 지점에 위치하고 있는 것으로 보인다.

우선, OECD가 강조하고 있는 바와 같이 한편, 수급자의 적극적 노동시장 프로그램에의 참여 자체가 의무적인 것은 아닌 것이 프랑스의 특징이다. 이는 어디까지나 개별화된 취업접근 계획(PPAE)의 내용에 달려 있다. 즉 접근 계획의 내용에 적극적 노동시장 프로그램에의 참여가 명시되어 있다면 수급자는 이를 이행해야 한다. 그렇지 않은 경우 이의 참여가 의무사항은 아닌 것이다. 이렇게 볼 때 프랑스는 어떤 국가보다도 개별화된 취업접근 계획을 중요시하고 있음을 알 수 있다(OECD, 2007b). 제재 조치 강화의 최근 경향에도 불구하고 활성화 프로그램에의 의무적 참여는 법적으로 유보되어 있음을 알 수 있는 대목이다.

한편, 이는 수급자가 국가를 상대로 자신의 욕구에 부응하는 프로그램의 실시를 요구할 수 있는 권리가 없는 부분과 직결된다. 소위 청구권 조항이 없는 것이다. 이렇게 볼 때 프랑스 사회보호 영역에서 나타나는 활성화의 법적 성격은 아직은 약한 것으로 보인다.

그럼에도 불구하고 프랑스에서는 합리적 일자리에 대한 법적 규정은 명확하게 자리 잡고 있음에 주목할 필요가 있다. 이는 합리적 일자리 용어가 2003년 폐지된 덴마크 그리고 이와 관련된 법적 조항이 없는 영국과 대조되는 부분이기도 하다.

먼저 권리 의무의 상호 존중과 관련된 내용을 살펴보면 국가는 수급자에게 합리적 일자리를 제의할 의무가 있는 반면, 수급자는 이를 받아들일 의무가 있는 것으로 보고 있다. 반면, 앞에서 언급한 바와 같이 정당한 이유 없

이 수급자가 제안을 거부하는 경우(2회)에는 국가는 제재 조치 행사의 권리
를 가지고 있다. 반대로 수급자 역시 국가가 제의한 일자리가 합리적이지
못한 것으로 판단되는 경우 역시 거부할 권리를 지니고 있다. 물론 국가의
제재 조치에 대한 이의 신청 권리 또한 인정된다. 이처럼, PPAE의 수립 및
실행 못지않게 합리적 일자리 개념 속에도 국가와 수급자 간의 권리 의무의
상호 존중 원칙이 내재되어 있는 것이다.

그럼 여기서 합리적 일자리란 무엇인가 하는 것이다. 이는 3가지 요소의
고려하에 정의되는데, 실업자가 원하는 일자리의 성격 및 특징, 실업자가
선호하는 지리적 여건, 그리고 의중임금(기대임금)이 바로 그것이다. 이 중
의중임금과 선호하는 지리적 여건은 특히 상술되어 있는 바 이 역시 구직등
록기간에 따라 다르다는 점에 유의할 필요가 있다. 이의 구체적 내용은 다
음의 〈표 6-23〉과 같다.

〈표 6-23〉처럼 합리적 일자리의 임금은 구직등록기간이 길수록 낮아진
다. 한편, 선호하는 지리적 여건은 구직등록기간이 6개월 이전까지는 PPAE
에 적시되어 있는 지역이 합리적 일자리로 간주되는 반면, 6개월을 초과하
는 경우에는 출퇴근 소요 시간이 최대 1시간 혹은 집과 직장과의 거리가
30km 이내인 지역으로 한정하고 있다.

한편, 합리적 일자리 제의에 대한 수급자의 거부 권리 또한 인정하고 있
는데, 이는 다음의 경우이다.

〈표 6-23〉 합리적 일자리 정의

구직등록기간	임금	거리
3개월 후	실직 전 임금의 95%	고용촉진 개별화 계획(PPAE)에 명시되어 있는 지역
6개월 후	실직 전 임금의 85%	• 출퇴근 시간: 최대 1시간 혹은 30km 이내
12개월 후	최저임금 혹은 단체협약 인정 최저 소득수준 이상	

출처: Pôle emploi, 2010

첫째, 임금수준이 지역과 직종별 일반적인 임금수준 이하 혹은 법정
혹은 협약에 언급되어 있는 최저임금 이하인 경우
둘째, 전일제 임금을 지향하고 있는 PPAE와 달리 파트타임 일자리가
제안된 경우
셋째, 무기 계약을 지향하고 있는 PPAE와 달리 제의받은 일자리가 유
기 계약 일자리인 경우

즉, 제의받은 일자리의 임금이 최소한의 생활보장에 충분하지 못하거나,
제의받은 일자리 자체가 PPAE에 명시되어 있는 일자리의 성격과 배치되는
경우 수급자는 이를 거절할 권리가 있는 것이다.

이렇게 볼 때 활성화 프로그램의 성격 및 의무적 참여와 관련된 프랑스
활성화의 법적 성격은 덴마크와 비교할 때 약하다고 할 수 있을 것이다.
하지만 합리적 일자리와 관련된 법적 조항은 영국은 물론이거니와 덴마크보
다도 법적으로 잘 마련되어 있는 것으로 판단된다.

2. 근로유인 복지와 활성화: 근로조건부급여(PPE)와 고용 및 사회서비스

본 연구는 근로유인 복지(Make work pay)를 활성화 정책범주 중 저소득
층 근로자의 노동시장 정착을 목적으로 하는 정책 및 제도로 정의내린 바
있다. 대표적으로 근로조건부급여, 조세감면제도, 휴직제도 등을 들 수 있
다. 덴마크의 경우 근로조건부급여제도는 없는 반면 휴직제도가 매우 발달
되어 있음을 알 수 있었다. 한편, 영국은 덴마크와 달리 근로조건부급여제도
가 정착되어 실시 중임을 알 수 있었다. 반면 휴직제도의 경우 육아휴직제
도만 제도적으로 정착되어 있을 뿐 교육 및 훈련 목적의 유급휴가제도는
미비하며 이에 관련된 사회 파트너의 역할도 약한 것으로 확인되었다. 이러
한 점을 고려하면서 본 절에서는 프랑스의 근로유인 복지에 대해서 살펴
보자.

1) 근로조건부급여: PPE

프랑스에서 근로조건부급여(Prime pour l'emploi, PPE라 약함)가 도입된 것은 2001년이다. 이의 내용을 살펴보면 다음과 같다.[39]

(1) 적용 대상 및 수급요건

프랑스 PPE제도의 적용 대상은 다음과 같다.

- 가구원 중 적어도 한 사람은 직업활동을 수행하고 있어야 함(전일제 혹은 파트타임)
- 공공 및 민간의 봉급생활자, 혹은 비봉급생활자(수공업자, 소상공인 …)
- 내국세 납부대상자. 요건 충족의 경우 외국과의 국경 지역에서 일하고 있는 사람도 PPE의 대상자가 될 수 있음
- 부유세(정식 명칭은 연대 재산세, ISF) 납부대상자는 요건 충족의 경우라도 대상에서 제외

위에서처럼, 프랑스 PPE는 봉급생활자뿐만 아니라 자영인도 포함하고 있다. 근로 형태 역시 전일제, 단시간 근로와는 무관하며 가구원 중 한 사람만이라도 직업활동을 수행하고 있으면 적용 대상에 포함된다.

구체적인 수급요건으로 가장 중요한 것은 근로소득 요건이다. 기본 개념은 가구 형태와 최저임금이 그 기준이다. 구체적으로 독신인 경우, 해당 근로자의 연소득이 최저임금의 1.5배 이하이면 수급 가능하다.[40] 한편, 소득 상한선은 가구 형태, 부양 자녀 수 그리고 부부인 경우 경제활동 여부에 따라 다르다. 이의 구체적 내용은 〈표 6-24〉와 같다.

---

39) 특별한 인용 표시가 없는 한, 아래 내용은 프랑스 공공서비스, 고용지원센터, 프랑스 고용노동부의 홈페이지 자료 내용을 재정리한 것임.
40) 2001년 도입 당시는 최저임금의 1.4배가 상한선이었음.

〈표 6-24〉 PPE 수급 가능 소득 상한선(2011년)

가족 상황	근로소득 상한선
독신, 이혼 한부모 (무자녀)	17,451유로
미망인	17,451유로
맞벌이 부부 (부부 모두 3,743유로 이상의 근로소득)	17,451유로
3,743유로 이상의 근로소득 있는 가구의 주부양자	17,451유로
홑벌이 부부	26,572유로
독신, 한부모 (유자녀)	26,572유로

출처: http://vosdroits.service-public.fr/particuliers/F2882.xhtml

소득 요건과 관련하여 프랑스 특징 중의 하나는 소득 하한선도 있다는 점이다. 현재 연간소득이 3,743유로 이하(최저임금의 0.3배)이면 근로시간에 관계없이 수급자격이 없다. 소득 하한선 존재의 이유에 대해서는 파악된 것이 없으나, 아무튼 이는 아주 낮은 임금을 받는 비정규 근로자 일부가 배제될 가능성이 많은 조치이다.

또 다른 특징 중의 하나는 한국과 달리 자녀 요건은 없다는 점이다. 오히려 부양 자녀가 있는 경우 가구의 소득 상한선은 상향 조정된다.[41] 이는 자녀 부양 여부에 관계없이 소득 요건이 수급 관련 핵심 요인이며, 부양 자녀가 있는 경우 PPE 수혜 가능성이 상대적으로 더 크다는 것을 의미한다.

마지막 특징으로 같은 소득이라면 맞벌이 부부인 경우보다 홑벌이 부부 혹은 한부모 가구의 수혜 가능성이 더 크다는 점도 지적되어야 할 것이다.[42] 예컨대, 특정 가구의 연 소득이 20,000유로인 경우, 홑벌이 부부 가구는 수혜 대상이 되지만, 맞벌이 부부의 경우는 수혜 대상에서 배제된다는

---

41) 한 자녀 혹은 비부양 1인당 4,490유로; 예컨대 1자녀 부부의 수급을 위한 소득 상한선은 36,988유로임.

42) 2008년 기준, 무자녀 홑벌이 부부의 중위 소득은 연 27,730유로인 데 비해 맞벌이 부부는 28,420유로로서 큰 차이가 없음.

점이다.

(2) 급여수준

프랑스 PPE급여수준 역시 가구 형태 및 부양가족 수에 따라 다르다. 한편, 여타 국가와 달리 평탄 구간 없이 점증 및 점감 구간만 있다는 것이 특징이다. 급여수준의 구체적 내용은 〈표 6-25〉와 같다.

〈표 6-25〉의 내용을 설명하면 다음과 같다. 급여수준은 우선 가구 형태에 따라 두 가지로 구분된다. 먼저, 수급자가 독신 혹은 한부모, 맞벌이 부부의 가구원인 경우이다. 이 경우에는 첫째, 가구원 총 소득이 12,315유로까지는 소득이 증대될수록 PPE급여도 많아진다(점증 구간).[43] 둘째, 해당 가구원 소득이 12,315유로에서 17,227유로 사이는 소득이 많을수록 PPE급여는 적어진다(점감 구간). 예컨대, 소득이 12,316유로인 가구의 PPE는 948유로인 데 반해, 17,226유로의 소득을 가진 가구의 PPE는 거의 0에 가깝다. 가구원 소득이 17,227 이상인 경우, 가구 형태와 관계없이 기본적으로 PPE

〈표 6-25〉 프랑스 PPE급여수준(2009년)

가구 상황	소득(R) 구간	환급액 수준
독신, 미망인, 이혼 맞벌이 부부	3,695≤R(소득)≤12,315	소득 * 7.7%
	12,315 〈 R≤17,227	(17,227−R) * 19.3%
	17,227 〈 R≤26,231	0유로*
홑벌이 부부	3,695≤R≤12,315	(R * 7.7%) + 82유로
	12,315 〈 R≤17,227	(17,227−R) * 19.3% + 82유로
	17,227 〈 R≤24,630	82유로
	24,630 〈 R≤26,231	(26,131−R) * 5.1%

* 부양가족(주로 자녀)이 1명 이상이면 72유로(법정)를 받을 수 있음
출처: http://www.travail.gouv.fr/informations-pratiques

---

43) 예컨대, 해당 가구소득이 12,315유로인 가구의 PPE는 948유로임.

는 0유로이다. 단, 부양가족이 있는 독신 혹은 한부모 가구는 예외적으로 72유로의 PPE급여를 받을 수 있다는 것이다.

다음으로 신청자 가구 형태가 홑벌이 부부 가구인 경우이다. 여기서는 독신, 한부모, 맞벌이 부부와 달리 자녀수가 고려 대상이 되지 않는다. 대신 동일 소득구간에서 82유로가 추가적으로 지급된다.[44] 또 다른 차이점은 점증 구간과 점감 구간만 있는 것이 아니라 평탄 구간도 있다는 점이다.[45] 한편, 소득이 24,630유로 이상은 점감 구간으로 76유로가 급여 최대액이다.

여기서 찾을 수 있는 시사점은 다음과 같다.

첫째, 가구 형태에 관계없이 소득이 최저임금의 1.5배까지는 점증 구간으로 되어 있다. 이는 PPE제도가 기본적으로 저소득 근로자의 생활보장에 초점을 두고 있음을 의미한다.

둘째, 수급요건 소득 상한선처럼 급여수준 역시 같은 조건이라면 홑벌이 부부 가구에 대한 배려가 더 크다는 것을 알 수 있다. 대신, 독신, 한부모, 맞벌이 부부 가구에게는 부양해야 할 자녀가 있는 경우에만 환급액 수준이 높아진다.

이렇게 볼 때 프랑스 PPE제도는 기본적으로 저소득층 근로자의 소득 유지를 목적으로 하고 있음에도 불구하고 내부적으로는 남성 생계 부양자 모델의 성격과 다자녀 가구의 우선적 배려라는 프랑스 전통적인 복지 모델 성격이 그대로 드러나고 있음을 알 수 있다.

(3) 수급 규모 및 평가

먼저 수급 규모를 살펴보면, 약 800만 가구가 혜택을 받고 있는 것으로 집계된다. 이는 프랑스 전체 가구(2천7백만여 가구)의 25%가 넘는 규모이다(2009년 기준). 수혜 집단의 가구 형태별 구성을 살펴보면, 수혜 가구의 60%는 독신 혹은 한부모 가구이며, 23%는 홑벌이 부부, 나머지 12% 정도

---

44) 예컨대, 소득이 12,316유로인 홑벌이 가구의 PPE는 1,030유로임.

45) 17,227 < R ≤ 24,630의 경우 일률적으로 82유로로 책정.

〈표 6-26〉 근로 형태별 PPE 수급자 비중(2008년)

	PPE 수급자	취업자 중 차지하는 비율
무기 계약 근로자	85	89
기간제, 인턴	12	9
전일제 계약 근로자	79	84

출처: M. Cochard et al., 2008: 63(tableau 3)

는 맞벌이 부부인 것으로 나타난다.[46] 한편, 수급자의 근로 형태를 살펴보면, 3분의 2는 전일제 근로자로 구성되어 있다. 전일제 근로자에 대한 배려역시 프랑스 특징 중의 하나로서 〈표 6-26〉처럼, 기간제, 인턴 근로자가 저소득임에도 불구하고 상대적으로 적은 비중을 차지하는 것은 소득 하한선제도에 기인한 것이다.

마지막으로 프랑스 PPE제도 실시의 효과를 정리하면 다음과 같다. 일단긍정적 효과로서는 많은 연구자들의 지적처럼 일정 부분 소득 재분배 효과가 있는 것은 사실이다(E. Stancanelli and H. Sterdyniak, 2004; M. Cochard et al., 2008). 이는 PPE 수혜 가구의 73%는 중간 소득 이하 가구에 집중되어 있다는 점에 근거한 것이다. 〈표 6-27〉처럼, 소득 분위를 기준으로 할 때 프랑스 PPE의 주요 수급 가구는 2분위에서 6분위 사이에 위치하

〈표 6-27〉 소득 분위별 PPE 수급자 분포

	1분위	2	3	4	5	6	7	8	9	10
수급가구 비율	9.7	13.8	14.9	15.3	13.5	12	10.3	6.5	2.8	1.2
누적 비율	9.7	23.5	38.4	53.7	67.2	79.2	89.5	96	96.8	100

출처: M. Cochard et al., 2008: 63(tableau 4)

---

46) 이는 2001년 통계임. Insee, 2002.

고 있다.

이렇게 볼 때, 프랑스 PPE제도는 저소득층 근로자의 소득 보전이라는 기본 취지를 일정 부분 실현하고 있는 것으로 평가할 수 있다. 그럼에도 불구하고 몇 가지 문제점은 지적되어야 할 것이다.

첫째, PPE의 기본 취지를 고려할 때 수급요건 소득 상한선이 너무 높다. 앞에서 본 바와 같이 홑벌이 부부인 경우 근로소득이 26,231유로 이하면 PPE 수급이 가능하다. 이는 소득 분위를 기준으로 할 때, 상위 8분위의 평균 소득에 해당한다. 뿐만 아니라 〈표 6-27〉에서처럼, 최상위 소득 분위인 9분위, 10분위 가구 중에서도 수급 가구가 있음이 확인된다. 수급 대상의 포괄성이라는 긍정적 측면에도 불구하고 소득 최상위 가구의 일부까지 수급 대상에 포함되어 있는 점은 기본 취지를 훼손시키는 측면이 강하다고 할 수 있다.

둘째, 높은 소득 상한선 못지않게 반드시 지적되어야 할 점은 소득 하한선 제도의 운영이다. 앞에서 본 것처럼, 근로소득이 3,695유로 이하인 자는 수급 대상에서 제외된다. 이에 따라 〈표 6-27〉에서처럼, 전체 수급 가구 중 소득 1분위 가구가 차지하는 비율은 9.7%에 불과하다. 소득 하한선 제도가 운영되고 있는 배경에는 PPE와 rSa제도 간의 정합성이 고려되었을 것으로 판단된다.[47] 그럼에도 불구하고 비정규 근로자 등 소득이 최저임금의 30% 미만인 근로자가 배제되어 있다는 사실은 중요한 문제점 중의 하나로 지적되어야 할 것이다.

셋째, 급여수준이 너무 낮다. 프랑스 PPE 최대 급여수준은 1,000유로를 약간 상회하고 있다. OECD에 따르면 영국의 WTC를 통해서 제공되는 급여의 평균은 근로소득의 30~35%를 차지한다. 반면 프랑스의 PPE 평균 급여수준은 근로소득의 2~3% 수준이다(OECD, 2005). 저임금 근로자 소득보전 제도가 PPE만 있는 것이 아니라는 점을 고려하더라도 프랑스 PPE급여수준은 국제비교 관점에서 낮은 것이 사실이다. 오히려 소득 상한선 수준을 낮

---

47) 앞에서 언급한 바와 같이 rSa제도 역시 이러한 맥락에서 도입되었던 것이다.

추고 대신 급여수준을 좀 더 올리는 것이 본래 취지에 맞는 개선방향일 것이다.

2) 고용 및 사회 서비스

(1) 훈련휴직제도

근로자의 훈련휴직에 대한 권리보장 차원에서 프랑스는 영국보다는 덴마크와 유사한 것으로 볼 수 있다. 그 이유는 첫째, 역사적으로도 프랑스는 훈련휴직에 대한 근로자의 권리가 어느 국가보다도 일찍 보장된 국가이다. 프랑스 최초의 근로자훈련휴직제도는 개인훈련휴직제도(Congé individuel de formation, 이하 CIF)인데 이 제도가 도입된 해는 1970년이다. 둘째, 현재도 다양한 형태로 근로자의 훈련휴직제도가 실시되고 있다. 구체적으로 근로자에게 제공되는 훈련휴직제도로서 훈련계획과 훈련휴직 등 두 종류가 있다(한국산업인력공단, 2010). 이 중 훈련계획은 다시 고용주가 준비한 훈련계획을 통해 이루어지는 것과 개별훈련권리(Droit individuel à la formation, 이하 DIF)에 바탕을 두고 근로자 자신의 계획에 따라 실시되는 것으로 나눌 수 있다. DIF제도는 2003년 법 제정을 통해 이듬해에 도입된 것으로 이의 적용 대상은 현 사업장에서 고용된 지 1년이 지난 무기한 계약 근로자이다(CEDEFOP, 2012: 66). 연간 20시간의 개별훈련시간이 주어지며 6년 동안 120시간 사용할 수 있으며 전직의 경우 다른 기업에서 잔여 훈련시간을 사용할 수 있다. 훈련시간은 훈련이 근로시간 중 행해질 때에는 100%, 근로시간 외의 경우에는 50%로 환산된다(Eurofound & CEDEFOP, 2009: 24). 재원은 무기 계약 근로자인 경우에는 고용주가 부담하며 기간제 근로자에 대해서는 직업훈련비징수기구(OPCAs)가 훈련비용을 조달한다. DIF는 권리 차원에서 중요한 제도임에도 불구하고 적용대상이 제한적인 한계를 보이고 있다.[48] 한편, 두 가지 종류의 훈련계획의 참여 근로자는 전체 근로자의

---

48) 2006년 기준, DIF를 사용한 근로자는 166,054명으로 이는 전체 근로자의 4%에 불

40%에 달한다. 이는 DIF보다 고용주 주도의 훈련계획에 참여하는 근로자가 압도적으로 많다는 것을 의미한다.

둘째, 훈련휴직제도이다.[49] 근로자들은 훈련에 대한 법정권리를 지니고 있으며 기업 차원의 훈련계획과 무관하게 스스로 선택한 훈련을 받기 위해 휴가를 신청할 권리가 있다. 이는 다시 내부적으로 개인훈련휴직(CIF), 기술평가휴직(Congé de bilan de compétences, CBC) 그리고 경력평가휴직(Congé pour validation des acquis de l'expérience, 이하 CVAE) 등 세 가지 종류가 있다. 이 중 CIF는 최초의 훈련휴직제도로서 현 직장에서 1년 이상의 근로경력이 있는 무기 계약 근로자 혹은 360시간 이상 근로경력이 있는 파견근로자가 그 대상이다. 최저 기간은 명시되어 있지 않는 반면, 최대 1년(정규직) 혹은 1,200시간(비정규직 근로자)까지 신청가능하다.[50] CVAE는 2002년 도입된 제도로 근로자 전체가 적용대상이다. 하지만 24시간이 최대이용기간임이 한계라 할 수 있다. 그리고 실질 이용자 수도 8,946명에 불과하다(2008년 기준). 한편 다음의 〈표 6-28〉은 세 가지 훈련휴직제도의 이용규모 및 승인 비율을 정리한 것이다.

신청 현황을 살펴볼 때 훈련휴직에 대한 근로자의 권리보장에도 불구하

〈표 6-28〉 프랑스 훈련휴직제도의 이용 규모 및 승인비율(2006년)

유형	이용 규모(명)	승인율(%)
개인훈련휴직(CIF)	62,591	70
기술평가휴직(CBC)	29,005	98
경력검정휴직(CVAE)	7,988	96.5

출처: 한국산업인력공단, 2010: 36의 표 10

과함.
49) 이하 내용은 CEDEFOP, 2012의 프랑스 부분을 발췌, 재정리한 것임.
50) 2008년 기준, 49,947명이 사용했음.

고 이 제도를 실질적으로 활용하는 근로자는 많지 않은 것 같다. 이는 두 가지 요인에 기인한 것으로 고용주의 승인을 받아야 하는 데서 오는 관계의 불편함이 첫 번째 이유이며 두 번째는 덴마크와 달리 훈련휴직제도가 일자리 순환(job rotation)과는 무관하다는 점이다. 앞서 덴마크를 통해서 실업 문제 해결의 목표하에 일자리 순환과의 연관성하에서 훈련휴직제도가 하나의 국가 정책으로 도입되는 사례를 발견할 수 있었다. 하지만 프랑스에서는 일자리 순환에 대한 관심 자체가 거의 없으며 이의 연장선상에서 훈련휴직제도에 대한 관심 또한 상대적으로 덜하다고 할 수 있다.

한편, 훈련휴직제도의 운영과 관련된 프랑스 사회 파트너의 역할은 매우 강한 점에 주목할 필요가 있다. 우선, 훈련휴직제도를 포함하여 근로자의 평생훈련체계와 관련된 사안은 산별로 단체교섭이 이루어지고 있다. 그리고 단체교섭의 결과는 법으로 집행된다(Eurofound & CEDEFOP, 2009: 8과 16). 뿐만 아니라 평생훈련을 위한 운영기구 및 훈련비 징수 기구 또한 사회 파트너의 주도하에 있다. 예컨대, 노사위원회(CPNFP)는 원활한 직업훈련 시스템 운영을 책임지고 있으며 영역별 조율을 관장하고 있다. 그리고 산별로 운영 중인 직업훈련비징수기구(OPCAs) 역시 사회 파트너의 주도로 설립된 것이다(한국산업인력공단, 2010: 17). 이는 훈련휴직제도 자체를 개인 차원 혹은 기업별 단체교섭의 사안으로 간주하고 있는 영국과 대조를 이루고 있는 부분이다.

(2) 육아휴직체계(parental leave systems)

저소득층 근로자의 노동시장 정착을 유도하는 간접적인 수단으로 프랑스의 육아휴직제도의 현황을 살펴보자. 먼저 역사적으로 프랑스는 모성출산휴가(maternity leave)제도를 조기 도입한 국가 중의 하나이다. 이 제도가 도입된 해는 1928년으로 유럽 국가 중 당시 출산휴가가 시행되고 있던 국가는 프랑스를 포함하여 6개 국가에 불과했다.[51] 이후 1978년 유급출산휴가제도

---

51) 프랑스, 독일, 이탈리아, 노르웨이, 스페인, 스웨덴.

<표 6-29> 프랑스의 출산휴가 및 육아휴직급여 비중

(1인당 소득 대비, %)

	1993	1994	1995	1996	1997	1998	1999	2000
프랑스	1.3	1.3	1.5	1.7	1.9	1.9	1.9	1.9
EU15평균	–	–	1.8	1.7	1.6	1.8	1.5	1.5

출처: Eurofound, 2004a의 table 1에서 발췌(http://www.eurofound.europa.eu/eiro/2004/03/study/tn0403101s.htm)

로 바뀌었다. 그리고 1994년에 육아휴직제도(parental leave)가 도입되었으며 이에 배우자출산휴가제도까지 도입되어(2002년) 현재는 육아휴직과 관련된 모든 제도가 법정제도이다.

프랑스 육아휴직제도의 특징과 관련하여 먼저, <표 6-29>를 통해 지출 규모를 살펴보자.

2000년을 기준으로 한 프랑스의 1인당 국민소득 대비 육아휴직지출비중은 1.9%이다. 이는 유럽 15개 회원국 평균보다 높은 수치이다. 동 시기 덴마크(2.6%)와 영국(0.4%)의 중간 지점에 위치하고 있다. 추이를 살펴보면 1995년부터 점증 추세에 있는데 이는 1994년 도입된 육아휴직제도에 기인한 것으로 보인다.

세 가지 제도의 구체적인 내용을 살펴보면 우선 모성휴가제도(maternity leave)의 경우 그 기간은 16주(자녀수가 1명 혹은 2명) 혹은 26주(3명)이다.[52] 이는 덴마크(18주)보다는 길지만 영국(52주)보다는 짧다. 하지만 기간 전체가 유급인 점은 영국과 다른 점이다. 수급자격으로서는 10개월 이상의 보험 가입 경력이 요구되며 임금의 최대 100%까지 지급된다. 부성휴가제도(paternity leave)는 영국, 덴마크와 마찬가지로 2주이다. 유급으로서 그 수준은 처음 3일 동안 임금의 100%가 지급된다. 한편 프랑스의 특징이

---

[52] 이하 내용은 OECD, 2012; ILO, 2010; 윤홍식, 2006의 관련 내용을 바탕으로 한 것임.

가장 많이 부각되는 제도가 육아휴직제도(parental leave)이다. 우선 수급기간이 부모 각각 156주(3년)로 덴마크(40주) 및 영국(26주)은 물론 유럽국가 중 독일과 함께 가장 길다.[53] 뿐만 아니라 이 기간 중 시간제 근로도 가능할 뿐만 아니라 임금의 39%에 해당하는 급여까지 제공된다. 이렇게 볼 때 프랑스 육아휴직제도의 가장 큰 특징은 유급 형태로 이루어지는 장기간의 급여기간이라 할 수 있다.

III. 소결: 근로유인 복지 및 혼합형 활성화 레짐

지금까지 활성화 레짐의 관점에서 프랑스의 전 사회적 일관성의 구성요소와 활성화 정책의 두 가지 범주(근로연계 복지와 근로유인 복지)와 직결되는 정책 및 제도의 구체적 내용을 살펴보았다. 그 특징을 정리하면 다음과 같다.

첫째, 활성화 레짐은 전 사회적 일관성의 구성요소와 활성화 정책 간의 정합성을 전제로 하고 있다. 덴마크 및 영국과 마찬가지로 프랑스 역시 전 사회적 일관성의 구성요소와 활성화 정책 간 강한 상호작용 모습을 보이고 있다. 먼저, 계층주의로 대변되는 사회의 일반적 가치 및 규범은 조합주의 사회보호 체계는 물론이거니와 활성화 정책의 범주별 접근방법에 그대로 반영되고 있다. 예컨대 적극적 연대수당제도의 수급요건 중의 하나인 연령 요건은 영국과 덴마크에서는 볼 수 없는 부분이다. 계층주의 문화가 가장 드러나는 부분은 급여수준의 산정방식이다. 예컨대 적극적 연대수당제도에서는 취업 여부가 고려되며, 실업보험에서는 가입기간 및 임금뿐만 아니라 여타 국가에서는 볼 수 없는 연령까지 고려대상인 것이다. 사회적 지위 및

---

53) 1년씩 2번 연장 가능.

계급 차이의 유지를 지향하는 계층주의 문화는 이중적 노동시장을 창출하는 결과를 초래하고 있다는 비판에 주목할 필요가 있다. 활성화 프로그램의 참여자들이 국가를 통해서 제의받는 일자리의 대부분은 임금 보조를 통한 일자리이다. 이들 일자리는 최저임금수준의 기간제 근로가 주를 이루고 있다. 이는 활성화 조치 적용 대상자의 노동시장 진입을 유도하는 긍정적 측면이 있는 반면, 불안정 노동시장을 양산시키는 부정적 측면 또한 무시할 수 없는 것이다. 역으로 이중적 노동시장은 계층주의 문화를 강화시키는 요인으로 작용하는 것이다. 프랑스 임금생활자 사회의 위기 혹은 노동시장 취약성의 심화 현상을 경고하는 목소리에 주목할 필요가 있는 대목이다(S. Lefèvre et al., 2011). 한편, 산별 혹은 기업별 수준의 단체교섭이 주를 이루고 있음에도 불구하고 영국과 달리 프랑스 노사관계는 활성화 정책의 입안 및 집행에 일정 부분 역할을 수행하고 있는 것으로 판단된다. 적극적 연대수당제도의 도입과정 그리고 훈련휴직제도의 개혁 과정에서 나타나는 사회 파트너의 역할이 이를 방증한다. 특히 낮은 가입률에도 불구하고 높은 수준의 단체협약 적용률, 여전히 강력한 프랑스 노조 현실은 제도적 보완장치의 중요성을 보여주는 대목이다.

둘째, 활성화 관점에서 프랑스 근로연계 복지에서 나타나는 특징으로는 다음과 같이 정리할 수 있을 것이다. 우선, 프랑스 근로연계 복지는 범주적 접근방법을 통해서 적용대상에 대한 확인을 시도하고 있으며 청년 및 중고령집단 등 일부 집단은 사각지대에 방치되어 있는 한계도 드러난다. 한편, 급여 및 서비스 성격 부분에서 훈련 프로그램에 대한 재정적 지출은 영국과 덴마크의 중간지점에 위치하고 있다. 하지만 이러한 훈련 프로그램이 어느 정도 수급자의 활성화에 도움을 주고 있는지는 여전히 의문으로 남는다. 임금보조를 통한 일자리 창출 정책까지 고려한다면 프랑스 역시 훈련 서비스보다는 노동시장에의 취업을 더 많이 강조하고 있는 국가로 판단된다. 한편, 활성화 조치가 도입되면서 프랑스 역시 수급자에 대한 의무가 많이 강조되고 있는 추세이다. 이전과는 달리 적극적 연대수당의 수급자도 수급을 위해서는 고용지원센터에 구직등록을 해야 한다. 수급자의 의무사항 불이행에 대한 제재 조치의 강화 역시 공화주의적 연대 철학과는 차이가 나는 새로운 모습 중의 하나이다. 한편, 활성화 프로그램의 법적 성격은 프랑스 특징이 가장 강하게 나타나는 부분이다. 덴마크와 달리 프랑스에서는 아직 수급자가 자신의 욕구에 부응하는 프로그램 제공을 요청할 권리는 없으며 이 역시 국가의 의무사항은 아니다. 권리 및 의무의 상호 존중을 지향하는 활성화 성격이 제도적으로 완전히 정착되지 못한 부분으로 여겨진다. 활성화 프로그램에 대한 의무적 참여 여부는 프랑스의 행동 계획(action plan)인 개별화된 취업 계획(PPAE)의 내용에 따른 사안일 뿐 이것이 모든 대상자에게 자동적으로 적용되는 것은 아니다. 그만큼 프랑스의 활성화는 개별화된 취업 계획(PPAE)을 중요하게 간주하고 있다. 권리 및 의무의 상호 존중 원칙이 분명하게 나타난 부분도 있으니 합리적 일자리 개념이 바로 그것이다. 이렇게 볼 때 프랑스 활성화는 덴마크에 비해서는 법적 성격이 아직은 약하다. 한편, 영국에서 볼 수 있는 징벌적·강제적 성격의 국가도 아닌 제3의 특성을 보여주고 있다고 할 수 있다.

셋째, 활성화 정책의 두 가지 범주 중 프랑스는 근로연계 복지보다 근로유인 복지가 더 강한 모습을 띠고 있는 것으로 판단된다. 예컨대 프랑스의 근로조건부급여인 PPE는 적용 대상의 광범위성을 보여주고 있다. 전체 가구의 25%에 달하는 800만 가구가 이 제도의 수혜가구이다. 그리고 많은 연구자들이 강조하듯 제도의 소득 재분배의 효과도 크다고 할 수 있다. 그럼에도 불구하고 중요한 문제는 PPE가 어느 정도 저소득층 근로자의 노동시장 정착에 도움을 주고 있는가 하는 것인데, 수혜대상가구의 소득 분포와 낮은 급여수준을 고려하면 아직도 개선의 여지가 많아 보인다. 한편, 근로유인 복지의 하나인 훈련휴직제도는 오랜 역사 못지않게 다양하게 운영되고 있다. 특히 2003년 도입된 DIF은 6년의 최대 이용 기간 중 근로자가 자신의 상황에 맞게 사용할 수 있는 훈련휴직제도로서 국제적으로 많은 관심을 모으고 있다. 이와 관련하여 프랑스 단체교섭의 역할을 무시해서는 안 될 것이다. 한편, 수급기간이 장기적이라는 특징을 보이고 있는 육아휴직제도 역시 프랑스를 대표하는 근로유인 복지의 하나이다.

넷째, 프랑스의 활성화 레짐에 관한 것이다. 결론부터 말한다면 보편주의 활성화 레짐과 자유주의 활성화 레짐의 성격 일부를 공유하고 있는 혼합형(hybrid type)이라는 것이 본 연구의 잠정적인 결론이다(〈표 3-8〉 참조). 우선, 프랑스 활성화 레짐에는 보편주의 활성화 레짐의 성격의 일부가 나타난다. 계층주의가 토대임에도 불구하고 사회구성원 간의 연대, 이에 관련된 국가의 의무가 강조되는 부분은 보편주의 활성화 레짐에서 나타나는 일반적 사회가치 및 규범과 높은 조응성을 보여주고 있다. 특히 다른 국가의 사회부조에 해당하는 최저소득보장제도(사회적 미니멈)는 사회적 취약집단의 생활보장에 대한 사회 구성원의 공감대와 이와 관련된 국가 책임의 제도적 반영의 결과물이다. 뿐만 아니라 노사 문제뿐만 아니라 국가의 주요 정책의 입안 및 집행 과정에서 나타나는 사회적 파트너의 강한 역할, 지방정부의 주도로 실시되는 사회서비스 등의 모습 역시 보편주의 활성화 레짐과 관련성이 높다. 그리고 덴마크보다 더 합리적 일자리에 대한 법적 권리 의무 관계가 형성되어 있는 점 또한 주목해야 될 부분이다.

반면, 프랑스 활성화 레짐은 자유주의 활성화 레짐의 특성도 지니고 있다. 우선 적용대상 선정에서 선별주의적 경향을 들 수 있다. 특히 연령 요인이 수급요건의 하나로 간주되고 있는 점에 주목할 필요가 있다. 그리고 근로조건부급여제도를 강조하고 있는 점 또한 자유주의 활성화 레짐에서 나타나는 특징 중의 하나로서 세액공제제도의 활용을 통해서 저소득층의 노동시장 정착을 유도하고자 하는 취지에서 실시되고 있다.

한편, 두 개의 이상적 모델에서는 볼 수 없는 프랑스 특유의 성격도 있음에 유의할 필요가 있을 것이다. 예컨대, 낮은 노조 가입률과는 대조적으로 단체협약 적용률이 높은 점, 활성화 프로그램에 의무적 참여에 대한 유보적 성격,[54] 법적 규정이 있음에도 불구하고 실질적으로는 상황 논리에 더 많이 의존하고 있는 제재 조치의 실행 부분이 바로 그것이다.

이상의 점 등을 고려할 때 프랑스 활성화 레짐은 혼합형으로 보는 것이

---

54) 개별화된 취업 계획의 내용이 중요함.

적절할 것이다. 한편, 이러한 혼합형이 그 자체 정체성을 지니고 있는 제3의
레짐이 될 수 있는가에 대해서는 현재로서는 부정적이다.

제3부 국제비교 결과와 활성화 레짐 유형론의 한국 적용가능성

제7장

활성화 레짐의 국제비교 결과 및 함의

지금까지 본 연구는 활성화 레짐의 관점에서 이의 구성요소와 유형을 중심으로 덴마크, 영국, 프랑스 3개 국가의 특징을 살펴보았다. 본 장에서는 3개 국가의 활성화 레짐을 상호 비교한 후 그 결과가 내포하고 있는 함의를 살펴볼 것이다. 글의 순서는 활성화 레짐 구성요소를 포함하고 있는 영역으로서 전 사회적 일관성을 먼저 살펴보고 이어서 3개 국가의 사회보호 활성화 정책을 상호 비교할 것이다. 마지막으로 이러한 상호 비교 결과가 주는 이론적 함의를 도출할 것이다.

I. 전 사회적 일관성의 국제비교

전 사회적 일관성의 4가지 구성요소인 사회의 일반적 가치 및 규범, 사회보호 체계, 노사관계 마지막으로 조세제도에 대한 3개 국가의 특징을 정리하면 다음과 같다. 본 연구가 살펴보고자 했던 것은 단순히 4가지 구성요소의 국가별 특징만이 아니다. 이미 언급했던 것처럼 제도적 정합성의 관점에서 이러한 구성요소들과 해당국가의 활성화 정책이 어떻게 상호 영향을 주고받고 있는지 역시 본 연구의 핵심 문제였다.

1. 사회의 일반적 가치 및 규범

특정 국가 혹은 사회를 대표하는 이념 혹은 사상이 특정 정책 및 제도의 수립에 미치는 영향에 대해서는 이미 많은 연구를 통해 증명된 바 있다.[1] 특히 사회의 일반적 가치 및 규범은 활성화 정책에 대한 정당성의 근거로 작용하고 있음이 목격되었다. 구체적으로 본 연구는 복지의 문화적 토대, 빈곤원인에 대한 지배적 인식 유형, 국가 개입에 대한 일반 국민의 반응 등을 통해 3개 국가에서 나타나는 사회의 일반적 가치 및 규범을 살펴보고자 했으며 이를 바탕으로 이러한 특징이 해당국가의 활성화 정책에 미치는 영향을 확인하고자 했다. 다음의 〈표 7-1〉은 3개 국가의 특징을 나타낸 것이다.

〈표 7-1〉에서처럼 3개 국가는 여러 측면에서 공통점 못지않게 많은 차이점을 보이고 있다. 먼저 월답스키의 문화 유형을 기준으로 할 때 덴마크는 평등주의, 영국은 개인주의 성향이 강하게 나타나는 반면 프랑스 국민의 문

---

1) 예컨대 조남경(2013)은 복지의 문화적 토대, 복지태도, 문화적 문맥으로 나누어 사회정책연구에서 나타나는 문화적 접근 경향을 설명하고 있다.

〈표 7-1〉 사회의 일반적 가치 및 규범 특징과 활성화 정책에의 영향 국가별 비교

	덴마크	영국	프랑스
복지의 문화적 토대	평등주의	개인주의	계층주의
빈곤원인에 대한 지배적 인식 유형	사회 변화의 불가피성 (사회적 운명)	개인적 비난	사회의 책임 (사회적 비난)
국가 개입에 대한 태도	긍정적	부정적	긍정적
활성화 정책에의 영향	시민권 바탕/ 교육 및 훈련 프로그램	근로윤리/ 신속한 노동시장 진입	지위 차이 중시

화적 특성은 계층주의 성격을 강하게 보이고 있다. 한편, 빈곤원인에 대해서 대다수 덴마크 국민은 사회 진보의 불가피한 결과(사회의 운명)로 보고 있다. 반면 개인주의적 문화 전통이 강한 영국민은 빈곤의 발생 역시 개인적 나태함에서 비롯된 것으로 보는 경향이 강하다. 한편, 프랑스 국민의 대다수는 빈곤발생의 사회적 측면(사회적 비난)의 중요성을 강하게 인식하고 있다. 이러한 인식의 차이는 국가의 사회 문제 개입에 대한 대중의 인식 차이로 연결된다. 구체적으로 빈곤발생의 사회적 측면에 대한 인식이 강한 덴마크와 프랑스 국민은 국가 개입에 대해서 호의적인 반면 영국은 부정적인 경향을 보이고 있다.

한편 이러한 사회의 일반적 가치 및 규범은 해당 국가의 활성화 정책의 정향 및 구체적인 프로그램의 내용에도 영향을 주고 있는 것으로 판단된다. 즉 활성화 정책이 지니고 있는 공통된 속성, 즉 인센티브 혹은 제재 조치를 통한 수급자의 취업 가능성 제고 및 이들의 노동시장 진입 및 정착에도 불구하고 평등주의를 지향하는 덴마크의 활성화는 시민권에 바탕을 두면서 수급자의 교육 및 훈련에 초점을 두고 있다. 반면 구직자급여제도(JSA)나 뉴딜 프로그램에서 나타나는 바와 같이 영국의 활성화 정책은 수급자의 신속한 노동시장 진입을 강조하고 있는데 이는 근로윤리를 강조하는 영국 전통을 대변하고 있다. 한편, 빈곤발생 원인의 사회적 측면을 강조함과 동시에

사회 문제해결에 대한 국가의 개입에 대해서 호의적임에도 불구하고 프랑스의 활성화 정책은 지위 차이를 유지하려는 성격이 강하게 나타난다. 예컨대, 수급자의 노동시장 진입을 용이하게 하기 위한 해법으로 국가의 임금지원에 바탕을 둔 근로계약체결을 들 수 있다. 수급자의 사회권 보장 차원에서 이 제도는 덴마크와 영국의 중간지점에 위치하고 있다. 한편, 수급자의 취업률 증대라는 가시적 효과에도 불구하고 수급자에게 제공되는 일자리의 대부분은 최저임금수준으로서 노동시장을 양분시키는 결과를 초래하고 있음에 주목할 필요가 있다. 이는 내부자와 외부자를 구분시키고 있는 기여제 방식의 사회보험과 유사하게 프랑스 계층주의의 한 단면이라 할 수 있다. 달리 말하면 평등주의에 바탕을 둔 국민연대와 지위의 구분에 바탕을 둔 집단 연대 간의 긴장 및 갈등하에서 정책 및 제도가 등장하는 국가가 바로 프랑스라 할 수 있다.

2. 사회보호 체계

본 연구가 제시하고자 했던 전 사회적 일관성의 두 번째 구성요소는 국가별 사회보호 체계이다. 여기서 말하는 사회보호 체계는 사회보장 그중에서도 사회보험제도를 의미한다. 기존 사회보험제도의 한계가 활성화에 대한 관심 증대의 배경 중 하나임에 분명하다. 그럼에도 불구하고 제도적 정합성의 측면에서 볼 때 국가별 기존 사회보험제도의 운영체계 즉 적용대상(보편주의, 선별주의), 재원확보방식(조세, 기여금), 운영기구의 성격 등은 활성화 정책의 적용 대상 및 제공되는 프로그램의 성격과 밀접한 관련성이 있을 것이라는 본 연구의 전제였으며 분석 결과는 여실히 이를 증명하고 있다. 다음의 〈표 7-2〉는 3개 국가의 사회보험 운영체계를 정리한 것이다.

비교 관점에서 국가별 특징을 정리하면 다음과 같다. 먼저 덴마크는 적용 대상에서 보편주의를 견지하고 있다. 물론 사회보험의 특성상 실업보험 등은 몇 가지 수급요건이 충족되어야만 급여 수혜의 자격이 주어진다. 하지만

〈표 7-2〉 3개 국가 사회보험 운영체계 및 활성화 정책에의 영향

	덴마크	영국	프랑스
적용대상	보편주의	선별주의(사회보험)/ 보편주의(사회부조)	보편주의
운영원칙	통합주의	통합주의	조합주의
운영기구	공공행정기관/ 지방정부의 역할 강함	공공행정기관	공단(Caisse)
재정충당방식	조세지배형	조세/기여금	기여금/조세
활성화 정책에의 영향	적용대상의 포괄성/ 지방정부의 역할 강함	선별주의 → 보편주의/ 비경활인구의 경활인구로의 이행 유도	범주적 접근방법 (청년집단 배제)

분명한 점은 가입자체의 걸림돌은 없다는 것이다. 한편, 분석 대상 국가 중 덴마크의 사회보험 운영기구가 지니고 있는 공공성은 매우 강하다. 여기서 말하는 공공성은 공공행정기관에 의한 사회보험의 가입, 자격관리 및 급여 제공을 말하는 것으로 덴마크 사회보험의 실질적 운영 업무는 지방정부의 몫이다. 한편, 비중 감소 추세에도 불구하고 덴마크 사회보험 운영에 필요한 재원은 조세에 바탕을 두고 있다. 이러한 사회보험 운영체계는 활성화 정책에도 그대로 반영되고 있는 것으로 보인다. 예컨대 덴마크의 실업보험과 사회부조를 통해서 실시되는 활성화 프로그램의 적용 대상은 어느 국가보다도 포괄적이다. 그리고 사회보험과 마찬가지로 이들 프로그램의 상당수는 지방정부와 지방정부 관할하에 있는 Jobcenter가 관여하고 있다.

한편, 영국의 사회보험에서 나타나는 적용대상의 성격은 이중성을 지니고 있다. 복지의 역설이라고 불릴 정도로 영국 사회부조의 역할은 매우 크다. 이는 기본적으로 사회보험의 지나치게 엄격한 선별성에 기인한 것으로 베버리지 보고서에 언급되어 있는 것과는 대조적인 모습을 띠고 있다. 그럼에도 불구하고, 덴마크와 마찬가지로 영국 사회보험이 공공기관의 관할하에 있는 점은 선진복지국가로서의 위상을 보여주고 있는 부분이다. 한편, 영국

사회보험의 재원은 조세와 기여금이 각각 절반을 차지하는 조세/기여금 혼합형을 보이고 있다. 베버리지 복지 모델로부터는 이탈한 측면이 있음에도 불구하고 유럽의 여타 국가에 비해서는 여전히 정부 역할이 강한 성격을 공유하고 있는 국가가 바로 영국이다. 한편 이러한 사회보험 운영체계는 JSA와 뉴딜 프로그램을 통해서 나타나는 활성화의 영국적 특성을 일정 부분 반영하고 있다. 예컨대 적용대상 측면에서 보수당 정부 당시의 선별주의는 1990년대 중반의 노동당 집권과 함께 점점 보편화되는 경향을 보였다. 한편, 영국의 활성화 개념에서 나타나는 강한 제재 조치는 근로우선(work first)을 실현시키기 위한 정책적 도구로서 이는 가능하면 비경제활동인구의 규모를 감소시키는 반면 경제활동인구는 증대시키고자 하는 영국 특유의 활성화 개념의 방증으로 판단된다.

마지막으로 프랑스의 사회보험은 지위 차이 유지의 성격은 유지된 상태에서 사회 구성원을 적용 대상에 포함시키고자 하는 보편주의에 바탕을 두고 있다. 그리고 여타 국가와 달리 프랑스 사회보험은 조합주의 운영 방식에 의존하고 있다. 즉 가입자의 직업 및 직종에 따른 조합이 복수로 그리고 상호 독립적으로 운영되고 있는 것이다. 이 역시 지위 차이 유지의 한 단면이라 할 수 있다. 프랑스 사회보험의 또 다른 특징은 운영기구의 성격에 있다. 영국이나 덴마크와 달리 프랑스 사회보험의 실질적 운영기구는 법적으로 민간기구인 것이다. 중앙행정부처의 감독하에 있으며 공적 업무의 수탁기구라는 점을 고려한다면 공공성은 매우 강하다. 그럼에도 불구하고, 자치주의 및 반국가주의라는 프랑스의 전통 사상이 이를 통해 반영되고 있다는 점 역시 부인할 수 없을 것이다. 계층주의 문화, 지위 차이 유지의 성격을 보여주고 있는 프랑스 사회보험 성격은 활성화 정책에서도 나타나고 있다. 예컨대 집단별 범주적 접근방식을 들 수 있다. 2개 국가에 비해 프랑스 실업보험 및 연대제도(기존의 RMI, 현재의 rSa)에 나타나는 적용대상은 덜 포괄적인 것이 사실이다. 주로 노동능력이 있는 사람이 주요 적용 대상이며 여기서도 25세 미만의 청년집단은 배제되어 있다. rSa제도의 도입을 통해 한부모 집단을 포함하여 최근 적용 대상이 확대되는 추세에 있다. 보편주의라는 대명제와는 달리 활성화 적용 대상이 덜 포괄적인 배경에 대해서 활성화 조치가 내포하고 있는 강제적 성격과 개인에 대한 국가의 무조건적인 보호 의무를 강조하는 프랑스의 공화주의 사상 간의 비양립성(incompatibility)을 지적하는 견해도 있다.

3. 노사관계

전 사회적 일관성의 세 번째 구성요소는 국가별 노사관계이다. 노사관계 모델은 기본적으로 근로자(취업자)와 사용자 간의 관계에 관한 것으로 일견 활성화 정책과는 무관한 것으로 인식될 수도 있다. 하지만 노동시장 취약집단의 노동권 보장은 노조의 핵심 의제이다. 그보다 중요한 점은 활성화 정책이 단순히 실업자만을 대상으로 하는 것이 아니라 여기에는 저임금 근로자도 포함되어 있다는 점이다. 이미 언급한 바와 같이 활성화 정책의 두 가지 범주 중 근로연계 복지가 전자를 적용 대상자로 간주하고 있다면 근로유인 복지는 후자 즉 저임금 근로자에 많은 관심을 보이고 있다. 이러한 점을 고려한다면, 이미 언급한 바와 같이 본 연구의 기본 관점은 노동시장 취약집단(실업자, 사회부조 수급자 그리고 저임금 근로자)에 대한 노조의 관심의 여부 및 정도와 활성화 정책의 주요 요소인 노동시장 취업(혹은 재취업)과 관련된 국가 역할 간에는 관련성이 매우 크다는 것이다.

〈표 7-3〉에서처럼, 3개 국가의 노사관계는 고유성을 지니고 있다. 먼저, 비세의 노사관계 모델에 따르면 전통적 조합주의의 대표적 국가인 덴마크의 경우 말 그대로 노·사 양 주체에 의한 노사 문제의 자율적 해결이라는 원칙을 견지하고 있다. 이는 대표성을 띤 단일의 노·사 구조, 높은 노조 가입률, 높은 단체협약 적용률에 바탕을 두고 있다. 교섭 단위 또한 영역별로 전국 수준에서 진행되는 비율이 매우 높다. 따라서 덴마크의 노사 문제 해결과 관련되는 국가 개입수준은 여타 국가에 비해 상대적으로 매우 낮다. 한편, 이러한 노사관계가 활성화 정책에 미치는 영향을 살펴보면 3개의 분석 대상

<표 7-3> 3개 국가 노사관계 특징

	덴마크	영국	프랑스
노사관계 유형*	전통적 조합주의	다원주의	갈등주의(적대적)
대표 노조 단체	단일	단일	복수
대표 사용주 단체	단일	단일	단일
지배적 교섭 수준	전국(70%)	기업(88%)	기업(40~50%)/ 산업(40~50%)
국가 역할	약함	약함	강함
노조 가입률	높음	낮음	낮음
단체협약 적용률	높음	낮음	높음
활성화 정책에의 영향도	있음(중)	없음	있음(강)

*J. Visser의 유형 구분
출처: 이 책의 <표 3-17>과 J. Visser, 2013: 26-27의 내용을 바탕으로 재정리

국가 중 중간 수준에 위치하고 있다. 구체적으로 황금트라이앵글로 대변되는 고용체계는 바로 이러한 노사관계의 바탕하에 가능한 것이다. 한편, 덴마크의 활성화 정책 영역 중 근로자와 사용자의 입장이 많이 반영되는 부분이 근로유인 복지이다. 예컨대 근로자의 노동시장 정착을 목적으로 시행되고 있는 평생직업훈련에 소용되는 재원의 상당 부분은 바로 사회 파트너 간의 자율적 합의(단체협약)에 바탕을 두고 있다. 그리고 현재 덴마크 근로자의 85%는 이러한 단체협약을 통한 평생직업훈련제도의 적용하에 있을 정도로 덴마크 노사관계 모델이 활성화 정책의 실효성에 미치는 영향은 크다고 할 수 있다.

반면, 영국은 덴마크의 대척점에 위치하고 있다. 단일의 노사 구조에도 불구하고 양 단체가 보이고 있는 파편적이면서 조정 구조가 약한 내적 구조는 대표단체의 협상 결과를 무력화시키는 모습을 보이고 있다. 뿐만 아니라 낮은 노조 가입률, 낮은 단체협약 적용률 역시 노사 양 단체의 대표성 획득

에 장애 요소로 작용한다. 따라서 대부분의 단체 교섭은 전국(영역별), 산별
이 아닌 기업별로 이루어지고 있으며 협상 결과 역시 대부분 해당 기업의
근로자에게만 적용되고 있다. 뿐만 아니라 자원주의적 전통(voluntarism)에
따라 노사 문제에 대한 약한 국가 개입 또한 영국의 특징이다. 이러한 점을
반영이라도 하듯 활성화 정책의 입안 및 실시 과정에서 나타나는 노·사의
영향력은 매우 약하다. 예컨대, JSA와 뉴딜 프로그램의 도입과정에서 노·
사 양자에 대한 국가의 사전협의는 형식적이거나 아예 없었던 것으로 확인
되었다. 그리고 덴마크와 달리 훈련휴직제도 등 근로자의 노동시장 정착과
관련된 제도의 적용률 역시 9%로서 매우 낮게 나타나는데, 이는 기업 수준
의 단체 교섭, 고용주의 주도하에 진행되는 영국 훈련휴직제도의 전통에 기
인한 것으로 보인다. 이러한 상황에서 활성화와 직결되는 대부분의 프로그
램은 노·사 양자가 배제된 채 국가 즉 중앙정부 혹은 지방정부의 주도로
실시되고 있다.

한편, 프랑스의 노사관계는 비세의 견해에 따르면 갈등주의 유형에 속한
다. 우선 프랑스는 복수 노조의 특징이 매우 강하다. 5개의 전통적인 노조와
3개의 신생 노조 간에 나타나는 모습은 협력보다는 경쟁과 갈등의 성격이
더 강하다. 이는 사회 파트너라는 노조의 위상에 걸림돌로 작용함과 동시에
빈번한 국가 개입을 초래하는 결과를 가져오고 있다. 뿐만 아니라 낮은 노
조 가입률(7.6%, 2005년)은 프랑스 노조의 당면과제이기도 하다. 그럼에도
불구하고 사회 파트너로서 노조의 영향력을 무시할 수 없는 이유는 높은
단체협약 적용률(95%, 2005년)에 있다. 왜냐하면 소속 사업장 단위의 공인
노조 중 한 노조라도 협약에 서명하는 경우 비 서명 노조의 반대가 없는
한 단체협약은 유효하며, 협약 내용은 비조합원에게까지 적용되기 때문이
다. 이런 관점에서 보면 노조 가입률보다는 노조 결성률이 프랑스 노조의
영향력 측정의 기준이 된다고 할 수 있다. 이러한 점은 국가로 하여금 노·
사 양자를 주요 국가 정책의 파트너로 간주하도록 하는데 이는 활성화 정책
의 도입 과정에 대한 분석에서 여실히 나타났다. 대표적으로 2001년의 실업
보험 개혁, 2009년의 rSa제도의 도입과정에서 나타난 사회 파트너의 역할을

들 수 있다. 뿐만 아니라 본 연구는 훈련휴직제도의 조기 도입 및 직업훈련비 징수 기구의 설립 역시 훈련휴직제도에 대한 사회 파트너의 깊은 관심의 결과임을 확인할 수 있었다. 이렇게 볼 때 활성화 정책의 도입 및 실시에 미치는 프랑스 노사관계의 영향력은 매우 큰 것으로 판단된다.

4. 조세제도

전 사회적 일관성의 네 번째 구성요소는 해당 국가의 조세제도이다. 조세제도는 각종 조세를 그 성질과 작용에 따라 조세 원칙에 부합되도록 유기적으로 결합시켜 편성한 통일적 조직을 말한다. 이를 수립하기 위해서는 조세의 종류 및 용도 그리고 명확한 조세 원칙이 전제되어야 할 것이다. 본 연구에서는 한 국가의 조세제도의 전반적 개관과 동시에 저소득층 대상 조세제도를 살펴보고자 했다. 왜냐하면 활성화 정책의 주요 적용 대상이 실업자 혹은 사회부조 수급자 등 저소득층임을 고려할 때, 전 사회적 일관성의 관점에서 이들 집단에 대한 조세제도는 활성화 정책을 통해서 제공되는 급여와 직·간접적으로 연계되어 있을 것이라는 판단 때문이었다. 또한 조세제도의 분석은 상이한 분야의 정책(제도) 간의 연계를 강조하는 활성화 개념에 상응하는 대목이기도 하다.

〈표 7-4〉에서처럼 사회보호 활성화 정책의 토대가 되는 조세제도 역시 국가별로 다양한 양상을 보이고 있다. 먼저 덴마크는 3개 국가 중 가장 높은 담세율을 보이고 있다. 동시에 고소득자에 대해 부과되는 세율이 가장 높은 국가이기도 하다. 이상의 높은 담세율과 누진세율은 사회보호 재원 확보의 근간이 되는 동시에 높은 소득불평등 개선 효과가 있다. 덴마크 사례에서 잊지 말아야 할 또 하나의 사실은 지방세 확보에 대한 높은 관심을 들 수 있다. 3개 국가 중 지방세가 차지하는 비중이 상대적으로 높다. 뿐만 아니라 3개의 과세표준구간 중 소득이 낮은 2개 구간에 속하는 사람들은 총세(gross tax)와 지방세 납부의 의무만 있을 뿐 국세 부과 대상에서는 제외되

〈표 7-4〉 3개 국가 조세제도 비교

	덴마크	영국	프랑스
세수구조(국세 : 지방세)	7.3 : 2.7	9.5 : 5.0	7.4 : 2.6
유형별 순서(GDP 대비, %)*	직접세(29.9), 간접세(17.0), 사회보장기여금(1.0)	직접세(15.9), 간접세(13.6) 사회보장기여금(6.7)	사회보장기여금(16.9), 간접세(15.5), 직접세(11.8)
직접세의 구성(GDP 대비, %)*	개인소득세(24.3), 법인세(2.8), 기타(2.9)	개인소득세(10.1), 법인세(3.1), 기타(2.7)	개인소득세(7.9), 법인세(2.3), 기타(1.7)
부담주체별 사회보장기여금의 구성 (GDP 대비, %)*	근로자(1.0), 고용주(0.1), 자영업자(0.0)	고용주(3.9), 근로자(2.6), 자영업자(0.2)	고용주(11.5), 근로자(4.1), 자영업자(1.3)
담세율(사회보장 부담률 제외, %)**	47.2	28.3	26.3
담세율(사회보장 부담률 포함, %)**	48.2	35.0	42.9
최고세율(개인소득세, %)*	54~59	50	41
최저세율(개인소득세, %)*	8	20/10(저축소득)	0
특징 및 비고	지방세 → 국세 순으로 부과 (저소득층 → 고소득층)	저소득층대상 공제제도 발달	부유세 존속 면세소득구간
소득불평등 개선 효과 (지니계수 기준, 2010년)	41.3	34.8	40.0

* 2011년 기준, ** 2010년 기준

출처: 본 서와 Eurostat, 2013의 국가별 내용; H. Immervoll, L. Richardson, 2013: 20(table 1); OECD. StatExtracts(http://stats.oecd.org/Index.aspx?DataSetCode=IDD)의 관련 내용을 바탕으로 재정리

어 있다. 이는 지방분권화의 실현뿐만 아니라 사회보호 활성화 정책의 많은 프로그램이 지방정부의 관할하에 이루어지고 있는 점을 반영하고 있는 것으로 판단된다.

반면 영국에서 지방세가 차지하는 비중은 매우 낮다. 대부분의 세수는

중앙정부로 들어가며 이는 다시 지방정부로 내려오는 양태를 유지하고 있다. 그리고 다른 두 개 국가에 비해서는 누진세율의 정도가 약한 것을 알수 있다. 기본(최저)세율은 20%인 데 비해 최고세율은 50%를 보이고 있다. 대신 저소득층을 위한 소득공제제도가 매우 발달되어 있음에 유의할 필요가 있다. '소득 있는 곳에 세금 있다'는 고전적인 조세원칙이 상대적으로 가장 강하게 관철되어 있는 국가가 영국이라 할 수 있다. 이와 함께 두 개 국가보다 낮은 담세율은 낮은 소득불평등 개선 효과를 초래하고 있다. 범주적 접근방법과 노동시장에의 신속한 진입이라는 사회보호 활성화 정책의 영국적 특징은 바로 이러한 조세제도를 일정 부분 반영하고 있는 것으로 보인다.

한편, 조세 구조 중 프랑스에서 사회보장기여금이 차지하는 비중은 매우 높다. 특히 여타 국가에 비해 고용주의 분담금 비율이 매우 높은 특징을 보여주고 있다. 여타 국가와 달리 간접세 비중이 직접세보다 높다는 점 또한 눈길을 끄는 대목이다. 조세 저항에 대한 대안의 하나로서 직접세 대신 간접세 징수에 대한 관심이 높은 것이 최근의 추세인데 프랑스는 바로 이러한 사례의 전형이라 할 수 있다. 그럼에도 불구하고 직접세의 누진 정도는 매우 높은 것으로 보인다. 최고세율은 41%로서 여타 국가에 비해 낮음에도 불구하고 다른 국가에서는 전혀 찾아볼 수 없는 면세소득구간제도가 존재하고 있음에 유의할 필요가 있을 것이다. 활성화 정책의 대상자가 바로 이러한 면세소득구간에 위치하고 있음을 고려할 때 이 제도는 소득의 수직적 재분배 기제의 핵심에 있는 것으로 판단된다. 높은 간접세의 비중에도 불구하고 소득불평등 개선 효과가 큰 점 역시 이러한 점을 방증하고 있는 것이다.

II. 사회보호 활성화 정책의 국제비교

사회보호 활성화 정책은 전 사회적 일관성과 함께 활성화 레짐을 구성하는 영역임과 동시에 국가별 활성화 레짐의 성격이 분명하게 드러나는 부분이기도 하다. 구체적으로 전 사회적 일관성 영역이 사회보호 활성화 정책의 환경적 요소라면 이러한 환경적 요소와 국가별 전통의 상호결합의 결과물이 바로 사회보호 활성화 정책인 것이다. 이에 대한 분석을 위해 본 서는 두 가지 하위 영역 즉 근로연계 복지(workfare)와 근로유인 복지(make work pay) 영역에서 활성화 개념이 어떻게 반영되고 있는지에 대한 3개 국가의 특징을 살펴보고자 했던 것이다. 분석 결과를 상호 비교하면 다음과 같다.

1. 근로연계 복지와 활성화

근로연계 복지는 우선 이의 주요 적용대상 집단이 실업자 혹은 사회부조 수급자라는 점에서 근로유인 복지와 다르다. 즉, 실업자 혹은 사회부조 수급자의 취업 가능성 제고 및 노동시장 진입을 목적으로 실시되고 있는 정책 혹은 제도가 바로 근로연계 복지인 것이다. 흥미로운 사실은 3개 국가에서 진행된 혹은 진행되고 있는 근로연계 복지 개혁의 흐름에서 갈수록 활성화 성격이 강하게 나타난다는 점이다. 본 서의 〈표 3-7〉이 제시하고 있는 분석기준을 바탕으로 국가별 현행 근로연계 복지에서 나타나는 활성화 성격을 개관하면 다음의 〈표 7-5〉와 같다.

우선, 덴마크의 근로연계 복지는 적용 대상의 포괄성 측면에서 덴마크 특유의 성격을 보여주고 있다. 우선 실업보험의 경우 영국이나 프랑스에 비해 실업자에 대한 활성화 조치의 개입 시기가 늦은 것을 알 수 있다. 달리 말하면 실업급여 수급자 전체가 아니라 6~9개월의 실업자를 중심으로 활성화 프로그램에의 강제 참여가 적용되는 것이다. 어떤 의미에서는 선별주의적

〈표 7-5〉 3개 국가의 근로연계 복지와 활성화

	덴마크	영국	프랑스
분석대상 정책 및 제도	실업보험/사회부조	JSA/뉴딜 프로그램	실업보험/적극적연대수당(rSa)
활성화 프로그램 적용대상의 포괄성	• 6개월(9개월)이상 실업상태(전체실업자대비 20~25%)/ • 20세 이상 노동능력자, 장애인집단	• 수급자전체(엄격한 수급요건)/ • 범주적 접근방법(6개 집단/강제 혹은 임의)	• 실업급여 수급자/ • rSa급여 수급자
활성화 프로그램의 성격 (급여수준, 중점서비스)	• 고수준의 현금급여(임금대체율: 90%) • 상담 서비스와 훈련 서비스	• 저수준의 현금급여(임금대체율: 10%) • 상담 및 훈련 서비스/ • 3단계개입(진입/옵션/사후관리) • 노동시장우선진입옵션위주	• 가입기간 및 연령에 따른 차등화(임금대체율: 57%), 상담, 개별동행, 훈련 서비스/ • 근로소득여부, 가구구성원에 따른 차등화, 상담 및 동행서비스, 개별화된 일자리 복귀서비스
동기부여기제 (인센티브 혹은 제재)	• 인센티브 있음 • 제재 조치 있음(회복 목적의 성격)	• 인센티브 없음 • 제재 조치 강함(억압적, 징벌적 성격)	• 부분인센티브(rSa) • 제재 조치 있음
활성화 프로그램참여 권리·의무의 법적 성격	• 법적 명문화 • 국가의 의무 규정 • 제소권 있음	• 법적명문화 약함 • 수급자의 권리보다 의무 강조 • 국가의 의무 조항 없음	• 법적명문화 약함 • 개별화된 취업 계획에 달려 있음 • 상호존중원칙(합리적 일자리)

성격이 보이는 대목으로 간주될 수도 있을 것이다. 하지만 이는 실업자의 조기취업에 대한 덴마크 고용체계의 견고함을 보여주고 있는 것으로 이해하는 것이 더 적절할 것이다. 실질적으로 덴마크 실업자의 70~80%는 실업 후 6개월 이내에 재취업에 성공하는 것으로 파악된다. 황금트라이앵글로 불리는 덴마크의 고용체계의 공고함은 보편주의적 적용을 불필요하게 만드는 요인으로 작용하고 있는 것이다. 한편, 덴마크가 보편주의적 활성화 레짐의

대표적 국가로서 적용대상의 포괄성을 극명하게 보여주는 대목은 사회부조 분야이다. 여기에는 20세 이상의 노동능력이 있는 수급자뿐만 아니라 장애인 등 노동시장 진입이 어려운 사람까지도 포함하고 있다. 이는 전 사회적 일관성의 4대 구성요소에서 나타나듯이 평등주의 바탕하에 활성화 프로그램 역시 사회구성원의 시민권 보장의 차원에서 실시되고 있음을 알 수 있다. 그리고 덴마크의 활성화 프로그램은 고용체계에서처럼 노동시장에의 우선 진입보다는 훈련 및 교육 프로그램을 강조하는 경향이 더 강하게 나타난다. 한편 활성화 프로그램 참여는 강제성, 개인에 대한 국가의 일방적 관계가 아닌 권리 및 의무의 상호 존중, 쌍방관계에 바탕을 두고 있음에 주목할 필요가 있다. 그리고 제재(보상) 조치의 규정 및 실행의 측면에서 실업보험과 사회부조 공히 의무 불이행의 경우 급여중단 등의 제재 조치를 취할 수 있다. 그와 동시에 수급자의 참여 정도에 따라 경제적 인센티브제도도 있으며 뿐만 아니라 사회 고충 위원회 등의 기구를 통해 권리 구제도 가능하다는 점에 주목할 필요가 있다. 한편, 제재 조치의 현실적 실행은 그 정도가 미약한 것으로 나타난다. 결국, 제재 조치 규정은 의무 불이행자와 관련 기관의 사전 접촉에 의해 프로그램 참여를 유도하는 다시 말하면 회복 목적의 성격이 더 강하다고 할 수 있다.

한편, 영국은 여러 측면에서 덴마크와 대조적인 모습을 보이고 있다. 적용대상의 포괄성 측면에서 영국의 기여기초형 JSA는 수급자 전체를 활성화 프로그램의 적용 대상자로 봄으로써 일견 보편주의를 지향하고 있는 것으로 생각할 수 있다. 하지만 여기서 눈여겨 봐야 할 부분은 JSA급여 자체의 수급 요건이 매우 엄격하다는 점이다. 따라서 실업자의 상당수는 급여수준이 낮은 자산 조사형 JSA 수급자로 이동되면서 뉴딜 프로그램에 참여하게 된다. 한편, 집단별 6개로 구분되어 있는 뉴딜 프로그램 중 청년, 장기실업자 대상 프로그램은 강제적 성격인 반면 나머지 4개 프로그램은 임의 성격을 띠고 있다. 이는 수급자 전체보다는 노동능력이 있는 사람들이 뉴딜 프로그램의 주요 표적 대상임을 의미한다. 이상의 근로우선원칙은 뉴딜 프로그램의 구체적인 운영 방법에서도 여실히 나타난다. 예컨대, 청년 뉴딜 프로그램의 경우 훈련 및 교육 프로그램 옵션 비중은 약한 반면 다양한 노동시장 진입 옵션이 제시되어 있는 것이다. 한편, 훈련 프로그램에 대한 상대적 관심 부재는 GDP 대비 노동시장 프로그램 지출구조에서도 그대로 드러난다. 수급자의 동기부여 성격에서도 덴마크와 달리 영국에서 인센티브제도는 없다. 대신 수급자의 의무 불이행 시 수반되는 제재 조치가 많이 강조되고 있다. 뿐만 아니라 제재 조치 역시 수급자의 의무 이행을 유도하는 회복 목적보다는 즉각적인 징벌의 성격이 강하다(억압적 성격). 가장 중요한 점은 활성화 프로그램의 참여와 관련된 조치가 수급자에 대한 국가의 일방적인 강제적 성격을 많이 내포하고 있다는 점이다. 즉, 수급자의 의무는 많이 강조되는 반면 국가의 의무에 대해서는 침묵하고 있는 것이다. 이는 덴마크 사례와 극단적으로 대조되는 부분이다. 이렇게 볼 때 사회보호 정책과 노동시장 정책의 연계를 특징으로 활성화 개념이 영국 사례에서 분명하게 나타남에도 불구하고 그 성격은 권리 의무의 상호 존중이라는 활성화의 기본 개념과는 일정 부분 괴리가 큰 것으로 보인다. 근로연계 복지에서 나타나는 영국의 활성화 특징 역시 환경적 요인인 전 사회적 일관성의 4대 구성요소와 맥을 같이하는 것으로 판단된다. 개인주의의 바탕하에 근로윤리를 강조하는 영국 사회의 지배적 가치, 약한 사회 파트너십의 모습을 보이는 노사관계는 정부의 주도하에 수급자에게 신속한 노동시장 진입을 독려하는 강제적·징벌적 성격이 강한 활성화 프로그램의 실시를 가능케 한다.

    마지막으로 프랑스의 근로연계 복지에서 나타나는 활성화 특징을 요약하면 다음과 같다. 먼저, 적용 대상의 포괄성 부분에서 3개 국가의 실업보험 중 가장 보편주의적 모습을 보이고 있다. 반면 적극적 연대수당제도에서 나타나는 연령 제한과 관련된 수급요건의 존재는 다른 국가에서는 찾아보기 힘든 부분이다. 이에 따라 청년 및 중·고령집단 등 일부 집단은 사각지대에 방치되어 있는 한계도 드러난다. 실업보험의 보편성, 적극적 연대수당제도의 선별성으로 요약될 수 있을 것이다.

    한편, 활성화 프로그램의 성격과 관련하여 프랑스는 급여 및 서비스 성격 부분에서 훈련 프로그램에 대한 재정적 지출은 영국과 덴마크의 중간지점에 위치하고 있다. 하지만 이러한 훈련 프로그램이 어느 정도 수급자의 활성화에 도움을 주고 있는지는 여전히 의문으로 남는다. 임금보조를 통한 일자리 창출 정책까지 고려한다면 프랑스 역시 훈련 서비스보다는 노동시장에의 취업을 더 많이 강조하고 있는 국가로 판단된다. 한편, 활성화 조치가 도입되면서 프랑스 역시 수급자에 대한 의무가 많이 강조되고 있는 추세이다. 이전과는 달리 적극적 연대수당의 수급자도 수급을 위해서는 고용지원센터에 구직등록을 해야 한다. 수급자의 의무사항 불이행에 대한 제재 조치의 강화 역시 공화주의적 연대 철학과는 차이가 나는 새로운 모습 중의 하나이다.

한편, 활성화 프로그램의 법적 성격은 프랑스 특징이 가장 강하게 나타나는 부분이다. 덴마크와 달리 프랑스에서는 아직 수급자가 자신의 욕구에 부응하는 프로그램 제공을 요청할 권리는 없으며 이 역시 국가의 의무사항은 아니다. 권리 및 의무의 상호 존중을 지향하는 활성화 성격이 제도적으로 완전히 정착되지 못한 부분으로 여겨진다. 활성화 프로그램에 대한 의무적 참여 여부는 프랑스의 행동 계획(action plan)인 개별화된 취업 계획(PPAE)의 내용에 따른 사안일 뿐 이것이 모든 대상자에게 자동적으로 적용되는 것은 아니다. 그만큼 프랑스의 활성화는 개별화된 취업 계획(PPAE)을 중요하게 간주하고 있다. 권리 및 의무의 상호 존중 원칙이 분명하게 나타난 부분도 있으니 합리적 일자리 개념이 바로 그것이다. 이렇게 볼 때 프랑스 활성화는 덴마크에 비해서는 법적 성격이 아직은 약하다. 결국 프랑스의 근로연계 복지는 권리 및 의무의 상호 존중 원칙에 바탕을 둔 덴마크와 수급자의 권리보다는 의무를 더 많이 강조하는 영국의 성격을 일부 공유하면서도 고유의 특성을 지니고 있는 혼합형적 성격을 보이고 있다. 한편 연령 규정을 통한 선별성, 범주적 접근방법 등은 전 사회적 일관성의 구성요소의 성격과 맥을 같이하고 있는 부분이기도 하다.

2. 근로유인 복지와 활성화

실업자 혹은 사회부조 수급자를 대상으로 실시되는 근로연계 복지와는 달리 근로유인 복지의 주요 적용대상은 저임금 근로자이다. 즉 저임금 근로자의 노동시장 정착을 목적으로 실시되는 여러 가지 정책 및 제도가 바로 근로유인 복지인 것이다. 이에는 조세제도와의 결합을 통한 근로조건부급여(employment-conditional benefit), 저임금 근로자의 근로능력 제고를 위한 훈련휴직제도, 육아휴직제도 등의 사회 및 고용서비스 등이 포함된다. 그럼에도 불구하고 근로연계 복지와는 달리 3개 국가에서 근로유인 복지의 이름하에 실시되는 정책 및 제도의 명칭에서 나타나는 공통점은 약한 것으로 나타났다. 따라서 본 연구는 기능적 등가성의 관점에서 상이한 명칭이라 하더라도 그 기능이나 역할이 근로유인 복지의 성격에 부합되면 분석 대상에 포함시키는 방식으로 국가별 특징을 살펴보고자 했다. 〈표 7-6〉은 3개 국가의 근로유인 복지에서 나타나는 활성화 특징을 정리한 것이다.

먼저, 조세제도의 활용을 통해 저임금 근로자의 노동시장 정착을 유도하는 근로조건부급여제도의 경우 덴마크는 이와 유사한 제도가 없는 것으로 파악되었다. 이의 배경에 대해서는 구체적으로 확인된 바 없으나 본문에서 이미 언급한 바와 같이 아마 일반적인 조세제도나 사회보호제도가 지니고 있는 재분배 효과 그리고 주거급여, 가족급여 등의 다양한 급여제공을 통해 이루어지는 저소득층 근로자의 소득보장효과에 대한 강한 믿음이 있는 것으로 보인다. 한편, 영국에서는 2003년 도입된 근로소득세액공제(Working Tax Credit, WTC)와 아동세액공제제도(Child Tax Credit, CTC)가 근로조건부급여제도의 성격을 강하게 지니고 있다. 활성화의 관점에서 볼 때 이상의 제도는 적용 대상은 좁은 반면 급여수준은 높은 특징을 보이고 있다. 특히 수급요건 중 최저 근로시간 요건은 파트타임 근로자 등 비정규직 근로자를 배제시킬 가능성이 매우 높은 것으로 보인다. 반면 급여수준은 높아 최대 환급액이 4,600파운드에 달한다. 이는 프랑스의 6배에 달하는 것이며 영국의 환급액 수준은 수혜가구 평균 소득의 45%를 차지할 정도로 높다고

〈표 7-6〉 3개 국가의 근로유인 복지와 활성화

	덴마크	영국	프랑스
근로조건부급여			
제도명	관련제도 없음	WTC/CTC	PPE
도입 연도		2003년	2001년
적용대상의 포괄성		• 저임금근로자 • 유자녀(CTC)/자녀 여부무관(WTC) • W+C: 250여만 가구 (전체가구 대비 10%)	• 최저임금기준 상한선 (1.5)과 하한선(0.3) 사이의 임금 혹은 자 영업자 • 800여만 가구 (전체가구 대비 25%)
최대환급액 (급여수준)		• 4,600파운드	• 1,000유로(영국의 6 분의 1 수준)
고용 및 사회서비스 I (훈련휴직제도)			
도입연도	1995년	2008년	2002년
종류	• 훈련안식제도 (1999년 폐지) • 훈련휴직	성인학습계좌제도	• 훈련휴직 (CIF/CBC/CVAE) • 훈련계획
훈련휴직재원	기업의 기여금과 국고	기업/근로자	기금/기업
임금지급 여부	유급		유급
운영	사회 파트너/기업/개인	기업	사회 파트너/기업
단체협약 적용률	85%	9%	-
고용 및 사회서비스 II (육아휴직제도, parental leave)			
급여(1인당 소득 대비*)	2.6	0.4	1.9
최대이용기간 (유급+무급)	40주(32주+8주)	26주(무급)	부모 각각 156주 (자녀당)
급여수준	80~100%	무급	39%(566유로/2011년)
시간제근로	불가	불가	가능
분할사용	가능	가능	불가
부 할당	-	균등분할(13주)	-

* 2000년 기준

출처: 본 서의 관련 내용; 윤홍식, 2006; OECD family data(2012년)의 내용에 바탕

할 수 있다. 근로유인 복지에서 강한 선별주의적 성격과 고수준의 급여 즉 자유주의적 활성화 레짐의 특징이 그대로 나타나는 국가가 바로 영국이다. 마지막으로 프랑스의 근로조건부급여는 영국과 대조적인 모습을 보이고 있다. 취업보너스(Prime Pour l'Emploi, PPE)로 불리는 프랑스 근로조건부급여의 수혜대상가구는 매우 광범위하여 전체 가구 대비 25%에 달한다. 그럼에도 불구하고 해당 가구의 임금이 최저임금의 0.3배 이하인 가구가 배제되어 있는 점은 근로조건부급여제도의 기본 취지와 배치되는 대목이다. 적용대상의 포괄성에 비해 급여수준이 높지 않은 점 또한 프랑스의 특징이다. 최대 환급액은 1,000유로이며 이는 영국의 6분의 1 수준에 불과하다. WTC를 통해서 제공되는 평균 환급액은 근로소득의 30~35%를 차지하는 영국과는 대조적으로 프랑스의 경우는 2~3% 수준에 불과한 사실이 이러한 점을 방증하고 있다. 활성화의 관점에서 볼 때 적용대상(수혜가구)의 포괄성과 저수준의 급여가 프랑스 근로조건부급여의 특징이라 할 수 있다.

고용 및 사회 서비스는 (저임금) 근로자의 노동시장 정착을 목적으로 실시되는 훈련휴직제도 및 육아 서비스를 말한다. 이는 근로자에게 평생교육 보장을 통해 이들에게 새로운 기술의 전수 및 숙련도의 제고의 기회를 부여할 수 있다. 또한 육아 부담으로 인한 경제활동 단절을 예방할 수 있다는 측면에서 육아 서비스 또한 근로자의 노동시장 정착을 도모할 수 있는 기제라는 것이 본 연구의 관점이다. 3개 국가 중 훈련휴직제도가 가장 활성화되어 있는 국가는 덴마크이다. 노동시장 취약집단 못지않게 근로자 훈련 프로그램에 대한 관심이 높은 국가이다. 1999년에 폐지되었지만 6개월~1년의 안식년제도의 도입을 통해 근로자에게 숙련도 제고의 기회를 주고자했던 안식휴직제도(sabbatical leave)는 다른 국가에서 그 전례를 찾아보기 힘든 획기적인 제도이다. 이는 일자리 공유의 차원에서 그 기간 동안 실업자가 빈 일자리(vacant job)를 대신하는 정책적 의도도 있었음은 물론이다. 현행 훈련휴직제도는 기업이 정기적으로 납부하는 기여금과 국고로 충당된다. 훈련휴직기간 동안 근로자는 임금을 계속 받게 되며 이의 운영은 노와 사로 구성되어 있는 사회 파트너 그리고 해당 기업이 맡고 있다. 훈련휴직과 관련

된 단체협약의 적용률은 85%에 이를 정도로 광범위한 것이 덴마크의 특징
이다. 한편, 덴마크와 대비되는 국가가 바로 영국이다. 전통적으로 영국의
근로자 훈련은 자원주의적 전통 즉 사용주의 자발성에 바탕을 두고 있다.
뿐만 아니라 사회 파트너의 역할 약화는 훈련휴직제도가 이슈의 하나로 정
착하지 못하게 하는 요인으로 작용하고 있다. 따라서 영국의 훈련휴직제도
는 기본적으로 근로자의 요청에 대한 기업의 허용 여부에 바탕을 두고 있다.
이의 운영 역시 기업 단위로 진행되고 있으며 재원 확보를 위해서는 기업뿐
만 아니라 근로자의 참여도 요구된다. 마지막으로 프랑스의 훈련휴직제도는
2002년과 2003년에 변화되어 다양한 형태로 실시되고 있다. 훈련휴직과 훈
련계획의 두 유형이 있으며 훈련휴직은 다시 세 가지 하위 유형이 있다.
프랑스 특징 중의 하나는 훈련휴직제도에 대한 사회 파트너의 역할 강화를
들 수 있다. 예컨대 훈련휴직에 필요한 재원 확보를 위해 사회 파트너의
주도하에 설립된 기금운용기구(OPACs)를 들 수 있다. 그리고 프랑스에서
는 오래전부터(1970년대 초) 근로자의 직업훈련이 노동권의 하나로 간주되
고 있는 점 역시 프랑스 특징 중의 하나이다. 그럼에도 불구하고 근로자의
훈련휴직제도 이용률이 낮은 점은 해결과제 중의 하나임에 분명하다.

고용 및 사회서비스의 두 번째 분석 대상 제도는 육아휴직제도(parental
leave)이다. 출산휴가 및 배우자 출산휴가제도와 함께 육아휴직체계의 대표
적인 제도인 육아휴직제도(parental leave)는 근로자의 육아부담을 해소하
고 계속 근로를 지원함으로써 근로자의 생활안정 및 고용안정을 도모하는
한편, 기업의 숙련인력 확보를 지원하는 제도로 알려져 있다. 이와 관련된
3개 국가의 현행제도를 살펴보면 어느 제도보다도 국가별 다양성이 존재함
을 알 수 있다. 먼저 육아휴직제도에 소요되는 지출(급여수준)은 덴마크가
가장 많으며(1인당 소득 대비 2.6%), 프랑스(1.9%)와 영국(0.4%)이 그 뒤
를 잇고 있다. 국가별 지출 차이는 수급기간 및 급여제공의 유무 및 정도와
관련되어 있는 것으로 보인다. 둘째, 수급기간은 프랑스가 가장 길다. 즉
자녀 연령이 3세가 되기 전까지 자녀 1인당 부모 각각 최대 156주(3년)의
휴직기간이 주어진다. 이는 독일과 함께 유럽국가 중 가장 긴 것이다. 다음

으로 긴 국가는 덴마크로서 32주의 유급기간과 8주의 무급기간 등 총 40주이다. 반면, 영국의 육아휴직기간은 26주로서 3개 국가 중 가장 짧다. 한편, 육아휴직기간 중 지급되는 급여는 덴마크가 가장 높다(임금의 80~100%). 다음으로 높은 국가는 프랑스로서 임금의 39%가 지급된다. 반면 휴직기간이 가장 짧은 영국은 급여 또한 지급되지 않는다. 육아휴직제도의 실질 효과가 의심되는 대목이다. 마지막으로 육아휴직제도의 유연성 측면이다. 먼저 육아휴직기간 중 다른 경제활동의 허용여부를 살펴보면 프랑스만이 유일하게 시간제 근로를 허용하고 있다. 반면 프랑스는 다른 국가와 달리 육아휴직기간의 부 혹은 모 간의 분할사용이 금지되어 있다.

이상에서 살펴본 바와 같이 세 개 국가에서 실시되고 있는 근로유인 복지에서 나타나는 활성화 성격은 공통점 못지않게 차이가 많은 것을 알 수 있으며, 이는 이미 언급했듯이 자연적인 현상이 아니라 전 사회적 일관성의 네 가지 구성요소와의 선택적 친화성 특성을 보여주고 있는 것이다.

제8장

활성화 레짐과 한국

　지금까지 본 저서는 덴마크, 영국, 프랑스 등 3개 국가의 활성화 레짐의 특징을 살펴본 후 이를 바탕으로 3개 국가의 공통점과 차이점에 대한 확인을 시도했다. 본 장은 본문의 마지막 장으로서 한국에서 나타나는 활성화 레짐의 특징을 살펴볼 것이다. 3개 국가와 동일하게 한국 역시 전 사회적 일관성과 사회보호 활성화 정책을 구성하고 있는 요소들에서 나타나는 특징에 대한 확인을 시도할 것이다.

I. 전 사회적 일관성

1. 사회의 일반적 가치 및 규범: 개인주의에서 연대주의로 이행?

복지와 관련된 한국사회의 일반적 가치 및 규범과 관련된 학계의 견해는 두 가지 차원에서 제시되고 있다. 첫째, 복지의 문화적 토대의 차원에서 한국사회가 어느 유형에 속하는지에 대한 본격적인 연구성과는 찾아보기 힘들다. 예컨대 주재현(2004)은 본 저서와 같이 윌답스키의 문화 유형에 초점을 두고 이들과 복지 레짐과의 조응성 관계를 규명하고 있다. 구체적으로 네 가지 문화 유형 중 개인주의적, 계층주의적 그리고 평등주의적 문화 전통이 각각 자유주의, 조합주의 그리고 사민주의 복지 레짐에 뚜렷하게 반영되어 있음을 보여주고 있다. 하지만 이 연구는 사례 연구라기보다는 이론적 성격이 강한 연구로서 한국사회를 규명하고 있지는 않다. 한편 박병현(2005)의 연구는 위의 네 가지 유형에 근거하여 영국, 미국, 독일, 일본 그리고 스웨덴의 5개 국가에서 발견되는 서로 다른 발전과정과 내용을 설명하고 있다. 그는 결론부분에서 한국을 약간 언급하면서 공동체 의식을 반영하는 유교주의의 영향을 많이 받았음을 지적하고 있다. 동시에 그는 유교문화에 숨겨져 있는 개인주의적 속성을 강조하면서 결국 한국사회는 네 가지 문화 유형 중 개인주의 문화에 해당되는 것으로 보고 있다. 하지만 한국의 문화 유형에 관해서는 좀 더 심도 깊은 연구가 진행되어야 할 것이다.

두 번째 연구 차원은 복지 인식 혹은 태도에 관한 것이다. 앞의 3개 국가 사례에 완전히 부합되는 조사 자료가 없는 점을 고려하여 이와 유사한 질문에 대한 한국인의 응답을 분석한 연구 결과를 토대로 확인된 특징을 정리하면 다음과 같다. 첫째, 복지태도 조사 결과에서 나타나는 한국인의 이중가치 체계가 지적되어야 할 것이다.[1] 예컨대 집단주의보다는 개인주의적 성향이

---

1) 이는 상이한 조사기관, 조사시점의 상이성 그리고 상이한 조사 대상자이기 때문에 엄

강함에도 불구하고(정현태·오윤수, 2009: 340-341),[2] 경쟁과 연대 중에서 어느 원칙을 더 지지하는가에 대한 최근 조사에서는 후자를 더 선호하고 있다(노대명·전지현, 2011: 89-90).[3] 한국인의 의식체계가 전통적인 의식 체계인 집단주의에서 개인주의로 이동하고 있음에 대해서는 대부분 공감하고 있다. 그럼에도 불구하고 1990년대 후반 이후의 고용불안 증대, 소득불평등 확산, 높은 자살률 등의 문제는 경쟁보다는 연대가 한국사회가 지향해야 할 가치로 더 선호되는 것이다. 한국인의 복지태도 조사에서 나타나는 두 번째 이중가치체계는 복지의 확대(혹은 축소) 그리고 이와 관련된 재정 부담의향에서도 발견된다. 이른바 복지의식의 이중성으로 불리는 이중가치 체계의 핵심은 복지 확대의 필요성에 대해서는 긍정적인 반면 사회복지를 위한 세금의 확대에는 부정적인 의견이 많다는 것이다.[4] 한편, 최근의 조사 결과에서는 이와 관련하여 의미 있는 변화의 모습이 발견된다.[5] 하지만 이

밀한 분석에 바탕을 둔 결론이 아님은 물론이다. 단지 이와 관련된 경향성을 파악하는 것이 기본 목적이다.

2) 예컨대 2006년 실시된 국정홍보처 조사 결과를 보면 우리나라 사람은 개인적이라는 의견이 65.6%인 데 반해 집단적이라는 의견은 12.2%에 불과하다(정현태·오윤수, 2009에서 재인용).

3) 경쟁(1점)과 연대(10점) 중 어느 원칙을 더 지지하는가에 대한 물음에 각 응답자가 선택한 값(1점~10점)을 평균하면 6.69로서 경쟁보다는 연대적 성격이 더 강하게 나타난다. 뿐만 아니라 전체응답을 100으로 했을 때 1점을 선택한 비중은 6.5에 불과한 반면 가장 강한 연대 점수인 10점을 선택한 비율은 22.1이다. 이는 2011년 4월 전국에 거주하는 성인 1,500명을 대상으로 실시한 한국인의 복지의식에 대한 전화조사결과의 내용 일부이다. cf. 노대명·전지현, 2011.

4) 예컨대, 1990년대의 조사 결과를 살펴보면 81.7%가 재분배에 대해서는 찬성하고 있으나 이에 필요한 재원 부담 의사에 대해서는 61.8%가 반대했다. 이러한 경향은 2000년대 후반기까지 진행된 조사 결과에서 유사한 경향을 보이고 있다. 이상 조사 결과의 구체적인 내용에 대해서는 정현태·오윤수, 2009: 348.

5) 구체적으로 전체 응답자 중 부담할 의사가 있다는 응답이 49.2%로 그렇지 않다는 응답 20%보다 월등하게 높게 나타난다. cf. 노대명·전지현, 2011: 102. 한편, 2013년 4월에 전국의 성인남녀 1,004명을 대상으로 실시된 여론조사에서도 응답자의 58.9%가 복지향상을 위해 추가적인 세금 부담 의향이 있음을 보여주고 있다. cf. 현대경제연구원, 2013: 3.

러한 변화가 경제불황으로 대변되는 시기 효과(period effect)에 기인한 것인지 혹은 복지 의식과 관련된 패러다임 변화를 보여 주는 대목인지에 대해서는 좀 더 심도 깊은 관찰이 필요한 것으로 판단된다.

둘째, 빈곤원인에 대한 지배적 인식 유형에 관한 조사 사례는 찾기 힘들다. 대신 빈부격차 해소가 정부 책임이라는 견해에 대한 응답자의 반응은 앞에서 살펴본 빈곤설명의 네 가지 유형 중 어디에 속하는지를 가늠할 수 있는 척도가 될 것으로 사료된다. 구체적으로 정부 책임에 대한 응답이 상대적으로 적으면 지배적 인식은 개인적 측면의 두 가지 유형 즉 개인적 비난 혹은 개인적 운명 중 하나에 속할 것이다. 이와 반대의 경우는 사회적 측면 즉 사회적 비난 혹은 사회적 운명 유형 중 하나에 포함될 것이다. 〈표 8-1〉은 이와 관련된 한국인의 인식을 엿볼 수 있는 조사결과를 발췌한 것이다.

먼저 소득격차의 심각성에 대한 인식에서 한국인은 프랑스 다음으로 그 정도가 심한 것으로 여기고 있다. 반면 스웨덴과 영국 사람들이 느끼고 있는 소득격차는 여타 국가에 비해 낮은 것으로 나타난다. 한편, 빈곤격차 해

〈표 8-1〉 각국 시민들의 복지태도

항목*	프랑스	일본	한국	스페인	스웨덴	영국	전체
우리사회는 소득격차가 너무 크다*	1.44	1.89	1.68	1.81	2.07	2.02	1.74
빈부격차 해소는 정부책임이다*	1.81	2.45	2.08	2.04	2.46	2.43	2.12
정부는 실업자에게 소득을 보장해야 한다*	2.23	2.11	1.92	2.00	2.00	2.61	2.14
정부는 빈곤층 복지급여를 줄여야 한다**	3.08	3.97	4.09	3.86	3.87	3.47	3.63

* 1(매우 동의)~5(매우 반대)
** 1(매우 많이)~5(매우 적게)
출처: 노대명·전지현, 2011: 141의 〈표 4-14〉에서 발췌

소에 관련된 국가 책임과 관련된 질문에 있어서 한국은 프랑스, 스페인 다음 의 순으로 높게 나타난다. 여기서 흥미로운 점은 소득격차의 심각성 인식 정도와 빈부격차 해소를 위한 정부의 책임 인식 간에는 상당한 정적관계가 보인다는 점이다. 마지막으로 한국은 실업자의 소득보장에 대한 정부의 역 할 인식 항목에서도 가장 높게 나타난다. 뿐만 아니라 빈곤층 복지급여 축 소에 대해서도 조사 대상 국가 중 한국인의 반대 의견이 가장 높게 나타난 다. 아마 이는 한국의 현행 복지급여 수준이 적절하지 못한 것에 대한 인식 의 반증으로 이해된다.

이상의 조사 결과를 종합적으로 고려할 때 한국인이 간직하고 있는 빈곤 원인에 대한 지배적 인식은 개인적 측면보다는 사회적 측면의 성격이 더 강한 것으로 판단된다. 사회적 측면의 두 가지 유형 즉 사회적 운명과 사회 적 비난 중 어디에 속하는지에 대해서는 정확히 알 수 없다. 그럼에도 불구 하고 분명한 것은 윌답스키의 문화 유형 중 개인주의 유형에 속한다는 박병 현(2005)의 견해와 한국인의 의식체계가 집단주의에서 개인주의로 이동하 고 있다는 정현태·오윤수(2011)의 견해와는 달리 한국인은 빈곤 및 실업 등의 사회 문제 발생 원인의 사회적 성격과 이의 해결을 위한 국가 역할에 상대적으로 많은 관심을 보이고 있다.

2. 사회보호 체계

첫째, 적용 대상과 관련하여 한국의 사회보험은 헌법의 관련조항과는 달 리 선별주의적 모습을 띠고 있다. 왜냐하면 〈표 8-2〉와 같이 사회보험 관련 법은 대통령령을 통해 적용 제외 집단을 명시하고 있기 때문이다. 한 가지 예만 든다면 고용보험의 경우 관련법은 1인 이상 근로자를 고용하는 모든 사업장을 적용대상으로 하고 있음에도 불구하고 대통령령은 소정 근로시간 혹은 직종에 따른 법정적용 제외 집단을 따로 두고 있는 것이다. 이는 사각 지대 유형 중의 하나인 제도적 사각지대에 해당된다.[6]

〈표 8-2〉 한국의 사회보험 분야별 법정적용 및 적용 제외 집단 개관

구분	법정적용 대상	법정적용 제외(예시)	
		사업(장)	근로자
건강 보험	국내거주 국민 • 직장가입자: 모든 사업장의 근로자 및 사용자와 공무원 및 교직원 • 지역가입자: 직장가입자와 그 피부양자를 제외한 국민건강보험 가입자	직장가입자: • 고용기간 1개월 미만의 일용근로자 • 비상근 근로자 혹은 월 기준 60시간 미만의 근로 종사자 • 비상근 교직원 또는 월 기준 근로시간이 60시간 미만인 시간제공무원 및 교직원 • 근로자가 없거나 일용근로자(1개월 미만 고용)만을 고용하고 있는 사업장의 사업주	
국민 연금	국내거주 18세 이상 60세 미만 국민(사업장가입자, 지역가입자, 임의가입자, 임의계속가입자)	• 사업장가입자: 공무원연금법, 사립학교교직원연금법, 별정우체국법의 적용근로자 • 지역가입자: 국민연금 및 법정적용 제외 근로자의 배우자로서 별도의 소득이 없는 자 / 18세 이상 27세 미만인 자 중 소득이 없는 자(학생, 군복무) / 국기초 수급자	
고용 보험	1인 이상 근로자를 고용하는 모든 사업장	• 법인이 아닌 농업, 임업, 어업 및 수렵업 중 상시 4인 이하의 근로자를 고용하는 사업 • 건설업자가 아닌 자가 시공하는 공사로서 총 공사금액이 2천만 원 미만 및 연면적 100제곱미터 이하	• 65세 이상인 자 • 1월간 소정근로시간이 60시간 미만인 자(단, 일용근로자는 제외) • 특종직종 근로자(공무원, 사립학교교직원연금법 적용자, 별정우체국 직원 등…)
산재 보험	• 1인 이상 사업장: 금융·보험업, 광업, 제조업 등 • 5인 이상 사업장: 농업, 임업, 어업, 수렵업 중 법인이 아닌 경우	• 공무원, 군인, 선원, 어선원, 사립학교 교직원 • 가내공업 종사자 • 상시근로자 5인 미만: 농업, 임업, 어업, 수렵업 중 법인이 아닌 경우 • 운수, 하역, 운송관계 종사자(지입차주, 대리운전자) • 1인 자영업자 • 독립근로제공자 등	

출처: 사회보험 분야별 관련법 및 시행령

---

6) 유경준은 사각지대를 법적으로 가입 제외되어 있는 제도적(적용의) 사각지대와 법적으로는 보장되어 있으나 실제로는 가입되어 있지 않은 실제 사각지대로 나눌 수 있다고 보고 있다. 이와 관련된 고용안전망의 사각지대에 대해서는 유경준, 2013: 2를 참조.

<표 8-3> 한국의 사회보험 가입률(2013년 상반기)*

구분	건강보험[1]	(국민)연금[1][2]	고용보험[1]	산재보험
가입률**	71.0	68.1	66.7	59.6 (취업자 대비) 46.5 (사업장 대비)

* 산재보험은 2010년 기준
** 임금근로자 대비
1) 직장가입자만을 집계했으며 지역가입자, 수급권자, 피부양자는 제외
2) 공무원, 사립학교 교직원, 별정우체국 직원 등 특수직역연금 포함
출처: 통계청, 2013. 2013년 4월 사회보험 가입현황

　한편, 제도적 사각지대 못지않게 심각한 부분이 실제 사각지대이다. 이는 법정적용 대상임에도 불구하고 사회보험에 대한 인식 부족, 보험료 납부 부담 등 현실적인 이유 때문에 실제로는 가입되어 있지 않은 상태를 말한다. 이상의 제도적 사각지대와 실제 사각지대는 <표 8-3>처럼 사회보험 가입률의 저조로 이어진다.

　연금을 제외한 나머지 사회보험 분야는 직장(사업장)가입 현황임을 고려하더라도 한국의 사회보험 가입률이 낮은 것은 부인할 수 없는 사실이다. 구체적으로 연금분야에서 사업장 가입자 비중은 전체 취업자 대비 68.1%에 불과하다.[7] 뿐만 아니라 지역가입자의 경우 강제 가입 원칙에도 불구하고 가입자의 자발적인 신고에 의해 연금가입이 이루어지고 있는 것이 현실임에 주목할 필요가 있다(신화연, 2012: 156). 한편 산재보험의 가입률이 낮은 것은 법정적용 제외와 관련된 법적 규정뿐만 아니라 임의적용을 받는 비임금 근로자의 가입률이 낮은 데 기인한다(이철선, 2012: 199-200). 이러한 점을 고려할 때 가입률의 국제비교에 관한 정확한 통계치는 없으나 본 연구

7) 연금 종류별 가입자 수를 살펴보면 국민연금은 19,710천 명, 공무원연금은 1,052천 명, 사학연금은 267천 명, 군인연금은 170천 명으로 추계됨(2010년 기준). 신화연, 2012: 154.

〈표 8-4〉 사회보험공단 운영현황

	관장부처	운영기구	
건강보험	보건복지부	국민건강보험공단	중앙, 지역본부(6개), 지사(178개)
국민연금	보건복지부	국민연금공단	중앙, 지사(91개)
산재 보상 및 직업병	고용노동부	근로복지공단	중앙, 지역본부(6개), 지사(49개)
고용보험	고용노동부	근로복지공단	중앙, 지역본부(6개), 지사(49개)
		고용-지원센터	지청(6개), 지역고용지원센터(73개)
보험료 통합 징수		국민건강보험공단	

대상 4개 국가 중 한국이 가장 저조할 것으로 판단된다. 외형적 확대에도
불구하고 적용대상과 관련하여 한국의 사회보험은 여전히 선별주의 유형의
국가에 속한다 할 수 있다.

사회보호 체계 특성 파악의 두 번째 항목은 사회보장 주관 행정부처 및
운영기구의 공공성에 관한 것이다. 이와 관련하여 〈표 8-4〉는 한국의 사회
보장 주관부처 및 운영기구를 정리한 것이다.

〈표 8-4〉에서처럼 한국의 4대 사회보험의 중앙관장부처는 보건복지부와
고용노동부로 양분되어 있다. 그리고 사회보험의 실질적 업무는 공단을 통
해 이루어지고 있다. 공단은 공공기관8) 유형의 하나인 준정부기관으로서
이 중 국민연금공단과 근로복지공단은 기금관리형 준정부기관9)임에 비해
국민건강보험공단은 위탁집행형 준정부기관10)의 하나이다. 비교 관점에서

---

8) 공공기관운영에 관한 법률에 따르면 공공기관은 공기업(시장형, 준시장형), 준정부기
   관 그리고 기타공공기관으로 구분됨.
9) 기금관리형 준정부기관은 국가재정법에 따라 기금을 관리하거나, 기금의 관리를 위탁
   받은 준정부기관을 말한다. 2011년 1월 현재 대한민국에는 17개 기관이 지정되어
   있다.
10) 위탁집행형 준정부기관은 기금관리형 준정부기관이 아닌 준정부기관을 지칭하는 것
   으로 현재 65개 기관이 지정되어 있다.

한국의 사회보험 운영은 중앙 혹은 지방정부가 직접 관여하고 있는 덴마크와 영국보다는 공단(caisse)의 역할이 강한 프랑스에 좀 더 가까운 모습을 보이고 있다. 한국 사회보험 운영 모습이 프랑스와 유사한 또 다른 부분은 보험료의 통합 징수이다. 이미 본 바와 같이 프랑스에서는 이미 오래전부터 Urssaf라는 민간기구가 보험료 통합 징수 업무를 담당하고 있다. 한편 한국에서는 10여 년에 걸친 논의에 종지부를 찍고 2011년 1월부터 국민건강보험공단이 그 업무를 맡고 있다. 이렇게 볼 때 한국의 사회보험 운영의 공공성 정도는 덴마크와 영국보다는 약한 반면 프랑스와 비슷한 것으로 판단된다.[11]

　마지막으로, 한국의 사회보호 재정충당방식에 대해 살펴보자. 주지하다시피 한국의 사회보호 체계는 덴마크와 달리 조세보다는 기여금에 많이 의존하는 형태로 알려져 있다. 이와 관련하여 한국의 사회보호 지출에 필요한 재원 구조에서 나타나는 특징을 살펴보자. 2009년도의 OECD SOCX에 바탕을 둔 한국의 공공사회복지지출은 102조 원으로 나타난다. 한편, 다음의 〈표 8-5〉는 이의 분야별 재원배분현황을 나타낸 것이다(2011년 기준).

〈표 8-5〉 복지지출의 분야별 재원배분현황(2011년)

구분	건강보험	공적연금	고용보험	산재보험	주택	사회복지일반*	보훈	보육여성 및 가족	보건의료
배분액	38조 2천억	31조 6천억	6조	4조 6천억	17조 8천억	15조 3천억	3조 7천억	2조 7천억	1조 8천억
비중(%)	31	26	5	4	15	13	3	2	1

* 기초생활보장, 취약계층, 노인, 청소년, 노동기타, 사회복지일반사업임
출처: 부처별 기금운용계획, 건강보험공단통계연보, 국가재정통계연보; 최성은, 2012: 2에서 재인용

---

11) 물론 한국의 사회보험 관련 공단은 프랑스의 caisse와 유사한 역할을 수행하고 있는 반면 민주주의적 운영의 성격(예: 노사동등주의에 바탕을 둔 이사회 구성)이 매우 약한 점은 지적되어야 할 것이다.

<표 8-6> 사회보호 재원 구조

(회계별, %)

구분	일반회계지출	특별회계지출	기금지출
구분	26	1	73
성격	정부재원		사회보장기여금

출처: 최성은, 2012: 2의 내용에 근거한 것임

이 중 사회보험 분야에 사용되는 복지지출은 약 66%인 데 비해 기초생활보장지출, 사회서비스지출 등 여타 분야의 복지지출이 차지하는 비중은 34%로 나타난다. 이는 달리 말하면 <표 8-6>처럼 한국의 사회복지지출의 약 3분의 2는 사회보험기여금을 통해서 충당되며 나머지 예산은 국고를 통해서 확보된다는 것을 의미한다.[12]

한국의 사회보장기여금이 전체 복지지출에서 차지하는 비중 즉 73%는 덴마크(29%), 영국(48%)은 물론이거니와 프랑스(66%)보다 높은 것이다. 이렇게 볼 때 한국의 사회보호 재정 충당 유형은 혼합형이며 그중에서도 기여금 지배형이라 할 수 있다.

끝으로, 기여금 지배형의 특징이 상대적으로 낮은 조세 부담률(GDP 대비 15.9%)에 기인한 것이지 아니면 사회보장 기여율이 높음에 그 원인이 있는 것인가에 대한 판단이 필요하다. 이와 관련하여 다음의 <표 8-7>은 한국을 비롯한 4개 국가의 총임금 대비 사회보장기여금 및 개인소득세의 비중 추이 평균을 나타낸 것이다.

<표 8-7>에서처럼 한국의 총임금에서 사회보장기여금과 소득세가 차지하는 비중은 각각 4.4%와 4.1%이다. 이는 프랑스와 영국은 물론이거니와 OECD 평균(각각 32%와 13.3%)의 1/3~1/7에 불과하다. 한편, <표 8-8>은

---

12) 참고로 2010년 사회보험 분야별 수입액을 살펴보면 공적연금이 33조 6천억 원으로 가장 많고, 건강보험(28조 4천억), 산재보험(4조 5천억), 고용보험(4조 1천억)의 순이다.

〈표 8-7〉 한국의 총임금 대비 사회보장기여금 및 소득세 비중 추이
(1980년~2003년 평균)

	사회보장기여금		소득세	노동비용대비(%)
	고용주분담금	근로자분담금		
덴마크	0.9	2.0	33.1	35.8
영국	7.6	5.5	11.6	23.0
프랑스	32.3	12.9	7.6	39.9
한국	2.5	1.9	4.1	8.2
OECD 평균	15.2	6.8	13.3	30.0

출처: OECD, 2007c: 4

〈표 8-8〉 한국의 사회보험 기여율

(근로자 임금 대비, %)

구분	근로자	사용자	합
건강보험(직장)	2.945	2.945	5.89
국민연금(사업장)	4.5	4.5	9
고용보험(실업급여)*	0.65	0.65	1.3
합	8.095	8.095	16.19
산재보상보험	가변적(사용자 단독 부담)		

* 2013년 7월 1일부터 실업급여요율 인상: 11/1000 ⇒ 13/1000
출처: 각 보험 공단 홈페이지 검색

한국의 사회보험 분야별 현행 기여율을 정리한 것이다.

〈표 8-8〉에서 산재보상보험을 제외한 나머지 사회보험의 기여율은 노·사 공히 각각 8.095%로서 그 합은 16.19%이다. 한편 한국과 제도적으로 유사한 프랑스의 경우 고용주 부담률은 28.1%, 근로자 부담률은 15.5%로서 이를 합하면 43.6%에 달한다(앞의 〈표 6-9〉 참조). 이렇게 볼 때 한국의 사회

보험 기여율은 결코 높다고 할 수 없을 것이다. 따라서 기여금 지배[13]형의 특징이 보이는 것은 한국의 조세 부담률이 낮은 데서 그 원인을 찾는 것이 적절할 것이다.

3. 노사관계

본 서의 노사관계 유형에 따른 한국의 노사관계의 특징을 살펴보기 전에 노·사 양대 조직의 변천과정을 잠시 개관하면 다음과 같다. 먼저, 노조 중심의 한국의 노동운동은 1945년 전국노동조합협의회(전평) 결성과 함께 본격화되었으나 1948년 전평의 와해, 1950년 한국전쟁을 거치면서 단절기를 겪게 된다. 이후 새로운 노동조합 운동의 흐름이 형성될 수 있었던 계기는 1953년 노동조합법의 제정이다. 관련법에 규정된 노조설립의 요건과 설립 단위 등에 근거하여 새로운 노조들이 결성되기 시작한 것이다(이성희 외, 2012: 7). 이후 부침을 반복하던 노조 조직률은 2012년 기준 10.3%를 보이고 있다. 상급단체별 조직현황을 살펴보면 〈표 8-9〉처럼 한국노총 소속 조

〈표 8-9〉 상급단체별 조합원 수 비교

(단위: 명(%))

총연맹별	출범연도	2011년	2012년	증감
한국노총	1961년	768,953(44.7)	808,664(45.4)	39,711(5.2)
민주노총	1995년	562,310(32.7)	604,705(33.9)	42,395(7.5)
국민노총	2011년	21,913(1.3)	17,914(1.0)	△3,999/(△18.2)
미가맹	-	366,716(21.3)	350,054(19.7)	△16,692/(△4.6)
전체	-	1,719,922/100	1,781,337/100	61,415/3.6

출처: 고용노동부, 2013a, 10월 17일 보도자료

---

13) 노조 조직률(%) = 전체조합원 수(1,781천 명)/조직대상 근로자 수(17,338천 명).

합원의 비중이 가장 크고 민주노총 그리고 신생노조라 할 수 있는 국민노총이 그 뒤를 잇고 있다.

한편, 한국의 대표적인 전국 단위의 사용자 대표단체는 한국경영자총협회이다. 1970년 7월 "노·사 간 협력체제의 확립과 기업경영의 합리화 및 합리적인 노사관계의 방향을 정리함으로써 산업평화정착과 경제발전을 도모코자 설립된" 경제단체로서 현재 360개가 넘는 기업 및 공공기관, 단체, 병원, 연구소가 가입되어 있다.[14] 이 단체의 주요 사업은 노동법 제·개정 대책 사업 등 전부 12개이며 이를 위해 중앙에 사무국과 노사관계위원회 등 5개 위원회 그리고 특별위원회로서 기업윤리위원회를 두고 있으며 15개의 지방경총이 있다.[15] 1998년 노사정위원회에 사용자 대표로 참여하는 등 노사 문제와 관련하여 사용자의 이해관계를 대변하는 대표단체로 자처하고 있다.

이상의 점을 고려하면서 한국의 노사관계 모델의 특징을 살펴보면 다음과 같다. 분절적 노사관계를 들 수 있다. 이러한 모습은 경쟁적 성격을 띠고 있는 노조의 복수성에서 특히 강하게 나타난다. 앞서 언급한 바와 같이 노동운동을 대표하는 한국의 상급단체는 한국노총과 민주노총을 들 수 있다. 노조의 양분 상태 못지않게 중요한 점은 양대 노총의 갈등 및 경쟁 양상이다. 구체적으로 1961년 설립된 한국노총은 타협적·협조적 노사관계를 표방했다. 반면 1990년 결성된 전국노조협의회(전노협)를 기반으로 설립된 민주노총은 한국노총의 노동운동에 대해 비판적 입장을 견지하고 있다. 다음의 〈표 8-10〉은 여러 측면에서 나타나는 양대 노총의 특징을 상호 비교한 것이다.

〈표 8-10〉처럼, 한국노총과 민주노총은 노사관계에 대한 접근 방식, 정치적 입장, 역사, 소속 사업장의 규모 등 여러 가지 측면에서 많은 차이가 있다. 정당과의 연계 강조 부분만 제외하면 민주노총은 프랑스의 전통적인 생

14) 발족 당시 이름은 한국경영자협의회였으며 1981년 현재의 이름으로 바뀌었음.
15) cf. http://www.kefplaza.com/kef/kef_kor_intro_1.jsp(한국경영자총협회 홈페이지).

〈표 8-10〉 한국노총과 민주노총의 비교

	한국노총	민주노총
노사관계에 대한 접근	타협/담합에 익숙, 사용자들의 경영 특권 인정, 단체교섭 중심의 타협적/협조적 노사관계	타협/비타협, 사용자의 경영 특권에 도전, 투쟁/교섭을 통한 해결을 강조, 갈등적 노사관계
작업장에서의 권력	노조 취약, 사용자의 우세	대기업 노조의 현장 장악력 막강
투쟁 성향과 투쟁력	현장 장악력 취약, 파업이 드물게 일어남	강한 현장 장악력과 강한 투쟁력, 잦은 파업 (전체 파업의 약 80~90%)
노사정위원회에 대한 태도	참여를 통한 정치적 타협과 제도 개선	노사정위원회 불참과 노정 직접교섭 주장
정치적 입장	여야 정당과의 정책연합— 독자 창당	민주노동당 지지(2000년대 초/ 다수 노조원들의 지지는 아님)
조직 내부의 민주주의	관료적·비민주적 요소 잔존, 노조지도부의 관료적 지도력 발휘	민주적 운영, 노조지도부의 잦은 교체, 노조 지도력 취약
노조 결성의 시기	대다수 1987년 이전	거의 1987년 이후
소속 사업장의 규모	중소기업이 다수	대기업의 주축

출처: 배규식, 조성재, 2002: 107; 심창학, 2004: 43의 〈표 3〉에서 재인용

디깔리즘의 입장과 유사한 성격으로, 강한 투쟁, 파업을 이용하여 정부와 사용주에 대한 노동자의 권익을 쟁취하려는 경향이 있는 반면, 한국노총은 체질 개선 노력에도 불구하고 기존의 타협적 성향이 여전히 남아 있다. 이러한 양대 노총으로의 노동운동 분열 양상은 태생적 차이에 기인한 불가피성은 인정한다 하더라도 노조 스스로 노동운동의 영향력을 감소시키고 있음은 분명한 사실이다.[16]

---

16) 2000년대 상반기까지의 사회복지 이슈에 대한 양대 노조의 입장 차이에 대해서는 심창학, 2004를 참조.

〈표 8-11〉 한국 노동조합 조직률의 추이

	1995	2000	2003	2006	2009	2012
노조 조직률	13.8	12.0	11.0	10.3	10.1	10.3

출처: 한국노동연구원, 2013: 109의 관련 〈표〉에서 발췌

둘째, 노사 대표단체의 약한 대표성을 들 수 있다. 이는 두 가지 지표를 통해 확인 가능하다. 우선 가입률 측면에서 이미 언급한 바와 같이 한국의 노동조합 조직률은 10%를 약간 상회하는 수준에 머무르고 있다. 즉 임금 근로자 10명 중 1명만이 노조에 가입되어 있는 것이다. 낮은 노조 가입률은 비단 오늘날의 모습이 아님에 유의할 필요가 있다. 즉, 〈표 8-11〉처럼 민주 노총이 설립된 1995년을 정점으로 10% 내외를 유지하는 데 그치고 있는 것이 한국의 노조 조직률 추이의 특징인 것이다.

10% 내외에 불과한 노조 조직률은 본 연구의 분석대상 국가 중 덴마크(80%)나 영국(30%)보다 낮은 반면 프랑스보다는 약간 높다. 한편, 한국경영자총협회가 명실상부한 사용주 대표단체인가에 대한 질문에 대한 대답 역시 부정적이다. 단적으로 회원가입 요건의 엄격성을 들 수 있다. 100인 이상의 종업원이 있는 사업체로 한정함으로써 전체 사업체의 99.6%에 달하는 99인 이하의 사업체는 회원신청 자체가 불가능하다. 한편 100인 이상의 종업원을 둔 사업체 중 회원 사업체의 비중 또한 2%에 불과할 정도로 대표성이 약하다.[17] 대표성 확인의 두 번째 지표로서 단체협약 적용률(collective agreement coverage)을 들 수 있다. 본 연구는 앞서 프랑스 사례를 통해 낮은 조직률에도 불구하고 단체협약 적용률(95%)이 높은 경우 노조가 얼마든지 강한 영향력을 발휘할 수 있다는 점을 목격할 수 있었다. 하지만 한국

---

17) 2012년 기준 360만여 개의 사업체 중 종사자 규모를 기준으로 할 때 1~4인은 295만 9천여 개, 5~99인은 62만 6천여 개, 100~299인은 1만 2천여 개이며 300인 이상 종사자를 둔 사업체 수는 3,300여 개로 집계됨. 통계청, 2013. 2012년 기준 전국사업체조사 잠정결과(보도자료).

의 단체협약 적용률은 12%에 불과할 정도로 그 정도가 미미하다(D. Venn, 2009: 16).[18] 1953년에 제정된 노동조합법은 효력확장제도를 규정하고 있다. 이 중 일반적 구속력의 경우, 공장, 사업장, 직장의 상시 근로자의 과반수가 단체협약의 적용을 받을 경우 당해 모든 근로자에게 단체협약이 적용되도록 했다(이성희 외, 2012: 9). 그럼에도 불구하고 단체협약 적용률이 이렇게 낮은 이유는 근로자의 반수 이상이 단체협약을 받은 사업장이 많지 않다는 것을 반증한다. 즉 노조는 조직되어 있으나 해당 사업장의 노조 가입률이 50%를 상회하는 사업장의 수가 많지 않다는 것을 보여주는 것이다. 이렇게 볼 때 낮은 노동조합 조직률 그리고 낮은 단체협약 적용률은 결국 대표성의 약화로 귀결되면서 노사 양자 모두 노사 문제 해결의 주체로 인정받지 못하는 상황 즉 노사 상급 단체의 리더십 취약으로 대변되는 한계가 발생하는 것이다.

셋째, 노사 대표단체의 대표성 약화 못지않게 고비용적 노사관계를 낳게 만드는 주요인으로 기업 중심의 교섭 체제를 들 수 있다. 한국에서 기업이 주 노사 교섭 단위로 등장한 것은 1953년 노동조합법 제정을 통해서이다. 2000년대 접어들어 병원, 금속, 금융 그리고 일부 공공부문에서 초기업단위의 산별교섭이 이루어지기도 했으나 한국의 주요 교섭 단위는 여전히 기업인 것이다(D. Venn, 2009: 16). 이러한 기업별 노사관계의 구축은 기업별 소속 의식, 기업별 노사관계 의식을 형성하는 토대가 될 수 있다. 하지만 임금 및 근로조건이 기업단위로 차별화될 뿐만 아니라 해당 기업의 지불능력과 기업별 노조의 교섭력이 협상 타결의 관건이 된다는 점에서 사업장 규모별 임금 및 근로조건이 차별화되는 결과를 초래할 수 있다는 점에서 많은 문제점을 낳고 있는 점 또한 사실이다. 노사 대표단체의 영향력과 관련하여 가장 큰 문제는 기업별 노사관계 체제하에서는 상급단체의 역할이 상대적으로 약할 수밖에 없다는 점이다. 노조 상급 단체는 물론이거니와 사

---

18) 2000년 기준 OECD 회원국의 평균 노조 조직률은 21%, 단체협약 적용률은 35%로 나타남. cf. OECD, 2004: 145의 table 3.3(chapter 3).

용자 단체 경우도 노사 교섭에서 주도적인 역할을 하기보다는 형식적인 사용자 협의회 대표를 대리인으로 내세우는 정도에 그치고 있다. 노사정 사회적 대화 체제에서도 사용자 단체가 리더십을 발휘하기보다는 가입 회원사들의 의견을 종합해서 전달하는 수준에 그치고 있는 것이 사실이다(이성희 외, 2012: 13-16).

넷째, 지금까지 살펴본 한국의 노사관계 특징은 정부의 영향력 강화와 밀접한 관련성이 있음을 보여주고 있다. 노조의 양분현상, 노사 상급 단체의 대표성 약화, 기업 중심의 교섭 체제 고수는 1953년의 노동조합법에서 천명하고 있는 노사자율원칙을 무색하게 한다. 노사 문제에 대한 정부의 개입이 빈번하게 목격되고 있다. 노동법제도의 집행 및 제도 개선 과정, 대기업 노조의 파업 혹은 장기 파업 사업장에 대한 공권력의 개입, 노사정 위원회를 비롯한 사회적 합의 기구를 통한 합의 도출 과정에서 나타나는 정부의 역할 등이 이의 대표적 사례라 할 수 있다.

이렇게 볼 때 본 연구의 노사관계와 관련된 네 가지 유형(제3장의 〈표 3-5〉) 중 한국의 노사관계는 프랑스와 마찬가지로 갈등주의로 대변되는 적대적 모형에 속한다고 할 수 있다. 노사 간 혹은 노동운동 내부의 경쟁적 관계, 노사 공히 약한 대표성, 기업 중심의 교섭 체제 유지, 노사 문제 해결과 관련된 정부의 강한 역할 등이 이의 근거이다. 이렇게 볼 때 한국의 노사관계가 활성화 정책에 미치는 영향은 극히 적을 것으로 예상된다.

4. 조세제도

조세제도는 활성화 정책의 재원을 파악하는 척도가 됨과 동시에 한 국가의 조세 원칙 및 이의 실질적 모습을 보여주고 있다. 본 연구는 이미 분석 대상 3개 외국 국가의 조세제도의 공통점과 차이점을 살펴본 바 있다.[19]

---

19) 이의 종합적 정리는 〈표 7-4〉를 참조.

이를 바탕으로 한국의 조세제도의 특징을 살펴보면 다음과 같다.

첫째, 한국의 조세 부담 정도를 알기 위해서는 국민 부담률의 국제비교가
필요하다. 〈표 8-12〉는 2011년 기준, GDP 대비 4개 국가의 국민 부담률
(총세입부담)의 세부 내용을 나타낸 것이다.

한국을 중심으로 〈표 8-12〉에 나타나 있는 특징을 정리하면 다음과 같
다. 첫째, 조세와 사회보장기여금을 포함한 한국의 총세입부담 즉 국민 부담

〈표 8-12〉 한국의 국민 부담률 국가 비교(2011년)

(GDP 대비 비중, %)

	총세입부담	직접세							간접세	사회보장기여금				기타**
		계	개인			법인				총기여금	근로자	고용주	자영업자 혹은 비취업자	
			개인총부담	소득세	자본	법인총부담	이윤	자본						
덴마크	48.1 (100)	*29.4** (61.1)	*24.5* (50.9)	24.5	0.0	*2.8* (5.8)	2.8	0.0	*15.3* (31.8)	*1.0* (2.0)	1.0	0.1	0.0	*2.4* (4.9)
영국	35.5 (100)	*12.9* (36.3)	*10.1*	9.8	0.2	*2.8*	2.7	0.1	*11.6* (32.7)	*6.7* (18.9)	2.7	3.9	0.2	*4.3* (12.1)
프랑스	44.2 (100)	*10.1* (22.9)	*7.5*	7.5	0.0	*2.5*	2.5	0.0	*11.0* (24.9)	*16.8* (38.0)	4.1	11.4	1.3	*6.3* (14.3)
한국	25.9 (100)	*7.8* (30.1)	*3.8*	3.2	0.9	*4.0*	4.0	0.0	*8.1* (31.3)	*6.1* (23.6)	2.6	2.6	0.9	*3.9* (15)

〈표〉에 언급되어 있는 세부항목에 대한 OECD Revenu statistics 영문 표기명 다음과 같음: 총세
입부담(Total tax revenue)/직접세(Taxes on income, profits and capital gains), 개인총부담(of
individuals), 소득세(on income and profits), 자본(on capital gains), 법인총부담(corporate),
이윤(on profits), 자본(on capital gains)/ 간접세(Taxes on goods and services)/사회보장총기
여금(Social security contributions), 개인(employee), 법인(employer), 자영업자 혹은 비취업자
(self-employed or non-employed)
* 개인세와 법인세 포함되지 않는 세입 항목 포함(2.1%)
** 나머지 항목의 합
출처: OECD, StatsExtracts(http://stats.oecd.org/Index.aspx?DataSetCode=REV/ 2013년 12월
11일 검색)

률은 GDP 대비 25.9%로서 이는 4개 국가 중 가장 낮은 수치이다. 가장 높은 덴마크(48.1%)에 비해 60%에 불과하며 영국보다는 10% 정도 낮은 수치를 보여주고 있다. 이러한 저부담은 결국 저수준의 공공사회복지지출로 이어지는 주요 원인 중의 하나로 지적되고 있다. 둘째, 한국의 조세 부담에서 직접세와 간접세의 비중은 비슷한 것으로 나타난다. 흔히 간접세는 납세자의 조세 저항을 약화시키는 효과가 있는 반면 소득재분배 효과는 약한 것으로 알려져 있다.[20] 한편 균형적 조세 부담 구조 양상은 한국에서만 나타나는 현상은 아님에 유의할 필요가 있다. 〈표 8-12〉에서처럼 덴마크를 제외하곤 나머지 3개 국가는 공히 비슷한 비율 아니면 오히려 간접세 비중이 높게 나타난다. 선진 복지국가의 복지 재정 확충을 위한 고민을 엿볼 수 있는 대목이다. 셋째, 직접세의 부담 주체와 관련하여 4개 국가 중 유일하게 한국은 개인보다는 법인의 부담 비중이 상대적으로 높다. 반면 나머지 3개 국가에서는 법인보다는 개인에게 부과되는 조세 부담 비중이 상대적으로 높은 것을 알 수 있다. 넷째, 반면 사회보장기여금에서 한국의 고용주가 부담하는 비중은 국제적으로 매우 낮다. 특히 프랑스의 고용주는 근로자에 3배 정도의 기여금 부담을 보이고 있는 데 반해 한국은 근로자와 고용주 부담 비중이 동등하게 나타난다. 이렇게 볼 때 GDP 대비 한국의 국민 부담률은 저수준, 법인보다는 개인에 대한 높은 부담, 노사 동등에 바탕을 둔 사회보장기여금 부담의 특징을 지니고 있다.

둘째, 세수 구조에서 나타나는 국세와 지방세의 비중에 관한 것이다. 2012년 기준 한국의 조세는 14개의 국세 세목과 11개의 지방세 세목으로 구성되어 있다. 이의 세부 내용은 〈표 8-13〉과 같다.

한편, 한국의 총 조세 규모는 2010년도의 경우 226.9조 원, 2011년도에는 241.5조 원을 기록하고 있는데 국세와 지방세로 구분하면 〈표 8-14〉와

---

20) 왜냐하면 국세 중 직접세는 납세의무자와 경제상의 조세부담자가 일치하는 조세인 반면 간접세는 조세부담이 경제거래를 통해 다른 사람에게 전가되어 법률상의 납세의무자와 경제상의 조세부담자가 일치하기 않기 때문이다.

<표 8-13> 한국의 조세체계

구분			
국세 (14개)	내국세(10개)	직접세(5개)	소득세/법인세/상속세/증여세/종합부동산세
		간접세(5개)	부가가치세/개별소비세/증권거래세/인지세/주세
	관세(1개)		
	목적세(3개)		교통·에너지·환경세/교육세/농어촌특별세
지방세 (11개)	도세(6개)	보통세(4개)	취득세/등록면허세/지방소비세*/레저세
		목적세(2개)	지역자원시설세/지방교육세
	시·군세(5개)	보통세(5개)	자동차세/재산세/지방소득세*/주민세/담배소비세

* 2010년 신설
출처: 국회예산정책처, 2012: 25의 〈표 3〉에서 발췌, 재정리

<표 8-14> 세수구조의 추이

(단위: 조 원, %)

구분	2006	2007	2008	2009	2010
국세	138	161.5	167.3	164.5	177.7
지방세	41.3	43.5	45.5	45.2	49.2
합	179.3	205	212.8	209.7	226.9
비율(국세/지방세)	76.9/23.1	78.8/21.2	78.6/21.4	78.4/21.6	78.3/21.7

출처: 국회예산정책처, 2012: 32의 〈표 8〉에서 발췌, 재정리

같다.

국세와 지방세 비율은 지방분권의 실현과 지방재정의 자주성 확보 차원에서 중요한 의미를 지니고 있다. 해외 사례분석에서 영국(95%)을 제외한 나머지 2개 국가의 경우 국세가 차지하는 비중은 약 73~4% 정도임이 확인되었다. 한편 〈표 8-14〉처럼 한국의 국세와 지방세의 비율은 78:22를 보이

고 있다. 이는 OECD 회원국 평균의 84:16(2009년 기준)보다는 지방세의
비율이 높다. 하지만 분석 대상 국가 중에는 가장 낮은 수치로서 이는 자치
입법권, 자치행정권과 함께 지방자치 3대 요소인 자치재정권이 상대적으로
약함을 보여주는 반증이라 할 수 있다.

셋째, 직접세의 하나인 소득세의 과세 방식에 관한 것이다. 2008년 기준,
한국의 소득세(personal income tax)가 차지하는 비중은 GDP 대비 15%로
서 이는 동시기의 덴마크(52%), 영국(30%)에 비해 턱없이 낮은 수치이다.
뿐만 아니라 사회보장기여금의 비중이 높은 프랑스(GDP 대비 37%)보다도
2% 낮은 수치를 보이고 있다(B. Brys et al., 2011: 13). 한편 동년도 OECD
회원국의 평균 소득세 비중은 25%임을 고려할 때 한국의 소득세율은 그렇
게 높지 않은 것을 알 수 있다.

한편 소득세 과세방식에서 눈여겨봐야 할 부분은 누진세율의 적용 여부
및 그 정도이다. 왜냐하면 이를 통해 소득세의 소득재분배 효과가 나타날
수 있기 때문이다. 우선, 다음의 〈표 8-15〉는 2012년 기준, 종합소득세[21]에

〈표 8-15〉 종합소득세 적용 기본세율(2012년)

과세표준	세율
0~1,200만 원	6%
1,200만 원~4,600만 원	72만 원 + 1,200만 원 초과분의 15%
4,600만 원~8,800만 원	582만 원 + 4,600만 원 초과분의 24%
8,800만 원~3억 원**	1,590만 원 + 8,800만 원 초과분의 35%
3억 원~* **	9,010만 원 + 3억 원 초과분의 38%

* 2012년 신설
** 2013년 국회 통과를 거쳐 2014년부터는 1억 5천만 원으로 하향 조정

---

21) 종합소득은 납세자의 근로소득과 사업소득 외에 이자소득, 배당소득, 연금소득, 기타
소득을 합친 것이다. 한편, 2010년 기준 종합소득세 납부대상자는 37만 8,500명이며
근로소득세 납부대상자는 1,517만 7천 명으로 집계됨.

적용되는 기본세율을 과세표준구간별로 정리한 것이다.

〈표 8-15〉처럼 한국의 소득세율은 6%부터 38%까지로 책정되어 있다. 그리고 이와 관련된 과세표준은 5개로 나뉘어져 있다. 이러한 한국의 소득세율을 덴마크(8~59%), 영국(10~50%) 그리고 프랑스(0~41%)와 비교해 볼 때 최저세율은 프랑스 다음으로 높은 반면 최고세율은 4개 국가 중 가장 낮다. 달리 말하면 과세표준이 아무리 낮더라도 최저 6%의 세금 납부 의무는 있는22) 반면, 고소득자에 대한 세율은 상대적으로 낮게 책정되어 있는 것이다.23) 소득세 과세 방식의 소득재분배 효과를 가늠하는 두 번째 척도는 최고 과표 구간문턱의 소득과 평균소득 간의 차이 비교이다. 즉, 2012년을 기준으로 할 때 3억 원이 평균소득의 몇 배에 달하는가의 문제이다. 이론적으로 평균소득의 배수가 적을수록 최고세율 대상자 수가 많을 것이며 이는 곧 소득 재분배에 긍정적 효과가 있을 수 있을 것이다. 본 연구에서는 이와 관련된 2011년까지의 상황 즉 8,800만 원이 최고 과표 구간 문턱이었던 시기의 상황을 살펴보고자 한다. 다음의 〈표 8-16〉은 한국 상황을 분석대상 3개 국가와 비교하여 정리한 것이다.

〈표 8-16〉에서 현저하게 드러나는 국가는 덴마크이다. 평균 소득 자체가 최고 세율 구간 문턱으로서 평균소득(연 389,900DKK=원화 7,400만 원 상당)에 해당하는 근로자들은 명목세 최고세율인 50%의 과세대상자가 되는 것이다. 유사한 소득을 가진 한국 과세 대상자에 비해 2~3배에 달하는 세금

---

22) 과세표준은 총 급여에서 각종 공제액을 빼고 남은 것이기 때문에 과세미달자가 있음은 물론이다. 2010년 기준 종합소득세 대상자 중 과세미달자는 79만 9천 명(전체 대비 20.1%)이며 근로소득세의 경우는 593만 2천 명(전체 대비 39.1%)로 집계됨. 2012년의 전체 근로소득자(1,576만 명) 중 과세미달자는 515만 명임. 2011년, 2012년 국세통계연보.

23) 3억 원 초과 과세대상자는 4만 1,000명이며, 1억 5천만으로 하향 조정의 경우 과세대상자 규모는 13만 2,000명으로 늘어남. cf. 중앙일보, 2014년 1월 15일. 한편, 한국의 소득세 세율구조 추이를 살펴보면 1982년도의 최고세율은 60%였으며 이후 하락 추세를 보이면서 오늘에 이르게 된 것이다. 이러한 현행 최고세율은 OECD 회원국의 명목최고세율(국세와 지방세 포함) 평균인 41.5%보다 낮다. 이의 자세한 내용에 대해서는 국회예산정책처, 2012: 57-58의 〈표 18〉과 75의 〈표 30〉을 참조할 것.

〈표 8-16〉 소득세 최고세율 구간 문턱(평균소득의 배수)

	2000	2001	2002	2003	2004	2005	2006	2007	2008	2009	2010	2011
덴마크	1.0	1.0	1.0	1.0	1.0	1.1	1.1	1.0	1.0	1.0	1.1	1.1
영국	1.3	1.3	1.3	1.3	1.2	1.2	1.2	1.2	1.2	1.3	4.3	4.4
프랑스	2.9	2.8	2.7	2.7	2.7	2.7	2.7	2.8	2.8	2.8	2.8	2.7
한국	5.5	5.0	4.4	4.1	3.9	3.6	3.4	3.2	3.3	3.3	3.1	3.1
OECD 평균	4.9	4.3	3.6	3.3	3.1	2.9	2.8	3.0	3.0	3.0	3.4	3.4

출처: 국회예산정책처, 2012: 78의 〈표 32〉에서 발췌

을 납부해야 한다. 한편 한국의 최고세율 과표 구간 문턱은 평균소득보다 3배 정도 높은 수준이다. 이는 달리 말하면 평균 소득의 3배는 되어야 최소 세율의 과세 대상자에 포함된다는 것을 의미한다. 국가 비교의 관점에서 보면 영국과 프랑스의 중간에 위치하고 있다. 본 연구는 앞에서 Gini계수를 통해 국가별 소득재분배 효과를 살펴본 바 있다. 그 결과 덴마크, 프랑스, 영국의 순으로 소득재분배 효과가 큼을 확인했다(〈표 7-4〉 참조). 이 결과와 〈표 8-16〉의 내용을 바탕으로 할 때 한국의 소득재분배 효과는 프랑스와 영국 사이에 위치할 것으로 추측된다. 하지만 이에 대한 분석 결과를 살펴보면 아래 〈표 8-17〉처럼 분석 대상 4개 국가 중 소득재분배 효과가 가장 약한 국가에 위치하고 있음이 확인된다.

이미 살펴본 바와 같이 덴마크, 영국, 프랑스의 시장소득[24] 지니계수는 매우 높다. 반면 이들 국가의 가처분소득[25]을 통해서 살펴본 지니계수는 상당히 하락됨을 알 수 있다. 이는 그만큼 공적이전소득과 누진제를 통한 직접세의 부과를 통해 시장소득이 낮은 집단의 가처분소득을 상승시켰음을

---

24) 노동과 자본을 통해 시장에서 획득한 소득.
25) 총소득 {민간소득(시장소득 + 민간이전소득) + 공적이전소득(공적연금, 사회보장수혜)} + 직접세(소득세, 재산세, 사회보장기여금).

〈표 8-17〉 지니계수 변화를 통해서 본 소득재분배 개선 효과(2010년)

국가	시장소득 지니계수(A)	가처분소득 지니계수(B)	개선효과비율(A-B/A×100)
덴마크	0.429	0.252	41.3
영국	0.523	0.341	34.8
프랑스	0.505	0.303	40.0
한국	0.341	0.310	9.1

출처: OECD, StatExtracts. 관련 내용에 바탕(http://stats.oecd.org/Index.aspx?DataSetCode=
    IDD; 2014년 1월 10일 검색)

의미한다. 반면 한국의 경우, 시장소득 지니계수는 4개 국가 중 가장 낮다. 이는 그만큼 임금을 통한 소득불평등 정도가 약하다는 것을 의미한다. 그럼에도 불구하고 가처분소득을 기준으로 할 때 한국은 4개 국가 중 영국 다음으로 소득불평등 정도가 심한 국가로 자리매김된다. 더 중요한 사실은 시장소득과 가처분소득의 지니계수 차이 비교 분석을 통해 나타나는 개선 효과가 가장 미미하다는 점이다. 9.1%에 불과한 개선 효과는 여타 3개 국가의 1/4~1/5에 지니지 않는다. 이는 그만큼 소득불평등 개선에 미친 공적이전소득과 직접세의 역할이 약하다는 것을 의미한다. 비교 관점에서 한국의 시장소득 지니계수가 그렇게 높지 않는 점을 고려한다면[26] 소득불평등 개선에 미칠 수 있는 공적이전소득과 직접세의 역할이 클 것으로 기대하기에는 무리라는 의견이 있을 수도 있다. 뿐만 아니라 정부의 조세 및 재정 지출 정책이 소득재분배만을 위해서 작용하는 것은 아니라는 의견(성명재, 2011) 또한 강한 설득력을 지니고 있다. 이러한 점에 동의한다 하더라도 한국의

---

26) 시장소득 지니계수가 낮게 측정되는 점에 대해 장인성(2009)은 여타 국가에 비해 자영업자의 비중이 높아 정확한 소득파악에 어려움이 있으며 특히 고소득 자영업자의 소득이 낮게 파악되었을 가능성에서 그 이유를 찾고 있다(장인성, 2009: 34-35). 이는 달리 말하면 한국의 실제 시장소득 지니계수는 통계수치보다 훨씬 높을 것이라는 점을 시사하고 있다.

조세체계가 지니고 있는 소득재분배 효과가 매우 약하다는 점에 대해서는 그 누구도 이의를 제기하지 못할 것이다.[27]

　마지막으로 한국의 조세체계가 어느 정도 저소득층 근로자에게 혜택을 주는 구조로 이루어져 있는가에 대해 살펴보기로 한다. 우선, 프랑스와 마찬가지로 한국 역시 소득이 있음에도 불구하고 면세구간에 속하는 근로자 즉 면세점 이하의 근로자들이 상당수 존재하고 있음에 유의할 필요가 있다. 이는 근로소득공제제도의 실시로 인해 발생하는 것으로 과세대상소득은 근로자 총 봉급에서 소득공제 부분의 소득 즉 비과세소득을 뺀 부분이기 때문이다. 2011년 국세통계연보에 따르면 1,517만여 명의 근로자 중 면세점 이하 근로자 수(과세 미달자)는 393만여 명으로 약 40%에 육박한다. 과세 미달자 규모에 대한 찬반양론에도 불구하고 근로소득공제제도 자체가 저소득층의 과세 부담을 줄이는 제도라는 점에서는 이론의 여지가 없을 것이다. 다음으로 근로소득공제가 과세대상자 중 저소득 근로자에게 어느 정도 혜택을 주고 있는지 살펴보자. 소득공제제도 중 주목할 부분은 특별공제이다.[28] 이와 관련된 연구 결과에 따르면 과표 소득이 높은 근로자가 특별공제제도의 최대 수혜자라는 사실이 확인된다. 〈표 8-18〉은 소득공제혜택금액을 소득계층별로 정리한 것이다.

　2007년도 근로소득자 1,338만 명 중 근로소득 면세점 이상 근로자 755만 명의 과세대상 평균 연봉은 3,680만 원 정도이다. 이들은 소득공제제도가 없었다면 1인당 616만 원의 근로소득세를 납부해야 하지만 소득공제로 인해 실질적으로는 204만 원을 납부했다. 결국 1인당 평균 412만 원의 혜택을 본 것이다. 하지만 〈표 8-18〉처럼 소득계층에 따른 실제 혜택의 크기는 차

---

27) 이러한 점은 한국과 5개국(미국, 영국, 캐나다, 뉴질랜드, 일본)의 조세 및 재정 지출이 소득재분배에 미치는 효과를 분석한 성명재(2011)의 연구를 통해서도 확인된다. 이에 따르면 한국의 재정지출(공적이전소득, 현금급여)이 미치는 소득재분배 효과는 4.2%로 6개 국가 중 가장 낮으며, 직접세 효과는 4.1%로 5위로 나타났다.

28) 소득공제는 인적공제, 연금보험료공제, 특별공제, 조특법상 소득공제로 나누어지며 특별공제에는 보험료공제, 의료비공제, 교육비공제, 주택자금공제, 기부금공제 등이 있다(2012년 기준).

<표 8-18> 근로소득공제의 소득계층별 혜택 규모(2007년)

(단위: 만 원)

소득계층	과세대상급여액	세법상소득세액(A)	실제소득세액(B)	소득공제혜택금액 (A-B)
상위 10%	9,396	2,119	1,106	1,013
10~20%	5,615	1,010	359	651
20~30%	4,519	725	220	505
30~40%	3,781	553	137	416
40~50%	3,238	460	79	381
50~60%	2,783	383	57	326
60~70%	2,391	317	39	278
70~80%	2,044	257	24	234
80~90%	1,660	192	12	180
90~100%	1,400	148	4	144
평균	3,682.7	616.4	203.7	412.8

출처: 김태일, 2010: 14의 <표 1>에서 재인용

이가 매우 큼에 유의할 필요가 있다. 한마디로 소득이 높을수록 혜택의 크기가 크다는 것이다. 이는 기본적으로 특별공제제도가 간접세와 유사한 성격을 지니고 있기 때문이다. 즉 상한액이 있음에도 불구하고 기본적으로는 이용도가 높을수록 공제액도 많아지는 성격을 지니고 있는 것이 특별공제제도인 것이다. 소득공제제도 특히 특별공제제도의 역진성이 발견되는 대목이라 할 수 있다. 2011년의 한 연구보고서는 역진성의 모습을 여과 없이 보여주고 있다.[29]

한편 이 연구보고서에 따르면 소득세 특별공제의 역진성은 비단 혜택금

---

29) cf. 한국조세재정연구원, 2013. 공제제도운용방안(연구보고서).

〈표 8-19〉 주요 특별공제별 소득공제혜택금액(2011년)

(단위: 만 명)

소득 구분	소득공제혜택금액(평균)		
	보험료공제	교육비공제	카드공제
1,200 이하	10.4	18.5	10.4
1,200 초과 3,000 이하	34.3	50.7	30.3
3,000 초과 4,600 이하	44.1	54.2	31.9
4,600 초과 7,000 이하	85.0	96.9	51.5
7,000 초과 8,800 이하	99.7	107.8	52.1
8,800 초과 1억 이하	159.1	162.8	76.7
1억 초과 3억 이하	212.7	185.2	78.0
3억 초과	582.9	240.4	100.0

출처: 서울경제, 2013.8.19

액의 차이에서만 나타나는 것은 아니다. 수혜계층의 범위 역시 고려가 필요한 부분으로서 대표적으로 보험료공제 항목을 들 수 있다. 구체적으로 보험료공제제도로 세부담을 덜었던 수혜자는 소득신고자의 73.1%인 676만 명이었는데 이 중 과표 소득이 3,000만 원 초과 3억 원 이하인 계층의 수혜율은 90%를 넘었다. 반면 과표소득이 1,200만 원 이하인 저소득층 근로자의 수혜자 비율은 57.9%에 불과하다(서울경제, 2013.8.19자 보도기사).

이렇게 볼 때 한국의 저소득층 근로자에 대한 조세체계의 소득 보전 영향력에 대한 평가는 양가적이라 할 수 있다. 구체적으로 근로소득공제제도는 상당수의 저소득층 근로자의 과세 부담을 덜어줌과 동시에 소득보전의 측면에서 긍정적 기능을 수행하고 있다. 반면 과세대상자에게 적용되는 특별공제제도는 세금감면액뿐만 아니라 수혜율 측면에서 고소득 근로자에게 더 많은 혜택을 주고 있는 것으로 판단된다. 이러한 특별공제제도가 지니고 있는 역진성 문제는 현행 소득공제제도 개혁의 핵심에 놓여 있다고 해도 과언이 아닐 것이다.

지금까지의 논의를 바탕으로 할 때 국가 비교의 관점에서 한국의 조세체계 특징은 다음과 같이 정리될 수 있다. 우선 한국의 낮은 지방세 세수 구조는 낮은 자치재정권과 직결된다. 한편 한국의 조세와 사회보장기여금을 합친 국민 부담률은 GDP 대비 약 25%로 분석 대상 국가 중 가장 낮다. 한편 소득세 과세 방식, 최고세율 구간 문턱의 수준, Gini계수 변화를 통해서 나타나는 소득불평등 개선 효과 등을 고려할 때 한국의 조세체계가 지니고 있는 소득재분배 효과는 매우 약한 것으로 판단된다. 뿐만 아니라 근로소득공제제도의 실시로 상당수의 저소득층 근로자가 면세 혜택을 받고 있음에도 불구하고 현행 근로소득공제제도에서 나타나는 역진성은 반드시 해결되어야 할 사안으로 판단된다.

II. 한국의 사회보호 활성화 정책

한국의 사회보호 관련 정책 및 제도에서 활성화가 공식 용어로 사용된 적은 없다. 이는 영국과 유사한 반면 활성화 용어가 국가 정책에 반영되어 있는 덴마크와 프랑스와는 대비되는 부분이다. 그럼에도 불구하고 한국의 사회보호 정책 및 제도에서 활성화 요소는 이미 오래전부터 존재하고 있는 것 또한 사실이다. 대표적으로 2000년부터 실시된 국민기초생활보장제도의 조건부 수급제도(근로연계 복지)를 들 수 있다. 뿐만 아니라 2008년 귀속 소득분을 대상으로 2009년부터 시행된 근로장려세제(KEITC)[30] 역시 조세제도와의 연계를 통해 저소득층 근로자의 소득 보전을 목적으로 하는 대표적인 사회보호 활성화 정책이라 할 수 있다. 이렇게 볼 때 한국의 사회보호

---

30) Korean Earned Income Tax Credit.

정책에서 활성화 성격이 드러나기 시작하는 시점은 2000년대부터라 할 수 있다. 따라서 여기서는 근로연계 복지와 근로유인 복지의 두 가지 범주에서 나타나는 활성화 특징을 살펴볼 것이다.

1. 근로연계 복지와 활성화: 고용보험과 국민기초생활보장제도

1) 고용보험제도

활성화 분석틀에 의거하여 여기서는 사회보호 수급대상자(실업자, 사회부조 수급자)의 취업 가능성 제고를 목적으로 한국에서 실시되고 있는 제도 및 정책 즉, 고용보험 및 공적부조제도 그리고 최근에 이의 연장선상에서 실시되는 고용-복지 연계 프로그램을 대상으로 여기서 나타나는 활성화 성격에 초점을 두고자 한다. 먼저 고용보험제도이다.

(1) 활성화 적용 대상

한국의 고용보험제도는 IMF 관리체제가 시작되기 3년 전인 1995년에 도입되었다. 도입 당시 3개 고용보험사업 중 실업급여사업과 고용안정사업·직업능력개발사업으로 이원화되었던 적용대상은 〈표 8-20〉처럼 1998년 10월 이후 1인 이상 근로자를 고용하는 모든 사업장으로 확대 적용되었다.[31]

이에 따른 적용 규모를 살펴보면 2009년 기준, 1,385개 사업장의 9,654천 명의 근로자가 가입된 것으로 집계되었으며, 2013년 7월에는 1,000만 3천 명으로 1,000만 명을 돌파하게 되었다. 도입당시의 가입자 수인 420만 명에

---

[31] 앞의 〈표 8-2〉처럼 법정적용 제외 사업(장)과 근로자가 있음은 물론이다. 한편 한국의 고용보험제도는 세 가지 사업에 초점을 두고 있는데, 고용안정사업(실업예방, 재취업촉진 및 노동시장 취약계층의 고용촉진 목적, 이상 고용보험법)과 직업능력개발사업(근로자의 생애 직업능력개발 체제 지원 목적, 이상 고용보험법 제3장) 그리고 실업급여사업(실직자의 생계지원 및 재취업촉진 목적, 제4장)이 바로 그것이다. 그리고 최근에 육아휴직급여사업이 추가되었다(2012년 1월 시행, 제5장). 각 사업의 구체적인 내용에 대해서는 김태홍, 2012: 125-147.

〈표 8-20〉 고용보험 적용 확대 과정

연월	적용대상 사업장	
	실업급여	고용안정/직업능력개발사업
1995.7	30인 이상	70인 이상
1998.1	10인 이상	50인 이상
1998.3	5인 이상	
1998.7		5인 이상
1998.10	1인 이상	1인 이상

비하면 2.4배 정도 증가한 것이다. 한편 2012년 1월부터는 본인이 원하는 경우 50인 미만의 근로자를 둔 자영인도 고용보험에 가입이 허용되어 실업급여를 받을 수 있게 되었다.[32)

이상의 고용보험 적용 확대 추세에도 불구하고 실질적으로는 선별주의적 성격이 강하게 나타남은 부인할 수 없는 사실이다. 우선, 이미 언급한 바와 같이 법정적용 제외 사업(장) 혹은 근로자가 따로 명시되어 있음을 지적할 수 있다.[33) 이에 법적적용 대상임에도 불구하고 인식 부족 등 다양한 이유로 실제로는 가입되어 있지 않는 실제 사각지대의 근로자 역시 412만 명에 달한다(유경준, 2013: 3). 이는 임금근로자 대비 27.7%에 달하는 수치로서 이는 달리 말하면 법정적용 대상 근로자 10명 중 3명은 미가입상태임을 의미한다.

한편 활성화 프로그램의 대상자 규모를 파악하기 위해서는 실업급여 수급자 규모 확인이 필요할 것이다. 왜냐하면 한국의 고용보험제도에 활성화 프로그램이 존재한다 하더라도 해당 프로그램 참여자는 고용보험 적용 대상

---

32) 시행 6개월 후인 2012년 7월 8일 기준 자영업자 고용보험 가입자 수는 1만 2,531명이 가입한 것으로 집계되었다(고용노동부, 7월 10일 보도자료).

33) 이러한 제도적 사각지대 규모는 비임금근로자 716만 명과 적용 제외 286만 명을 합쳐 1,002만 명에 달한다. cf. 유경준, 2013: 3.

〈표 8-21〉 한국 실업급여 수급률 추이

(단위: 천 명/%)

	2000	2001	2002	2003	2004	2005	2006	2007	2008
실업자(B)	979	899	752	818	860	887	827	783	769
급여 수혜자(A)	96	136	125	151	193	227	248	273	306
수혜율(A/B)	9.8	15.1	16.6	18.5	22.4	25.6	30.0	34.8	39.6

출처: 장지연 외, 2011: 9의 〈표〉에서 발췌

자도, 실업자도 아닌 실업급여 수급자가 바로 그 대상자이기 때문이다. 이와 관련하여 〈표 8-21〉은 한국 고용보험의 후진성을 보여주고 있다.

〈표 8-21〉처럼 한국의 고용보험은 실업자의 5분의 2 정도만이 고용보험을 통해 제공되는 실업급여를 받는 것으로 나타난다. 이는 달리 말하면 실업자의 60%는 실업상태임에도 불구하고 사각지대에 방치되어 있다는 것을 의미한다.[34] 이와 관련하여 2009년 통계청 조사 결과는 한국 고용보험제도의 개선사항이 무엇인지를 잘 보여주고 있다. 조사 결과에 따르면 실직한 지 1년이 안 된 임금근로자 중에서 불과 11.3%만이 실업급여를 받고 있다. 비수급 사유 중 가장 많은 비중은 고용보험 미가입(45%)이며 나머지는 가입에도 불구하고 이직사유 미충족(22.9%), 피보험단위 기간 미충족(11.1%), 수급 종료(2.9%), 기타(6.8%) 등 수급요건의 엄격성과 관련된 사유가 그 뒤를 잇고 있다. 결국 〈표 8-24〉를 근거로 할 때 한국 고용보험제도의 활성화 프로그램의 잠재적 적용 대상자는 약 30만 명 정도인 것으로 판단된다.

---

34) 분석 대상 국가 중 덴마크의 실업보험의 수급률은 103%, 영국과 프랑스는 실업보험과 실업부조를 합하여 각각 85%와 82%이다(1990년대). 장지연 외, 2011: 9의 관련 〈표〉 참조.

(2) 급여 및 서비스의 성격

실업급여 수급자격자에게 제공되는 대표적인 급여로서 구직급여를 들 수 있다. 도입 당시부터 최근까지의 구직급여제도의 변화 추이를 살펴보면 빠른 제도적 정립에도 불구하고 내용적으로 유의미한 변화의 족적을 찾기가 어렵다는 특징을 지적할 수 있다. 먼저, 실업자의 안정된 소득보전의 열쇠가 되는 소정급여일수의 경우, 도입 당시의 최단 30일, 최장 210일에서 현재는 최단 90일, 최장 240일로 늘어났을 뿐이다.[35] 한편, 구직급여를 받기 위해서는 일정기간 기여금 납부 실적이 있어야 한다(피보험기간). 이직 전 18개월을 기준으로 도입 당시에는 12개월이었던 피보험기간이 현재는 180일로 축소되었다. 피보험기간이 6월 초과 12개월 미만인 실업자에게 수급권이 보장된 측면은 있으나 최저피보험기간이 180일인 점은 가입에도 불구하고 수급권을 박탈당하는 실업자가 여전히 많을 것이라는 점을 시사하고 있다. 한편 도입 이후 변화가 거의 없는 항목이 급여수준이다. 이직 전 평균임금의 50%이며[36] 상한액과 하한액 규정이 적용되고 있다. 먼저 현행 상한액은 1일 기준 4만 원으로 이는 도입 당시의 3만 5천 원에서 3만 원(1999년), 7만 원(2000년)으로 변경된 바 있다. 한편 하한액의 적용은 수급자의 기초일액이 최저임금("최저기초일액")보다 낮은 경우로서 이때는 최저기초일액이 수급자의 기초일액이 되며 이의 90%가 수급자가 받은 구직급여액("최저구직급여액")이 된다(현행 고용보험법 제45조와 제46조). 여기서 최저임금의 90% 조항은 고용보험법 도입 당시의 비율로서 이는 70%(1998년)로 하향 조정되었다가 1999년에 다시 90%로 상향 조정된 후 오늘에 이르고 있다.

한편, 〈표 8-22〉는 한국의 현행 구직급여의 전반적인 내용을 본 연구의 분석대상 외국 사례인 덴마크, 영국, 프랑스의 유사급여제도와 비교한 것

---

35) 소정급여일수는 수급자의 연령(세 단계)과 피보험기간(다섯 단계)에 따라 달라짐.
36) 수급자격자의 기초일액에 100분의 50을 곱한 금액(현행 고용보험법, 제46조). 여기서 기초일액은 근로기준법의 평균임금으로서 정확하게는 사유가 발생한 이전 3개월간 근로자에게 지급된 임금총액을 그 기간의 총일삭으로 나눈 금액을 말한다.

〈표 8-22〉 4개 국가 실업보험급여 개관(2010년)

	덴마크	영국	프랑스	한국
실업보험제도명칭	실업보험	JSA-C (기여기초형 JSA)	PARE	고용보험
고용(E) 및 기여조건(C)	E: 52주 (3년 기준) C: memberships fee	C: 12개월 (2년 기준)	C: 4개월 (28월 기준)	E+C: 6개월 (18월 기준)
강제성 여부 (Compulsory, Voluntary)	V	C	C	C
대기기간	0	3	7	7
최대수급기간(월)	24	6	24(50세 미만) 36(50세 이상)	8
대체율 (기준소득 대비)	90	정액(평균임금의 10%)	57-75	50
기준소득	SSC*(8%)를 제한 임금총액	–	임금총액	최근 3개월 임금총액
최저급여 국내화폐기준	160,416	–	9,829	10,801,080
최저급여 평균임금 대비(%)	43	–	29	29
최대급여 국내화폐기준	195,516	–	79,488	14,400,000
최대급여 평균임금 대비(%)	52	GBP 260 이상 초과분만큼 감소	228	39
고용허용 및 비고려	근로시간 비례 급여삭감	–	허용: 표준소득대비 70% 미만, 월 110시간 미만, 최대 15개월 삭감: 표준소득 대비 비율만큼	허용: 월 60시간 미만 삭감: 임금/급여일수⇒ 최저임금의 120% 초과분만큼
부양가족고려	–		–	–

* SSC: 사회보장기여금(employee social security contributions)
출처: OECD, 2010b

이다.

〈표 8-22〉에서처럼 한국의 구직급여는 관대성(generosity) 측면에서 4개 국가 중 중하위에 위치하고 있다.[37] 우선 최대수급기간은 8개월로 이는 4개 국가 중 3번째로 길다. 구직급여 수준은 수급자의 임금총액(기준소득)과 근로자 평균임금(AW) 등 두 가지 측면에서 비교가 가능한데 먼저 임금총액 대비 50%의 급여는 영국보다 높을 뿐이다. 한편 근로자 평균임금 대비 최저급여는 29%로서 이는 비교 가능한 3개 국가 중 덴마크보다 낮은 반면 프랑스와는 동일한 수준이다. 한편 최대급여는 39%로서 이는 3개 국가 중 가장 낮을 뿐만 아니라 최저급여와도 차이가 적게 나타난다. 결국 한국의 구직급여는 전반적으로 낮은 수준에서 유지되고 있음을 알 수 있다.[38] 한편 위의 〈표 8-22〉의 내용 중 통제 측면에서 확인 가능한 항목은 고용 및 기여조건이다. 이론적으로 기준기간이 길수록, 고용 및 피보험기간이 짧을수록 통제의 정도가 약하다고 할 수 있을 것이다. 이런 관점에서 볼 때 한국의 통제 정도는 4개 국가 중 영국과 함께 가장 강하다고 할 수 있다.[39] 결국 1995년 도입된 지 20년 가까이 되는 한국의 고용보험은 그동안의 변화에도 불구하고 관대성은 약한 반면 통제적 요소는 여전히 강한 것으로 판단된다.

한편 한국의 고용보험제도가 실업급여 수급자를 대상으로 제공되는 프로그램 중 활성화 요소의 존재 여부에 대한 판단을 위해서는 다음 두 가지 부분에 대한 확인이 필요하다. 첫째, 재취업활동계획서 수립 여부이다. 국제적으로 IAP(individualized action plan)로 불리는 재취업활동계획서는 이미 외국의 사례에서도 일반화되어 있음이 확인되었다. IAP의 수립은 구직급

---

37) 여기서 사용하는 관대성과 통제는 침투성, 재분배 개념과 함께 특정제도의 체계화 (systemization) 정도를 판단하는 준거로 간주되고 있음. 도입 이후 2000년대 초까지 체계성 관점에서 살펴본 한국 고용보험제도 변천의 평가에 대해서는 심창학, 2003을 참조할 것.

38) 한편 최저급여와 최대급여의 차이가 가장 큰 국가는 프랑스이다. 수급자의 지위 유지에 초점을 두고 있는 조합주의적 복지 모델의 특징을 그대로 보여주고 있는 것이다.

39) 단순계산에 의하면 한국과 영국의 통제율((고용 혹은 피보험기간/기준기간)×100)은 50%, 덴마크는 32%이며 가장 낮은 국가는 프랑스로서 14%에 불과하다.

여신청 단계 중 세 번째 차례인 실업인정 단계 시 이루어진다.[40) 구체적으로 실업인정을 받으려는 수급자격자는 직업안정기관(고용센터)의 장이 지정한 날("실업인정일")에 출석하여 재취업을 위한 노력을 했음을 신고해야 한다. 적용기간은 실업 신고날로부터 1주부터 4주 이내이며 재취업활동계획서는 해당 기간 중 첫 번째 실업인정일에 고용지원센터 직원과 협의를 거쳐 수립하게 된다. 관련법 조항에 따르면 IAP의 수립은 직업안정기관의 장이 취해야 할 조치 중의 하나이며 수급자격자는 정당한 사유가 없는 한 이 조치에 따라야 하는 것으로 명시되어 있다(고용보험법 제44조 4항).[41) 이는 재취업활동계획서의 수립이 국가와 수급자격자에게 동시에 적용되는 강제사항임을 시사하고 있다. 한편, IAP는 구직활동 중 변경이 가능하며 실업신고일로부터 14주가 경과한 후에도 취업하지 못한 경우에는 다시 작성해야 한다. 활성화의 특징 중의 하나가 실업자의 취업 가능성 제고를 목적으로 하고 있음을 고려할 때 재취업활동계획서의 수립과 관련된 규정은 한국의 고용보험제도 역시 활성화 요소가 있음을 보여주는 방증이라 할 수 있다.

한편, 고용보험제도에서 활성화 성격이 어느 정도 강하게 나타나는가를 보여주는 두 번째 부분은 적극적 노동시장 프로그램의 비중 및 이에 대한 수급자의 참여 정도라 할 수 있다. 본 연구는 덴마크와 프랑스 등의 외국 사례를 통해 수급자를 대상으로 다양한 교육 및 훈련 프로그램이 실시되고 있음을 확인할 수 있었다. 반면 영국은 교육 및 훈련 프로그램보다는 직접적 일자리 제공을 통한 노동시장에의 신속한 재취업을 유도하는 성격이 더 강한 것을 알 수 있었다.

---

40) 구직급여신청은 구직등록 및 실업자격인정 신청 → 실업자격인정 → 급여신청 및 실업인정 → 구직활동 및 수급 등으로 구분된다. 이 중 실업자격인정은 구직등록자의 실업급여 수급요건 충족여부를 확인하는 단계이다. 실업인정은 실업자격을 인정받은 실업자가 고용센터에 정기적 방문 등의 방법으로 실업인정을 신청하는 단계를 말한다.

41) 재취업활동계획서의 양식이나 구체적 내용은 고용센터마다 약간씩 다른 것으로 확인된다. 공통적으로는 재취업활동계획(기간, 이직전 일자리 상황, 수급자격자의 특성 …)과 참여희망 재취업지원 서비스 등이 내용에 포함되어 있다.

〈표 8-23〉 실업자훈련지원사업

구분	기존유사사업	훈련대상	훈련기간 및 수강횟수	지원내용
내일배움카드제	신규실업자 훈련사업/ **전직 실업자 훈련사업**	구직등록한 전직 실직자 또는 신규실업자(고용보험 가입 이력이 없는 자)	계좌발급일로 부터 1년/ 취업 전 1회	실훈련비 지원 (200만 원 한도/ 1인당)
국가기간· 전략직종 훈련지원	우선선정 직종훈련	구직등록한 실업자 (만 15세 이상) 또는 고3재학생 (비진학예정자)	3~12개월 (350시간 이상)/ 취업 전 3회	훈련비/교통비 (5만 원), 식비 (6만 6천 원, 월)/ 훈련수당 (20만 원, 월)
농어민 지역실업자 직업훈련	지역실업자 훈련사업	농어업인과 그 가족	1개월~1년 (60시간 이상)/ 취업 전 3회	교통비(5만 원), 식비(6만 6천 원)
취약계층 특화훈련 (내일배움카드 취약계층 독자반)	자활직업훈련/ 새터민훈련/ 영세자영업자 훈련/	여성가장/영세자영업 자/북한이탈주민/결혼 이민자/기초생활수급 자/건설일용근로자/중 소기업취업희망자	계좌발급일로 부터 1년	실훈련비 지원 (200~300만 원)

출처: 유길상, 2010: 43의 〈표 1〉과 고용노동부, 2013b: 15-20의 내용을 바탕으로 재정리

한편, 한국의 경우 실업자 훈련 프로그램은 직업능력개발지원사업의 하나로 포함되어 있다.[42] 〈표 8-23〉은 2011년부터 변화를 거듭하고 있는 직업능력개발지원사업 중 실업자훈련지원사업을 정리한 것이다.

〈표 8-23〉에서처럼 고용보험과 직결되는 실업자훈련지원사업은 내일배움카드제사업이다. 이는 기존의 신규실업자 훈련사업과 전직실업자 훈련사업이 노출한 한계 극복의 대안으로 일원화된 것이다.[43] 이 사업은 종래의

---

[42] 직업능력개발지원사업은 근로자에게 필요한 직무수행능력을 습득·향상시키기 위하여 실시하는 훈련을 의미하는 국가 정책의 총칭으로서 그 대상은 재직자와 실업자로 구분된다(고용노동부, 2013b).

[43] 기존 사업의 문제점 및 한계에 대해서는 장홍근, 2011: 23을 참조.

민간위탁기관 위탁방식에서 일정 요건을 갖춘 훈련수요자에게 일정범위의 훈련계좌(1인당 200만 원 한도)를 부여하고 훈련기관 선택권을 대폭 확대함과 동시에 훈련비 자부담제도를 도입하여 책무성을 강화하는 데 역점을 두고 있다. 문제는 고용보험의 구직급여 수급자가 어느 정도 적극적으로 해당 사업에 참여하는가이다. 이와 관련하여 덴마크와 영국은 적극적 노동시장 프로그램에의 참여는 수급과 직결된 법정 의무사항으로 간주하고 있다. 뿐만 아니라 덴마크 사례는 수급자의 욕구에 부응하는 적극적 노동시장 프로그램에 대한 국가 의무의 중요성을 보여주고 있다. 반면 프랑스는 IAP의 내용에 따라 달라짐을 확인한 바 있다.

먼저 수급자의 적극적 노동시장 프로그램과 관련된 고용보험법 관련 규정이 있는지 확인해보자. 결론부터 말하자면 현행 고용보험법에서 이와 직결되는 조항을 찾아보기 힘들다. 예컨대 수급요건 중의 하나로 재취업을 위한 노력을 적극적으로 할 것이라고만 명시되어 있을 뿐이다. 일반적으로 이 조항은 실업인정과 관련된 것으로 간주되고 있다. 반면 적극적 노동시장 프로그램 제공에 대한 국가 의무를 명시한 조항 역시 보이지 않는다. 다만 훈련 거부 등에 따른 지급의 제한과 관련된 조항만 삽입되어 있을 뿐이다(고용보험법 제60조). 이렇게 볼 때 실업자훈련지원사업 등 적극적 노동시장 프로그램과 관련된 수급자와 국가 사이에 나타나는 권리·의무의 법적 성격은 매우 약한 것으로 판단되며 이는 실업자 훈련 프로그램의 참여 규모를 통해서도 여실히 증명된다. 예컨대 한 연구는 2007년 기준, 25만여 명의 구직급여 수급자 중 전직 실업자 훈련에 참여한 사람은 6만 4천여 명에 불과하다고 지적하고 있다(황덕순, 2009: 230-231). 한편 〈표 8-24〉는 2008년 이후의 연도별 실업자 수와 실업자 훈련 참여자를 정리한 것이다.

〈표 8-24〉에서처럼 실업자 훈련 사업 참여자는 공식 실업자의 40% 정도이다. 이 중 전직 실업자 훈련 사업 참여 규모는 2007년에 비해서는 조금 늘어난 추세를 보이고 있다. 그럼에도 불구하고 구직급여자 수에는 턱없이 모자라는 수치를 보이고 있음은 분명하다. 이렇게 볼 때 여타 국가와 마찬가지로 적극적 노동시장 프로그램이 실시되고 있음에도 불구하고 이에 대한

<표 8-24> 한국 실업자훈련지원사업 참여 정도

		2008	2009	2010	2011	2012
실업자 수 (천 명)		769	889	920	855	820
훈련참여자 (명, 합계)		115,718	153,465	57,007 [303,598]	393,568	336,858
	전직실업자훈련	70,565	88,094	26,088 [206,739]	279,733	226,617
	(농어민)지역실업자 훈련 (농특회계포함)	4,833	8,075	1,220	713	693
	신규실업자훈련	14,058	35,885	12,390 [78,330]	87,923	80,669
	새터민 직업훈련	772	881	–	–	–
	영세자영업자훈련	2,229	–	–	–	–
	자활훈련	1,135	–	–	–	–
	국가기관전략직종훈련	22,126	20,530	17,309	25,199	28,879

* 각 연도말 기준으로 산정
* '10년도 신규실업자훈련(신규실업자, 영세자영업자, 새터민 합계)
* '10년도 지역실업자훈련은 농어민 지역실업자훈련만 남음. [ ]: 내일배움카드제 포함 실적
* '11년부터 전직실업자훈련, 신규실업자훈련은 내일배움카드제 실적
출처: e-나라지표 실업자 통계와 고용노동부, 2013b: 64의 <표>를 바탕으로 재정리

구직급여 수급자의 참여는 매우 부진하다고 할 수 있다.[44]

(3) 활성화 프로그램 참여 동기부여기제 및 법적 성격

수급자의 활성화 프로그램 즉 실업자 훈련 사업에의 참여와 관련하여 한국의 고용보험제도는 제재 조치는 명시되어 있는 반면 인센티브와 관련된

---

44) 한편 OECD의 GDP 대비 적극적 노동시장 프로그램 지출 비중을 살펴보면 한국의 훈련 프로그램은 0.07을 차지하고 있다. 이는 영국(0.02)보다는 높으나 덴마크 (0.42), 프랑스(0.38)에 비해 턱없이 낮다(2010년 기준). OECD, 2012: 250-258의 <table> 참조.

규정은 명시되어 있지 않다. 달리 말하면 한국의 활성화 프로그램은 수급자에 대한 징벌적 성격을 띠고 있다는 것을 의미한다. 예컨대 현행 고용보험법 제60조는 직업안정기관의 장은 수급자격자가 직업에 취직하는 것을 거부하거나 직업안정기관의 장이 지시한 직업능력개발 훈련 등을 정당한 사유 없이 거부하면 구직급여의 지급을 정지한다고 규정하고 있다. 한편 이의 구체적인 사항은 다음의 〈상자 8-1〉과 같다.

이러한 규정은 영국과 유사한 것으로 실질적 운영방식은 회복목적보다는

〈상자 8-1〉 구직급여 지급정지기간에 관한 고시(현행)

고용노동부고시 제2012-76호

「훈령·예규 등의 발령 및 관리에 관한 규정」 제7조제3항 제2호에 따라 직업능력개발 훈련 거부 등에 따른 구직급여 지급정지기간 고시에 대한 재검토기한을 다시 설정하여 다음과 같이 고시합니다.

2012년 9월 25일
고용노동부장관

I. 직업능력개발 훈련 거부 등에 따른 구직급여 지급정지기간 고시

수급자격자가 정당한 사유 없이 「고용보험법」 제60조제1항 및 제2항에 따른 직업소개·직업지도를 거부하는 경우에는 거부한 날부터 '2주간', 직업능력개발훈련을 거부하는 경우에는 거부한 날부터 '4주간' 구직급여의 지급을 정지한다. 다만, 급여 지급의 정지를 통보받은 수급자격자가 직업안정기관의 지시에 따르겠다는 의사를 표명하고 소정의 지시에 따라 적극적으로 응한 경우에는 그 응한 날 이후의 지급 정지된 급여에 대해서는 이를 해지할 수 있다.

II. 행정사항

1. 시행일
   이 고시는 발령한 날부터 시행한다.

2. 재검토기한(3년)
   이 고시는 「훈령·예규 등의 발령 및 관리에 관한 규정」(대통령훈령 제248호)에 따라 고시 발령 후 법령이나 현실여건의 변화 등을 검토하여 2015년 9월 24일까지 폐지 또는 개정한다.

억압적 성격이 더 강하다고 할 수 있다.[45] 특히 영국이나 프랑스와는 달리 한국의 제재 조치는 영합적(all or nothing) 성격이 강하다. 즉, 급여의 일정 비율 삭감이 아니라 지급 아니면 정지라는 극단적 방식을 채택하고 있는 것이다. 이렇게 볼 때 본 연구의 4개 분석 대상 국가 중 가장 강력한 제재 조치가 실시되고 있는 국가가 바로 한국이다.

한편, 활성화 프로그램에 대한 국가와 수급자 간의 권리·의무의 상호 존중이 어느 정도 법적으로 명시되어 있는가가 활성화 프로그램의 법적 성격에 관한 것이다. 이미 본 바와 같이 이에 대한 고용보험법의 조항 자체는 매우 추상적으로 명시되어 있다. 뿐만 아니라 프랑스와는 달리 법적 성격 판단의 잣대 중 하나인 합리적 일자리에 대한 언급도 보이지 않는다. 다만 훈련거부와 관련된 수급자의 최소한의 권리는 보장하는 법 조항이 있는 점은 법적 성격의 관점에서 중요한 대목이라 할 수 있다. 구체적으로 현행 고용보험법 제60조는 수급자가 직업훈련 지시를 거부할 수 있는 정당한 사유에 대해 (1) 지시받은 직종이 수급자격자의 능력에 부적당한 경우, (2) 직업훈련을 받기 위해 주거의 이전이 필요하나 이전 자체가 곤란한 경우 등을 제시하고 있다. 뿐만 아니라 구직급여를 받는 중 고용지원센터 직원에게 재취업 활동 계획서에 명시되어 있는 직업소개, 직업지도, 직업훈련 상당 등 재취업에 필요한 서비스를 요구할 수 있는 점 또한 긍정적인 평가가 가능한 대목이다. 하지만 이는 고용보험법에서는 찾아볼 수 없고 대신 행정 차원에서 발견되는 한계가 있다. 이렇게 볼 때 실업보험제도의 경우 4개 분석 대상국가 중 활성화 프로그램의 법적 성격이 가장 약한 국가가 바로 한국이라는 잠정적인 결론에 도달할 수 있다.

2) 국민기초생활보장제도와 활성화

1999년 8월 국회의 만장일치 가결을 통해 통과된 국민기초생활보장제도는 2000년 1월부터 실시된 지 15년 가까이 되었다. 한국의 대표적인 공공부

---

45) 제재 조치의 두 가지 성격에 대해서는 제2장의 〈표 2-10〉을 참조할 것.

조제도이자 마지막 사회안전망으로 간주되는 이 제도는 박근혜 정부의 출범과 함께 욕구별, 맞춤별 개별급여체계로의 전환을 추진 중이다. 여기서는 현재 시행 중인 국민기초생활보장제도[46)]에서 나타나는 활성화 특징을 살펴볼 것이다.

(1) 활성화 적용 대상

고용보험의 경우 활성화 프로그램의 잠재적 적용 대상자는 실업급여 수급자임은 이미 살펴본 바와 같다. 반면 국민기초생활보장제도는 수급자 전체가 적용 대상자가 아님에 유의할 필요가 있다. 왜냐하면 성격상 국민기초생활제도는 마지막 사회안전망으로서 노동능력이 있는 사람뿐만 아니라 노동능력이 없는 것으로 판단되는 사람도 포함되어 있기 때문이다. 이러한 점을 고려하면서 여기서는 먼저 국민기초생활보장제도의 수급자격 및 적용 대상자를 먼저 살펴보고 이중 활성화 프로그램의 적용 대상자에 대한 확인을 시도하고자 한다.

먼저 국민기초생활보장제도의 수급자격은 〈표 8-25〉처럼 도입 당시에는 세 가지, 2003년 이후부터는 두 가지 범주로 구분가능하다.

〈표 8-25〉처럼 도입 이후 수급자격은 지속적으로 완화되는 추세에 있다. 예컨대 부양의무자 범위가 축소되는 경향을 보이고 있으며 부양의무자 판정기준 또한 도입당시에는 해당 가구의 차감된 소득이 최저생계비의 120%이상이면 부양능력이 있는 것으로 간주되었으나 이후에는 130%로 개정되었으며 취약집단의 경우는 최저생계비 대비 차감된 소득 비율이 100분의 185로 상향조정되었다. 이러한 변화는 엄격한 수급요건에 대한 사회 및 학계의 비판적인 견해를 반영한 것이라 할 수 있다.

그럼에도 불구하고 최근 몇 년간 수급자("기초 수급자") 규모를 살펴보면

---

46) 국민기초생활보장법(2012.2.10 일부개정, 2012.8.21 시행), 국민기초생활보장법 시행령(2013.12.4 타법개정, 1013.12.5 시행), 국민기초생활보장법 시행규칙(2012.12.31 일부개정, 2013.1.1 시행).

〈표 8-25〉 기초생활보장제도 수급자 선정기준 주요변화

		1999년 (제정 당시)	2003년 (소득인정액 적용)	2005년 (부양의무자 기준완화)	2006년 (부양의무자 기준완화)	2012년 (부양의무자 일부 기준완화)
소득기준		- 소득평가액	소득인정액*이 최저생계비 이하	좌동	좌동	좌동
재산기준		- 재산금액 - 주택 및 농 지면적 - 자동차				
부양 의무 자 기준	범위 기준	- 직계혈족과 그 배우자 - 생계를 같이 하는 2촌 이 내 혈족	좌동	- 1촌 직계혈 족과 그 배 우자 - 생계를 같이 하는 2촌 이 내 혈족	- 1촌 직계혈 족과 그 배 우자	좌동
	판정 기준	- 부양의무자 가구 차감된 소득**이 최 저생계비의 120% 미만, 재산가액이 선정기준의 120% 미만	좌동	좌동	- 부양의무자 가구의 차감 된 소득**이 최저생계비 의 130% 미 만(신설)	- 부양의무자 가구의 차감 된 소득**이 최저생계비 의 130% 미 만(계속) - 노인·장애 인·한부모 가구의 차감 된 소득**이 최저생계비 의 185% 미 만(신설)
선정방식		위의 세 가지 기준 모두 충 족	부양의무자 기 준 만족, 소득 인정액이 최저 생계비 이하	좌동	좌동	좌동

* 소득인정액 = 소득평가액 + 재산의 소득환산액
* 차감된 소득 = 실제소득(근로소득, 사업소득, 재산소득, 기타소득)에서 질병, 교육 및 가구특성을
     고려하여 보건복지부장관이 정하여 고시하는 금액을 뺀 금액
출처: 김태완, 2012: 〈표 2-4-8〉과 현행법의 내용을 바탕으로 재정리

〈표 8-26〉 한국의 빈곤율 및 기초 수급자 추이(2009년~2012년)

		2009년	2010년	2011년	2012년
총인구(A)		4천 918만 2천	4천 914만 명	4천 977만 9천 명	5천 만 4천 명
상대적 빈곤층 (B)*	규모**	718만	688만	624만	-
	빈곤율 (B/A)*	14.6	14.0	12.3	-
절대적 빈곤층 (C)	규모**	413만	383만	319만	-
	빈곤율 (C/A)	8.4	7.8	6.3	-
기초 수급자 (D)		157만	155만	147만	139만
수급률 (D/A)		3.2	3.1	2.9	
적용률 (D/B, %)		21.8	22.5	23.6	-
적용률 (D/C, %)		38.0	40.5	46.1	-

* 중위소득 50% 기준
** 2009년, 2010년: 1인 포함 비농 전국가구/2011년 2인 이상 비농 전국가구/공히 경상소득기준
출처: 나라지표; 김문길 외, 2012; 통계청, 『가계동향』; 보건복지부·고용노동부 보도자료(2013년 4월 24일)의 관련내용을 바탕으로 재정리

〈표 8-26〉처럼 절대적 빈곤층의 40% 이상은 수급에서 배제되어 있다.

〈표 8-26〉처럼 국가 비교에서 많이 사용되는 상대적 빈곤을 기준으로 할 때 한국의 빈곤율은 12~14%를 보이고 있다. 상대적 빈곤층 중 국민기초생활보장 수급자가 차지하는 비중은 21~23%에 불과하다. 이와 같이 빈곤 상태임에도 불구하고 기초생활보장제도의 사각지대에 놓여 있는 빈곤집단의 비율이 높은 이유 중 가장 큰 것은 여전히 엄격한 부양의무자 규정 때문으로 향후 제도 자체의 변화 방향과 관계없이[47] 이 부분에 대한 개선은 반드

___

47) 박근혜 정부는 기존의 통합급여체계에서 개별급여체계로의 전환을 추진 중에 있음.

시 관철되어야 할 부분이다.

그럼 이상 살펴본 기초 수급자 중 과연 활성화 프로그램의 적용 대상자 규모는 어떠한가. 이를 파악하기 위해서는 기초 수급자 중 근로능력이 있는 수급자 중 조건부 수급자에 대한 확인이 필요하다. 왜냐하면 현행법은 대통령령에 의한 근로능력이 있는 수급자에게 자활에 필요한 사업을 참가할 것을 조건으로 하여 생계급여를 실시할 수 있다고 명시하고 있기 때문이다(동법 제9조 5항). 현행법 자체는 임의 규정임에도 불구하고 관련법 시행령 관련 조항은 조건부 수급자라는 법정 용어를 통하여 자활에 참가할 것을 조건으로 생계급여를 지급받는 사람으로 정의함으로써(동법 시행령 제8조), 조건부 수급자는 활성화 프로그램에의 의무적 참여자라는 점을 분명하게 밝히고 있음에 유의할 필요가 있다. 그 규모를 살펴보면 2012년 기준 기초 수급자 139만 명 중 근로능력이 있는 사람("근로능력자")은 24만 명으로 전체 대비 17%를 차지했다.[48] 이 중 조건부 수급자는 4만 7천 명인 것으로 집계되었다. 이는 달리 말하면 근로능력자 대비 19.6%, 기초 수급자 대비 3.4% 정도만이 조건부 수급자임을 의미한다.[49]

공공부조는 마지막 사회안전망으로 이의 적용대상은 근로능력의 유무에 관계없이 내부적으로는 매우 다양한 집단을 포함하고 있음은 어느 국가를 막론하고 나타나는 현상이다. 뿐만 아니라 적용 대상 집단 중 상당수는 근로능력이 없거나 약함으로 인해 활성화 프로그램에의 무조건적인 참여를 요구할 수 없는 것 또한 사실이다("일반 수급자"). 그럼에도 불구하고 기초 수급자의 3.4%, 근로능력자의 20%도 못 미치는 비율의 사람만이 활성화 프로그램의 법정 참여자라는 사실은 재고의 여지가 많은 대목인 것으로 판단된다. 특히 덴마크, 영국에서 보여주듯이 근로능력이 상대적으로 약한 사

---

[48] 근로능력 유무 판정은 자활사업체계의 첫 번째 단계로서 현재 국민연금공단의 주관 하에 의학적 평가와 활동능력에 대한 종합적 판정을 통해 이루어진다.

[49] 근로능력자 중 나머지는 시행령에 따른 조건부과제외자(7만 3천여 명) 및 조건제시유예자(1만 5천여 명, 이상 8조 1항과 3항), 근로 혹은 사업 소득이 있는 일반취업자(10만여 명, 제8조 2항)로 간주되어 조건부 수급자에서 제외된다.

람(예: 장애인)까지로 활성화 프로그램의 참여자에 포함시키는 것이 오늘날
의 국제적 추세임을 고려할 때 더욱더 그러하다.

단언컨대 활성화 적용 대상 측면에서 살펴볼 때 국민기초생활보장제도는
고용보험제도와 마찬가지로 선별주의적 성격을 강하게 지니고 있으며 이는
곧 한국의 근로연계 복지에서 나타나는 활성화 특징이라 할 수 있다.

(2) 급여 및 서비스의 성격

활성화 프로그램 참여자 즉 조건부 수급자는 일반 수급자와 마찬가지로
생계급여를 비롯하여 총 7개의 급여를 제공받게 된다.[50] 이들 급여 중 여기
서는 생계급여를 중심으로 그 내용을 살펴보기로 한다. 주지하다시피 수급
자의 생계급여 수준은 보충성 원칙에 바탕을 두고 있다. 구체적으로 정부에
서 정한 최저생계비에 타법지원액을 제외한 현금급여 기준이 먼저 정해지며
이에 주거급여액을 제한 금액이 수급자에게 지급할 수 있는 최대생계급여가
되는 것이다. 〈표 8-27〉은 이와 관련된 내용을 정리한 것이다.

〈표 8-27〉 최저생계비 및 현금급여 기준(2012년)

구분	1인 가구	2인 가구	3인 가구	4인 가구	5인 가구	6인 가구	7인 가구
최저생계비(A)	553,354	942,197	1,218,873	1,495,550	1,772,227	2,048,904	2,325,580
타법지원액(B)	100,305	170,789	220,941	271,093	321,245	371,398	421,549
현금급여기준 (C=A-B)	453,049	771,408	997,932	1,224,457	1,450,982	1,677,506	1,904,031
주거급여액(D)	87,656	149,252	193,079	236,908	280,736	324,563	368,392
생계급여액 (E=C-D)	365,393	622,156	804,853	987,549	1,170,246	1,352,943	1,535,639

주: 1) 8인 이상 가구의 최저생계비: 1인 증가 시마다 276,677원씩 증가
   2) 8인 이상 가구의 현금급여 기준: 1인 증가 시마다 226,525원씩 증가
출처: 보건복지부, 2012. 『2012년도 국민기초생활보장사업안내』; 김태완, 2012: 245의 관련 〈표〉
   에서 재인용

---

50) 이의 구체적인 내용에 대해서는 김태완, 2012: 244-251을 참조할 것.

〈표 8-27〉의 생계급여액에서 수급자에게 지급되는 실제 생계급여액은 수급자의 소득인정액을 제한 금액이다. 이러한 급여수준의 적절성은 쟁점의 대상이기도 하다. 예컨대 최저생계비 수준의 적절성[51]과 최저생계비가 현금급여 기준이 되는 것에 대한 타당성 그리고 근로소득이 늘어나는 만큼 급여 자체가 줄어드는 것에 대한 문제점 등을 들 수 있다. 한편 여기서는 OECD 통계를 바탕으로 국가 간 생계급여 최대급여와 근로자 평균임금(AW)과의 비교를 통해 한국 생계급여의 수준을 가늠해 보기로 한다.

〈표 8-27〉에 따르면 한국의 생계급여 수준은 4개 국가 중 높은 편에 속함을 알 수 있다. 근로자 평균임금을 기준으로 할 때 한국의 생계급여 수준은 31% 정도이다. 이는 덴마크(71%)보다는 훨씬 낮지만 프랑스와 영국과는

〈표 8-28〉 4개 국가의 공공부조급여(social assistance benefits)

		덴마크	영국	프랑스	한국
급여수준(율)결정 단위		전국	전국 (개인+가족)	전국	전국
수급연령		25세 이상	24세 초과 혹은 한부모	25세 초과	-
최대 급여 (평균 임금 대비, %)	가구주	31	10	16	14
	배우자/파트너	31	6	8	10
	자녀	10(첫 자녀)	3(가족보조)	5-6(자녀수에 따라 다름)	7-7(아동수에 따라 다름)
	합	71	19	29-30	31
	기타	대출	-		의료, 교육, 해산, 장제, 주거, 자활급여

출처: OECD, Benefits and Wages: OECD indicators

---

51) 정부 발표에 따르면 2014년 최저생계비는 4인 가구 기준 1,630,820원, 현금급여 기준은 1,319,089원(4.2% 인상)으로 결정되었다. 이는 2012년 기준 도시근로자 4인 가구 평균소득 5,017,805원과 비교하면 32.5% 수준에 불과하다.

비슷하거나 오히려 높은 수치이다. 한편 근로자 평균임금의 소득보장기능에 대한 평가가 없는 상태에서 한국의 생계급여가 프랑스와 영국에 비해 소득 보장기능이 강하다고 결론지을 수는 없을 것이다.

이어서 조건부 수급자에게 제공되는 활성화 프로그램의 내용을 살펴보자. 현행법에 따르면 조건부 수급자는 자활에 필요한 사업에 참가해야 하며 이 경우 보장기관(국가 및 지방자치단체)은 자활지원계획을 고려하여 조건을 제시해야 한다고 규정하고 있다(제9조 5항). 먼저 자활지원계획은 수급자의 자활을 체계적으로 지원하기 위해 수급자의 근로능력, 자활욕구, 취업상태, 가구여건 등을 감안하여 수급자 가구별로 수립되는 계획으로서 그 대상자는 조건부 수급자뿐만 아니라 기초생활보장 수급자 전체를 포함하고 있다.

한편, 조건부 수급자는 자활역량평가를 통해 〈그림 8-1〉처럼 3개의 군으로 구분되어 자활사업에 참여하게 된다.

〈그림 8-1〉에서처럼 조건부 수급자에게 제공되는 사업유형은 세부적으로 네 가지이며 이 중 어디에 참여하는지는 자활역량평가를 통해서 부여된 점수에 따라 결정된다.[52] 한 가지 예만 든다면 자활역량평가점수가 45점

〈그림 8-1〉 자활역량평가에 따른 자활사업

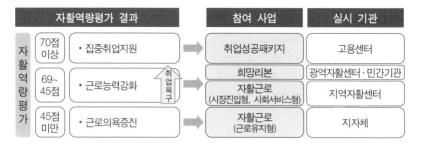

출처: 보건복지부·고용노동부, 보도자료, 2013년 4월 24일

---

52) 자활역량평가는 연령, 건강상태, 직업이력, 구직욕구, 가구여건 등에 대한 종합적 고려를 통해 이루어진다.

미만인 경우에는 지자체가 실시하는 자활근로(근로유지형)사업에 참여하게
되는 것이다. 한편 〈표 8-29〉는 각 사업유형의 구체적 내용을 정리한 것

〈표 8-29〉 자활사업 프로그램(2013년)

구분	직접 제공 일자리	취업지원사업	
	자활근로	희망리본 사업	취업성공패키지 I *
지원 대상	• 조건부 수급자(월 60만 원 이하 취업수급자 포함) • 일반 수급자, 차상위계층 중 희망자	• 조건부 수급자 • 일반 수급자, 차상위계층 중 희망자	• 조건부 수급자(자활역량 평가 70점 이상) • 차상위계층 • 차차상위계층(최저생계 비 150% 이하)
'12년 실적	53,342명	4,231명	76,520명 (수급자 13,410명)
'13년 목표	66,000명	10,000명	100,000명
사업 내용	• 자활근로사업단 참여(시 장진입형·사회서비스 형·근로유지형) * 자활사업단 2,832개('11 년 말)	• 초기상담, 1:1 밀착 사례 관리, 복지서비스 연계 등을 통하여 일자리 알선	• 진단·경로설정 → 의욕· 능력증진 → 집중 취업알 선 단계별 맞춤형 종합 취업지원 서비스 제공
인센 티브	• 자활장려금(자활근로소 득의 30%) • 자활기업** 초기창업지원	• 수행기관 단계별 성과급 지급(1인당 120~380만 원) • 참여자 실비 지급 (100만 원)	• 위탁기관 참여자 1인당 150~190만 원 지급 • 참여자 단계별로 월 20~ 40만 원 수당 지급
인프라	• 지역자활센터 247개 (시·군·구 단위 / 지정)	• 민간 수행기관 16개 (시·도 단위 / 공모)	• 고용센터 82개소 • 민간위탁기관 270여 개소
시작 년도	'00년	'09년	'09년

* I 유형: 최저생계비 150% 이하의 저소득층(15세~64세), 취업애로계층(장애인, 출소자, 북한이탈
  주민)/ II 유형: 청년(15~29세 ⇒ 15~34세로 확대, 2013년 5월)/생계비 250% 이하의 중장년층
  (30~64세). 12만 명 참여 목표
** 자활기업: 기초 수급자 또는 저소득층이 빈곤탈출을 도모하기 위하여 상호 협력하여 조합 또는
   공동사업자의 형태로 설립·운영하는 기업('12년 말 1,340개)
출처: 보건복지부·고용노동부, 보도자료, 2013년 4월 24일

이다.

〈표 8-29〉를 바탕으로 추가적으로 세 가지 점만 강조하고자 한다. 첫째, 위의 사업의 참여 대상자는 단지 조건부 수급자에게만 한정되는 것은 아니라는 점이다. 근로능력이 없는 것으로 판정받은 일반 수급자와 차상위층 그리고 취업성공패키지사업의 경우에는 차차상위층에 속하는 사람 중에서 참여를 희망하는 경우까지 적용대상에 포함될 수 있다. 둘째, 자활근로사업은 자활역량평가점수에 따라 다시 근로유지형과 시장진입형·사회서비스진입형으로 구분된다. 전자에 비해 후자는 자활역량평가점수가 상대적으로 높은 사람들에게 제공된다. 셋째, 세 가지 유형의 사업 중 자활근로사업은 국민기초생활보장제도의 도입과 함께 시작된 사업이라면 나머지 사업 유형 즉, 희망리본사업과 취업성공패키지사업은 자활성공률 제고의 목적으로 최근에 도입된 사업이다. 따라서 추후 살펴보겠지만 이들 사업 유형은 자활근로사업에 비해 활성화 특징이 좀 더 강하게 나타난다.

(3) 동기부여기제 및 법적 성격

조건부 수급자의 활성화 프로그램 참여와 관련된 동기부여기제 확인을 위해서는 우선 관련법과 시행령 그리고 시행규칙의 내용에 대한 확인이 필요할 것이다. 그 결과 인센티브에 관한 조항은 찾아보기 힘든 반면, 급여중지 등의 제재와 관련된 조항만이 있음을 알 수 있다. 구체적으로 관련법 제30조(급여의 중지 등)는 자활사업 참가 조건을 이행하지 않는 경우 이행할 때까지 수급자 본인의 생계급여의 전부 또는 일부를 지급하지 않을 수 있다고 명시하고 있다. 즉 강제규정이 아닌 임의규정의 성격을 띠고 있다. 한편 시행규칙은 급여중지의 기간을 3개월로 규정하고 있으며 조건 이행의 경우에는 이행한 달의 다음 달부터 재지급토록 하고 있다. 그리고 중지급여액은 최저생계비 등을 고려하여 보건복지부장관이 정하도록 하고 있다. 이렇게 볼 때 기초생활보장제도 관련법령에 명시되어 있는 제재 조치는 상징적인 성격을 많이 담고 있는 것으로 판단된다. 예컨대 임의규정은 급여중지 결정으로 인한 수급자의 반발을 최소화하려는 의도를 내포하고 있는 것으로 보인다.[53] 뿐만 아니라 수급자의 욕구에 부응하는 자활사업 제공에 대한 국가의 의무 및 이를 요구할 수 있는 수급자의 권리와 관련된 조항 또한 보이지 않는 점을 고려할 때 법령에서 나타나는 법적 성격은 매우 미약한 것으로 판단된다.

한편, 최근 도입된 사업의 경우에는 활성화 성격이 강하게 나타난다는 점에 유의할 필요가 있다. 다음의 〈표 8-30〉은 2009년 도입된 두 가지 사업 즉, 희망리본사업과 취업성공패키지사업에서 나타나는 활성화 성격을 정리한 것이다.

〈표 8-30〉에서 요구강화 항목이 수급자에 대한 것이라면 역량강화 항목

〈표 8-30〉 활성화 정책의 요구강화 및 역량강화 요소:
희망리본사업과 취업성공패키지사업

요구강화			역량강화		
항목	사업별특징		항목	사업별특징	
	희망리본사업	취업성공패키지사업		희망리본사업	취업성공패키지사업
• 수급기간 및 수준	해당 없음	해당 없음	전통적인 적극적 노동시장 정책	직업훈련, 취업알선(사회서비스)	직업훈련, 취업알선(취업우선전략)
• 급여수준 인하 • 수급기간 단축	해당 없음	해당 없음	• 자활을 위한 직업훈련·일자리연계 • 훈련소요비용전액지급 • 고용촉진지원금지급(채용기업대상)	• 구직활동지원 및 상담 • 직무관련훈련 • 창업지원보조금 • 고용보조금 • 이주보조금	• 훈련소용비용전액지급(계좌제훈련) • 고용촉진지원금지급(채용기업대상)

---

53) 연구자가 몇 년 전에 이와 관련된 연구를 하면서 실시한 면담에서 보건복지부 고위관계자는 조건 불이행으로 급여중지 상황에 처한 수급자가 발견되는 경우 사회복지 전담 공무원은 이들을 일반 수급자로의 전환을 통해 수급자의 반발을 최소화하는 경향이 있음을 지적한 바 있다. cf. SHIM Chang Hack, 2008: 14-15.

• 엄격한 수급 요건 및 제재조항	ISP*수립불응시 조건불이행처리(생계급여중지, 추정소득부과)	해당 없음	금전적 유인강화/근로유인 정책	• 자활급여 • 장려금 (실비지급, 100만 원)	• 취업성공수당 • 생계유지수당 • 수당지급(월 20~40만 원)
• 적절한 일자리 정의 • 제재강화	중도탈락자: 지원금반환 및 회수 정부재정일자리사업 중복참여금지	• IAP**불이행 및 불성실참여 등 취업지원서비스지원 중단 • 훈련규정의 출석일수인 정기준 준용	• 세금공제소득 확대 • 저임금취업지원(재직자급여, EITC)	자활장려금 취업 후 최장 2년간 이행급여 특례인정 및 희망키움통장사업연계지원	근로장려세제 일부활용가능
• 개별행위요건	• 정당한 이유 없이 2회 이상 참여 거부 시 조건불이행으로 처리 • 차기참여배제	취업알선단계(3단계) 최소 1회 센터방문의무화	사회서비스	사회서비스맵 등 지역복지자원활용	지역 내 사회서비스 연계(2011년)
• 통합계약 • 구직활동감시 강화 • 적극적 노동시장 정책 참여 의무(근로연계복지)	없음	최장 1년 동안 단계별로 통합적인 취업지원	• 사례관리 • 심리적, 사회적 지원 • 아동보육지원	• 사례관리 • 근로의욕증진·보건복지서비스(양육, 간병, 사회적응 등)	• 집중상담 및 직업심리검사 참여자프로파일링 실시(2011년)

* ISP: 개인별 자립 계획(individualized self-support plan) / 3단계 중 1단계에서 실시
** IAP: 개인별 취업 활동 계획(individualized action plan) / 3단계 중 1단계에서 실시
출처: 류기락, 2012: 157의 〈표 1〉의 내용을 재정리

은 수급자의 역량강화에 필요한 국가 행위와 관련된 것이다. 그 내용을 살펴보면 먼저, 수급자의 자활사업에 참가하는 경우 이에 상응하는 인센티브를 제공하고 있음이 발견된다. 양 사업 공히 훈련소요비용의 전액 부담은 물론이거니와 참가자에게 사업에 따라 월 100만 원(희망리본사업) 혹은 단계별로 월 20~40만 원의 수당(취업성공패키지사업)이 지급된다. 둘째, 제재조치 역시 강화된 모습을 보이고 있다. 양 사업 참가자는 가구별 자활지원

계획과는 별도로 개인별 자립계획(ISP, 희망리본사업) 혹은 개인별취업활동계획(IAP, 취업성공패키지사업)의 수립을 의무화하고 있다. 특히 ISP 수립에 불응하는 경우 이는 조건 불이행으로 간주되어 급여중지 조치가 수반된다. 한편 취업성공패키지사업에서 IAP 수립을 제대로 이행하지 않는 경우에는 해당자에 대한 취업지원 서비스 지원이 중단된다. 해당 사업에의 참여자는 자활역량평가점수가 상대적으로 높은 집단임을 고려할 때 이들에 대한 취업지원 서비스 중단은 매우 강한 조치라 할 수 있다.

한국의 근로연계 복지 정책 중 활성화 성격이 가장 강하게 나타나는 프로그램을 꼽는다면 아마 희망리본사업과 취업성공패키지사업일 것이다. 하지만 이 사업들 역시 그 법정성격은 매우 약하다는 점은 반드시 강조되어야 할 것이다. 달리 말하면 〈표 8-30〉에서 나타나는 활성화 성격들이 관련법의 제정에 바탕을 둔 것이 아니라 행정부의 재량에 의해서 이루어지고 있다는 점이다. 따라서 이들 사업 자체가 영속성을 지니고 있지 못할 뿐만 아니라 활성화 요소 역시 매우 가변적이라는 한계를 지니고 있는 것이다.

2. 근로유인 복지(Make work pay)와 활성화: 근로장려세제와 고용 및 사회서비스

본 연구에서 이야기하는 근로유인 복지는 저소득 근로자의 노동시장 정착을 목적으로 실시되는 사회보호 프로그램을 의미한다. 이를 대변하는 제도를 총칭하는 용어로서는 재직급여(in-work benefits) 혹은 취업조건부급여(Employment conditional benefits)가 사용되고 있다. 국제기구에 따르면 한국에서 실시되고 있는 취업조건부급여로서는 조기재취업 수당(Early employment allowance), 근로장려세제(Earned Income tax credit, 이하 EITC) 그리고 여성임금근로자 소득공제(Tax allowance for female wage earners) 등 세 가지가 있다(OECD; CES). 이 중 본 연구는 가장 대표적인 제도인 근로장려세제에 대해서 살펴보기로 한다. 이어서 활성화 관점에서 중요한 부분 중의 하나인 근로자 대상 고용 및 사회 서비스의 내용을 살펴볼 것이다.

1) 근로장려세제와 활성화

(1) 근로장려세제의 도입 배경 및 과정

근로장려세제 도입과 관련된 논의가 처음 시작된 시점은 2000년 2월이었다. 당시 도입된 국민기초생활제도와 함께 근로빈곤층에 대한 소득지원과 근로유인의 제공을 목표로 하는 한국형 EITC 도입에 대한 논의가 시작되었던 것이다. 이후 몇 년간의 소강상태를 거쳐 도입을 위한 본격적인 논의가 재개된 것은 2004년 11월 개최된 제56회 국정과제회의를 통해서였다(최현수, 2007: 98-99). 이에는 세 가지 배경을 들 수 있다. 첫째, 경제위기 이후의 양극화 심화 현상 및 근로빈곤층 증대에도 불구하고 사회안전망의 혜택을 받지 못하는 사각지대 존재에 대한 문제 인식 둘째, '일을 통한 빈곤탈출 지원 정책'이라는 당시 참여정부의 기본방향을 구체화할 수 있는 정책 대안의 필요성 셋째, 단순한 소득대체 프로그램보다는 조세제도와의 연계를 통해 저임금 근로자의 근로유인과 근로 문제에 대응하는 것이 더 효과적이라는 것에 대한 국제적 관심 변화 등이 바로 그것이다(최현수, 2007: 99; 이병희 외, 2009: 146-147).

하지만 한국에서 근로장려세제의 실질적으로 도입되기 위해서는 그로부터 수년간의 논의가 더 필요했다. 구체적으로 근로장려세제가 법조항에 포함되어 있는 조세특례제한법이 통과된 것은 2006년 12월 30일이다. 그리고 당시 조세특례제한법은 입법은 하되 적용시기를 1년 유예하고 2009년부터 급여를 지급하는 것으로 수정 의결되었다. 이는 2008년 1월부터 시행하되 최초 급여지급은 2009년부터임을 의미하는 것이다. 하지만 이 과정에서 근로장려세제는 한 차례 더 변화를 겪게 되었으니 이미 통과된 근로장려세제의 주요 내용(수급요건 및 최대급여액) 자체가 조세제한특례법 개정안이 2008년 12월 26일 통과되면서 한 차례 더 바뀌게 된 것이다. 결국 2009년,

최초 급여지급을 통해 도입된 한국의 근로장려세제의 최초의 모습은 2006년이 아니라 2008년에 개정된 조세특례제한법에 바탕을 둔 것이다.

(2) 적용대상 및 수급요건

근로장려세제는 환급가능한 세액공제(refundable tax credit) 즉 근로자의 근로소득 수준에 따라 산정된 근로장려금(급여)을 세금환급형태로 지급하여 근로빈곤층의 근로유인을 제고하고 실질소득을 지원하기 위한 근로유인형 소득지원제도의 전형적인 사례이다.[54] 활성화의 관점에서 볼 때 이 제도의 특징은 조세제도의 개혁을 통해 사회안전망과 고용안전망의 연계를 도모하고 있다는 점이다(심창학·어기구, 2011: 132). 따라서 본 제도의 구체적인 내용은 조세관련법, 구체적으로 조세특례제한법에 명시되어 있다.[55]

먼저, 적용대상과 관련하여 현행 조세특례제한법은 〈표 8-31〉처럼 근로소득 혹은 소득세법 제19조과 대통령령이 정하는 사업소득이 있는 자 중에서 네 가지 요건을 모두 충족하는 경우 근로장려금을 신청할 수 있다고 명시하고 있다(동법 100조의 3).

적용 대상의 추이를 살펴보면 종사상 지위에서 2011년까지는 근로소득이 있는 사람만 가능했으나 2012년부터는 사업소득이 있는 사람 중에서도 일부는 포함되었다. 대표적으로 보험설계사와 방문판매원을 들 수 있다.[56] 이들 중 신청을 위해서는 다음 네 가지 요건이 모두 충족되어야 한다. 첫째, 부양자녀 요건이다. 2006년 관련법에서는 2인 이상에서 2008년 개정을 통해 1인 이상으로 변경되었다. 이는 다시 2011년 법개정을 통해 자녀가 없더라도 배우자가 있는 근로자까지 확대되었으며 현재는 1인가구라 할지라도 근로자 연령이 60세 이상이면 요건이 충족된 것으로 보고 있다. 그럼에도

---

54) 환급가능한 세액공제와 비환급형 세액공제(non-refundable tax credit)의 차이에 대해서는 최현수, 2007: 103-107을 참조할 것.

55) 제10절의 2 근로장려를 위한 조세특례(100조의 2부터 100조의 13조).

56) 2015년부터는 사업자도 근로장려금 수급대상에 포함될 예정이다(2009년 조세특례제한법 개정).

〈표 8-31〉 근로장려금 신청자격 변화 추이

신설·개정시점*	2006.12.30	2008.12.26	2011.12.31	2013.1.1	2013.7.30 (현행)
수급단위	가구	가구	가구	가구	가구
종사상지위	근로소득자	근로소득자	근로소득자/ 사업소득자 (보험설계사, 방문판매원)	근로소득자/ 사업소득자 (보험설계사, 방문판매원)	근로소득자/ 사업소득자 (보험설계사, 방문판매원)
부양자녀 등	18세 미만 2인 이상	18세 미만 1인 이상	18세 미만 1인 이상/ 무자녀유배우	18세 미만 1인 이상/ 무자녀유배우/ 60세 이상 (1인가구)	18세 미만 1인 이상/ 무자녀유배우/ 60세 이상 (1인가구)***
총소득** (단위: 만 원/ 부부합산)	1,700 미만	1,700 미만	1,300(0)/ 1,700(1)/ 2,100(2)/ 2,500(3+)	1,300(0)/ 1,700(1)/ 2,100(2)/ 2,500(3+)	1,300(단독)/ 2,100(홑벌이)/ 2,500(맞벌이)
주택 (세대원 전원)	무주택	무주택 혹은 5천만 원 미만 (기준시가)	무주택/ 6천만 원 이하	무주택/ 6천만 원 이하	삭제
재산 (세대원 전원)	1억 원 미만 (기준시가)	1억 원 미만	1억 원 미만	1억 원 미만	1억4천만 원 미만

* 조세특례제한법
** 근로 및 사업소득, 이자, 배당, 연금, 기타소득
*** 2014.1.1~2014.12.31까지/2015.1.1~2015.12.31(50세 이상)/2016.1.1 이후(40세 이상)
출처: http://www.law.go.kr/main.html(국가법령정보센터, 2014년 2월 6일 검색)

불구하고 부양자녀 여부는 영국, 프랑스뿐만 아니라 EITC를 실시하고 있는 대부분의 국가에서는 적용되지 않는 요건임에 유의할 필요가 있을 것이다 (윤희숙, 2012: 2). 둘째, 총소득 기준이다. 수급단위가 가구이기 때문에 부부 합산 총소득이 기준이다. 도입시기에는 세대원 규모에 관계없이 1,700만 원이 신청 가능 상한액이었으나 이 역시 2011년 법 개정을 통해 부양자녀수에 따라 달리 책정되었다. 이는 2013년에 또 한 차례 변화를 가져오게 되는

데 종전의 부양자녀수가 아닌 가구 유형(단독, 홑벌이, 맞벌이)이 총소득 결정의 새로운 기준으로 등장하게 되었다. 이는 여성의 경제활동지원을 위해 맞벌이가구에 대한 추가지원의 필요성에도 도입된 것이다. 셋째, 세대원 전원의 주택 요건이다. 네 가지 요건 중 변화 정도가 가장 심했던 요건이라 할 수 있다. 왜냐하면 도입 시기의 무주택 혹은 5천만 원 이하에서 2011년 개정법은 무주택 혹은 6천만 원 이하로 적용대상이 확대되었으며 2013년에 와서는 주택 요건이 아예 삭제되었기 때문이다. 적용 대상의 유의미한 확대를 기대할 수 있는 대목이라 할 수 있다. 넷째, 재산요건이다. 세대원 전원이 소유하고 있는 재산합계액에 관한 것으로 도입 당시에는 1억 원 미만이었던 것이 2013년 법 개정으로 1억 4천만 원 미만으로 바뀌었다.

이상 적용대상 및 수급요건의 추이를 살펴보았을 때 확연히 드러나는 점은 2011년 12월의 개정법부터 최근까지 신청자격이 확연히 완화된 모습을 보이고 있다는 점이다. 이는 아마도 〈표 8-32〉처럼 신청에도 불구하고 요건 미충족으로 수급받지 못하는 이유에 대한 개선을 꾀하고자 했던 것으로 이

〈표 8-32〉 근로장려세제 적용대상 추이

(단위: 명, %)

구분		2009	2010	2011	2012
신청가구(A, 명)		723,937	676,634	666,816	930,232
수급가구(B, 명)		590,720	566,080	522,098	752,049
수급률(B/A, %)		81.6	83.7	78.3	80.8
요건 미충족 이유 (%)*	총소득	36.1	21.4	17.9	-
	부양자녀	7.5	2.7	-	
	재산	39.8	37.5	44.1	-
	주택	8.3	17.9	16.6	-
	기타	8.3	20.5	16.6	-

* 1,000가구 조사 결과
출처: KIM Jae-Jin, 2013의 관련 table의 내용을 재정리

<표 8-33> 근로장려금 수급가구 비중 추이

(단위: 명, %)

		2009	2010	2011	2012
총가구(A)		1,667만	1,735만	1,771만	1,805만
근로자가구(B)		1,032만	-	-	-
수급가구(C)		59만	56만	52만	75만
점유비 (%)	C/A	3.5	3.2	2.9	4.2
	B/A	5.7	-	-	-

출처: e-나라지표; KIM Jae-Jin, 2013의 관련 table; 국회입법조사처, 2009의 내용을 재정리

해된다. 그리고 이는 2012년도의 신청가구 및 수급가구의 급증을 통해서 그 효과가 나타나기 시작함을 엿볼 수 있다.

한편 이상의 수급가구 규모가 어느 정도 보편성을 담보하고 있는가를 가늠할 수 있는 유사 지표로서 <표 8-33>을 통해 총가구 혹은 근로자 가구 수 대비 수급가구 수의 비중을 살펴보고자 한다.

<표 8-33>에서처럼 전체 가구 대비 한국의 근로장려세제 수혜 가구가 차지하는 비중은 3~4% 내외이다. 이는 분석 대상 국가 중 영국(10% 내외)과 프랑스(25% 내외) 사례에 비해 턱없이 낮은 수치임이 분명하다. 2011년 이후의 수급요건 완화에도 불구하고 정부의 공언대로 근로장려세제가 근로빈곤층의 2차 사회안전망이 되기에는 아직은 역부족이라 할 수 있다.[57)]

(3) 급여수준

그럼 근로장려금 수혜대상이 세금 환급의 형태로 받을 수 있는 근로장려금 수준 즉 근로장려세제의 급여수준은 어떠한가. <표 8-34>는 이와 관련된

---

57) 정부 계획에 따르면 적용 가구의 확대로 2017년의 수혜가구 수는 250만 가구가 될 것으로 예상된다.

〈표 8-34〉 근로장려금 최대급여 추이

신설·개정시점*	2006.12.30	2008.12.26	2011.12.31	2013.1.1	2013.7.30
최대급여액	80만 원	120만 원	70(0)/140(1)/ 170(2)/ 200(3+)	70(0)/140(1)/ 170(2)/ 200(3+)	70(단독)/ 170(홑벌이)/ 210(맞벌이)
자녀장려금					50만 원 (1인당)

출처: http://www.law.go.kr/main.html(국가법령정보센터, 2014년 2월 6일 검색)

추이를 정리한 것이다.

〈표 8-34〉처럼 도입 당시 120만 원이었던 최대급여액은 2012년부터 2013년까지는 부양자녀의 수에 따라 70만 원부터 200만 원까지로 바뀌었으며 이는 2013년 법 개정과 함께 가구 유형에 따라 70만 원부터 210만으로 바뀌었다. 특히 최근에 바뀐 점 중 가장 중요한 변화는 자녀장려금의 신설이다. 이는 근로장려금과는 별도로 자녀 1인당 최대 50만 원씩 지원함으로써 유자녀 가구의 소득지원을 꾀하고자 하는 것이다.

이론적으로 근로장려세제의 급여산정 설계의 기본 개념은 노동시장 유인의 목적으로 일정소득까지는 근로장려금을 더 지급하는 반면(점증 구간), 근로의욕이 감퇴되지 않도록 일정소득을 넘는 경우에는 서서히 지원 금액을 줄이도록 하는 것이다(점감 구간). 한편 한국의 근로장려세제의 급여산정은 세 개 구간 즉 점증 구간(phase-in), 평탄 구간(plateau) 그리고 점감 구간(phase-out)으로 구분되어 있다. 〈표 8-35〉는 이에 따른 가구 유형별 현행 산정방식을 나타낸 것이다.

〈표 8-35〉처럼 단독가구의 경우 연 총소득이 600만 원까지는 11.7%의 비율로 근로장려금이 증가되는 반면 평탄 구간을 지난 연 총소득이 900만 원부터 1,300만 원까지는 반대로 17.5%의 비율로 감소된다.

한편 수혜대상 가구가 실질적으로 받는 근로장려금을 알아보기 위해 본

⟨표 8-35⟩ 근로장려금 산정방식(2014년)

가구 유형	총소득	구간	급여(근로장려금)	점증률 (점감률, %)
단독 가구	600만 원 미만	점증 구간	총소득 * 600분의 70	11.7
	600만 원 이상 900만 원 미만	평탄 구간	70만 원(정액, 최대급여)	
	900만 원 이상 1천300만 원 미만	점감 구간	70만 원-(총소득- 900만 원) * 400분의 70	17.5
홑벌이 가구	900만 원 미만	점증 구간	총소득 * 900분의 170	18.9
	900만 원 이상 1천200만 원 미만	평탄 구간	170만 원(정액, 최대급여)	
	1천200만 원 이상 2천100만 원 미만	점감 구간	170만 원-(총소득- 1,200만 원) * 900분의 170	18.9
맞벌이 가구	1천만 원 미만	점증 구간	총소득 * 1,000분의 210	21.0
	1천만 원 이상 1천300만 원 미만	평탄 구간	210만 원(정액, 최대급여)	
	1천300만 원 이상 2천500만 원 미만	점감 구간	210만 원-(총소득- 1,300만 원) * 1,200분의 210	17.5

주의: 총소득이 관련법에는 총급여액 등으로 표기되어 있음

⟨표 8-36⟩ 수혜가구 분포 및 수혜 근로장려금 평균(2012년)

	총계	점증 구간	평탄 구간	점감 구간
수혜가구 수 (비율, %)	752,049(100)	340,963(45.3)	171,628(22.8)	239,458(31.8)
소요예산 (백만 원, 비율)	614,021(100)	208,707(34.0)	222,196(36.2)	183,117(29.8)
평균급여(천 원)	816	612	1,294	764

출처: KIM Jae-Jin, 2013: 28의 ⟨table 16⟩

연구에서는 2012년의 상황을 살펴보고자 한다. 당시는 현행법이 아직 시행되기 전의 시점으로 가구유형이 아니라 부양자녀수에 따라 근로장려금이 책정되었었다. 이 중 여기서는 〈표 8-36〉을 통해 부양자녀가 1명인 경우의 수혜대상가구의 평균 근로장려금을 살펴보았다.

〈표 8-36〉처럼 2012년 당시 부양자녀가 1명인 근로장려금 수급가구에게 환급된 근로장려금은 평균 81만 6천 원이다. 수혜가구 비율이 가장 높은 점증 구간(총소득이 800만 원 미만)에 속하는 수혜가구는 평균 61만 2천 원을 받은 반면 총소득이 800만 원 이상 1,200만 원 미만에 속하는 평탄 구간의 수혜가구에게는 평균 129만 정도가 환급되었다. 마지막으로 상대적으로 소득이 높은 점감 구간의 수혜가구(총소득이 1천200만 원 이상 1천700만 원 미만)에게 환급된 평균 근로장려금은 76만4천 원이다. 본 연구는 외국사례를 통해 최대환급액이 많은 경우(영국, 4,600파운드)와 적은 경우(프랑스, 1,000유로)가 있음을 확인할 수 있었다. 한편, 한국의 최대 급여액은 200만 원(2012년 당시)과 210만 원(현행) 사이이다. 최대급여액만 놓고 볼 때 한국은 프랑스와 마찬가지로 최대급여액이 적은 사례에 속한다고 할 수 있다. 이를 적용대상의 포괄성과 함께 국가 비교를 한다면 〈표 8-37〉처럼 정리할 수 있을 것이다.

〈표 8-37〉 근로장려세제의 국가 비교(적용대상, 급여수준)

	영국	프랑스	한국
적용대상의 포괄성(전체 가구 대비 근로장려금 수급가구, %)	약함(10)	강함(25)	매우 약함(3~4)
급여수준(최대급여)	높음(4,600파운드)	낮음(1,000유로)	낮음(210만 원)

2) 고용 및 사회서비스(휴직제도)

(1) 훈련휴직제도

본 연구는 외국 사례분석을 통해 재직근로자에 대한 다양한 훈련휴직제도가 실시되고 있음을 확인했다. 예컨대, 프랑스의 훈련휴직제도는 훈련참여에 대한 결정권뿐만 아니라 훈련내용에 대한 선택권을 개별 근로자에 부여하고 있다(조경원·김철희, 2006). 이러한 점을 고려하면서 한국에서 실시되고 있는 훈련휴직제도를 살펴보기로 한다.

이미 언급했듯이 재직 근로자 및 실업자를 대상으로 실시되는 훈련제도를 총칭하여 한국에서는 직업능력개발훈련이라 불린다. 이 중 재직 근로자를 대상으로 실시되는 훈련을 재직자훈련이라 하는데 여기에는 근로자를 대상으로 직업훈련을 실시하는 사업주에 대한 지원이 이루어지는 사업주 지원 훈련과 근로자 스스로 직업능력개발을 하는 경우 근로자 혹은 훈련기관에 대한 지원이 이루어지는 재직근로자 지원 훈련 그리고 기업 및 사업주 단체에게 지원되는 중소기업 지원 훈련 등 세 가지 유형이 있다.[58] 이들의 구체적 세부 사업명칭은 〈표 8-38〉과 같다.

한편, 〈표 8-38〉의 훈련사업 중 휴직을 통한 재직근로자의 직무능력향상을 꾀하는 제도인 훈련휴직제도에 직·간접적으로 부합되는 사업으로는 유급휴가 훈련지원사업을 꼽을 수 있을 것이다. 왜냐하면 나머지 사업은 근로 중에 실시되기 때문이다.

유급휴가 훈련지원사업은 근로기준법상에 의한 연·월차 유급휴가와는 별도로 직업훈련실시를 위하여 유급휴가를 부여하여 훈련을 실시한 사업주에게 훈련기간에 해당하는 근로자 임금의 일부를 지원하는 사업[59]을 말한

---

58) 강순희(2012)에 의하면 한국 직업훈련제도는 경제개발 전략에 따른 인력양성(1960년대~1980년대), 적극적 노동시장 정책으로서의 직업훈련제도(1990년대), 고용-복지연계 정책으로서의 직업훈련제도(2000년대) 등 세 시기로 변천을 거듭했다. cf. 강순희, 2012.

59) 이 기간 중 사업주는 해당 근로자에게 통상임금에 해당하는 금액 이상의 임금을 지급

〈표 8-38〉 한국 재직근로자 훈련사업 개요

대구분	소구분	내용 및 특징
사업주 지원 훈련	사업주 직업능력개발지원	* 직접실시 혹은 위탁 * 집체훈련, 현장훈련, 원격훈련, 혼합훈련 * 훈련방법에 훈련비용, 훈련수당 등 지원
	유급휴가 훈련지원	* 유급휴가 부여(7일 이상/30일 이상/60일 이상) * 훈련비용, 훈련참여자임금, 대체인력임금지원
	직업능력개발훈련시설· 장비자금 대부	* 소요자금의 90% 범위 내(60억 원 한도)
	사내자격검정지원	* 자격검정개발비, 검정운영비 등 지원
재직근로자 지원훈련	근로자 직무능력향상지원금 지원	* 훈련과정(일반직무과정, 외국어과정)을 수료, 자비로 훈련수강비용을 부담한 경우 * 연간 100만 원 한도 내(5년간 300만 원)
	재직자 내일배움카드제	* 비정규직 근로자 대상 * 내일배움카드 발급 혹은 선택한 훈련기관에 지원 * 년 200만 원(5년 300만 원) 한도
	근로자학자금대부	* 등록금 전액
중소기업 능력개발 지원	국가인적자원개발 컨소시엄	* 훈련시설, 운영비, 프로그램 개발비 지원
	중소기업 학습조직화 지원	* 중소기업의 학습활동 및 인프라 구축 지원 * 활동비, 교육비, 외부전문가 지원
	중소기업 핵심직무능력 향상 훈련지원	* 우수훈련기관의 최고급 과정 무료 제공
	중소기업 체계적 현장훈련 지원사업	* 우수지원대상기업의 훈련 인프라 지원

출처: 고용노동부, 2013b: 4-15의 내용을 정리

다. 고용보험법 시행령 제41조와 고용노동부 발간 자료(고용노동부, 2013b)를 근거로 본 사업의 구체적인 내용을 소개하면 〈표 8-39〉와 같다.

　〈표 8-39〉처럼 한국의 유급휴가 훈련지원사업은 우선지원대상기업 혹은

해야 함.

〈표 8-39〉 유급휴가 훈련지원사업 개관

대상기업	유급휴가기간 및 소정 훈련시간	지원수준
우선지원대상기업* 혹은 상시 근로자 수가 150명 미만	7일 이상/30시간 이상	* 훈련비용 * 훈련참여자임금(소정훈련시간 × 시간당최저임금액 × 150%)
	30일 이상/120시간 이상 대체인력고용	* 훈련비용 * 훈련참여자임금(소정훈련시간 × 시간당최저임금액 × 150%) * 대체인력임금(소정근로시간 × 시간당최저임금)
그 외 기업	1년 이상 재직 근로자에게 60일 이상/180시간 이상	* 훈련비용 * 훈련참여자임금(소정훈련시간 × 시간당최저임금액)

* 고용안정사업 및 직업능력개발사업의 실시에 있어서 우선적으로 고려하여야 하는 기업(고용보험법 제15조제2항 및 법 제21조제2항의 규정)으로 예컨대 상시근로자 수가 산업별로 500인(제조업), 300인(광업, 건설업, 운수·창고 및 통신업), 100인(그외 산업) 이하인 기업을 말함

소규모 기업에게 초점을 두고 있다. 특히 이들 기업에서 대체인력을 고용하는 경우 이들에 대한 임금까지도 국가가 지원할 수 있도록 설계되어 있음을 알 수 있다.

하지만 문제는 이러한 유급휴가 훈련지원사업의 법적 성격에 관한 것이다. 구체적으로 프랑스처럼 유급휴가가 근로자의 개별권리로 보장되어 있는지 그리고 해당사업을 실시하는 경우 이에 대한 국가의 지원은 의무사항인가에 대한 확인이 필요할 것이다. 우선 지적되어야 할 점은 고용보험법 제27조에 명시되어 있는 바와 같이 국가의 재정 지원이 임의사항이라는 점이다.60) 한편, 유급휴가 훈련지원사업의 법적행위주체는 근로자가 아니라 사업주라는 점에 유의할 필요가 있다. 구체적으로, 사업의 실시와 관련된 모든

---

60) 제27조(사업주에 대한 직업능력개발훈련의 지원)고용노동부장관은 …… 직업능력개발훈련을 실시하는 사업주에게 …… 필요한 비용을 지원할 수 있다.

사항에 대해선 관련법령은 사업주 중심으로 서술되어 있다. 예컨대, 훈련대
상자만 근로자일 뿐 훈련과정 인정 및 훈련비 신청과 관련된 제반행정 절차
이행은 전적으로 사업주의 몫인 것이다. 더 나아가 본 사업의 실시 자체가
사용주의 의무사항은 아님에 유의할 필요가 있다. 정리하면 사업의 실시뿐
만 아니라 이에 대한 국가의 재정 지원 역시 임의적으로 규정되어 있는 현
행 한국의 유급휴가 훈련지원사업의 현주소라 할 수 있다. 이렇게 볼 때
유급휴가 훈련지원사업에 대한 근로자의 법적 권리는 무척 약하며 실질적으
로는 거의 전무한 것으로 판단된다. 한편, 〈표 8-40〉은 이를 그대로 보여주
고 있다.

〈표 8-40〉에서 유급휴가 훈련지원사업만을 살펴보면 예상대로 근로자 수
가 적은 사업장에서의 실적 건수가 많은 것을 알 수 있다. 사업장을 중심으
로 할 때 본 사업을 실시한 사업장 건수는 3,450건으로 전체 대비 80.2%를
차지하고 있다. 그 뒤를 50~150인(8.9%), 1,000인 이상(4.3%) 사업장이 잇
고 있다.

한편, 고용보험 적용 사업장 및 근로자 수를 기준으로 본 사업의 실적

〈표 8-40〉 유급휴가 훈련지원사업의 실적 및 비중

구분		계	50인 미만	50~ 150인 미만	150~ 300인 미만	300~ 500인 미만	500~ 1,000인 미만	1,000인 이상
사업장	전체(A)*	1,610,713	1,570,746	28,945	6,335	2,307	1,482	898
	지원(B)*	4,308	3,456	383	161	63	61	184
근로자	전체(C)*	11,152,354	5,467,237	1,653,734	879,853	526,039	625,139	2,000,352
	지원(D)**	10,791	5,510	1,575	1,289	442	678	1,297
비율 (%)	B/A	0.3	0.2	1.3	2.5	2.7	4.1	20.4
	C/D	0.09	0.1	0.09	0.1	0.08	0.1	0.06

* 고용보험적용 사업장 및 근로자 숫자
** 지원건수임
출처: 고용노동부, 2013b: 38과 40의 관련 표를 바탕으로 재정리

건수가 차지하는 비중을 살펴본 결과 그 비중은 매우 적음을 알 수 있다. 비교 단위의 상이성(사업장 및 근로자 수/지원 건수)을 고려하더라도 본 사업의 실효성은 극히 부정적이라 할 수 있다. 훈련휴직제도의 실효성에 대해서는 외국사례에서도 다양한 평가가 있음을 이미 확인한 바 있다. 예컨대 덴마크의 훈련휴직제도는 법이 아닌 단체협약의 형태로 실시되며 최단기간은 없는 반면 최장기간은 명시되어 있다. 그리고 이의 단체협약 적용률은 매우 높은 점을 고려할 때(85%) 참여율 또한 매우 높을 것으로 판단된다. 반면 영국은 기본적으로 관련법은 없는 상태에서 기업의 자율에 맡기고 있다. 단체협약 적용률 또한 매우 낮은 점을 고려할 때(9%), 해당근로자가 어느 기업에 고용되어 있는가가 훈련휴직제도 실시 여부를 결정짓는 요소로 할 수 있다. 한편 프랑스는 외국 사례 중 훈련휴직제도에 대한 근로자의 법적 권리가 가장 잘 보장되어 있는 국가로 판단된다. 그럼에도 불구하고 이에 대한 근로자의 낮은 참여율은 다른 차원에서의 분석을 필요로 하는 대목이다. 이상 외국 사례를 고려할 때 한국의 훈련휴직제도는 관련법이 존재한다는 점에서는 프랑스와 유사한 반면, 극히 저조한 참여율 부문은 영국과 비슷한 모습을 보이고 있다고 할 수 있다. 이상의 점 등을 고려할 때 훈련휴직제도를 통한 근로자의 직무능력향상 효과는 극히 미미한 것으로 판단된다.

(2) 육아휴직체계(parental leave systems)

육아휴직체계는 근로자의 노동시장 정착을 돕는 간접적인 활성화 정책이라 할 수 있다. 왜냐하면 관련 제도는 여성의 일·가정 양립을 도모할 뿐만 아니라 휴직 후 직장 재복귀를 보장하는 성격을 담고 있기 때문이다. 특히 한국뿐만 아니라 국제적으로 육아휴직의 대상이 출산휴가제제도와는 달리 배우자출산휴가제도는 물론이고 육아휴직제도도 여성 근로자뿐만 아니라 남성근로자까지 포함되어 있기 때문에 육아로 인한 젠더 갈등을 약화시키는 효과도 기대할 수 있을 것이다. 여기서 잠시 관련 제도의 도입 역사를 개관하면 한국에서 육아휴직체계가 본격적으로 도입·정착되기 시작한 시점은

2001년도 이후로 보는 것이 적절할 것이다. 왜냐하면 먼저 출산휴가의 경우
이는 1953년에 제정된 근로기준법에 명시되었으나 무급이었으며 그나마 제
대로 실시되지 못했던 것이 사실이기 때문이다. 그리고 육아휴직제도는
1987년 12월 남녀고용평등법의 제정과 함께 도입되었으나 하나의 사회복지
제도로 정착된 것은 모성보호 3법(근로기준법, 남녀고용평등법, 고용보험
법)에서의 중요한 변화가 있었던 2001년도이다. 2001년 기점으로 출산휴가
제도와 육아휴직제도에 대한 급여가 제공되었음은 물론이다.[61] 한편, 배우
자출산휴가제도는 가장 늦은 2007년도에 도입되었다.[62] 3일 무급으로 도입
된 이 제도는 2012년부터는 5일로 확대되었으며 이 중 3일은 급여지급이
이루고 있다. 이상 살펴본 한국의 육아휴직체계 도입의 역사를 3개 외국
사례와 함께 정리하면 〈표 8-41〉과 같다.

〈표 8-41〉 4개 국가의 육아휴직체계 관련 제도 도입 연도

	덴마크	영국	프랑스	한국
출산휴가 (maternity leave)	1960(유급)	1978(무급) 1987(유급, 제한적)	1928(무급) 1978(유급)	1953(무급) 2001(유급)
배우자출산휴가 (paternity leave)	1984(유급)	2001(무급) 2003(유급)	2002(유급)	2007(무급)*
육아휴직제도 (parental leave, child-care leave)	1984(유급)	1999(무급)	1994(유급)	1988(무급) 2001(유급)

* 2012년부터 유급

---

61) 출산휴가의 경우 2001년 11월 휴가기간을 종전 60일에서 90일로 확대하면서 확대된
30일분 급여를 고용보험에서 지급. 수급자격은 휴가 종료일부터 180일 이상 가입해
야하며 30일 기준 135만 원 한도 내에서 지원. 육아휴직제도 역시 동년 11월부터
고용보험기금에서 지급. 이상 2000년대 상반기와 이후의 한국 육아휴직제도의 변천
과 활용·실태에 대해서는 각각 이규용 외, 2004와 홍승아·이인선, 2012를 참조할 것.
62) 2007년도에 '남녀고용평등법'은 '남녀고용평등과 일·가정 양립 지원에 관한 법률'로
명칭도 변경되었으며 출산전후휴가와 육아휴직은 동법 제3장 모성 보호 부분에 명시
되어 있음.

〈표 8-41〉에서 나타나는 흥미로운 사실은 세 가지 제도 도입 순서에 일정한 패턴이 있다는 점이다. 즉 대부분의 국가는 출산휴가제도 → 육아휴직 제도 → 배우자출산휴가의 순으로 도입되었음을 알 수 있다. 다시 말하면 여성근로자의 고용보호를 위해 고안된 육아휴직체계는 점점 남성근로자까지 적용대상이 확대되면서 이젠 단순한 출산 및 양육 관련 제도가 아니라 젠더 조화적 성격까지 지니게 되었다.

이러한 점을 고려하면서 한국의 육아휴직체계의 특징을 정리하면 다음과 같다.

첫째, 육아휴직체계에 소요되는 지출에 관한 것이다. 먼저 이에 관한 3개 외국 사례의 최근의 상황을 살펴보면 출생아동 1명에게 1인당 GDP 대비 4.7%(덴마크), 2.8%(영국), 2.3%(프랑스)에 달하는 재정이 출산휴가 및 육아휴직제도에 지출되고 있는 것으로 나타난다(2009년 기준).[63] 한편 OECD 의 원자료를 바탕으로 한 연구결과에 따르면 한국은 짧은 시행의 역사만큼이나 지출 또한 매우 적음을 알 수 있다. 〈표 8-42〉는 GDP 대비 4개 국가의 가족 정책 지출비중을 정리한 것이다.

〈표 8-42〉 가족 관련 지출의 국가 비교(2009년)

(GDP 대비, %)

국가	분야			
	현금급여	출산휴가 및 육아휴직	가족서비스	합
덴마크	1.0	0.6	2.0	3.9
영국	0.8	0.4	1.1	2.3
프랑스	1.1	0.3	1.3	3.2
한국	0.01	0.03	0.7	0.8

출처: Joyce Shim, 2014: 32(table 1-5)에서 발췌

63) 이 통계수치에 한국은 포함되어 있지 않음. OECD, Family database. 2012.

가족 관련 총지출 면에서 보면 덴마크가 가장 높고 프랑스와 영국이 그 뒤를 잇고 있다. 한편 한국의 GDP 대비 가족 관련 총지출 비중은 3개 국가의 4분의 1에서 5분의 1에 불과하다. 게다가 육아휴직체계의 지출 비중은 0.03으로 이는 덴마크의 20분의 1, 프랑스의 10분의 1에 불과하다. 육아휴직제도의 실효성을 가늠할 수 있는 대목으로 판단된다.

둘째, 육아휴직체계의 대표적인 제도인 육아휴직제도의 구체적 내용을 살펴보면 다음과 같다. 먼저, 적용대상은 근로자 자녀의 연령이 기준이다. 구체적으로 만 1세 미만의 영아를 가진 여성근로자에게만 적용되었던 것(1988년 4월)이 1995년에는 부모 중 한 명이 선택하는 것으로 확대되었다. 가장 중요한 변화가 육아휴직 대상 자녀의 연령 확대이다. 1세(1988년) → 3세(2005년) → 6세(2010년)로의 확대를 거쳐 2014년 1월에는 관련법의 개정으로 만 8세 이하 혹은 초등학교 2학년 이하로 확대, 변경되었다.[64] 한편, 급여의 성격 및 수준은 2011년 1월을 기준으로 기존의 정액제가 정률제로 바뀌었다. 구체적으로 일률적인 정액제(월 50만 원)에서 개인별 임금수준과 연계한 정률제로 변경하는 한편 그 수준은 통상임금의 40%(상한 100만 원/하한 50만 원)로 결정되었으며 이는 지금도 그대로 유지되고 있다.[65] 적용대상 및 급여수준의 변화와는 달리 도입 시기부터 현재까지 큰 변화가 없이 실시되고 있는 부분이 바로 휴직기간(수급기간)이다. 휴직기간은 부부 각각 1년으로, 기존의 여성 근로자(모)에서 남성 근로자(부)도 권리를 인정받고 있는 점은 도입 당시와 다른 점이라 할 수 있다.

국가 비교 관점에서 한국의 육아휴직제도는 부분적으로는 높은 수준을 보여주고 있다. 예컨대 적용 대상 측면에서 신청 가능한 자녀 상한 연령이 8세인 점은 프랑스(3세)나 영국(5세)보다 높고 덴마크(9세)와 비슷한 양상을 보이고 있다. 기간 측면에서 예컨대 부모 각각 1년씩의 휴직기간(합산

---

64) 육아휴직자 수는 2002년도의 3,763명에서 10,700명(2005년), 21,185명(2007년), 35,400명(2007년)으로 증가. 고용노동부 보도자료(2010년 11월 17일).

65) 단 고용보험에 180일 이상 가입하고 30일 이상 휴가를 사용한 경우에 한함.

〈표 8-43〉 한국 육아휴직체계 관련 제도 활용 추이

		2005	2006	2007	2008	2009	2010	2011
출산전후휴가자수		41,104	48,972	58,368	68,526	70,560	75,742	90,290
출산전후 휴가지원금액		46,041	90,886	132,412	166,631	178,477	192,564	232,915
육아 휴직자 수	여성근로자	10,492	13,440	20,875	28,790	34,898	40,914	56,735
	남성근로자	208	230	310	355	502	819	1,402
	계	10,700	13,670	21,185	29,145	35,400	41,733	58,137
육아 휴직 지원 금액	여성근로자	27,755	33,989	60,249	97,449	138,221	175,582	270,500
	남성근로자	487	532	740	982	1,503	2,539	5,761
	계	28,242	34,521	60,989	98,431	139,724	178,121	276,261

출처: e-나라지표(www.index.go.kr, 2014년 2월 11일 검색)

2년)은 프랑스(312주)보다는 짧으나 덴마크(40주)나 영국(26주)보다는 길다. 그럼에도 불구하고 〈표 8-42〉에서처럼 출산휴가 및 육아휴직분야의 지출이 턱없이 낮은 이유는 무엇인가에 설명이 필요하다. 무엇보다도 해당 제도에 대한 낮은 활용도가 지적되어야 할 것이다. 〈표 8-43〉은 육아휴직체계가 본격화된 2005년 이후 출산휴가와 육아휴직의 추이를 나타낸 것이다.

〈표 8-43〉에서처럼 2011년 기준, 육아휴직제도를 이용하는 근로자 수는 5만 8천여 명이다. 한편 육아휴직을 사용할 수 있는 근로자 수에 대한 정부통계가 없는 상황에서 정확한 이용률을 측정하기는 어려우나 추정은 가능할 것 같다. 예컨대 2008년 기준, 출생아는 46만 6천여 명인 데 반해 육아휴직자 수는 2만 9천여 명에 불과하다. 신생아 부모 중 자영업자들이 있다는 점을 고려해도 육아휴직을 이용하는 부모는 전체 출생아의 10%도 되지 않는 것이다.[66] 한편 국내기관의 육아휴직 사용률 추정치를 살펴보면 한국고

---

66) http://www.pressian.com/news/article.html?no=39917(20112년 11월 6일 기사;

용정보원은 18.7%, 한국보건사회연구원은 이 보다 더 낮은 10.3% 정도로 추정하고 있다.[67]

특히 〈표 8-43〉에서 눈에 띄는 부분은 2011년도에 급증하는 모습을 보이고 있지만 남성 근로자의 턱없이 낮은 이용률이다. 남성 근로자를 포함하여 전반적인 이용률의 낮은 배경에 대해서는 직장에서의 육아휴직에 대한 반감, 이에 따른 불이익 그리고 낮은 급여수준을 들 수 있다. 특히 통상급여의 40%에 불과한 급여수준(하한 50만 원, 상한 100만 원)은 무급인 영국보다는 높은 수준이지만 덴마크(100%)나 시간제 근로가 가능한 상태에서 하한액(월 566유로, 39%)이 정해져 있는 프랑스보다는 현저히 낮다. 특히 낮은 상한액은 육아휴직제도에 대한 근로자의 관심을 끌기에는 불충분한 것으로 판단된다. 이렇게 볼 때 한국 역시 여타 국가와 마찬가지로 육아휴직체계가 정립되어 있는 것은 사실이다. 하지만 출산 및 육아로 인한 고용불안정 해소의 목적으로 실시된 관련 제도가 제대로 그 효과를 나타내기 위해서는 개선의 여지가 많은 것으로 사료된다.

III. 소결: 근로유인 복지 그리고 맹아적 활성화 레짐

지금까지 활성화 레짐의 관점에서 한국의 전 사회적 일관성의 구성요소와 사회보호 활성화 정책의 두 가지 범주(근로연계 복지와 근로유인 복지)와 직결되는 정책 및 제도의 구체적 내용을 살펴보았다. 그 특징을 정리하면 다음과 같다.

첫째, 활성화 레짐은 전 사회적 일관성의 구성요소와 활성화 정책 간의

2014년 2월 11일 검색).

67) 조선일보 기사. http://blog.daum.net/shbaik6850/16549277에서 발췌.

정합성을 전제로 하고 있다. 3개 국가와 마찬가지로 한국 역시 전 사회적 일관성의 구성요소와 활성화 정책 간 강한 상호작용 모습을 보이고 있다. 먼저, 최근의 연대주의적 경향에도 불구하고 전통적으로 강한 개인주의는 선별주의적 성격을 띠고 있는 사회보호 체계와 활성화 정책에 그대로 드러난다. 예컨대 고용보험의 실업자 훈련 사업은 실시되고 있음에도 불구하고 이에 대한 수급자의 참여 의무와 관련된 법적 조항은 존재하지 않는다. 한편 갈등주의로 대변되는 적대적 모형에 속하는 노사관계의 특성으로 인해 사회적 파트너가 사회보호 활성화 정책에 미치는 영향 역시 매우 미약하다. 대부분의 주요 정책은 국가에 의해 입안, 시행되고 있는 반면 이에 대한 사회적 파트너의 관심은 거의 없다고 해도 과언이 아니다. 뿐만 아니라 근로소득공제제도의 실시로 상당수의 저소득층 근로자가 면세혜택으로 받고 있음에도 불구하고 낮은 국민(조세) 부담률 및 역진적 소득재분배의 성격마저 보이고 있는 조세체계는 사회보험 활성화 정책 실시에 필요한 재원 확보를 원천적으로 어렵게 하는 주요 요인으로 판단된다. 이렇게 볼 때 한국의 전 사회적 일관성에서 나타나는 전반적인 특징은 활성화 정책의 본격적인 도입 및 정착을 힘들게 하는 제도적·구조적 요인으로 판단된다. 부정적인 의미에서 전 사회적 일관성의 구성요소와 활성화 정책 간의 정합성을 보여주는 대표적인 사례가 바로 한국이라 할 수 있다.

둘째, 활성화 관점에서 한국 근로연계 복지에서 나타나는 특징으로는 다음과 같이 정리할 수 있을 것이다.

우선, 근로연계 복지에서 나타나는 활성화 성격은 매우 미약하다는 점이 지적되어야 할 것이다. 구체적으로 고용보험만 하더라도 적극적 노동시장 프로그램에 대한 국가와 수급자 간의 법적 권리 및 의무 관계가 제대로 형성되어 있지 못하다. 이는 급여 수급자에 대한 구직등록 요구, 수급자의 유형을 분류하는 프로파일링과 재취업활동계획(Individual Action Plan) 제도의 운영, 주기적인 직업 안정 기관 방문과 구직의무 부과, 취업 알선율 등의 항목에서 여타 OECD 국가에 비해 높은 수준의 활성화 정책을 실행하는 것으로 보고 있는 OECD와는 관점을 달리하는 대목이다.[68] 활성화 관점에서 이들보다 더 중요한 점은 적극적 노동시장 프로그램의 실시 및 이에 대한 법정 권리 및 의무 관계의 형성일 것이다. 하지만 한국의 고용보험제도는 덴마크를 비롯하여 여타 OECD 국가와 달리 일정 기간 이상 급여를 수급하는 경우에 적극적 노동시장 정책에의 참여를 강제하는 제도가 아예 존재하지 않는다. 제도 자체도 없을 뿐만 아니라 이를 담보할 수 있는 적극적인 노동시장 프로그램 역시 제한적으로만 실시에 그치고 있다(이병희·황덕순, 2009: 42-43). 국민기초생활보장제도의 조건부 수급 제도 역시 본질적으로는 고용보험제도와 유사하다고 할 수 있다. 둘째, 그럼에도 불구하고 최근의 변화된 모습은 활성화 요소 강화에 대한 기대를 주고 있음은 강조되어야 할 것이다. 예컨대, 고용보험의 운영에서 강조되고 있는 재취업활동계획서의 수립 및 이행을 들 수 있다. 한편, 국민기초생활보장제도에서 조건부 수급자의 근로능력을 기준으로 실시되고 있는 차별화된 프로그램인 희망리본 사업과 취업성공패키지 양대 사업에서 나타나는 ISP(개인별 자립 계획) 혹은 IAP(취업활동 계획)의 수립 및 불이행에 대한 제재 조치 관련 규정 등은 활성화 요소의 강화를 시사해주고 있는 대목이다. 하지만 전반적으로 덴마크, 영국, 프랑스에 비해 한국의 근로연계 복지에서 나타나는 활성화 성격은 약한 것으로 판단된다.

셋째, 활성화 정책의 두 가지 범주 중 한국은 프랑스와 유사하게 근로연계 복지보다 근로유인 복지에서 활성화 성격이 더 강하게 나타난다. 대표적으로 근로장려세제를 들 수 있다. 한국의 근로장려세제는 프랑스(2001년)와 영국(2003년)보다는 늦은 2009년부터 실시되었다. 늦은 도입 시기에도 불구하고 한국의 근로장려세제는 그동안 적용대상의 확대 및 수급요건의 약화 그리고 급여수준의 상향 조정 등을 통해 많은 개선이 이루어졌다. 특히 2013년에는 여성의 경제활동지원을 위해 가구 유형에 따라 수급요건 및 급여수준이 정해지는 방향으로 제도의 큰 틀이 바뀌기도 했다. 영국이나 프랑

---

68) 이의 구체적 내용에 대해서는 OECD, 2007b와 이병희 외, 2009: 265의 〈표 9-8〉을 참조.

스에 비해 적용대상이 포괄성과 급여수준 측면에서 아직은 개선의 여지가 많이 남아 있음은 물론이다. 그럼에도 불구하고 저소득층 근로자의 노동시장 정착에 필요한 소득 보전이라는 근로장려세제가 보이고 있는 기본 성격은 활성화 성격과 직결되는 대목이다. 뿐만 아니라 아직은 맹아적인 성격을 보이고 있는 근로연계 복지에 비해 근로장려세제는 활성화 성격을 지니고 있는 완결된 형태의 제도라 할 수 있다. 이런 이유로 한국의 사회보호 활성화 정책은 프랑스와 유사하게 근로유인 복지 중심의 국가로 분류될 수 있을 것이다. 뿐만 아니라 저조한 이용현황에도 불구하고 한국의 육아휴직제도에서 나타나는 적용대상의 포괄성 및 상대적으로 긴 휴직기간 역시 근로유인 복지에 좀 더 많은 관심을 가지게 되는 이유이다. 반면 유급휴가 훈련지원사업으로 대변되는 한국의 훈련휴직제도는 참여 실적이 극히 저조하여 이를 통한 근로자의 직무능력향상 효과에 대해서는 부정적인 평가가 지배적이다.

넷째, 마지막으로 지금까지 살펴본 한국의 전 사회적 일관성과 사회보호 활성화 정책이 하나의 활성화 레짐 유형의 하나로 볼 수 있을 것인가에 관한 것이다. 이미 본 바와 같이 전 사회적 일관성과 사회보호 활성화 정책 간에는 부정적인 의미에서 정합성을 보여주고 있음을 확인했다. 문제는 한국의 사회보호 활성화 정책이 하나의 국가 정책으로서 성격을 제대로 담고 있는가 하는 것이다. 이에 대해서는 아직은 부정적이라 할 수 있다. 이미 언급한 바와 같이 고용보험제도와 국민기초생활보장제도에 대한 분석을 통해서 나타나는 근로연계 복지는 활성화의 핵심 요소가 제대로 반영되지 않는 모습을 보여주고 있다. 희망리본사업과 취업성공패키지사업에서는 활성화 요소가 상당히 많이 반영되고 있음에도 불구하고 이 사업들은 행정부의 재량 사업이라는 한계를 지니고 있다. 근로유인 복지에서 유급휴가 훈련지원사업 역시 그 실효성 측면에서 많은 문제점을 내포하고 있음은 물론이다. 한편, 근로장려세제와 육아휴직제도는 나름대로의 활성화의 기본 취지를 반영하는 방향으로 제도의 운영 및 개선이 이루어지고 있는 것 또한 사실이다. 하지만 전반적으로 볼 때 한국의 사회보호 활성화 정책이 활성화 레짐의 요소로 자리매김을 한 것으로는 보기 어렵다. 이런 관점에서 한국의 활성화 레짐은 보편주의 활성화 레짐 혹은 자유주의 활성화 레짐 중 어디에도 속하지 못한다. 굳이 명명한다면 맹아적 활성화 레짐(rudimentary activation regime)이라 할 수 있다.

제9장

맺음말

지금까지 본 연구는 근로복지 연계에 대한 비판적 인식에서 유럽에서 관심을 모으고 있는 활성화 및 활성화 레짐의 관점을 바탕으로 한국을 비롯하여 모두 4개 국가의 특징을 살펴보고 국가별 공통점과 차이점을 살펴보았다. 이의 결과는 각 장의 소결 및 제7장을 통해 이미 밝힌 바 있다. 여기서는 아래 세 가지 질문에 대한 답을 통해 본 연구를 마무리하고자 한다.

I. 활성화 레짐 연구는 복지 레짐 연구의 대안인가?

복지 레짐 연구에서 차지하는 활성화 레짐 연구의 위상과 의의에 관한 것이다. 국가별 복지제도의 특징 및 배경 그리고 유형화를 통한 국가별 공통점 및 차이점을 이해하는 데 있어서 나타나는 복지 레짐 연구의 중요성에 대해서는 더 이상 강조할 필요가 없을 것이다. 그리고 이에 대한 에스핑 앤더슨의 연구(G. Esping-Andersen, 1990; 1999)는 이젠 하나의 고전으로 간주되고 있다. 그럼에도 불구하고 여기서 제기될 수 있는 질문은 이런 성격의 연구 분석 단위가 복지국가 레짐 혹은 복지 레짐과 같이 반드시 거시적이어야 하는가이다. 레짐(Regime)을 "한 사회에서 생산된 복지가 국가, 시장, 그리고 가구에게 할당(공급)되는 양식"(G. Esping-Andersen, 1999: 73)으로 이해한다면 복지국가 레짐 혹은 복지 레짐은 이와 관련된 한 사회의 총량적 수준의 복지와 관련된 개념이다. 하지만 이에 못지않게 중요한 부분이 바로 고용, 빈곤 등 특정분야의 레짐인 것이다. 우리는 이의 중요성을 젠더 레짐(gender regime), 빈곤 레짐(poverty regime), 돌봄 레짐(care regime) 등 기존 연구 경향을 통해서도 능히 가늠할 수 있다. 이렇게 볼 때 레짐이라는 용어는 복지 레짐과 같이 반드시 거시적 차원의 전유물은 아니라는 점이다. 더 나아가서 레짐의 성립 여부가 내부 속성의 문제 예컨대 특정 정책과 여타 시스템 사이의 관련성 파악 가능성, 정책의 구성요소(급여 및 서비스, 이의 수준, 이의 효과), 이데올로기적 특징에 대한 정체성 유지 여부, 레짐의 국가별 차이 및 이의 배경에 대한 파악 가능성의 문제라는 점(문진영, 2009: 656)에 동의한다면 분야별 레짐 연구의 문은 항상 열려 있다고 할 수 있다. 이렇게 볼 때 활성화 레짐 연구는 복지 레짐 연구 경향의 하나임에도 불구하고 활성화와 직결되는 특정분야에 천착하고 있다는 점에서 레짐 연구의 새로운 경향을 보여주고 있다.

II. 활성화 정책은 복지국가 위기 대안인가?

복지국가 위기 극복의 관점에서 활성화 정책이 기여할 수 있는 점과 직결된 문제라고 할 수 있다. 우선, 활성화가 지향하고 있는 분야별 정책 간의 연계는 통합적 사회 정책을 가능하게 한다는 점에서 긍정적인 효과를 기대할 수 있을 것이다. 기존의 복지국가에서 나타나는 분절적 사회 정책의 한계에 대해서는 이미 많은 공감대가 형성되어 있다. 반면 사회보호 활성화 정책은 노동시장 정책 간의 연계(근로연계 복지의 경우), 조세 정책 간의 연계(근로유인 복지) 등 정책 영역 간 칸막이 허물기를 지향하고 있다는 점에서 많은 주목을 받고 있다. 둘째, 좀 더 근본적인 차원에서 활성화 정책의 실현은 복지 본래의 의미 추구와 직결된다는 점이다. 아무리 특정 제도의 급여수준이 높다 하더라도 수급자의 욕구를 무시하거나 강제적·징벌적 성격을 띠고 있다면 제도의 가치는 평가절하될 수밖에 없을 것이다. 이러한 점을 고려할 때 상호 호혜 정신하에 국가와 수급자 간의 권리 및 의무의 상호 존중을 지향하고 있는 활성화 개념은 흔히 사회구성원의 평안하고 행복한 상태로 정의되는 복지 본래의 의미 추구에 반드시 필요한 요소라 할 수 있다. 주지하다시피 중범위적 성격을 지니고 있는 활성화 개념이 직접적으로 복지국가라는 거시적 틀의 변화까지 고려하지는 않는다. 하지만 정책들의 변화는 복지국가의 변화를 가져왔던 소중한 역사적 사례를 기억한다면 복지국가 위기의 대안으로 활성화 정책이 지니는 의의가 과소평가되어서는 안 될 것이다.

III. 한국의 활성화 정책 도입 가능성 및 조건

본 연구를 통해 살펴본 바와 같이 한국의 사회보호 정책에서 나타나는 활성화 성격은 매우 약하다. 이의 연장선상에서 활성화 레짐 역시 아직 제 모습을 드러내지 못하고 있는 점이 현재의 상황이라 할 수 있다. 이러한 점을 고려할 때 사회보호 활성화 정책의 도입은 이에 대한 공감대 형성 및 제반 여건의 성숙을 필요로 한다. 첫째, 근로연계 복지 및 근로유인 복지 관련 제도의 개선이 전제가 되어야 할 것이다. 구체적으로 덴마크 및 프랑스사례에서처럼 활성화 개념의 정책적 반영은 상대적으로 긴 수급기간 및 높은 수준의 급여를 전제로 한다. 왜냐하면 활성화 개념이 강조하듯이 소극적 조치(급여제공)는 적극적 조치(활성화 프로그램 참여) 실시의 촉진제(activator) 역할을 하고 있기 때문이다. 둘째, 활성화 레짐 논의에서 나타나듯이 사회보호 활성화 정책은 전 사회적 일관성 요소와 조응적 관계를 보이고 있다. 달리 말하면 사회보호 활성화 정책의 도입 및 실시는 전 사회적 일관성 요소(국민의 복지태도 및 인식, 사회보호 체계, 노사관계, 조세제도)가 조응적 방향으로 같이 변화될 때 그 효과가 극대화될 수 있다는 것이다. 한국의 사회복지 더 나아가서 한국사회 자체가 좀 더 바람직한 방향으로 발전하기 위해서는 다양한 차원에서의 논의가 필요하다. 이와 관련하여 본 연구는 사회보호 활성화 정책과 관련된 중범위 차원의 논의와 전 사회적 일관성의 구성요소와 관련된 거시적 차원의 논의가 동시에 필요함을 보여주고 있다.

참고문헌

강순희. 2012. "고용-복지 연계를 위한 직업훈련체계 구축." 『고용과 복지체제의 연계강화를 위한 정책과제』(발표자료집). 2012년 11월 8일. 한국고용정보원: 61-80.

고용노동부. 2013a. "2012년 노조조직률 10.3%로 전년보다 0.2% 증가"(2013년 10월 17일 보도자료).

_____. 2013b. 『직업능력개발사업현황』. 고용노동부.

고혜원. 2001. 『영국의 직업훈련정책분석 ― 효율성 대 형평성』. 한국직업능력개발원.

국회입법조사처. 2011. 『근로장려세제 운영실태 조사결과 및 개선방안』. 국회입법조사처.

김문길 외. 2012. 「2012년 빈곤통계연보」(연구보고서 2012-37). 한국보건사회연구원.

김웅진·김지희. 2002. 『비교 사회 연구 방법론』. 한울 아카데미.

김영순. 2011. "영국의 비정규노동과 유연불안정성." 이호근(편). 『비정규노동과 복지』. 인간과 복지: 351-367.

김종일. 2001. 『복지에서 노동으로, 노동중심적 복지국가의 비판적 이해』. 일신사.

_____. 2010. "대륙복지국가의 활성화 정책 추이에 관한 퍼지 집합 이념형 분석, 2000-2007." 『사회보장연구』 제26권 제2호: 253-284.

김태일. 2010. "소득공제의 허와 실." 『좋은예산』 2010/03: 13-17.

김태완. 2012. "공공부조." 한국보건사회연구원(편). 『주요국의 사회보장제도: 한국』. 한국보건사회연구원: 228-260.

김태홍. 2012. "고용보험제도와 고용정책." 한국보건사회연구원(편). 『주요국의 사회보장제도: 한국』. 한국보건사회연구원: 118-153.

김형기. 2008. "경제성장과 사회통합을 위한 노동시장제도 연구－영국, 독일, 덴마크 3국 비교 분석을 중심으로." 『노동정책연구』 제8권 제3호. 한국노동연구원: 93-123.

노대명 외. 2008. 『한국형 사회정책 모형 연구－고용·복지 연계 모형』. 서울. 한국노동연구원.

_____. 2012. 『주요국의 사회보장제도－프랑스』. 한국보건사회연구원.

노대명·전지현. 2011. 『한국인의 복지의식에 대한 연구: 사회통합을 위한 정책과제』 (연구보고서 2011-19). 한국보건사회연구원.

류기락. 2012. "한국의 노동시장 활성화정책특성과 취업성과: 취업지원서비스와 맞춤형사회서비스중심정책의 비교." 『한국사회정책』 제19집 제3호: 149-183.

문진영. 2009. "빈곤레짐에 관한 비교연구－유럽연합 회원국과 한국을 중심으로." 정무권(편). 『한국복지국가성격논쟁 II』. 인간과 복지: 643-679.

박노호. 1994. 『스칸디나비아 3국의 조세제도－스웨덴을 중심으로』. 한국노동연구원.

박병현. 2005. "복지국가 발달의 문화적 분석." 『한국사회복지학』 57(3): 277-304.

박정수. 2004. 『주요국의 조세제도－영국편』. 한국조세연구원.

박지향. 2012. "복지제도에 대한 영국인들의 태도변화, 1983-2010－실업을 중심으로." 『영국연구』 제27호: 277-314.

배규식·조성재. 2002. "노동운동." 이원덕 편. 『한국의 노동 1987~2002』. 한국노동연구원: 88-123.

보건복지부·고용노동부. "고용-복지 연계 『내일 [My Job] 드림 프로젝트』 본격 가동"(2013년 4월 24일 보도자료).

성명재. 2011. "소득분배 개선을 위한 조세·재정정책방향." 『응용경제』 제13권 제2호: 31-70.

손병덕 외. 2012. 『주요국의 사회보장제도－영국』. 한국보건사회연구원.

손영우. 2011. "프랑스 복수노조제도의 특징과 시사점." 『진보평론』 47: 189-213.

송호근. 1999. 『시장과 복지정치. 사민주의 스웨덴 연구』. 나남출판.

신동면. 2004. 『영국의 근로연계복지에 관한 평가: 신노동당 정부의 New Deal을 중심으로."『한국사회복지학』 56(1): 23-43.

신선인. 2006. "사회적 아동학대에 관한 탐색적 연구: 아동을 성(性) 상품화한 대중매체들 사례를 중심으로."『한국아동복지학』제21권: 287-319.

신화연. 2012. "연금제도." 한국보건사회연구원(편).『주요국의 사회보장제도: 한국』. 한국보건사회연구원: 154-191.

심창학. 2001. "사회적 배제 개념의 의미와 정책적 함의: 비교관점에서의 프랑스를 중심으로."『한국사회복지학』44: 178-208.

_____. 2003. "한국 실업 급여 제도의 변화 평가: 관대성, 통제 개념을 중심으로."『노동정책연구』제3권 제3호: 1-25.

_____. 2004. "1960년대 이후 한국사회복지 노동운동의 변천과 한계."『연세사회복지연구』Vol.11: 32-65.

_____. 2005. "유럽 비정규직 근로자의 사회보장: 영국, 독일, 프랑스의 연금 및 실업보험을 중심으로."『사회보장연구』21(4): 283-311.

_____. 2008. "활성화(activation), 활성화 레짐(activation regime) 그리고 한국 사회보호체계."『한국사회복지조사연구』Vol.18: 91-116.

_____. 2009. "연금 및 실업보험을 통한 비정규직 근로자 사회보호: 덴마크와 프랑스 사례를 중심으로."『한국사회복지조사연구』22: 169-201.

_____. 2010. "활성화와 사회보호: 덴마크의 실업급여 및 사회부조 제도를 중심으로."『사회복지정책』제37권 제1호: 1-30.

_____. 2012. "프랑스 사회복지정책의 전개과정과 특징: 국가역할의 변화와 신 사회위험에 대한 대응을 중심으로."『민족연구』51: 76-102.

심창학·어기구. 2011.『사회안전망과 고용안전망 연계의 국내외 사례연구』. 한국노총 중앙연구원.

안창남. 2009.『주요국의 조세제도 - 프랑스편』. 한국조세연구원.

여유진 외. 2010.『OECD국가의 빈곤정책동향분석』. 한국보건사회연구원.

유경준. 2013. "고용안전망 사각지대 현황과 정책방향 - 제도적 사각지대를 중심으로."『KDI FOCUS』통권 제28호: 1-8.

유길상. 2010. "직업훈련 민간위탁 성공조건: 직업훈련 민간위탁사업에 대한 평가와 개선방향을 중심으로."『노동정책연구』10(4): 39-64.

_____. 2010.『1990년대 이래의 OECD와 EU의 고용정책』. 한국노총 중앙연구원.

윤홍식. 2006. "OECD 21개국의 부모권과 노동권 보장수준을 통해 본 가족정책의 비교연구: 부모휴가와 아동보육시설 관련정책을 중심으로."『한국사회복지학』58(3): 341-370.

윤희숙. 2012. "근로장려세제로 본 복지정책 결정과정의 문제점."『KDI FOCUS』제

24호(통권): 1-8.

이규용 외. 2004. 『육아휴직 활용실태와 정책과제』(정책연구 2004-16). 한국노동연구원.

이병희 외. 2009. 『고용안전망과 활성화 전략 연구』(연구보고서 2009-04). 한국노동연구원.

이병희·황덕순. 2009. "일자리 위기와 고용안전망의 사각지대 해소 방안 모색." 『글로벌경제위기와 사회복지정책의 대응: 사회안전망과 고용안전망의 결합방안 모색』(한국사회복지정책학회 2009년 춘계학술대회 자료집): 29-70.

이성희 외. 2012. 『복수노조 시대 노사관계 쟁점과 정책 제도개선방안 연구』. 한국노동연구원.

이철선. 2012. "재해보험." 한국보건사회연구원(편). 『주요국의 사회보장제도: 한국』. 한국보건사회연구원: 192-227.

장인성. 2009. "소득격차의 확대와 재분배 정책의 효과." 『경제현안분석』 제48호. 국회예산정책처: 1-71.

장지연 외. 2011. 『고용안전망 사각지대 해소 방안』(정책연구 2011-05). 한국노동연구원.

장홍근. 2011. "직업훈련사업평가: 실업자 훈련 부문." 『월간 노동리뷰』 2011년 9월: 18-35.

정현태·오윤수. 2009. "한국의 사회복지 현실과 한국인의 복지의식 — 롤즈의 정의론 관점." 『사회복지정책』 36(1): 329-353.

조경원·김철희. 2006. 『유급휴가제도의 활성화 방안』(용역보고서 06-12). 한국직업능력개발원·노동부.

조남경. 2013. "사회복지의 문화적 토대, 복지태도 그리고 문화적 문맥: 사회복지정책연구에 있어 세가지 문화적 접근의 현황과 과제." 『비판사회정책』 제39호: 235-259.

조용만. 2002. "프랑스의 산별교섭제도." 한국노동연구원. 『산별노조의 단체교섭 현황과 법적 과제 토론회발표 자료집』: 1-16.

주재현. 2004. "사회복지와 문화: 복지국가 유형론에 대한 문화이론적 해석." 『한국정책학회보』 13(3): 279-308.

채준호. 2008. 『영국의 노동당과 노동조합』. 한국노총 중앙연구원.

최성은. 2012. "사회보장재정과 재원조달." 『보건·복지 Issue & Focus』 제133호(한국보건사회연구원): 1-8.

최정철. 2005. 『선진국의 사회보고제도 — 프랑스의 Bilan Social을 중심으로』. 서울,

한국노동연구원(AA2005-8).

최진혁. 2008. "프랑스의 예산과 재정." 오시영(편저). 『프랑스의 행정과 공공정책』. 법문사: 205-244.

최현수(2007). "근로장려세제(EITC) 시행방안의 주요내용 분석 및 정책과제."『보건 복지포럼』 2007년 12월(한국보건사회연구원): 97-123.

한국노동연구원. 2012. 『2012 KLI 해외노동통계』. 한국노동연구원.

_____. 2013. 『2013 KLI 해외노동통계』. 한국노동연구원.

한국산업인력공단. 2010. 『프랑스의 직업교육과 훈련』(번역자료). 한국산업인력공단.

허재준 외. 2011. 『고용친화적 복지전략연구』(연구보고서 2011-06). 한국노동연구원.

홍승아·이인선. 2012. 『남성의 육아참여 활성화를 위한 제도개선 방안』(수시과제 연구보고서-18). 한국여성정책연구원.

황덕순. 2009. "한국 활성화 정책 평가와 발전 방향."『활성화 정책과 고용 서비스 성과』(국제 세미나 발표 자료집). 노동부, OECD: 215-260.

황덕순 외. 2010. 『근로 유인형 복지 제도의 국제 비교와 한국의 근로 유인형 복지 제도 발전방안 연구』. 한국노동연구원.

현대경제연구원. 2013. "복지에 대한 세대간 인식 차이 조사: 50대 이상은 복지 만족, 20-30대는 복지불만."『지속가능 성장을 위한 VIP 리포트』 통권 525호: 1-15.

고용보험법, 고용보험법 시행령, 고용보험법 시행규칙(한국).

국민기초생활보장법, 국민기초생활보장법 시행령, 국민기초생활보장법 시행규칙 (한국).

남녀고용평등과 일·가정 양립 지원에 관한 법률. 동법 시행령.

조세특례제한법.

『서울경제』, 2013.8.19자 보도기사.

통계청. 2013. "2013년 4월 사회보험 가입현황"(보도자료): 1-23.

_____. 2013. "2012년 기준 전국사업체 조사 잠정결과"(보도자료): 1-28.

e-나라지표(http://www.index.go.kr/).

Albaek, E. et al. (eds.). 2008. *Crisis, miracles and beyond: Negotiated adaptation of the Danish welfare state*. Aarhus University Press.

Albrechtsen, H. 2004. "Active young people in Europe: Denmark, Germany and the Italy." In A. Serrano Pascual (ed.). *Are activation models* converging in Europe? The European Employment Strategy for young people. Brussel. ETUI.: 197-251.

Andersen, J. G. 2008. "Public support for the danish welfare state." In E. Albaek et al. (eds.). Crisis, miracles and beyond: Negotiated adaptation of the Danish welfare state. Aarhus University Press: 75-114.

Andersen, T. M. et al. 2006. The Danish Economy, An international perspective. Copenhagen. DJØF Publishing.

Arents et al. 2000. "Benefit dependency ratios: an analysis of nine European countries, Japan and the US: Final reports." SZW (Dutch Ministry of Social Affairs) No.16/153/2000.

Arnold, C. et al. 2013. "Les allocataires du RSA fin juin 2012." Études et résultats No.828: 1-6.

Barbier, J. 2002. "Peut-on parler d'«activation» de la protection sociale en Europe?" Revue française de sociologie 43(2): 307-332.

_____. 2004a. "Activation policies: a comparative perspective." In A. Serrano Pascual (ed.). Are activation models converging in Europe? The European Employment Strategy for young people. Brussel. ETUI: 47-83.

_____. 2004b. "System of Social Protection in Europe: Two contrasted paths to activation, maybe a third." In J. Lind, H. Knudsen & H. Jørgensen (eds.). Labour and Employment Regulation in Europe. Brussel. P.I.E.-Peter Lang S.A.: 233-253.

_____. 2007. "The French Activation strategy in a comparative perspective." in A.M. Pascual and L. Magnusson (eds.). Reshaping Welfare States and Activation Regimes in Europe. P.I.E. Peter Lang: 145-173.

Barbier, J.-C. et al. 2006. Analyse comparative de l'activation de la protection sociale en France, Grande-Bretagne, Allemagne et Danemark. Paris. CEE.

Barbier, J.-C. and Kaufmann, O. 2008. "The French strategy against unemployment: innovative but inconsistent." In W. Eichhorts et al. (eds.). Bringing the Jobless into Work? Experiences with Activation Schemes in Europe and the US. Berlin Heidelberg. Springer: 69-120.

Barbier, J.-C. & Ludwig-Mayerhofer, W. 2004. "The many worlds of activation."

European Societies 6(4): 423-436.

Barbier, J.-C. and Théret, B. 2001. "Welfare-to-Work or Work-to-Welfare: The French Case." In N. Gilbert and R. A. Van voorhis (eds.). *Activating the Unemployed: a comparative appraisal of work-oriented policies.* New Brunswick and London. Transaction Publishers: 135-183.

Barrere-Maurisson, M.-A. 2000. "Societal comparison and social change of the family division of labour"(http://halshs.archives-ouvertes.fr/docs/00/07/98/13/PDF/MABM-Benjamins.pdf).

Beale, I. et al. 2008. "The longer-term impact of the New Deal for Young People." *Working Paper* No.23(DWP): 1-118.

Besson, E. 2008a. *Accompagner vers l'emploi; les exemples de l'Allemgne, du Danemark et du Royaume-Uni,* rapport du Premier Ministre. Paris. Sénat.

_____. 2008b. *Flexicurité en Europe, Eléments and d'analyse,* rapport du Premier Ministre. Paris. Sénat.

Bidet, E. 2002. "La protection sociale en Corée du Sud: évolutions récentes et perspectives." *RFAS* 56(1): 171-194.

Bois-Reymond, M. (du) and Lōpez Blasco, A. "Yo-yo transition and misleading trajectories; towards Integrated Transition Policies for young adults in Europe." In A. Lōpez Blasco, W. McNeish and A. Walther (eds.). *Young People and Contradictions of Inclusion: Toward Integrated Transition Policies in Europe.* University of Bristol, Policy Press: 19-42.

Boyer, R. 2006. *La flexicurité danois, quels enseignements pour la France?* Editions Rue d'Ulm.

Browne, J., Roantree, B. 2012. *A survey of the UK tax system.* ESRC/Institut for Fiscal Studies.

Brsy, B. et al. 2011. "Tax reform trends in OECD countries." *OECD Taxation working papers* No.1: 1-18.

Carcillo, S. and Grubb, D. 2006. "From Inactivity to Work: the role of active policy labour market policies." *OECD social, employment and migration working papers* 2006(5). Paris. OECD: 1-74.

Cedefop. 2009. "Individual learning accounts." *Cedefop panorama series* 163: 1-125.

_____. 2012. *Training leave, Policies and practice in Europe.* Publication Office of the European Union.

Cochard, M. 2008. "Les effets incitatifs de la prime pour l'emploi: une évaluation difficile." *Economie et statistique* No.412: 57-80.

Daguerre, A. 2005. "Emploi forçés pour les bénéficiaires de l'aide sociale." *Le Monde diplomatique*: 4-5.

Dalton, J. 2009. "adult learning accounts in England." In Cedefop, 2009. *Individual learning accounts*, cedefop panorama series 163: 34-43.

DARES. 2004. "Mythes et réalités de la syndicalisation en France." *Premières Informations Premières Synthèses* No.44.2: 1-5.

_____. 2011. "Les allocataires du régime d'assurance chômage en 2009." *Dares analyses* No.030: 1-12.

Darmon, I. 2007. "Activation strategies or the labour market imperative, An outline for a comparison of contemporary rationales and practices of social engineering in the UK, Sweden, France and Spain." In A. Serrano Pascual (ed.). *Are activation models converging in Europe? The European Employment Strategy for young people.* Brussel. ETUI: 373-411.

Deloitee. 2012. *Taxation and Investment in Denmark 2011.* Deloitte Touche Tohmatsu Limited.

DICE report. "Collective bargaining coverage in the OECD from the 1960s to the 1990s"(http://www.ifo.de/pls/guestci/download/CESifo%20Forum%202001/CESifo%20Forum%204/2001/Forum401-dice3.pdf).

Ditch, J. 1999. "The Structure and Dynamics of Social Assistance in the European Union." European foundation for the improvement of living and working conditions (eds.). *Linking Welfare and Work*, Luxembourg: 59-70(http://www.eurofound.eu.int/pubdocs/1999/41/en/1/ef9941en.pdf).

Dolton, P., J. Smith. 2011. "The impact of the UK New Deal for Lone Parents on Benefit Receipt." *IZA discussion paper series* No.5491: 1-54.

Douglas, M. 1970. *Natural Symbols.* Harmonds-worth, Penguin.

_____. 1982. *In the Active Voice.* London, Routledge & Kegan Paul.

Dress. 2009. *Document de travail. Bénéficiaires de l'aide sociale départementale en 2008* No.140. Dress.

_____. 2012. *Suivi barométique de l'opinion des français sur la santé, la protection sociale, la précarité, la famille et la solidarité, Synthèse des principaux enseignements de l'étude.* Paris. Dress.

Dryberg-Jacobsen, S., and K. Holsbaek. 2004-2005. "The European Employment strategy and active employment policies in Denmark, the Netherlands and United Kingdom: path-dependent or converging policy development?" *MESPA* 2004/2005 Dissertation. Copenhagen.

Dupeyroux, J. et al. 2011. *Droit de la sécurité sociale.* DALLOZ.

EEAG(European Economic Advisory Group). 2007. "Scandinavia today: an economic miracle?" *Report on the European Economy 2007*: 82-120.

EFILWC(European Foundation for the improvement of Living and Working Conditions). 2004. *Working poor in the European Union.* Luxembourg. Office for official publications of the European Communities.

Eichhorst, W. et al. 2008. "Bringing the Jobless into Work? An Introduction to Activation Policies." In W. Eichhorts et al. (eds.). *Bringing the Jobless into Work? Experiences with Activation Schemes in Europe and the US.* Berlin Heidelberg. Springer: 1-16.

Esping-Andersen, G. 1990. *The Three Worlds of Welfare Capitalism.* Cambridge, Polity Press

_____. 1999. *Social Foundations of Postindustrial Economies.* N.Y. Oxford University Press.

Eurofound. 2004a. "family-related leave and industrial relations"(http://www.eurofound.europa.eu/eiro/2004/03/study/tn0403101s.htm).

_____. 2004b. *Perceptions of social integration and exclusion in an enlarged Europe.* Luxembourg. Office for official publications of the European Communities.

_____. 2010a. "United Kingdom: Industrial relations profile." Eurofound.

_____. 2010b. Industrial relations developments in Europe 2009. Luxembourg. Office for official publications of the European Communities.

_____. 2011. "Extension of collective bargaining agreements in the EU" (http://www.eurofound.europa.eu/pubdocs/2011/54/en/1/EF1154EN.pdf).

Eurofound & CEDEFOP. 2009. "contributing of collective bargaining to continuing vocational training." European foundation for the improvement of living and working conditions: 1-39.

European commission. 2004. *Employment in Europe 2004, Recent trends and prospects.* Offices for official publications of the European communities.

_____. 2008. *Employment in Europe 2008.* Offices for official publications of the European communities.

Etherington, D., and J. Ingold. 2012. "Welfare to work and inclusive labour market: a comparative study of activation policies for disability and long-term sickness benefit claimants in the UK and Denmark." *Journal of European Social Policy* 22(1): 30-44.

Eurostat. 2008. "Social protection expenditure in 2005"(eurostat news release).

_____. 2013. *Taxation trends in the European Union. Data for the EU Member States, Iceland and Norway.* Luxembourg. Publications Office of the European Union.

Finn, D. 2009. "영국의 활성화정책." 『국제노동브리프』 7(10): 38-54.

Finn, D., B. Schulte. 2008. "'Employment First': Activating the British Welfare State." in W. Eichhorts et al. (eds.). *Bringing the Jobless into Work? Experiences with Activation Schemes in Europe and the US.* Berlin Heidelberg. Springer: 297-344.

Förster, M., and M. M. Ercole. (de). 2005. "Income Distribution and Poverty in OECD countries in the Second Half of the 1990s." *Social, Employment and Migration Working Papers* 22. OECD: 1-79.

Galtier, B., and J. Gautié. 2003. "Flexibility, stability and the interaction between employment protection and labour market policies in France." In P. Auer and S. Cazes (eds.). *Employment stability in an age of flexibility, Evidence from industrialized countries.* Geneva. ILO: 106-157.

Godwin, M., and C. Lawson. 2009. "The Working Tax Credit and Child Tax Credit 2003-08: a critical analysis." *The Policy Press* 3(14): 3-14.

Grubb, D. 2000. "Eligibility criteria for unemployment benefits." *OECD Economic Studies* No.31. 2000/II. Paris. OECD: 1-185.

Halvorsen, R., P. H. Jensen. 2004. "Activation in scandinavian welfare policy, Denmark and Norway in a comparative perspective." *European Societies*

6(4): 461-483.

Handler, J. F. 2003. "Social citizenships and Workfare in the US and Western Europe: From Status to Contract." *Journal of European Social Policy* 13(3): 229-243.

Héran, F. 1991. "Pour en finir avec ≪sociétal≫." *Revue française de sociologie* 32(4): 615-621.

HM Revenue and customs. 2012. *Child and working tax credits statics, a national statistics publication.*

Horusitzky, P. et al. 2005. "Un panorama des minima sociaux en Europe." *Solidarité et Santé* 3: 67-99.

Høgelund, J., & J. G. Pedersen. 2002. "Active labour market policies for disabled people in Denmark." *The open labour market working paper* 18: 1-19.

Huber, E., and J. D. Stephens. 2001. "Welfare State and Production Regimes in the Era of Retrenchment." In P. Pierson (ed.). *The New Politics of the New State.* Oxford University Press: 107-145.

Hvinden, B. 1999. "Activation: a Nordic perspective." European foundation for the improvement of living and working conditions (eds.). *Linking Welfare and Work.* Luxembourg: 27-42.

ILO. 2010. *Maternity at work, a review of national legislation.* ILO.

IMF. 2008. "Denmark: Selected Issues Paper." *IMF country report* No.08/380. Washington. IMF: 1-42.

Immervoll, H., L. Richardson. 2011. "Redistribution policy and inequality reduction in OECD countries: What has changed in two decades?" *OECD Social, Employment and Migration Working Papers* No.122: 1-96.

_____. 2013. "Redistribution policy in Europe and the United States: Is the Great Recession a 'Game Changer'for Working-age Families?" *OECD Social, Employment and Migration Working Papers* No.150: 1-47.

Insee. 2001. *France, portrait social.* Paris. Insee.

Jenson, J. 1993. "Representing solidarity: class, gendre and crisis in social-democratic Sweden." *New Left Review* No.121: 77-100.

Jensen, Per H. 1999. "Activation of the unemployed in Denmark since the early 1999s. Welfare or workfare?" *CCWS working papers* jan. 1999. Aalborg

University: 1-16.

_____. 2008. "The welfare states and the labor market." In E. Albaek et al. (eds.). *Crisis, miracles and beyond: Negotiated adaptation of the Danish welfare state.* Aarhus University Press: 115-146.

Jo, N. K., 2011. "Between the cultural foundation of welfare and welfare attitudes: The possibility of an in-between level conception of culture for cultural analysis of welfare." *Journal of European Social Policy* 21(1): 5-19.

Johansson, H., and B. Hvinden. 2007. "Re-activating the Nordic welfare states: do we find a distinct universalistic model?" *International Journal of Sociology and social policy* 27(7/8): 334-346.

Join-Lambert, M.-Th. et al. 1994. *Politiques sociales.* Paris. Presses de la FNSP.

Jørgensen, H. 2003. "Le rôle des syndicats dans les réformes sociales en Scandinavie dans les années quatre-vingt-dix." *RFAS* 2003(4): 121-150.

Judge, K. 2001. "Evaluating welfare to work in the United Kingdom." In N. Gilbert, R. A. van Voorhis (eds.). *Activating the Unemployed.* Transaction Publishers: 1-28.

Julienne, K., et M. Lelièvre. 2004. "L'évolution du financement de la protection sociale à l'aune des expériences britannique, française et danoise." *RFAS* 2004(3): 89-111.

Kákai, J., B. Vető. 2009. *Lifelong learning: its status and opportunities in Europe.* PÓLUSOK. Poles social sciences association.

KIM Jae-Jin. 2013. *Earned Income Tax Credit in Korea — An Introductory Guide.* Korea Labour Institute.

Kvist, J. et al. 2008. "Making all persons work: modern danish labour market policies." In W. Eichhorst et al. (eds.). *Bringing the jobless into work?*, Heidelberg. Springer: 221-257.

Larsen, F., and M. Mailand. 2007. "Danish Activation policies: the role of the normative foundation, the institutional set-up and others drives." In A. M. Pascual and L. Magnusson (eds.). *Reshaping Welfare States and Activation Regimes in Europe.* P.I.E. Peter Lang: 99-127.

Lefèvre, S. et al. 2011. *La pauvreté. Quatre modèles sociaux en perspective.* Champ Libre. Les Presses de l'Université de Montréal.

Lefresne, F., and C. Tuchszirer. 2004. "Activation policies and employment norms: the situation in France compared with experience in four European countries (Belgium, Denmark, the Netherlands, UK)." In A. Serrano Pascual (ed.). *Are activation models converging in Europe? The European Employment Strategy for young people*. Brussel. ETUI: 253-292.

Leppik, L. 2006. "In-work benefits: literature review." *Praxis center for policy studies*: 1-16.

Leschke, J. 2007. "Are unemployment insurance systems in Europe adapting to news risks arising from non-standard employment?" *Working Paper* No.07-05. Université Libre de Bruxelles: 1-40.

Lindsay, C., and M. Mailand. 2004. "Different routes, common directions? Activation policies for young people in Denmark and the UK." *International journal of Social welfare* 13: 195-207.

Lindsay, C. 2007. "The United Kingdom's 'work first' welfare state and Activation Regimes in Europe." In A.M. Pascual and L. Magnusson (eds.). *Reshaping Welfare States and Activation Regimes in Europe*. P.I.E. Peter Lang: 35-70.

Lyhne Ibsen, Ch. 2010. "Danemark, Le chouchou du prof en difficulté." *Nordiques* No.23: 9-26

Lykketoft, M. 2006. *Le Modèle Danois, Chronique d'une politique réussie*. Esprit ouvert.

Lødemel, I. 2004. "The development of Workfare within Social Activation Policies." In D. Gallie (ed.). *Resisting Marginalization, Unemployment Experience and Social Policy in the European Union*. Oxford University Press: 197-242.

Lødemel, I., and H. Trickey (eds.). 2001. *'An offer you can't refuse': workfare in international perspective*. Bristol. The policy Press.

Madsen, P. K. 2003. " "Flexicurity" through labour market policies and institutions in Denmark." In P. Auer and S. Cazes (eds.). *Employment stability in an age of flexibility, Evidence from industrialized countries*. Geneva. ILO: 59-105.

_____. 2009. "Activation Policy in Denmark." *Paper for presentation at conference on activation policy.* Korea Labour Institute: 1-21.

Matt, J-L. 2008. "La sécurité sociale: organisation et gouvernance." Marc de Montalembert (dir.). *La protection sociale en France.* Paris. puf.: 31-37.

Millar, J. 2011. "Tax Credits: a close-up view." *The Policy Press* 19(10): 39-50.

Minni, C. 2004. "Le chômage." Marc de Montalembert (dir.). *La protection sociale en France.* Paris. puf.: 41-46.

MISEP. 2008. *Achieving activation of job seekers: successful strategies for case management.* Paris. MISEP.

Moreira, A. 2008. *The Activation Dilemma, Reconciling the fairness and effectiveness of minimum income schemes in Europe.* Bristol. University of Bristol, Policy Press.

OECD. 2003. 2005. 2007a. 2008. 2012. *OECD Employment outlook*(Statistical Annex). Paris. OECD.

_____. 2004. "Wage-setting institutions and outcomes." In *OECD Employment outlook(Chapter 3)*: 127-181.

_____. 2007b. "Activating the Unemployed: What countries do: Further Material." *Compendium of National Replies to the OECD Questionnaires on Interventions in the Unemployed Spell.* Paris. OECD: 1-94.

_____. 2007c. "Financing social protection: the employment effect." In *OECD Employment outlook(Chapter 4)*: 1-12.

_____. 2008. *Revenue statistics. 1965-2007.* OECD.

_____. 2009. *Denmark 2009.* OECD(http://www.oecd.org/els/socialpoliciesan ddata/benefitsandwagescountryspecificinformation.htm).

_____. 2009a. *Society at a Glance 2009. OECD social indicators.* OECD.

_____. 2010a. *OECD Employment Outlook, moving beyond the jobs crisis.* Paris. OECD.

OECD. 2010b. *Benefits and Wages: OECD indicators.* OECD(www.oecd.org/ els/social/workincentives).

OECD. 2012. Family database(http://www.oecd.org/social/soc/oecdfamilydata base.htm).

Orloff, A. S. 1993. "Gender and the social rights of citizenships: the comparative analysis of gender relations and Welfare States." *American Sociological Review* 58(3): 303-328.

Patrizia Aurich, Depl.-Soz. 2008. "Socio-Cultural Implications of Activation Policies in Europe." *Paper prepared for Annual ESPAnet-Conference*, Helsinki, 18-20 Sept. 2008: 1-29.

Peck, J. 2001. *Workfare States*. New York. The Guilford Press.

Pedersen. L. et al. 2000. "Lone Mothers' Poverty and Employment." In D. Gallie and S. Paugam (eds.). *Welfare Regimes and the Experience of Unemployment in Europe*. Oxford. Oxford University Press: 175-199.

Petersen, H. T. 2004. *Deux facettes du revenu minimum d'activité*. Paris. L'Harmattan.

Piachaud, D. 2005. "영국의 근로소득세액공제제도: CTC와 WTC." 『국제노동브리프』 3(3): 13-22.

Pôle Emploi. 2010. *Les règles de votre recherche d'emploi*. Paris. Pôle Emploi.

Prétot, X. 2011. *Droit de la sécurité sociale*. DALLOZ.

Public Finances General Directorate · Tax Policy Directorate. 2011. "The French Tax System." Ministère de l'Economie des Finances et de l'Industrie: 1-107.

République Française. 2011. *Projet de loi de finances pour 2012. Rapport sur les prélèvements obligatoires et leur évolution*(http://www.performan ce-publique.budget.gouv.fr/fileadmin/medias/documents/ressources/PL F2012/RPO2012.pdf).

Rosanvallon, P. 1981. *La crise de l'Etat-providence*. Paris. Seuil.

Sen, A. 1982. *Choice, welfare and measurement*. Cambridge. MA: Harvard University Press.

_____. 1999. *Development as freedom*. N.Y. Anchor Books.

Serrano Pascual, A. 2003. "The European strategy for youth employment; a discursive analysis." In A. López Blasco, W. McNeish and A. Walther (eds.). *Young People and Contradictions of Inclusion: Toward Integrated Transition Policies in Europe*. University of Bristol. Policy Press: 85-105.

_____. 2004a. "Are European Activation Policies Converging?" In J. Lind, H. Knudsen & H. Jørgensen (eds.). *Labour and Employment Regulation in Europe*. Brussel. P.I.E.-Peter Lang S.A.: 211-231.

_____. 2004b. "Conclusion: towards convergence of European activation policies?" In A. Serrano Pascual (ed.). *Are activation models converging in Europe? The European Employment Strategy for young people.* Brussel. ETUI: 497-518.

_____. 2007. "Reshaping Welfare States: Activation Regimes in Europe." In A. Serrano Pascual and L. Magnusson (eds.). *Reshaping Welfare States and Activation Regimes in Europe.* P.I.E. Peter Lang: 11-34.

Serrano Pascual, A., and L. Magnusson (eds.). 2007. *Reshaping Welfare States and Activation Regimes in Europe.* P.I.E. Peter Lang.

Stancanelli, E., and H. Sterdyniak. 2004. "Un bilan des études sur la prime pour l'emploi." *Revue de l'OFCE* No.88: 17-40.

SHIM, Chang Hack. 1997. *Le principe d'universalité contre le principe d'unité: la mise en place législative de la Sécurité sociale en France(1944-1949).* Villeneuve d'Ascq: Presses universitaires du Septentrion.

_____. 2008. "Y a-t-il ≪activation≫ des politiques sociales en Corée du Sud?: Enjeux et perspectives." *Travail et Emploi* No.116: 7-18; 85(abstracts).

Shim, Joyce. 2014. "Family leave policy and fertility rates in OECD countries including East Asia." *2014 annual meeting program.* Columbia University School of Social Work, Population Association of America.

SØNDERGÅRD, K. 2008. "La flexicurité danoise-et tout ce qui l'entourne." *Chronique internationale de l'IRES* No.110: 43-51.

SSPTW. 2012. *Social security programs throughout the world, Europe, 2012.* issa.

Taylor-Gooby, P. (ed.). 2004. *New Risks, New Welfare, The transformation of the European Welfare State.* N.Y. Oxford University Press.

Tudor, O. 2004. "영국의 노동당과 노종조합."『국제노동브리프』2(3). 한국노동연구원: 52-58.

Unédic. 2011. *Le Précis de l'allocation du chômage.* Paris. Unédic.

UNIOPSS. 2001. *L'Exclusion sociale et pauvreté en Europe.* La Documentation française.

Valtriani, P. 2011. *Les politiques sociales en France.* hachette.

van Berkel, R., and I. H. Møller. 2002. "The concept of activation." In Rik van Berkel and Iver Hornemann Møller (eds.). *Active social policies in the EU: inclusion through participation?* Bristol. Policy Press: 45-71.

van Oorschot, W. 2007. "Culture and social policy: a developing field of study." *Int J Social Welfare* 16: 129-139.

van Oorschot, W., L. Halman. 2000. "Blame or fate, individual or social? An international comparison of popular explanations of poverty." *European societies* 2(1): 1-28.

Venn, D. 2009. "Legislation, collective bargaining and enforcement: updating the OECD employment indicators." *OECD Social, Employment and Migration Working Paper* No.89: 1-54(http://www.oecd.org/els/emp/43116624.pdf).

Vinokur, A. 2003. "education policies, social cohesion, societal coherence" (http://foreduc.u-paris10.fr/assets/files/social_cohesion.pdf).

Visser, J. 2001. "Industrial relations and social dialogue." In P. Auer (ed.). *Changing labour markets in Europe, The role of institutions and policies.* Geneva. ILO: 184-242.

_____. 2005. "Patterns and variations in European industrial relations." In European Commission. *Industrial Relations in Europe 2004.* Cornell University ILR School: 11-58.

_____. 2013. "Wage Bargaining Institutions-from crisis to crisis." *Economic Papers* 488. April 2013. European Commission, Directorate-General for the Economic and Financial Affaires: 1-100.

Wildavsky, A. 1987. "Choosing preferences by constructing institutions: a cultural theory of preference formation." *American political science review* 81(1): 3-22.

덴마크 통계청(http://www.statbank.dk/statbank5a/default.asp?w=1440).

영국 통계청(http://www.ons.gov.uk/ons/index.html).

프랑스 공공서비스(http://www.service-public.fr/).

프랑스 통계청(http://www.insee.fr/fr/insee-statistique-publique/default.asp).

International Journal of Sociology and Social Policy, Vol.27, No.7/8(활성화와 새로운 거버넌스 특집호).

OECD. StatExtracts(http://stats.oecd.org/Index.aspx?DataSetCode=REV/).

OECD. StatExtracts.(http://stats.oecd.org/Index.aspx?DataSetCode=IDD).

http://www.taxindenmark.com

http://en.wikipedia.org/wiki/Taxation_in_Denmark
http://www.tradingeconomics.com/denmark/unemployed-persons
http://www.worldwide-tax.com/uk/uk_taxes_rates.asp
https://www.gov.uk/jobseekers-allowance
https://www.gov.uk/child-tax-credit/what-youll-get
http://www.acoss.fr/

색인

지은이 소개

심창학(SHIM Chang Hack, chshim@gnu.ac.kr)

파리 4대학(파리-소르본느대학)에서 "프랑스 사회보장 제도 형성(1944-1949): 보편주의와 통합주의의 비양립성"으로 박사학위를 받았다. 현재 경상대학교 사회복지학과 교수로 재직 중이며 경상대학교 인권·사회발전연구소 사회정책 연구센터장을 맡고 있다. 주요 관심 분야는 비교사회정책, 빈곤 및 사회적 배제, 활성화 전략(activation strategy), 복지 레짐, 이민 레짐 국제비교이다.

대표 논문으로는 "문화복지쟁점을 통해서 본 한국의 문화복지정책"(2013), "사회적 기업의 정체성 확인 및 영역 설정"(2012), "활성화와 사회보호"(2010), "Y a-t-il ≪activation≫ des politiques sociales en Corée du Sud? Enjeux et perspectives"(2008) 등이 있으며, 『프랑스 산재보험제도 연구』(2003, 단독), 『화합사회를 위한 복지』(2013, 공동), 『문화, 환경, 탈물질주의 사회정책』(2013, 편저), 『주요국의 사회보장제도: 프랑스』(2012, 공동), 『사회적 기업을 말한다』(2012, 편저), 『사회정책과 새로운 패러다임』(2012, 편저), 『사회정책과 인권』(2011, 편저), 『비정규노동과 복지』(2011, 공저) 등의 저서가 있다.

사회보호 활성화 레짐과
복지국가의 재편

초판 1쇄 발행: 2014년 6월 13일
초판 2쇄 발행: 2015년 9월 11일

지은이: 심창학
발행인: 부성옥

발행처: 도서출판 오름
등록번호: 제2-1548호 (1993. 5. 11)
주　소: 서울특별시 중구 퇴계로 180-8 서일빌딩 4층
전　화: (02) 585-9122, 9123 / 팩　스: (02) 584-7952

E-mail: oruem9123@naver.com

ISBN　978-89-7778-424-6　　93340

* 잘못된 책은 교환해 드립니다.
* 값은 뒤표지에 있습니다.

이 도서의 국립중앙도서관 출판예정도서목록(CIP)은 서지정보유통지원시스템
홈페이지(http://seoji.nl.go.kr)와 국가자료공동목록시스템(http://www.nl.go.
kr/kolisnet)에서 이용하실 수 있습니다. (CIP제어번호: CIP2014017250)